21世纪汉语言专业规划教材
专题研究教材系列

现代汉语
语法研究教程

（第五版）

陆俭明　著

北京大学出版社
PEKING UNIVERSITY PRESS

图书在版编目(CIP)数据

现代汉语语法研究教程/陆俭明著.—5版.—北京：北京大学出版社,2019.8
21世纪汉语言专业规划教材.专题研究教材系列
ISBN 978-7-301-30498-3

Ⅰ.①现… Ⅱ.①陆… Ⅲ.①现代汉语—语法—高等学校—教材
Ⅳ.①H146

中国版本图书馆CIP数据核字(2019)第084369号

书　　名	现代汉语语法研究教程（第五版）
	XIANDAI HANYU YUFA YANJIU JIAOCHENG（DI-WU BAN）
著作责任者	陆俭明　著
责任编辑	崔　蕊
标准书号	ISBN 978-7-301-30498-3
出版发行	北京大学出版社
地　　址	北京市海淀区成府路205号　100871
网　　址	http://www.pup.cn　　新浪官方微博：@北京大学出版社
电子信箱	zpup@pup.cn
电　　话	邮购部 010-62752015　发行部 010-62750672
	编辑部 010-62754144
印 刷 者	大厂回族自治县彩虹印刷有限公司
经 销 者	新华书店
	650毫米×980毫米　16开本　24.75印张　427千字
	2003年8月第1版　2004年5月第2版　2005年2月第3版
	2013年7月第4版　2019年8月第5版　2023年12月第8次印刷
定　　价	59.00元

未经许可，不得以任何方式复制或抄袭本书之部分或全部内容。
版权所有，侵权必究
举报电话：010-62752024　电子信箱：fd@pup.pku.edu.cn
图书如有印装质量问题，请与出版部联系，电话：010-62756370

目 录

第五版序 …………………………………………………………… 1
第四版修订说明 …………………………………………………… 1

绪论 ……………………………………………………………… 1
  0.1 近半个多世纪以来人们对语言的新认识 …………… 1
  0.2 对汉语和汉语语法要有这样的认识 ………………… 4
  0.3 语法到底是指什么？ ………………………………… 10
  0.4 语法和语音、语义、语用 …………………………… 10
  0.5 关于语法单位 ………………………………………… 16
  0.6 为什么需要研究汉语语法？ ………………………… 20
  0.7 汉语语法研究的现状与发展趋势 …………………… 23
  0.8 汉语语言学工作者应有的语法分析能力 …………… 26
  0.9 关于结构关系的多重性 ……………………………… 28

第一节　汉语词类研究 ………………………………………… 33
  1.1 汉语词类问题一直被认为是个老大难问题 ………… 34
  1.2 词类是概括词的分类——兼说词的同一性 ………… 35
  1.3 关于划分词类的依据 ………………………………… 37
  1.4 各家词类数目多少简析 ……………………………… 44
  1.5 本书的词类系统以及划分的具体依据 ……………… 46
  1.6 关于动词形容词"名物化"问题
        ——兼说汉语在词类问题上的真正特点 ………… 51
  1.7 如何看待高名凯先生的"汉语无词类"论？ ……… 53
  1.8 关于"名动包含"说 ………………………………… 55
  1.9 关于词的兼类问题 …………………………………… 57
  1.10 汉语词类划分中难处理的问题 …………………… 63

第二节　层次分析法 …………………………………………… 67
  2.1 关于汉语句法分析 …………………………………… 67

2.2　句子成分分析法及其局限 …………………………………… 68
2.3　句法构造的层次性 …………………………………………… 71
2.4　关于层次分析法 ……………………………………………… 73
2.5　运用层次分析法需要注意的几个问题 ……………………… 75
2.6　层次分析法的作用 …………………………………………… 79
2.7　层次分析法的局限 …………………………………………… 84

第三节　变换分析法 …………………………………………………… 87
3.1　层次分析法的局限和变换分析法的产生 …………………… 87
3.2　关于"变换"这个概念 ………………………………………… 93
3.3　变换分析的客观依据 ………………………………………… 94
3.4　变换分析法的基本精神和所遵守的原则 …………………… 97
3.5　变换分析法的作用 …………………………………………… 102
3.6　变换分析法的局限 …………………………………………… 111

第四节　语义特征分析法 ……………………………………………… 113
4.1　变换分析的局限与语义特征分析法的产生 ………………… 113
4.2　关于语义特征 ………………………………………………… 115
4.3　关于"名词[施事]＋动词＋名词[受事]＋给＋名词[与事]"
　　　歧义句式 …………………………………………………… 117
4.4　关于"动词＋了＋时量＋了"
　　　歧义句式 …………………………………………………… 119
4.5　关于"动词＋有……"句法格式 …………………………… 122
4.6　关于"形容词＋（一）点儿！"祈使句式 …………………… 124
4.7　关于"名词＋了"句法格式 ………………………………… 126
4.8　关于语义特征分析 …………………………………………… 129

第五节　配价分析法 …………………………………………………… 132
5.1　语法研究中的"配价"思想及配价语法分析 ……………… 132
5.2　"喝啤酒的学生"和"喝啤酒的方式"
　　　在语法上有区别吗？ ……………………………………… 134
5.3　由动词性词语带"的"形成的"的"字
　　　结构的指称和歧义问题 …………………………………… 137
5.4　"放了一只鸽子"和"飞了一只鸽子"
　　　在语法上有区别吗？ ……………………………………… 140

- 5.5 形容词都能受介词结构"对……"的修饰吗? …… 141
- 5.6 介词结构"对……"能作什么样的名词的定语? …… 144
- 5.7 为什么可以说"他是王刚的老师"却不说"他是王刚的教师"? …… 150
- 5.8 配价分析法的作用与局限 …… 151

第六节 语义指向分析法 …… 153
- 6.1 "语义指向分析"的含义 …… 153
- 6.2 是不是每个句法成分都有语义指向的问题? …… 155
- 6.3 对于句法成分的语义指向需考虑哪些问题? …… 157
- 6.4 对被指向的成分是否会有某些特殊的要求? …… 160
- 6.5 "只吃了一个面包"里的"一"能省不能省的问题 …… 161
- 6.6 "究竟"在句中为什么有时能移位,有时不能移位? …… 162
- 6.7 "吃了他三个苹果"到底该看作单宾结构还是双宾结构? …… 163
- 6.8 语义指向分析的作用 …… 165

第七节 语义范畴分析法 …… 172
- 7.1 汉语句法研究中必须关注语义问题 …… 172
- 7.2 汉语中的数量短语和数量范畴 …… 173
- 7.3 数量范畴对汉语句法的制约作用 …… 176
- 7.4 领属范畴对汉语句法的制约作用 …… 184
- 7.5 自主范畴对汉语句法的制约作用 …… 190
- 7.6 顺序范畴对汉语句法的制约作用 …… 193

第八节 形式学派语法分析思路 …… 199
- 8.1 关于形式语言学派 …… 200
- 8.2 美国结构主义形式学派的分析思路 …… 201
- 8.3 关于切分、等同、分类、组合 …… 204
- 8.4 关于分布分析法 …… 208
- 8.5 关于替换分析法与扩展分析法 …… 211
- 8.6 乔姆斯基形式学派的研究思路 …… 218
- 8.7 用乔姆斯基的"中心词"理论重新分析"名词+的+谓词"结构 …… 221
- 8.8 关于轻动词理论分析 …… 227

第九节　功能学派语法分析思路 …… 236
- 9.1　功能学派的基本观点和关注领域 …… 236
- 9.2　从篇章角度解释语法现象 …… 239
- 9.3　从语法化角度解释语法现象 …… 246
- 9.4　从语言类型学角度解释语法现象 …… 249
- 9.5　从话语交际角度解释语法现象 …… 254

第十节　认知学派语法分析思路 …… 260
- 10.1　认知学派的基本观点和研究领域 …… 260
- 10.2　人类认知的共性与个性 …… 263
- 10.3　关于语言结构的"象似性"分析 …… 268
- 10.4　关于语义强度等级分析 …… 273
- 10.5　关于意象图式分析 …… 277
- 10.6　关于隐喻和转喻分析 …… 279
- 10.7　关于"有界"和"无界"分析 …… 282
- 10.8　关于"范畴化"分析 …… 285

第十一节　关于构式语法分析 …… 290
- 11.1　构式语法理论的产生 …… 290
- 11.2　构式语法理论引入中国 …… 293
- 11.3　构式是怎么来的？ …… 299
- 11.4　关于"构式－语块"句法分析法 …… 304
- 11.5　构式语法理论的价值 …… 306
- 11.6　构式语法理论的局限以及需要进一步探究的几个问题 …… 311

第十二节　关于语言信息结构分析 …… 318
- 12.1　需要不断寻求新的研究视角 …… 318
- 12.2　对语言的再认识 …… 319
- 12.3　句子传递的信息≠句子表示的意义 …… 322
- 12.4　关于语言信息结构 …… 324
- 12.5　句子结构和句子信息结构的关系 …… 328
- 12.6　汉语句子信息结构遵循的准则 …… 331
- 12.7　语言信息结构研究的效应 …… 334

第十三节 现代汉语虚词研究 ································· 340
  13.1 虚词研究的重要性 ··································· 340
  13.2 关于虚词用法的研究 ································· 342
  13.3 关于虚词意义的研究 ································· 347
  13.4 研究虚词意义的基本方法——比较分析 ················· 349
  13.5 虚词研究中的语义背景分析 ··························· 358
  13.6 虚词研究中切忌将虚词所在的格式义
       视为虚词的意义 ··································· 360

结束语——应有的研究素质 ································· 364

参考文献 ··· 368

第五版序

《现代汉语语法研究教程》(第四版)是2013年7月与读者见面的,至今已五年有余。在这五年多时间中,整个语言研究,包括现代汉语语法研究,有不小的发展与变化。记得有位学者说过这样的意思:一般说来,学术会议上与会者提交的学术报告对研究的发展变化的反应最快,所以参加学术会议最能让人接受学术新知,扩大学术视野;其次是会议学术论文集,所收文章一般都是经过专家学者审阅后选定的,会略"保守"一些;而专家学者所著的学术专著,是经过作者、审稿者反复思考后定下的,相对说来又会更"保守"些;教材的内容基本上是学术界比较认可的,相对来说是比较稳妥的,所以在反映学界的学术观点与思想上会更趋"保守"。当然,以上是就一般而言的。教材再怎么"保守",出版五年后也应该动动。再说,承蒙广大读者的厚爱,《现代汉语语法研究教程》(第四版)每年的发行量都较大,而读者在使用本教材的过程中也不断提出这样那样的意见、期望与建议,进行再一次修订是理所当然的事。

这次修订,除了文字勘误、例句更换外,更多的是内容上的修订。主要是:

其一,根据部分读者的意见,删去了原有的第十二节"汉语语法应用研究",修订后的《现代汉语语法研究教程》就集中从本体研究的视角来考虑。

其二,鉴于整个语言研究的发展态势,将原属于第十节的10.9"关于构式语法分析"抽出来并适当加以扩充,独立成为第五版的第十一节"关于构式语法分析";将原属于第九节的9.6"从信息结构角度解释语法现象"抽出来并适当加以扩充,独立成为第五版的第十二节"关于语言信息结构分析"。

其三,各节在内容上也都有所修改。譬如,"绪论"0.2小节,原标题是"汉语语法的主要特点"。事实上所谈的内容未必都是汉语语法的特点,但也确实是需要学习者来了解的。所以将标题改为"对汉语和汉语语法要有这样的认识";相应地,在内容上也作了不少修改。再如,在"绪论"0.6"为什么需要研究汉语语法?"这一小节里,增加了2014年在苏州举行的"世界语言大会"以及最后发表的《世界语言大会苏州共识》的内容，以说明语言、语言能力、语言教学在当今时代的重要性。又如，第一节"汉语词类研究"，鉴于这十来年汉语学界在谈到汉语词类问题时，有"汉语名动形层层包含"之说。这需要让学生了解，也需要让学生对此有正确的认识，所以在这一节里增设了1.8"关于'名动包含'说"这一小节。又如第五节"配价分析法"，根据读者的建议，对配价语法理论的来龙去脉作了更为详细的说明。再如第九节"功能学派语法分析思路"和第十节"认知学派语法分析思路"都根据读者的意见和建议，在内容上作了不少补充。像在第九节"功能学派语法分析思路"的9.2"从篇章角度解释语法现象"一小节里，在谈到对"的"的新认识时，我们就根据读者的意见，补充了原先朱德熙先生依据美国结构主义分析方法对"的"所作的分析。其他方面的修改不一一细说了，读者稍加对照很容易发现修改的内容。

此外，增补了若干参考文献。所增补的参考文献不一定都直接在书中引用，只是觉得有必要提供给读者（特别是学生）阅读了解。

另外，第四版原有"修订说明"和"后记"，为节省篇幅，在本次修订版中只保留了"修订说明"，将"后记"删了；但原先"后记"里所交代的对第四版修订稿提出意见或建议的人员名单，在本序中加以列出，具体如下（以姓氏拼音顺序排列，先列由我指导的博士生，后列听过我课的博士生）：刘云（对外经济贸易大学）、施家炜（北京语言大学）、田靓（北京语言大学）、吴云芳（北京大学）、夏军（沈阳师范大学）、徐今（大连理工大学）、杨玉玲（北京语言大学）、应晨锦（首都师范大学）、詹卫东（北京大学）、张娟（首都经济贸易大学）、张璐（中国人民大学）、张则顺（武汉大学）、张治（中国人民大学），以及娄开阳（中央民族大学）、彭国珍（浙江工业大学）、司富珍（北京语言大学）等。这里我再次向他们表示由衷的感谢。

最后，我非常感谢本书的责任编辑崔蕊博士。她看得很仔细、很认真，指出了修改稿上不少问题，有的是文字表述方面的，有的是内容方面的。在此我由衷地向她表示诚挚的感谢。

尽管我努力修订了，但难免还会有这样那样的问题甚至错误，望广大读者如往常那样，不断提出意见与建议，以便在重印时及时修改。

陆俭明

2019 年 1 月 25 日

于蓝旗营小区寓所

第四版修订说明

《现代汉语语法研究教程》自 2003 年出版至今已近十年。在这期间,无论就国际语言学来说,还是就我国汉语语法研究来说,都有很大的发展,需进行修订。先前虽也曾进行过三次修订,但主要是订正些文字差错,内容基本没动。这次主要在内容上作了较大的修订。这次内容的修订紧扣语法分析方法,同时本着三个"基于":一是基于对语言学的新认识,二是基于当今汉语语法研究新的发展趋势,三是基于在理论方法上坚持多元论。

这次修订在形式上也有不小变化。一是原先有章有节,现在不再设章,只有节;二是每一节随文加注(尾注),全书后再附上主要参考文献;三是为了防止学生去死记硬背一些名词术语的定义,把原书的术语索引略掉了。

在表述上,进一步注意并力求做到循序渐进,深入浅出,通俗易懂。

本《教程》引用了不少前辈和时贤的研究成果,在书中均一一注明了出处,在此一并致谢。

希望大家通过本《教程》的学习,能进一步更新知识,拓宽汉语语法研究的视野;能对现代汉语语法研究有更深入的认识;更重要的是能掌握好必要的语法分析的种种理论方法,以便为日后进行汉语语法研究打下较为坚实的基础。

修订难免还会遗留某些差错或缺憾,望广大读者多提宝贵意见。

作者
2013 年 5 月 8 日

绪 论

0.1 近半个多世纪以来人们对语言的新认识
0.2 对汉语和汉语语法要有这样的认识
0.3 语法到底是指什么?
0.4 语法和语音、语义、语用
0.5 关于语法单位
0.6 为什么需要研究汉语语法?
0.7 汉语语法研究的现状与发展趋势
0.8 汉语语言学工作者应有的语法分析能力
0.9 关于结构关系的多重性

"现代汉语语法研究",是在"现代汉语""古代汉语"和"语言学概论"这三门基础课程有关语法知识的基础上所开设的一门专题性课程,着重讲授现代汉语语法研究中所运用的一些主要的句法分析方法,也适当介绍当前国际上形式语言学、功能语言学和认知语言学的语法研究思路。每一讲都紧密结合汉语实际,在表述上尽量做到深入浅出、通俗易懂。希望大家通过本《教程》的学习,能进一步更新知识,拓宽语法研究的视野,对现代汉语语法研究有更深入的了解和认识,为日后进行汉语语法研究打下较为坚实的基础。

0.1 近半个多世纪以来人们对语言的新认识

关于语言,一般可以从以下三方面来认识它:

一、从语言的本体性质上来认识它。从语言的本体性质上来说,所有语言都是有声语言,所有语言都是用来表情达意的。在有文字之前,或者不借助于文字的时候,一个人要向他人表情达意,就从口中发出一连串的声音;听的人就根据这一连串的声音来理解、体会对方的意思和情感。人有目的地发出的、并能让他人从中理解、体会其意的一连串声音,实际是一种声音和意义相结合的符号。所以,从语言的本体性质上来说,**语言是**

一个声音和意义相结合的符号系统。

对于语言我们还需认识这样一点:语言不仅是一个符号系统,**语言还是一个很有规则的结构系统,而且是一个变动的结构系统**。这是什么意思呢？我们知道,作为一个结构,一定具备三种性质,那就是整体性、可分割性和内含规则性。①这意思是说,作为一个结构,一定是一个有规则的整体,在这个整体里一定包含若干个成分,这若干个成分一定受到一套规则的支配而互相层层组合形成种种关系。所以,"整体""成分""关系(或者说规则)"是结构的三大要素；其中成分与关系是整体结构的两大支柱。按上面的理解来衡量语言,那么语言显然是一个结构,而且是一个很有规则的结构。另外,语言作为一个符号系统,是随着社会的发展而不断发展变化的。我们现在看古文之所以会感到吃力难懂,就因为现代汉语和古代汉语有了差异,而且差异还不小。所以说,语言又是一个变动的结构系统。

到上个世纪后半叶,人们对语言又逐渐有了新的认识。随着心理学、认知科学的发展,人们逐渐认识到,首先应该将语言看作是存在于人脑心智中的"自然客体"(natural object),是人的认知能力的重要组成部分,是人因遗传而生来具有的信息"编码－解码""表达－接收"系统。根据上面的认识,语言应该有"内在语言"(internal language,简称 I-language)和"外在语言"(external language,简称 E-language)之分。②"内在语言",是存在于人脑心智中的自然客体,是人类千万年来遗传形成的信息"编码－解码""表达－接收"系统,其重要性类似于人的呼吸系统、消化系统等。"外在语言",是内在语言的外部表现形式,也就是我们一般所说的"声音和意义相结合的符号系统"。对于外在语言,人们早就认识了。是否有内在语言？这在目前也还是一种假设。到底是否有内在语言,这将关系到今后研究的走向,也将关系到整个语言学理论框架的构建,所以值得深入研究求证,以便获得对语言和语言研究更为科学、合理的认识。譬如,为什么思维必须凭借语言这一物质外壳才得以进行？聋哑人何以有很好的思维活动？儿童为何一岁多点儿就能哇啦哇啦地与大人对话？这些问题的解决跟求证是否存在内在语言有没有关系？这都是值得我们进一步去思考研究的。

二、从语言的功用上来认识它。从语言的功用上来说,大家可能都会背诵那"老三句":语言是人类最重要的交际工具；语言是人类赖以思维的工具；语言是人类认识成果和民族文化得以保存和传承的主要载体。这"老三句"说得不错,然而我们需要进一步思考:语言何以能成为"人类最重要的交际工具"？何以能成为"人类赖以思维的工具"？何以能成为"人类认识成果和民族文化得以保存和传承的主要载体"？现在大家更深刻地认识到,**语言最本质的功用是传递信息**。那"老三句"所说的功用是语言"传递信息"这最本质的功用的延伸。

自20世纪末开始,特别是进入21世纪,人们又进一步认识到,语言除了具有工具性之外,还具有资源性和情感性。语言的资源性和情感性决定了语言在当今社会已经成为国家软实力的重要组成部分,成为社会的一个重要资源,也已成为人生的一大资源。因此,语言关涉到国家和个人的生存与发展问题。从国家层面来说,语言关系到社会的和谐与安全,关系到国家的稳定与发展。③从个人来说,语言在当今社会已成为与他人进行竞争的一个重要条件。现在越来越多的招聘单位对应聘人员都首先考核他的语文素养和全面综合的语言运用能力,包括外语能力。

因此,必须重视并加强"语言意识"教育,以提高各级领导和广大民众的语言意识,上下都重视语言问题。

三、从语言的表现形式上来认识它。从语言的表现形式上来说,**语言主要有口语和书面语两种形式。**④

口语是指有声语言,也就是我们日常生活交际时通过嘴巴所说出的话。所有语言都有这种表现形式,所以口语是语言最根本的表现形式。我们在日常生活中一般都是用口语表达。可是口语表达要受到地域和时间的限制。为克服这种时空的限制,人便创造了用来记录有声语言的符号——文字,从而出现了书面语言。

书面语是指用文字将口语记录下来并经过一定的提炼、加工形成的一种表现形式,从某个角度说可以认为是口语的代用品。为什么说书面语言是由口语经过一定的提炼、加工而成的一种表现形式呢？一个人口语表达时,常常会说得比较啰嗦,不一定有条理,不一定说得很清楚,甚至会出现前言不搭后语的情况。但是这没关系,因为是当面说话,听话人如果不明白可以当场问,反复问,直到双方了解了彼此所说的意思,达到了满意的交际目的为止。书面上可不能这样。如果书面上只是照录口语里说的话,出现条理不清、意思不明、前言不搭后语的语句,那么在远方的读者、在后代的读者,就没法读懂了,也不便于甚至不可能再去问说话的人,这就起不到利用文字进行交际的目的了。所以,书面语必须在口语的基础上进行一定的提炼、加工。目前世界上一些主要的语言都已经有了书面语;但相当多的语言,目前还只有口语而没有书面语。除非作特殊说明,在一般情况下,语言就是指口语,即指有声语言。

这里需要提醒大家注意这样一点,我们为什么要将孩子送进学校?我们把孩子送进学校首要的任务是要让他识字,学文化,学习掌握好母语书面语。只有这样,孩子才能不断地接受高素质的教育,包括历史文化教育、科学技术教育和道德品质教育,才能用娴熟的书面语来表达自己的思想、情感;也只有这样,才能让孩子成长为国家所需要的人才。让孩子学习掌握好汉语书面语,这个任务主要落在小学、中学的语文课程身上。

综合上面对语言的认识,我们大致可以这样来给语言下个定义:**语言是人类藉以互相传递信息的主要载体;具体说是人类藉以思维、藉以互相交际、藉以保存和传承人类认识成果与民族文化的一个有层级性的、复杂的声音和意义相结合的符号系统,也是一个变动的音义结合的结构体。**

最后,需要附带指出,语言不是文化的产物,虽然语言会在一定程度上反映人类特别是民族的文化信息。此外,必须认识到,语言是人的一种本能;人获得语言(指母语)不是靠学习(learning),而是靠习得(acquiring);人类语言的一个基本特性是创造性——能够将基本的语言单位组合成无限多合适的句子,而其中大部分是以前从未说过或者听过的新句子。正是这种植根于人脑的基于生物机制的本能,成为人区别于其他动物的标志之一。⑤

0.2 对汉语和汉语语法要有这样的认识

一、目前世界上已知的语言,据不完全统计大约有6700种左右。汉语是汉民族所使用的语言,是目前世界上历史悠久而基本上没有被分化的语言。目前在世界上,以汉语为母语的人口是最多的,大约有将近15亿,主要分布在中国(包括香港、澳门和台湾),以及东南亚一些国家(如新加坡、马来西亚、印度尼西亚、菲律宾、泰国等);由于华人遍布世界各地,所以汉语也可以说遍及全世界。

二、汉语在长期的历史发展中形成了汉民族的共同语,这种汉民族共同语是在历史长河中逐渐形成的。古人所说的"雅言""通语""官话"可能就是当时的汉民族共同语。如今的汉民族共同语,在中国大陆叫"普通话",在港澳台叫"国语",在新加坡等海外地区称为"华语",也称"中文"。民族共同语是超方言的,同时又一定以某一种方言为基础。普通话以北方方言为基础方言,以北京语音为标准音,这是有它的历史发展的客观基础的。大家都知道,自唐宋元明清以来,特别是20世纪随着"五四"时期的"白话文运动"和后来掀起的"国语运动"的"双潮合璧",逐渐形成了"以北京语音为标准音、以北方话为基础方言、以典范的现代白话文著作为语法规范"的现代汉民族共同语。

三、汉语有复杂的方言。目前一般将汉语分为以下七大方言区：（一）北方方言，又叫"官话方言"，以北京话为代表；（二）吴方言，也叫"吴语"，以苏州话或上海话为代表；（三）湘方言，也叫"湘语"，又可以分为新湘语和老湘语，新湘语以湖南省长沙话为代表，老湘语以湖南省双峰话为代表；（四）赣方言，也叫"赣语"，以江西省南昌话为代表；（五）客家方言，也叫"客家话"，以广东省梅县话为代表；（六）闽方言，也叫"闽语"，以福建省厦门话和福州话为代表；（七）粤方言，也叫"粤语"，以广东省广州话为代表。汉语各方言语音分歧最大，其次是词汇，语法上也有一定的差异。方言对一个民族、对一个国家的共同交际会产生十分不利的影响，因此在中国必须大力推广作为现代汉民族共同语的普通话。但是，方言又有它重要的存在价值：

价值之一，汉语方言对中华文化的传承与发展有很大的贡献。汉语方言传承千年，有着丰厚的文化底蕴，在整个中华文化中，有相当一部分文化，就是由方言创造、保留和传承的，而且具有汉语方言区浓郁的乡土色彩和丰富独特的文化魅力。

价值之二，"方言是语言的活化石"，汉语纷繁的方言对研究、了解汉语发展的历史极有用处。根据目前已有的研究与认识，汉语从南到北的方言差异，大致反映了汉语从古至今的语音、词汇、语法的发展变化。可以这样说，现代汉语南方方言正是古代汉语的历史投影；随着地理推移，现代汉语北方方言显示了古代汉语历史演变的结果。也可以这样说，古汉语向现代汉语"纵"的演变和类型上南方话向北方话"横"的推移，正好相对，互为验证。

四、记录汉语的书面符号是由称为"横（一）""竖（丨）""撇（丿）""点（丶）""折（𠃍）""提（㇀）""捺（㇏）""钩（亅）"的 8 种基本笔画及其变体采用不同组合法而构成的一个个方块汉字。这种方块汉字，一个汉字一个形体，一个汉字一个音节，又几乎每个汉字都有意义，因此汉字也可以说是"形、音、义融为一体"的记录汉语的书写符号。

上面说了，汉语方言复杂，但是在书面上基本是统一的，其中重要的一个原因就是使用了这种直接表意的语素音节文字来记录汉语，而不是采用音素文字。这种汉字可以超越方言、超越古今，不受空间、时间的限制，与属于"非形态语言"的汉语形成极为和谐的关系，从而确保了汉语在书面上一直保持统一，使汉语在长期的发展中保持着稳定的延续。

五、汉语属于"非形态语言",因此关于现代汉语语法要特别注意以下几点(朱德熙,1985):⑥

第一,汉语的词类主要依据它们在句法组合中所起的不同作用加以分类。汉语词类中的名词、动词、形容词无形态标志,进入句子也不发生词形上的变化。因此,汉语词类与句法成分是一对多的对应。具体图示如下(虚线表示有少数词也具备那句法功能):

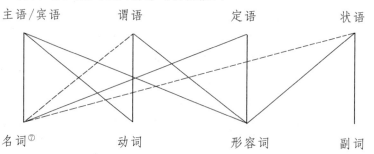

这就是说,汉语里的一个词往往可以出现在多种不同的句法位置上,而在词形上完全一样。试以"研究"为例:

(1) a. 这个问题,他研究,我不研究。【作谓语】
　　b. 她研究语法。【作谓语中心,带宾语】
　　c. 这个问题得研究清楚。【作谓语中心,带补语】
　　d. 这个问题我打算研究。【作"打算"的宾语】
　　e. 这就是我的研究课题。【作名词"课题"的定语】
　　f. 语法研究越来越受到重视。【作主语中心,直接受名词"语法"修饰】

第二,在"形态语言"(如英语)里,句子一定是主谓关系,词组一定不会是主谓关系。汉语情况则不同。由于汉语属于"非形态语言",汉语里的动词就没有所谓定式动词(finite verb)与不定式动词(infinitive verb)的不同表现形式,汉语的句子也不一定是"主语—谓语"的模式。再有,在汉语里,句子和词组在句法构造上不形成对立,彼此不是整体和部分的关系;主谓结构跟其他句法结构处于同等的地位。在汉语里,一个句法结构如果处于被包含状态,它就是词组;如果处于单说地位(附有一定的句调),它就实现为句子。请对照"弟弟扫地"(主谓结构)和"参观科技博物馆"(述宾结构):

(2) a. "弟弟干什么呢?""弟弟扫地。"【句子】
　　b. 弟弟扫地的时候总带着口罩。【词组】

(3) a. "明天干什么?""参观科技博物馆。"【句子】

b. 参观科技博物馆的人可多了。【词组】
　再如"木头桌子"("定一中"偏正结构)：
（4）a."你想买什么桌子？""木头桌子。"【句子】
　　b. 木头桌子现在很贵呀！【词组】

从这里也可以了解到，在"形态语言"(如英语)里，词、词组、句子之间是层层组成关系(composition)，即由词构成词组，由词组构成句子；而在汉语里，词和词组之间是组成关系，词组和句子之间则是实现关系(realization)，词或词组加上一定的句调就成为句子。

第三，由于汉语是"非形态语言"，同一种句法关系可以隐含较大的语义容量和复杂的语义关系而没有任何形式标志。试以"动词＋名词"这个述宾关系为例：

（5）a. 吃苹果【动作一受事】
　　b.（这锅饭可以）吃五个人【动作一施事】
　　c. 吃大碗【动作一工具】
　　d. 吃食堂【动作一方式。也有人分析为"动作一处所"】
　　e. 吃父母【动作一凭借(靠父母生活)】
　　f. 排电影票【动作一目的(为取得电影票而排队)】
　　g. 养病【动作一原因(因病而养)】
　　h. 扔框里【动作一处所】

第四，在汉语里，相同的词类序列可以代表不同的句法构造。例如，"动词＋动词"可以形成不同的句法结构关系：

（6）研究讨论【联合关系】
　　打算回家【述宾关系】
　　挖掘出来【述补关系】
　　研究结束【主谓关系】
　　访问回来【连动关系】
　　请他坐下【递系关系，也称"兼语关系"】
　　讽刺说【"状语一中心语"偏正关系】
　　养殖研究【"定语一中心语"偏正关系】

第五，汉语词序灵活，语序固定。同一个事件，由于说话人的角度不同、认识不同、情感态度不同、所需要表达的信息不同，可以采用不同的表达方式，而这就靠词序的改变加之虚词的运用。例如：

（7）a. 弟弟打破了我的杯子。
　　b. 我的杯子弟弟打破了。【词序改变】

c. 我的杯子被弟弟打破了。【词序改变,外加虚词"被"】
d. 弟弟把我的杯子打破了。【词序改变,外加虚词"把"】
e. 我的杯子是弟弟打破的。【词序改变,外加"是"和"的"】

例(7)各句所说事件相同——"我的杯子破了,打破杯子的是我弟弟"。但通过改变词序、增删某些词语,各个句子意思就不尽相同。

但是,汉语的语序是固定的。汉语的基本语序是:主语在谓语之前,宾语在述语动词之后,修饰语(定语和状语)在中心语之前,补语在述语动词或形容词之后。语序变动,结构关系和整个结构的意思将随之而变。例如:

(8) 眼睛大大的【主谓关系】 ≠ 大大的眼睛【"定—中"偏正关系】
　　吃饭了　【述宾关系】 ≠ 饭吃了　　【主谓关系】
　　客人来了【主谓关系】 ≠ 来客人了　【述宾关系】
　　来早了　【述补关系】 ≠ 早来了　　【"状—中"偏正关系】

六、虚词在汉语语法中占有极为重要的地位。具体见下文第十三节。

七、汉语是语用强势语言。这在语法上主要表现在两方面:

第一,由于汉语是"非形态语言",如赵元任先生所指出的,汉语句子的主语就是话题(赵元任,1968)。吕叔湘先生(1979)、朱德熙先生(1982,1985)都同意。而 Li & Thompson(1981)则进一步从语言类型学的角度径直确认汉语为话题型语言。现在普遍都承认汉语是话题突出的语言。动词的任何一个论元或者说格范畴,几乎都能放在句首作话题。下面例(9)是朱德熙先生在《语法答问》(1985)里所举的例子:

(9) a. 李大夫[施事]去年用中草药给一位病人治好了关节炎。

　　b. 这位病人的关节炎[受事],李大夫去年用中草药给他治好了。

　　c. 这位病人[与事],李大夫去年用中草药给他治好了关节炎。

　　d. 这种中草药[工具],李大夫去年用它给一位病人治好了关节炎。

　　e. 去年[时间]李大夫用中草药给一位病人治好了关节炎。

这个例子很说明问题。朱先生指出,话题可以变化,"可是不管话题怎么变,句子里各个成分之间的语义关系却始终维持不变"。

第二,只要语境允许,句法成分,包括重要的虚词,可以省略。英语的主语、谓语、宾语都是不可随意省略的。请看:

(10) Do you eat one egg every day? (你每天吃一个鸡蛋吗?)

　　——Yes, I eat one egg every day. (是,我每天吃一个鸡蛋。)

　　——* Yes, I one egg every day. (是,我每天一个鸡蛋。)

　　——* Yes, eat one egg every day. (是,每天吃一个鸡蛋。)

——＊Yes, eat every day.（是，每天吃。）
(11) What do you eat every day?（你们每天吃些什么？）
——We eat bread and butter every day.（我们每天吃面包和黄油。）
——＊Eat bread and butter every day.（每天吃面包和黄油。）
——Bread and butter.（面包和黄油。）
(12) Who is Jiajun Wang?（谁是王家俊？）
——I am Jiajun Wang.（我是王家俊。）
——Jiajun Wang is me.（王家俊是我。）
——＊I.（我。）
——＊Is me.（是我。）
——It's me.（我是。）

例(10)—(12)右边翻译成汉语的句子都是可以说的。汉语里还能见到、听到很不合逻辑的句子，但大家都能理解，都能接受。例如：

(13) 赵元任先生是菲律宾女佣。【赵元任先生是男士。这句话的意思是"赵元任先生家雇佣/使用的是菲律宾女佣"】
(14) 那炸酱面怎么没付钱就走了！【意即"那吃炸酱面的顾客怎么没付钱就走了"】
(15) 卧铺不能延长。【意即"卧铺票使用期不能延长"】
(16) 上一周我赶论文呢！【意即"上一周我赶时间写论文呢"】

有时，句中只有一连串的名词。⑧例如：

(17) 今天下午全校大会。

上面这句话，在不同的语境里，你可以分别理解为：

　　a. 今天下午有全校大会。
　　b. 今天下午是全校大会。
　　c. 今天下午开全校大会。
　　d. 今天下午召开全校大会。
　　e. 今天下午举行全校大会。

例(17)实际是省略了谓语动词的句子。

因此，沈家煊(2011)指出，"汉语的语法和用法分不大开，讲汉语语法离开用法就没有多少语法可讲"。⑨这符合汉语事实。

八、汉语是节律性很强的语言。任何语言都有韵律问题。由于汉语每个音节都有意义，在词的层面，以单音节、双音节词为主，所以汉语的节律性特别强，而且词语的音节数会影响语法(具体见下文0.4小节)。正是这种汉语的节律性,在现代汉语里句子合格不合格不能单看是否符合句法规则、是否符合语义规则,还得看是否符合汉语韵律规则。①

0.3 语法到底是指什么?

我们要研究现代汉语语法,必须对"语法"这个概念有较好的理解与认识。那么语法到底是指什么?"语法"可以有广义和狭义两种理解。

按广义理解,语法是指语言所遵循的一切法则,这包括语言自身内在的种种结构规则和语言使用的种种规则;而语言自身内在的种种结构规则又包括语音规则、语义规则、构词规则、句子构造规则、篇章构造规则等等。这种按广义理解的语法也有人称之为"大语法"。按狭义理解,语法仅指语素之间、词语之间、分句之间的组合规则。本书所说的语法是按狭义理解的语法。

按狭义理解的语法到底是指什么呢?平时我们常听人说:"语法是人们说话时所要遵守的一种规则。"这是一种通俗的、不是很科学的说法,因为说话时所要遵守的规则不限于语法规则,还有语音规则、语义规则、语用规则等。后来一般认为比较科学的说法是,"语法是一种语言组词造句的规则"。这个说法,所指范围比较明确了,但是缺乏概括性。为什么这样说呢?因为这个说法(一)没能说明由什么来组词,由什么来造句;(二)按这种说法,有些组合规则概括不进去,譬如说"内燃机"这个词,它的内部构造是:

内 燃 机

"内燃机"里的"内燃"不是词,但又不是一个语素。对于"内燃"的内部组合,上面的说法就概括不进去。同样,"戴红帽子的人是我小学时的同学",这句子里的"戴红帽子的""小学时的",既不是词,也不是句子,这样的组合,上面那个说法也概括不进去。

到目前为止,比较科学的说法是:语法是一种语言中由小的音义结合体组合成大的音义结合体所依据的一套规则。为什么说这是比较科学的说法呢?我们在前面已经指出,就外在语言来说,"语言是一个音义结合的符号系统"。作为语言符号的音义结合体,有大有小。由小的音义结合体组合成大的音义结合体所依据的一整套规则,就是我们一般所说的语法。

0.4 语法和语音、语义、语用

由于语言最本质的功用是传递信息,又由于语法是由小的音义结合体组合成大的音义结合体所依据的一整套规则,还由于语音、语义、语法、语用在同一个语言系统之中,所以语音、语义、语用必然会分别对语法有所影响。具体说,语音、语义、语用会分别对语法有某种制约作用。

一、语音对语法的影响与制约

(一)音节数对语法的影响与制约

汉语是音节性很强的语言,以音节为基本的表意单位,所以音节数有时会对语法有所影响。在汉语用词造句中,常常需要注意音节问题,这可以说是汉语的一个很重要的特点。譬如说,在日常生活中说到花卉,如果花儿的名字是双音节的,那么可以带"花"字,也可以不带"花"字。例如:

(1) 我送她一枝玫瑰花。 　　　我送她一枝玫瑰。
 她很喜欢牡丹花。 　　　　　她很喜欢牡丹。
 那丁香花真醉人。 　　　　　那丁香真醉人。

但是,如果花儿的名字是单音节的,那么一定得带"花"字。下面左边的说法成立,右边的说法都不成立:

(2) 她采了一大把菊花。 　　＊她采了一大把菊。
 我喜欢桂花。 　　　　　　＊我喜欢桂。
 她摘了一枝荷花。 　　　　＊她摘了一枝荷。

地名、人名也存在类似的单双音节对立的现象。如全国各地的县名,有双音节的,有单音节的。双音节的,"县"字可以不说出来。例如:

(3) 她出生在原北京昌平县。 　她出生在原北京昌平。
 我明天去山西万荣县。 　　我明天去山西万荣。
 我老家在江苏海门县。 　　我老家在江苏海门。

但如果是单音节的,那"县"字非说出来不可(右边的说法都不成立)。请看:

(4) 她出生在原北京通县。 　　＊她出生在原北京通。
 我明天去山西祁县。 　　　＊我明天去山西祁。
 我老家在江苏吴县。 　　　＊我老家在江苏吴。

人有单姓的,有复姓的。单姓的,可以有"老王""小王"这样的称呼;复姓的,就没有这样的称呼,譬如一个人姓欧阳,一般我们不会叫他"老欧阳"或"小欧阳"。复姓,我们可以以姓相称,例如:

(5) 欧阳,你来一下。

(6) 司马,王老师叫你去。

单姓就不能这样称呼,我们不说：

(7) *张,你来一下。

　　*秦,王老师叫你去。

欧美人单称姓氏,对中国人也如此。如果听到"张,请你把词典给我"这类话,说话人准是外国人。

在现代汉语里,像"进行""加以""予以"一类动词事实上不表示实在的意思,只起某种韵律或语用的作用,譬如"住房问题明天我们还要进行讨论",从意义上说,跟"住房问题明天我们还要讨论"没有多大差别,句中的"进行"不表示实在的意义,所以这种动词一般称之为"形式动词"。这种动词在使用上有两个特点,一是要求后面有一个动词来作它的宾语,二是这个作宾语的动词只能是双音节的,不能是单音节的。例如：

(8) 金融问题你还需进行学习。

(9) 这些情况需进一步加以调查。

例(8)、(9)里的双音节动词"学习""调查"就不能用同义的单音节动词"学""查"来替换,我们不说：

(10) *金融问题你还需进行学。

(11) *这些情况需进一步加以查。

(二) 轻重音对语法的影响

轻重音也对语法有一定影响。像"学习文件""进口设备""出租汽车"等,都既可以分析为述宾结构,也可以分析为"定—中"偏正结构,而区别就表现在轻重音上——如果分析为述宾结构,重音在后面的名词上;如果分析为"定—中"偏正结构,重音在前面的动词上(重音用"'"表示,下同)。请比较：

述宾结构	"定—中"偏正结构
学习'文件	'学习文件
进口'设备	'进口设备
出租'汽车	'出租汽车

再拿"洗得干净"来说,这个结构是有歧义的,它既可以理解为带情态补语的述补结构,意思大致相当于"洗得很干净";也可以理解为带可能补语的述补结构,意思大致相当于"能洗干净"。而二者的区别也会在轻重音上表现出来——带情态补语的述补结构,重音在"干净"上;带可能补语

的述补结构,重音在"洗"上,即:

(12) 洗得ˈ干净【带情态补语的述补结构】
　　ˈ洗得干净【带可能补语的述补结构】

(三) 语音停顿对语法的影响

停顿对语法也有影响。在汉语语法学界,说到由构造层次不同而造成的歧义时,常常会以"咬死了猎人的狗"作为实例:

(13) a. 咬死了　猎人的　狗　　　b. 咬死了　猎人的　狗
　　　　　1　　　2　　　　　　　　　　1　　　　2
【意思是"把猎人的狗咬死了"】【意思是"把猎人咬死了的那条狗"】

其实,"咬死了猎人的狗"这个结构只是从书面上看有歧义,就口语来说,并不会让人觉得有歧义,因为表示不同意思时,语音停顿是不同的——表示 a 义时,停顿在"咬死了"之后;表示 b 义时,停顿在"的"字之后。即(语音停顿用ᵛ表示):

(14) a. 咬死了ᵛ猎人的狗
　　　b. 咬死了猎人的ᵛ狗

再如"张三个儿很高",可以有两种构造层次:

(15) a. 张三　个儿　很高　　　b. 张三　个儿　很高
　　　　　　1　　　2　　　　　　　1　　　2
　　　　3　　4　　　　　　　　　　　　3　　4

a 和 b 不同的构造层次在语音停顿上有明显的表现。请看:

(16) a. 张三个儿ᵛ很高。
　　　b. 张三ᵛ个儿很高。

它们所属的句子类型也不同,a 句是普通的主谓句,b 句则是主谓谓语句。在意思表达上也有细微的差异。

上述语音对语法的制约中,音节数对语法的制约是汉语的特别之处,至于轻重音、停顿对语法的制约,其他语言都有。

二、语义对语法的影响与制约

大家都知道,许多词具有褒贬义的色彩,而词具有褒义还是贬义,这对语法有时会产生影响。下面试以形容词为例来加以说明。

现代汉语的述补结构中,要表示含过分义的"结果的偏离"时,可以有

两种说法:

A."动词+得+太/过于+形容词+了",例如:

(17)(头发)剪得太/过于长了

B."动词+形容词+了",例如:

(18)(头发)剪长了

采用哪一种说法,就跟形容词是否具有褒贬义色彩有关。具有明显褒贬义色彩的形容词,只能采用 A 的说法,即"动词+得+太/过于+形容词+了"的说法;而具有中性义的形容词(即不含褒贬义色彩的形容词),则两种说法都可以采用。请看实例:

	动词+得+太/过于+形容词+了	动词+形容词+了
有明显褒贬义的形容词:	摆得太/过于整齐了	*摆整齐了[11]
	(日子)过得太/过于舒服了	*过舒服了
	洗得太/过于脏了	*洗脏了[12]
	说得太/过于乱了	*说乱了
中性形容词:	走得太/过于快了	走快了
	来得太/过于早了	来早了
	(菜)炒得太/过于咸了	炒咸了
	剪得太/过于短了	剪短了

下面我们再举一个实例。我们知道,副词"还"作为程度副词可以表示两种语法意义:一是表示程度深,大致相当于"更";一是表示程度浅,含有勉强过得去的意思。为区别起见,我们将表示程度深的"还"记作"还$_1$",将表示程度浅的"还"记作"还$_2$"。"还$_1$"所修饰的形容词可以是褒义,可以是贬义,可以是中性义;而"还$_2$"则只能修饰褒义或中性义的形容词,不能修饰贬义形容词。[13]请看:

还$_1$	还$_2$
她家比我家还$_1$干净	相比之下这个房间还$_2$干净
他家的墙比我们家还$_1$厚	这个房间的墙还$_2$厚
他擀的饺子皮儿比我擀的还$_1$薄	他擀的饺子皮儿还$_2$薄
那地方比这儿还$_1$脏	*相比之下这个地方还$_2$脏
那孩子比他还$_1$难看	*相比之下那孩子还$_2$难看

对语法的影响与制约不限于词的褒贬义。下面我们将会比较详细地讲到词语的语义特征对语法的影响与制约。(参看下文第四节"语义特征

分析法")

三、语用对语法的影响与制约

所谓"语用",说白了,就是指人与人之间实际的言谈交际。而言谈交际的过程也就是言谈双方彼此不断传递、交换信息的过程。由于汉语是"非形态语言",所以汉语是语用性很强的语言,是更多地受信息传递规则制约的语言。关于这一点,我们在"绪论"0.2小节已谈到一些,而在后面第十二节"关于语言信息结构分析"会有更详细的论述,这里不再赘述。需要补充的一点是,语用对语法的影响与制约还有另一方面的反映,那就是社会心理对语法的影响。马真(1986)《"比"字句内比较项 Y 的替换规律试探》在谈论制约"比"字句内比较项 Y 的替换规律时就说到了"社会心理"这一制约因素。⑬请先看两个例子:

(19) 我的爷爷比你的爷爷硬朗。
　　⇏我的爷爷比你的硬朗。
(20) 你的女儿比我的女儿能干。
　　⇒你的女儿比我的能干。

例(19)里的"爷爷"是指长辈,"你的爷爷"不能用"你的"来替换;例(20)里的"女儿"指晚辈,"我的女儿"就能用"我的"来替换了。那是因为在汉语里用"的"字结构来称说人是不够礼貌的。下面的例子更有意思:

(21) 他的朋友比你的朋友大方。
(22) 他的朋友比你的朋友小气。
(23) 他的朋友比你的朋友更小气。

例(21)因为是说"他的朋友比你的朋友大方",言下之意是"你的朋友小气"。这在说话者的心目中,暗含着对"你的朋友"有意见,甚至看不起。所以例(21)可以有如下替换:

(24) 他的朋友比你的朋友大方。
　　⇒他的朋友比你的大方。

而例(22)是说"他的朋友比你的朋友小气",言下之意"你的朋友"是比较大方的,所以不会去采用不很礼貌的替换;例(23)在说话人心目中不管是"他的朋友"还是"你的朋友",都是小气的,就又可以采用不礼貌的说法了:

(25) 他的朋友比你的朋友小气。
　　⇒他的朋友比你的小气。

(26) 他的朋友比你的朋友更小气。
⟹ 他的朋友比你的更小气。

0.5 关于语法单位

前面已经说了,语法是一种语言中由小的音义结合体组合成大的音义结合体所依据的一套规则。语言中的音义结合体有大有小,为了语法研究的需要,我们有必要根据大小不等的语言成分的不同性质,设立若干单位。语法研究中所使用的单位就叫"语法单位",任何一种语法单位都是音义结合体。我们学习语法,就需要知道这些语法单位。

一般把语法单位分为四种:语素、词、词组、句子。下面分别介绍。

一、语素

语素是语言中最小的音义结合体,是最小的语法单位。语素的特点是它不能再被分割为更小的音义结合体。有学者为了彰显汉语、汉字的特点,主张汉语语法的最小单位不用"语素"来表示,改用"字"来表示。⑮ 这没有什么不可以。然而须知,这只是术语的改变,即只是换了个术语,并无本质差别,因为我们要给"字"下定义的话,还得说:"'字'是汉语中最小的声音和意义的结合体,是最小的语法单位。"

"铁路"不是语素,因为它还可被分割为更小的音义结合体"铁"和"路"。

"姐"是语素,因为它不能再被分割为更小的音义结合体了。注意,"姐",单纯从语音上来看,它还可被分割为更小的单位,譬如说:

jie²¹⁴ → jie + 214
　　　　└──→ j + ie
　　　　　　　└──→ i + e

单纯从意义上看,也还可被分割为更小的语义成分,譬如说:

姐→[＋事物,＋具体事物,＋有生命,＋动物,＋人类,＋女性,＋同辈中年龄大的,……]

箭头后面方括号内带加号的任何一项,都可以看作"姐"这个语素所含有的语义成分,这种语义成分,一般称为"义素"。但是,从音义结合体的角度看,"姐"不能再被分割为更小的音义结合体了,所以"姐"是语素。

"垃圾",从表面看,它跟"铁路"很相似,也是包含两个音节,写出来也是两个汉字。但是,它跟"铁路"有一个很重要的区别,那就是它不能像"铁路"那样再被分割为更小的音义结合体,因为"垃"和"圾"虽分别是一个音节,但都没有意义,因此"垃"和"圾"都不是音义结合体。"垃"和"圾"合成"垃圾"后,才既有声音,又有意义,才能被看作音义结合体;而这个音义结合体不能再被分割为更小的音义结合体,所以"垃圾"是一个语素。前面我们曾说到"几乎每个汉字都有意义"(0.2 小节),这意味着某些汉字不表示意义,像"垃"和"圾"就是不表示意义的汉字,类似的如"箜""篌""徘""徊""琵""琶"等。不过这类汉字数量很少很少,不反映汉字的本质。

语素的功用有两个:

第一个功用是用来构成词。可以自身直接成为一个词,例如"一个组五个人",其中的"一""个""组""五"和"人"就是分别由语素"一""个""组""五"和"人"直接构成的词。由一个语素构成的词一般称为"单纯词"。但更常见的是由两个或两个以上的语素组合在一起按一定的构词规则构成词。例如"人民""人口""人缘"和"工人""仙人""凡人",以及"人来疯""人生观""辩护人""人面兽心"等,就是由语素"人"跟别的语素组合成的。由两个或两个以上的语素组合成的词,一般称为"合成词"。现代汉语中,绝大部分词是由两个语素构成的合成词。⑯

第二个功用是构成包含在词内部的"语素组"。例如上面举过的"内燃机"(0.3 小节)里的"内燃",再如"林荫道"里的"林荫","切割机"里的"切割","姑息养奸"里的"姑息"和"养奸",以及"研究生"里的"研究"等,都属于语素组。在上面所举的例子里,"切割机"里的"切割","姑息养奸"里的"姑息","研究生"里的"研究",本身也可以成为一个词,但在这里它们不是以词的身份出现的,它们只是作为词的一个组成成分的身份出现的;而"内燃机"里的"内燃","林荫道"里的"林荫",压根儿就不能成词。不管本身能否单独成词,只要是包含在词里边的、作为词的构成成分的那种语素的组合,都称为"语素组"。所以,语素组是包含在词内部的、作为词的组成成分的一种语素的组合。

注意:"语素组"不等于"语素的组合"。"语素的组合"可能是词,也可能是语素组。同一个"语素的组合",在有的场合可能是词,在有的场合可能是语素组。如"研究$_1$生就应该搞研究$_2$"这句话里的"研究$_1$"和"研究$_2$"都是"语素的组合",但"研究$_1$"不是词,只是"语素组","研究$_2$"则是词,不是"语素组"。

从上可知,语素是词的"建筑材料"。

二、词

词是语言中最小的独立运用的音义结合体。词都是由语素构成的,它是比语素高一级的语法单位。词的特点主要有两个:

第一个特点,一定是独立运用的音义结合体。所谓"独立运用的音义结合体"是说这种音义结合体可以独立自主地跟其他词或比词大的音义结合体相组合。词的这一特点,使词区别于语素。譬如"丽",它有意义,能表示"好看"的意思,但"丽"不是词,因为它不能独立运用,我们不说:

(1) *风景很丽。
(2) *多丽的风光!

由"丽"与别的语素组合而成的"美丽""壮丽""秀丽""风和日丽"才是一个词。例(1)、(2)得说成:

(3) 风景很美丽。
(4) 多秀丽的风光!

第二个特点,这个独立运用的音义结合体本身不能再被分割为更小的一定是独立运用的音义结合体。词的这一特点,使词区别于词组。试比较"白药"和"白马",从表面看,它们好像是一样的,它们中的"白"意义一样,都能独立运用,"药"和"马"也都能独立运用。但事实上,二者有本质的区别:"白马"里的"白"和"马"结合得比较松,中间可以插入别的词,譬如可以说成"白的马""很白的马"。这就是说,"白马"可以再被分割为更小的能独立运用的单位。而"白药"里的"白"和"药"则结合得很紧,不能随意拆开,即不能再分割为更小的能独立运用的单位,在任何场合中间都不能插入别的词,譬如不能把"白药"拆开说成"白的药""很白的药"。常识也告诉我们,了解了"白"和"马"的意思,就能推知"白马"的意思;但是了解了"白"和"药"的意思,并不能推知"白药"的意思。这也足见"白药"不同于"白马"。从语法上说,"白马"是一个词组,其中的"白"和"马"是以词的身份出现的;而"白药"是一个词,其中的"白"和"药"是以语素的身份出现的。

汉语里的词,有两个功用:一是构成词组,这好理解,这里不再解释。二是有时能独立成为句子,例如:

(5) "你想吃什么?""馒头。"

上面对话里作为答话的"馒头。"就是由一个词独立形成的句子。

词构成词组也好,独立形成句子也好,最终都是构成句子。因此我们可以说词是句子的"建筑材料"。

三、词组

词组是由词和词按一定的句法规则组合而成的、比词大的、能独立运用的音义结合体。如"木头桌子""喝咖啡""洗干净""妈妈好""刷牙洗脸""刚来"等,就都是词组。

词组的特点是一定能被分割为更小的能独立运用的音义结合体。这无需解释,因为词组都是由词组合成的。

词组也有两个功用:一是构成更复杂的词组,即成为另一个复杂词组的组成成分。如"姐姐买衣服"和"木头桌子"这两个词组都可以分别用来组成诸如"<u>姐姐买衣服</u>总是挑来挑去的""<u>姐姐买衣服</u>的时候我在她身边""我以为<u>姐姐买衣服</u>"和"一张<u>木头桌子</u>""买<u>木头桌子</u>""<u>木头桌子</u>便宜"等复杂词组,"姐姐买衣服"和"木头桌子"在这些复杂词组里是作为一个组成成分出现的。二是单独成为句子,仍然以"木头桌子"为例,在下面的对话里它就单独实现为句子:

(6)"你想买什么桌子?""木头桌子。"

汉语中绝大部分的句子都是由词组直接加上一定的句调实现的。所以,词组也可以看作句子的"建筑材料"。

在汉语里,词组从长度上说,一般都比词大;从功用上说,跟词基本是一样的。所以在汉语里,词组跟词是属于同一级别的语法单位。

四、句子

句子是语言中前后有较大停顿、伴有一定句调、表示相对完整意义的音义结合体,是最大的语法单位。一句话完了,有一个较大的停顿,书面上用句号(。)、问号(?)或感叹号(!)来表示。例如:

(7)他们都去广州。

(8)你想吃点儿什么?

(9)狼来啦!

句子的特点是,第一,一定伴有句调,前后停顿可看作是一个完整句调的起点和终点。第二,能表示相对完整的意义,在交际中能成为一个基本的表述单位。句子的这两个特点,决定了句子跟语素、词、词组这些语法单位有很重要的区别。一般认为这种区别可以概括为:语素、词、词组是静态语法单位,句子是动态语法单位。⑰

有人主张将句群看作一级语法单位,理由是不少词、词组乃至句子,其确切含义只有在一个句群里,换句话说,只有在一定的上下文语境里才能加以确定。这说法不是没有道理,但我们还是采取吕叔湘先生的意见,语法只研究到句子为止。吕先生下面这段话把这个问题说得很清楚:⑱

> 比句子大的单位是段、大段、全篇(或章、节)。一般讲语法只讲到句子为止,篇章段落的分析是作文法的范围。事实上句和句之间的联系,往往也应用语法手段(主要是虚词);但是除此之外还有其他手段,如偶句、排句、问答等等;还常常只依靠意义上的连贯,没有形式标志。因此,篇章段落的分析方法和句子内部的分析方法有较大的差别,语法分析基本上到句子为止,还是有点理由的。

在汉语里,四种语法单位可分为三个级别:语素是一个级别;词和词组是一个级别;句子是一个级别。具体如下:

句子——最大一级语法单位

词、词组——居于句子和语素中间的一级语法单位

语素——最小一级语法单位

这四种语法单位之间的关系,大致可以表示如下:

【横箭头→表示组成关系,竖箭头↓表示实现关系】

0.6 为什么需要研究汉语语法?

好多人都提出过这样的问题:为什么要研究语法?研究语法有啥用?特别是有人说:"我没有学过语法,说话、写文章也没有什么问题呀!"还有人说:"许多作家、艺人,他们也没有学过语法,可他们所写的小说、剧本、散文,所表演的相声、山东快书什么的,不都很好吗?"言下之意,学不学语法与说话写文章没多大关系。这些看法似乎很符合事实,但他们忽略了语言、语言能力、语言教学和语言研究在当今社会的重要价值与意义。

我们知道,语言学,既是一门古老的学科,又是一个年轻的学科。说它是一门古老的学科,因为就全世界来说,语言学有四个传统,分别是:(一)古代中国语言学传统,创造了辉煌的文字学、音韵学、训诂学。(二)

古希腊语言学传统,主要是从逻辑、哲学方面来研究语言问题,确立了西方句法研究的基本模式。(三)古代阿拉伯语言学传统,是作为研究阿拉伯文化的一部分来开展语言研究的,主要研究语法,已经注意到书面语与口语的不同,词汇意义与语法意义的不同,重视构词的研究,"词根"这一术语就是从阿拉伯语法学中来的。(四)古印度语言学传统,主要是用经验的方法来研究语言现象,注重研究词的意义。每个语言学传统都有2000年左右的历史。过去研究语言,不管是哪个语言学传统,都是为了"解经",即为了解释古代经典,都是为了有助于人们的阅读与写作。那为什么又说它是一个年轻的学科呢?那是因为语言学真正为大家所了解,为社会所重视,是20世纪后半叶特别是进入21世纪后的事,而且随着人类社会进入全球化、信息化、智能化时代,语言研究的目的已大大拓宽了。语言、语言能力、语言教学与语言研究越来越受到各国的普遍重视,因为在如今这个时代,而且可以预料在今后,语言和语言能力越来越关涉国家综合国力的提升和国家的安全,越来越关涉每个国民的生存与发展。这一点可以从2014年6月5—6日由联合国教科文组织与我国教育部和国家语委在我国苏州联合举办的"世界语言大会"最后所发布的《世界语言大会苏州共识》看出。《苏州共识》全文如下:

世界语言大会苏州共识

(2014年6月6日,中国苏州)

世界语言大会于2014年6月5日至6日在中华人民共和国江苏省苏州市举行。全体代表感谢中国政府与联合国教科文组织合作,为举办此次盛会所作出的慷慨贡献。会议代表围绕"语言能力与人类文明和社会进步"这一主题,就语言能力与社会可持续发展、语言能力与语言教育创新、语言能力与国际交流合作等议题进行了认真讨论,并达成了以下共识。

一、语言能力与社会可持续发展

语言是人类文明世代相传的载体,是相互沟通理解的钥匙,是文明交流互鉴的纽带。作为推动历史发展的重要力量,语言对于激发个体潜能,实现2015后全球发展新目标至关重要。语言能力是激发文化活力、促进认知发展、推动社会进步和经济繁荣的根本因素。

采取措施提升全体公民多种语言的能力,将有助于满足日益显现的全球社会需求。语言能力包括母语能力、国家通用语言能力、区域以及国际交流语言能力等。

二、语言能力与语言教育创新

以科学研究带动语言教育创新,从而提升语言能力。研究领域包括:人脑语言机制、信息交流技术(ICT)、有效教学法和基于母语的多语教学。

使用学习者的母语开展教学,是提高教学效果、促进身份认同的重要基础,母语教育应该应用在初期教育阶段。家庭和社区在母语学习中发挥着重要作用。手语和盲文应得到尊重并在教育中得到使用。各民族和土著民为使他们的语言世代相传所付出的努力,对一个公正和富有成效的世界亦很重要。教师教育是提升语言能力的一项重要投入。

三、语言能力与国际交流合作

促进人民、机构、国家之间的交流和学习是提升语言能力的重要途径,语言能力的提升也有利于促进人民、机构、国家之间的交流和文明互鉴。网络空间应体现世界的语言多样性,各语言社区都应该从信息交流技术中受益。

呼应国家、土著民以及移民社区需要的语言政策和实践,可以为一个全球化社会的和平共处增进有效沟通。

《苏州共识》篇幅不长,不到 800 字,但内涵丰富,论述系统,概括全面。特别是《苏州共识》明确而清晰地指出,"语言是人类文明世代相传的载体,是相互沟通理解的钥匙,是文明交流互鉴的纽带",以引导人们认识在当今社会提升语言能力的重要性。

就现代汉语语法研究的目的而言,主要有五方面:

一是不断考察、挖掘和发现新的语法事实与规律,并进行充分而又科学的描写说明;弄清楚、解决好"是什么"的问题。

二是对所发现的语法事实与规律,作出尽可能充分、合理、科学的解释;搞明白、解决好"为什么"的问题。

三是在一和二的基础上,探求人类语言的共性与各个语言的个性,目的是为了更好地考察、研究、了解语言。

四是不断完善语法理论,深化语法研究。

五是服务于应用,或者说为语言应用服务。科学研究的最终目的都是为了应用,语法研究也不例外。我们研究现代汉语语法,其目的就是为了让汉语更好地为我们的交际活动服务,让研究所取得的成果有效地指导我们的语言实践,并推动相关学科的发展。而且,也只有通过汉语的应用研究,才能看出我们对汉语的本体研究,对现代汉语语法的本体研究到底搞得怎么样。从这个意义上说,现代汉语语法的应用研究可以说是现代汉语语法本体研究的试金石,而且有助于拓宽现代汉语语法本体研究的研究领域。社会现实告诉我们,语法研究成果的应用面越来越广。从现代汉语语法应用研究的走向看,我们认为,当今现代汉语语法应用研究将以下述三方面的研究为重点:[19]一是服务于中文信息处理和实现智能化的现代汉语语法应用研究;二是服务于汉语作为第二语言/外语教学的现代汉语语法应用研究;三是服务于中小学语文教学的现代汉语语法应用研究。[20]

要实现上述目的,需要做好三件事:第一件事,得认真面向并绝对尊重语言事实;第二件事,加强理论思考,不断拓宽语法研究的视野,不断革新语法研究、语法分析的理论与方法;三是全面考察、深入了解社会各方面对语法研究成果的需求。

本书主要结合汉语语法研究较全面地介绍各种不同的语法研究、语法分析的理论、方法,关于现代汉语语法的应用研究,就不在本书中占篇幅细说了。

0.7 汉语语法研究的现状与发展趋势

19世纪末,马建忠的《马氏文通》(1898)问世,这标志着中国现代语言学的开始。这也意味着,中国的语言学开始在西方语言学的影响下,在西方语言学理论的指导下逐步发展。从上个世纪50年代到本世纪初,整个语言学领域发生了值得重视的可喜变化,变化始于上个世纪50年代爆发的乔姆斯基革命,以乔姆斯基的《句法结构》问世为标志。乔姆斯基对语言提出了三大假设:一是人生来就有一个语言获得装置(language acquisition device),语言是人脑心智的重要组成部分;二是人类语言千差万别,但遵循共同的组合原则,差异只是参数的不同,从而形成了"原则与参数"(principles and parameters)的理论;三是人类语言共同遵循的组合原则应该是极为简明的。乔姆斯基及其弟子为证实这些假设,对语言进行了不间断的有益探索。这种探索,加之人们对语言本体性质有了新的认识(见0.1小节),改变了语言研究的航向,使整个语言学科发生了可喜的变化。突出的一点是,彻底改变了结构主义一统天下的局面,彻底改变了单纯对语言结构进行描写的单一研究思路,从而——

1. 在语言研究领域出现了形式语言学、功能语言学、认知语言学三足鼎立、百家争鸣、百花齐放的新局面、新形势。

2. 出现了重考察、重描写、重解释，进行多层面、多视角、多方位研究的新的研究思路。

上面所讲的这两点分别深刻地反映在当今的形式语言学派、功能语言学派、认知语言学派的要义之中。

形式语言学派，强调语法的天赋性、自主性，着重探索人类语言的机制，探索人类语言的共性。特别是，探索在以下三方面所共同遵守的原则：在句法运算系统上；在句法和语音的接口上；在句法和逻辑意义的接口上。同时探究各个语言的参数差异，即在探索人类语言共性的基础上探究各个语言的特点。

功能语言学派所说的"功能"，是指语言的交际功能。功能学派的基本观点是，语言的交际功能既是语法研究的出发点，也是语法研究的归宿。功能语言学派所考虑的基本问题是：How grammars come to be the way they are?（语法为什么是这样的？）他们的答案是"由语言的交际功能所决定"。[21] 于是，语言社会变异、语法化、话语篇章分析、语言类型及语义地图、会话交际、话语信息结构等，都成为功能语言学派感兴趣的研究领域与研究课题。

认知语言学派，其观点是语言乃人脑心智和人的认知能力的重要组成部分；语言的基本功能是象征。语言世界不直接对应于客观的物理世界，而是有一个主观的心理世界作为中介，这个主观的心理世界就是人的认知域。象征是语言结构被赋予认知内容的基本手段。各种语法结构的类型，都可以视为不同象征所造成的不同结构类型，并认为均有理据性，均可验证。于是，诸如象似性（iconicity，也称临摹性）、范畴化（categorization）、意象图式（image schema）、主观性与主观化（subjectivity and subjectification）、隐喻与转喻（metaphor and metonymy）、有界与无界（bounded and unbounded）、构式（construction）、语言的行知言三域（three conceptual domains：acting, knowing and uttering）等，均为认知语言学派所关注、所研究的课题。

上面所谈的对语言本体性质的新认识以及在此认识的基础上所呈现的整个语言研究的变化，深刻影响着汉语的本体研究。上个世纪80年代以来出现了好的发展势头——

一是思考如何摆脱印欧语的束缚。关于摆脱印欧语束缚的问题，是1982年朱德熙先生最早提出来的。怎么摆脱？摆脱的切入点选在哪里？学界都正在探索。[22]

二是如何从人类语言共性的视角来认识汉语的特点。从人类语言共性看汉语特点的问题，是1994年王洪君最早提出来的。王洪君在《汉语的特点与语言的普遍性》一文指出:"多年来汉语研究中一直有两种倾向。一种是简单地搬用西方普通语言学来处理汉语,外文系出身的语言学者所取此路。另一种是强调汉语的特点,强调西方理论不足以处理汉语,中文系出身的汉学者或明白宣示,或心内思忖,实以此路为多。""两种倾向在某种意义上看有通病,就是其立足点实际上都只限于如何处理汉语,而不把处理人类语言的共性当作自己的任务。放弃对语言共性的探索,不仅使中国语言学逐渐落后于西方语言学,差距越拉越大,而且也很难真正搞清汉语的特点。""西方语言学明确了在具体语言规律之上发现人类语言普遍规律的企图,立足点由具体语言转向了人类语言的共性。立足点的变化,使西方语言学发展得很快。与此同时,中国语言学始终立足于如何处理汉语,理论上没有新进展。""一个音节一个意义"的结构关联制约着汉语构词法的所有规则。这可以说是汉语的一个特点,而这一特点"也是在更高层次的语言共性之中"。"个性与共性不是矛盾的,共性比个性的层次高。""语言共性是科学研究力图逐渐接近、希望能最终达到的目标。""要明确,西方的普通语言学理论不过是建立在某些语言具体特点之上的、反映他们目前认识水平的工作假设。把这种假设当作唯一正确的原则来处理汉语,结果只能是跟在别人的后面打转转";"另一方面,片面强调汉语的特点","否认语言共性,自动放弃对语言共性的探究","亦不足取","它使我们无法与西方人站到同一条起跑线上",而且使我们无法真正了解汉语的特点。①王洪君先生的这些看法很值得大家学习与深思。

三是现在对各种语法现象,都要追究"为什么?该怎么看?该怎么解释?"这样的问题,也就是不能只满足于描写,要更多地注重解释。下面不妨略举些实例。

【实例一】众所周知,形容词可以修饰名词,可是有的语言只有一种形式,即"AN"(A代表形容词,N代表名词语),如英语;而汉语就有"AN"和"A的N"两种形式,而且那两种形式并不对称,即不是有"AN"就一定会有"A的N",有"A的N"就一定会有"AN"。请看:

英文	中文
hot water	热水/热的水
cold rice	冷饭/冷的饭
hot meat	*热肉/热的肉
cold fish	*冷鱼/冷的鱼
large scale	大规模/*大的规模

这一现象说明,语言与语言之间有共性,而各个语言又有自己的个性特

点。那么汉语中形容词修饰名词语,什么情况下要有"的",什么情况下不能有"的"? 有"的"没有"的"受什么制约? 在表达上有什么样的区别? 有必要作出合理的解释。

【实例二】"汉语老师"可以说成"汉语教师",可是"他是王刚的老师",却不能说成"他是王刚的教师",这为什么? 但又能说"他是王刚的家庭教师",而不说"他是王刚的家庭老师",这又为什么? 这些都该怎么解释?

【实例三】我们只说"盛碗里两条鱼",而不能说"盛碗里鱼",其中的数量词"两条"绝不能省去。这为什么? 怎么解释?

【实例四】请看:

(1) a. 不相信他不知道＝相信他知道
　　　不赞成他不回国＝赞成他回国
　　　不希望他不参加＝希望他参加
　　b. 不怕他不来≠怕他来
　　　不说他不好≠说他好
　　　不知道他不在家≠知道他在家

a 和 b 的差异是怎么造成的? 这该怎么解释?

【实例五】请看:

(2) 那孩子追得老头儿直喘气。

以往只指出该句能表示什么样的意思,不能表示什么样的意思,如下所列:

　　a. 孩子追老头儿,老头儿喘气。　(√)
　　b. 孩子追老头儿,孩子喘气。　　(√)
　　c. 老头儿追孩子,老头儿喘气。　(√)
　　d. 老头儿追孩子,孩子喘气。　　(×)

可是,现在还得追问:为什么 a、b、c 三种意思能表示,能被接受,而 d 意思不能表示,绝对不会被接受?

以上说明,汉语语法研究自上个世纪下半叶以来有很大的发展。

0.8　汉语语言学工作者应有的语法分析能力

凡有志于从事汉语教学与汉语研究的人,都须树立研究意识,都须具

有一定的研究能力。就语法方面来说,最起码的语法分析能力,我想大概是这些:

对于一个词,能较快地判断它属于什么词类。譬如:"突然"是什么词?跟"忽然"是否同类?不同类,那为什么?都是表示颜色的"红""粉"㉔"通红",它们属于同一个词类吗?理由是什么?怎么能具备这样的能力呢?(见本书第八节8.4小节)

对于一个词组,能比较快地判断它属于什么性质的词组。譬如:"说清楚""说话清楚"和"解释清楚",三者是性质相同的词组还是性质不同的词组?怎么判断?理由是什么?再看下面三个例子:

(1) 看三本
(2) 看三次
(3) 看三天

这三个词组属于同一类句法结构还是属于不同类型的句法结构?理由呢?

对于一个复杂的句法结构,能分析它内部的构造层次和每一层面的结构关系。譬如"妈妈刚买的桌子上有一朵荷花",其中的"妈妈刚买的桌子上"该怎么分析?其构造层次该分析为a,还是该分析为b,还是该分析为c?理由呢?

(4)   妈妈   刚买的   桌子   上
    a. 1_____   2_____
    b.   1_____   2_____
    c. _____1_____   2_____

对于语言中所存在的格式、类型、语气上都相同而只是修饰成分次序不同的句子,能作出较好的解释与说明。例如:

(5) 杭州率先在全国建立了公共自行车交通系统。
(6) 杭州在全国率先建立了公共自行车交通系统。

例(5)与例(6)在表达上有差异吗?如果有,怎么解释这种差异?

语言中存在不少有歧义的话语。对于语言中有歧义的话语,能分析、解释这些话语的歧义。例如:

(7) 我就管他。
(8) 他们两个人分一个西瓜。
(9) 我们需要进口钢材。

(10) 坐下来。

(11) 我就喜欢一个人。

以上所说是一个汉语语言学工作者所应具有的最起码的语法分析能力。要使自己具备这样的语法分析能力，就必须学习掌握一定的语法知识，就必须学习掌握一定的语法分析理论与方法。说到语法分析理论与方法，首先必须切实学习、掌握美国结构主义语言学的层次分析、分布分析、替换分析、变换分析等理论方法，切不可以为这些理论方法已经过时了；须知熟练运用这些理论方法，这可是语法研究者应有的基本功。同时，我们确实也必须注意学习、了解当今形式语言学派、功能语言学派、认知语言学派的一些前沿理论，以便更好地从多角度、多层面、多方位来分析、解释各种语法现象。

0.9 关于结构关系的多重性

最后需要跟大家说说结构关系多重性的问题。这里所说的"结构关系的多重性"具体包含以下三层意思：

第一层意思，凡是由实词与实词组成的句法结构里，总是同时并存着两种结构关系——语法结构关系和语义结构关系。语法结构关系是指诸如主语与谓语的关系、述语与宾语的关系、定语与中心语的关系等等。语义结构关系是指实词与实词之间的语义联系，诸如施事与动作的关系、动作与受事的关系、事物与性质的关系等等。

相同的语法结构关系可以表示不同的语义结构关系。相同的语义结构关系可以由不同的语法结构关系来表示。请看：

	语法结构关系	语义结构关系
张三走了	主谓关系	施事—动作
苹果吃了	主谓关系	受事—动作
衣服脏了	主谓关系	主体—性状
喝啤酒了	述宾关系	动作—受事
啤酒喝了	主谓关系	受事—动作
喝的啤酒	偏正关系	动作—受事
把啤酒喝了	"把"字句式	受事—动作
啤酒给喝了	被动结构	受事—动作

上面的实例显示，语法结构关系与语义结构关系不是一一对应的。这里更

需注意的是,词语之间的句法结构关系,直接受词序的影响,"富士山高高的"与"高高的富士山",包含的词语完全相同,由于词序不同,二者的句法结构关系也就完全不同——"富士山高高的"是主谓关系,"高高的富士山"则是"定-中"偏正关系。而词语与词语之间的语义结构关系是无序的,从语义结构关系上来说,"富士山高高的"也好,"高高的富士山"也好,"富士山"和"高高的"之间都是"事物—性状"关系("高高的"都是用来说明"富士山"的性状的),只是前者采用的是陈述性说明,后者采用的是修饰性说明。

第二层意思,相同词语之间可以形成不同的句法结构关系。例如:

(1) 咬死了猎人的狗

例(1)的歧义可以从下面不同的答话中看出:

(2) a. "那老虎咬死了谁的狗?""咬死了ⅴ猎人的狗。"
　　b. "你说的是哪一条狗?""(那条)咬死了猎人的ⅴ狗。"

例(2)a答话里的"咬死了猎人的狗"是述宾关系。例(2)b答话里的"咬死了猎人的狗"是"定-中"偏正关系。二者句法结构关系不同,不过它们首先是构造层次不同。下面的例子是另一种情况:

(3) 进口钢材

例(3)的歧义可以从下面不同的答话中看出:

(4) a. "他们需要进口些什么?""(需要)进口钢材。"
　　b. "他们急需什么钢材?""(急需)进口钢材。"

例(4)a答话里的"进口钢材"是述宾关系。例(4)b答话里的"进口钢材"是"定-中"偏正关系。二者句法结构关系不同,跟构造层次无关。

我们更需重视例(3)那样的相同词语之间所形成的不同的句法结构关系的现象。类似的例子如:

(5) 出租汽车
(6) 他写的散文
(7) 我们三班

例(5)与例(3)类同。例(6)既可以分析为"定-中"偏正结构,如在例(8)里:

(8) 我想看看他写的散文。

也可以分析为主谓结构,如在例(9)里:

(9) 他写的散文,我写的是诗歌。

例(7)既可以分析为"定—中"偏正结构,如在例(10)里:

(10) 二排排长说:"我们三班也不差呀!"

也可以分析为同位结构,如在例(11)里:

(11) 三班班长表态说:"我们三班保证完成任务!"

还可以分析为主谓结构,如在例(12)里:

(12) "请问同学,你们是几班?""我们三班。"

第三层意思,相同词语之间可以形成不同的语义结构关系。例如下面的歧义句子:

(13) 反对的是他。

例(13)动词"反对"和"他"之间,就既可以分析为"动作—受事"的语义关系,如在下面的句子里:

(14) 我可不是反对你,我呀,反对的是他。

也可以分析为"动作—施事"的语义关系,如在下面的句子里:

(15) "反对这房改方案的是谁呀?""反对的是他。"

现代汉语语法学里的经典歧义例子"鸡不吃了",过去人们已经注意到的歧义实例"母亲的回忆"("母亲"既可以理解为"回忆"的施事,也可以理解为"回忆"的对象,即受事),就都属于相同词语之间存在不同语义结构关系的例子。

词与词之间还存在一种二维关系,即词的组合关系和词的聚合关系。不过这不属于不同的结构关系,这是词在不同维度上所呈现的关系。(具体见本书第一节1.3小节)

为什么还需要跟大家说说结构关系多重性问题?因为认识结构关系的多重性有助于深化对语法的认识,有助于推进语法研究。对于上述第一层结构关系的多重性和第二层结构关系的多重性,汉语语法学界已都注意到了,但对于第三层结构关系的多重性,即相同词语之间可以存在不同的语义结构关系,这在过去虽注意到了,但无论是国内语法学界还是国外语法学界,都还缺乏理论上的论述。而这种结构关系的多重性更需给予足够的重视。建立"词语之间结构关系的多重性"的观念,特别是重视并注意研究分析语言中"词语之间语义结构关系的多重性"问题,将会引导我们去发现更多的有价值的隐性的语言事实与语言现象,将有助于深化对语言事实的认识,将有助于语言研究的进一步深入;而这对中文信息处理和汉语教学也将有直接的参考价值。⑥

注释

① 参见何大安《规律与方向:变迁中的音韵结构》,北京大学出版社,2004年。
② 参看 Chomsky, N. *Language and Mind*. New York: Harcourt, Brace & World, 1968. 和 Chomsky, N. *Knowledge of Language: Its Nature, Origin and Use*. New York: Praeger, 1986.
③ 参看赵世举主编《语言与国家安全》,商务印书馆,2014年。
④ 在实际语言生活中,还有一种体态语,主要是聋哑人所使用的语言形式。怎么看待这种语言形式?如果承认它也是语言的一种表现形式,那我们就不好说"语言是一个音义结合的符号系统",因为聋哑人的体态语没有声音。当然也可以修改关于语言的说法,改为"语言是一个意义和形式相结合的符号系统"。
⑤ 参看维多利亚·弗罗姆金(Victoria Fromkin)、罗伯特·罗德曼(Robert Rodman)、妮娜·海姆斯(Nina Hyams)《语言引论》(*An Introduction to Language*)(第八版)中译本第一编第一章"8.小结",王大惟、朱晓农、周晓康、陈敏哲译,北京大学出版社,2017年。
⑥ 参看朱德熙《语法答问》,商务印书馆,1985年。
⑦ 在汉语里除了表示时间、处所的名词能作状语外,普通名词也能作状语。在古汉语里,普通名词作状语的情况比较常见,如我们所熟知的"蚕食""鲸吞""席卷""蛇行"就是,再如"船载以入""老人儿哭""吾得兄事之"里的"船""儿""兄"都是状语成分。明清以后逐渐减少,20世纪90年代后又逐渐增多,如"我明天会电话告诉你""他会电邮通知你""我们是腿儿去还是车去?"等。但毕竟有限,估计不足2%。所以名词与状语之间用虚线连接。
⑧ 古代有名词缀合成句的佳作,著名的如唐代温庭筠《商山早行》中的"鸡声茅店月,人迹板桥霜",元代马致远《越调·天净沙》题作"秋思"的前三句"枯藤老树昏鸦,小桥流水人家,古道西风瘦马",堪称绝妙佳句。但这跟"今天下午全校大会"性质不同。拿马致远的那三句来说,说是三句,实质上每个名词都可视为一个小句,三句话九个名词,分别刻画了九个情景,组合在一起,烘托出了苍凉寂寞的秋原景色和作者孤独疲倦的旅情,显示了作者运用语言的高超艺术。而"今天下午全校大会"是个省略了谓语动词的普通的完整句子。
⑨ 参看沈家煊《语法六讲》"第一讲 汉语语法研究摆脱印欧语的眼光",商务印书馆,2011年。
⑩ 参看冯胜利《汉语的韵律、词法与句法》,北京大学出版社,1997年;《汉语韵律句法学》,上海教育出版社,2000年。
⑪ "摆整齐了""过舒服了"都可以说,但都不含有"讨分"的意思。

⑫ "洗脏了""说乱了"也可以说,但也都不含有"过分"的意思。
⑬ 参看马真《关于表示程度浅的副词"还"》,《中国语文》1984 年第 3 期。
⑭ 具体参看马真《"比"字句内比较项 Y 的替换规律试探》,《中国语文》1986 年第 2 期;又见马真《现代汉语虚词研究方法论》(修订本)肆·实例(四),商务印书馆,2016 年。
⑮ 参看徐通锵《语义句法刍议》,《语言教学与研究》1991 年第 3 期;"字"和汉语研究的方法论》,《世界汉语教学》1994 年第 3 期。
⑯ 关于单纯词、合成词也可以换一种说法:只含有一个语素的词,叫单纯词;含有两个或两个以上的语素的词,叫合成词。
⑰ 具体参看吕叔湘《汉语语法分析问题》31 小节,商务印书馆,1979 年。
⑱ 参看吕叔湘《汉语语法分析问题》32 小节,商务印书馆,1979 年。
⑲ 参看陆俭明、郭锐《跨入新世纪后我国汉语应用研究的三个主要方面》,《中国语文》2000 年第 6 期。
⑳ 关于服务于中文信息处理的现代汉语语法应用研究,参看俞士汶主编《计算语言学概论》,商务印书馆,2003 年;詹卫东《面向中文信息处理的现代汉语短语结构规则研究》,清华大学出版社、广西科学技术出版社,2000 年。关于服务于汉语作为第二语言/外语教学的现代汉语语法应用研究和服务于中小学语文教学的现代汉语语法应用研究,具体参看陆俭明《关涉国家安全的语言战略实施中语言文字基础性建设问题》,《浙江大学学报》(人文社会科学版),2018 年第 3 期。
㉑ 转引自张伯江《功能语法与汉语研究》,刘丹青主编《语言学前沿与汉语研究》,上海教育出版社,2005 年;原话出自 Paul J. Hopper,Emergent Grammar(《浮现语法》),*Berkeley Linguistics Society* 13,1987。
㉒ 这里不宜展开详谈,简要说来,朱德熙先生在《语法答问》(商务印书馆,1985 年)中提出"词组本位"观点,徐通锵先生在《语义句法刍议》(《语言教学与研究》1991 年第 3 期)里提出"字本位"观点,邢福义先生在《小句中枢说》(《中国语文》1995 年第 6 期)里提出"小句中枢说"语法观,沈家煊先生在《汉语里的名词和动词》(《汉藏语学报》2007 年第 1 期)里提出汉语的名词、动词、形容词是层层包含关系的观点,陆俭明在《汉语句法研究的新思考》(《语言学论丛》第二十六辑,商务印书馆,2002 年)中提出汉语应以词组为基点的"小语法观念",以及他最近在《重视语言信息结构研究 开拓语言研究的新视野》(《当代修辞学》2017 年第 4 期)中提出从汉语信息结构的视角与思路来考虑的建议,都是朝着"摆脱印欧语束缚"这一方向所作的探索与思考。有兴趣的读者可以参考这些文献资料。
㉓ 王洪君先生的论文,详见袁行霈编《缀玉集》,北京大学出版社,1994 年。
㉔ 这里的"粉"指"红和白合成的颜色"。
㉕ 关于词语之间语义结构关系的多重性,参看陆俭明《再谈相同词语之间语义结构关系的多重性》,《汉藏语学报》2010 年总第 4 期。

第一节　汉语词类研究

1.1　汉语词类问题一直被认为是个老大难问题
1.2　词类是概括词的分类——兼说词的同一性
1.3　关于划分词类的依据
1.4　各家词类数目多少简析
1.5　本书的词类系统以及划分的具体依据
1.6　关于动词形容词"名物化"问题——兼说汉语在词类问题上的真正特点
1.7　如何看待高名凯先生的"汉语无词类"论？
1.8　关于"名动包含"说
1.9　关于词的兼类问题
1.10　汉语词类划分中难处理的问题

　　词类是指词的语法分类。具体说，词类是按照词所具有的不同的语法功能所分出来的词的类别。
　　我们知道，分类是人类认识客观世界的一种最基本的方法。人类最初对事物的命名就是一种分类活动。从科学研究的角度说，我们之所以要研究一种事物，目的是为了认识这种事物，以便可以能动地驾驭和利用这种事物，使之为人类服务。而我们所要认识、研究的事物往往是纷繁复杂的，群体中的各个个体从外形到属性，千差万别，各不相同。可以这样说，世界上找不到完全相同的两个个体。因此，我们要研究、认识事物，必须对所研究的事物进行分类。没有分类就没有科学。
　　前面说到，词是句子的"建筑材料"，是造句的基本单位。而语言中的词有千千万万，我们要研究词与词怎么根据一定的规则组合成句，就必须对那千千万万个词进行适当的分类。不给词分类，就没有办法总结概括出语法规则来。
　　对于词，我们可以从多方面去进行分类——可以从语音的角度去进行分类，可以从意义的角度去进行分类，还可以从别的角度去进行分类。现在我们是为了学习、研究句法而需要对词进行分类，那么该怎么对词进行分类才能符合我们句法学习和研究的需要呢？具体该依据什么分类标准呢？进行这种分类容易吗？这正是本节所要说明的。

1.1 汉语词类问题一直被认为是个老大难问题

有不少人都曾听说过这样一句话："汉语词类问题是个老大难的问题。"为什么会有这个说法呢？我们知道，汉语学术界在20世纪曾经就汉语词类问题有过三次大的讨论，一次是在30年代，一次是在50年代，还有一次是在80年代。通过讨论，大家基本上都逐步统一到这样一个观点上：词类是词的语法分类，是按词所具有的不同的语法功能所划分出来的类别。不过，虽然大家对汉语词类问题有了这样一个共识，但汉语词类问题至今仍被认为是一个老大难的问题。那是为什么呢？这有几方面的原因：

第一，我们对词类的最初认识，来自西方印欧语语言学。印欧语里的词有形态标志，进入句子后又各有形态变化，印欧语划分词类根据的就是词的形态标志和形态变化。汉语的词既没有形态标志，更没有形态变化，而且从语法功能上来看，也不像印欧语（如英语、俄语等）那样，词类跟句子成分基本上是一一对应的（如基本上名词作主宾语，动词作谓语，形容词作定语，副词作状语等等）。在汉语里，词类跟句子成分则基本上是一对多的对应，一个词往往既能作主宾语，又能作谓语，又能作定语或状语等等。这使汉语学界凭借句子成分来给词分类的学者在汉语词类划分上伤透了脑筋。汉语里还存在这样一种现象，那就是不少句法结构的句法关系也难以判断，例如，"容易掌握"是述宾关系还是"状－中"偏正关系？"便于掌握"是述宾关系还是"状－中"偏正关系？"决心干到底"是述宾关系还是"状－中"偏正关系？不太好定。这些结构的句法关系不好定的话，就会影响人们对"容易""便于""决心"这些词的词性的认识。因此，划分汉语词类的依据到底应该是什么，大家一直拿不定主意，长期以来难以取得一致的意见。

第二，任何语言共时平面上的词，都实际存在着不同的历史层次和领域层次。由于印欧语有形态，而且词的形态变动性很小，基本不受历史层次和领域层次的影响。汉语由于词没有形态，不同历史层次的词、不同领域层次的词在用法上会有很大的差异，这无疑会给汉语词类划分带来不少的麻烦。譬如"金"，在日常用语中只说"金子"，不说"金"；"金"只能作定语（如"金戒指""金手镯""金项链""金首饰"等），或是跟助词"的"构成"的"字结构（如"金的"），除此之外再没有别的功能了。按这种语法功能特点，应将"金"划入区别词；可是在无机化学的专业书刊中，"金"还可以

作主宾语,可以作介词的宾语,还可以受数量词的修饰。例如:

(1) 金不能跟这些元素化合。
(2) 金比汞还重。
(3) 加入 0.01 克金。

按这种语法功能特点,应将"金"划入名词。

过去由于长期没有认识到词在语言共时平面上存在着不同的历史层次和领域层次,因此在给汉语的词分类(或者说归类)时,人们常常陷入困境。

第三,汉语词类之所以一直是一个老大难的问题,更根本的原因,还在于以往讨论汉语词类问题时,大家都只举些典型例子,而一直没有人真正一个一个地实际考察现代汉语那千千万万个词的使用情况。这样,大家都只能从理论到理论地讨论问题。

通过三次大讨论,加之 20 世纪 80 年代以来对汉语词类的研究逐步扎实、深入,认识不断深化,特别是在"什么是划分汉语词类的最佳依据""怎样按照现有的认识来对汉语的词进行分类"这样一些问题上,取得了比较好的认识,"老大难"的疑团正被逐渐解开。

1.2 词类是概括词的分类
——兼说词的同一性

汉语词类问题之所以成为老大难的问题,另有一个重要的原因,那就是许多人没有深刻认识到,词类是概括词的分类,而不是个体词的分类。

什么叫概括词,什么叫个体词呢?"概括词"和"个体词"这一对概念,在汉语学界最早是由朱德熙先生明确提出来的。请看朱德熙先生所说的一段话:[①]

> "会不会"这个格式里包含几个词,可以有两种不同的回答:一种回答说是三个词,另一种回答说是两个词。这两种回答里头的"词"的含义不一样。第一种回答所说的"词"是指在一定的语言片段里出现的"词的个体";第二种回答里所说的"词"是指所有已经证实了同一性的"词的个体"的"集合"。为了称述方便起见,我们暂时把前一种意义的"词"叫作"个体词",后一种意义的"词"叫作"概括词"。
>
> ……
>
> 个体词永远在一定的语言片段里占据一定的位置。概括词则是

个体词的抽象和综合,是具体的语言片段以外的东西。

从朱德熙先生这段话里我们可以了解到,个体词是指具体存在的、处于一定语言片段、一定语法位置上的一个一个的词;概括词是指由个体词通过同一性抽象后所概括得到的词。我们与他人交际时在耳朵里所听到的或书面上所见到的词,都是一个个具体的个体词;而概括词则是在个体词的基础上经过概括所确定的词,可以说是一种抽象的词。我们说划分词类实际是对概括词的分类。

由个体词抽象概括为概括词,所遵循的原则是"同音同义"的同一性原则。这怎么理解呢?不妨先来看几个实例:

(1) 他这个人哪,就喜欢搞研究$_1$。这几年来,他一直潜心研究$_2$苹果的退化问题,研究$_3$取得了突破性的进展,获得了可喜的研究$_4$成果。
(2) 我今天花$_1$了50块钱买了20朵花$_2$。
(3) 现在已见不到用这种锁$_1$来锁$_2$门了。
(4) 我们今天吃了二斤虾,喝了两瓶白酒。
(5) 今天我给你带了瓶好$_1$酒来,你先喝一口,品尝一下,看味道好$_2$不好$_3$。

例(1)里有四个"研究"——"研究$_1$"作动词"搞"的宾语;"研究$_2$"作谓语中心,后面带着宾语"苹果的退化问题";"研究$_3$"作主语;"研究$_4$"作名词"成果"的定语。它们都是个体词。这四个"研究"所处语法位置不同,但它们语音形式完全一样,都是 yánjiū[ian^{35} tɕiou^{55}],词的概念义也一样,都是表示"探求事物的真相、性质、规律等"(《现代汉语词典》)[②]。根据"同音同义"的原则,这四个"研究"应该概括为一个概括词"研究"。

例(2)里有两个"花","花$_1$"作谓语中心,后面带有宾语"50块钱";"花$_2$"作宾语中心,前面带有数量修饰语"20朵",它们都是个体词。这两个"花"语音形式完全一样,都是 huā[xua^{55}],但是它们表示的概念义完全不一样:"花$_1$"是花费的意思,表示行为动作;"花$_2$"是鲜花的意思,表示事物。根据"同音同义"的原则,这两个"花"应概括为不同的概括词。一般将"花$_1$"看作动词,将"花$_2$"看作名词。它们是同音词。

例(3)里有两个"锁",情况跟例(2)里的"花"类似。"锁$_1$"跟"锁$_2$"虽然语音形式完全一样,都是 suǒ[suo^{214}],但是它们表示的概念义并不一样——"锁$_1$"是指一种金属器具,"锁$_2$"则表示一种行为动作。根据"同音同义"的原则,这两个"锁"也应概括为不同的概括词。一般将"锁$_1$"看作名词,将"锁$_2$"看作动词。

例(4)里的"二"和"两",意思完全一样,都是2(即"1+1")的意思,但是语音形式截然不同。根据"同音同义"的原则,"二"和"两"也应概括为不同的概括词,它们是同义词。

例(5)里有三个"好"——"好$_1$"作"酒"的定语;"好$_2$"跟"好$_3$"处在一个反复问(也称正反问)格式中,它们都是个体词。这三个"好",概念义完全一样,都表示"优点多的;使人满意的"这样的意思,但是它们在语音上不完全一样,主要是声调有差异:"好$_1$"的实际调值是 35,"好$_2$"的实际调值是 21,"好$_3$"的实际调值是 214。③ 那么这三个"好"是否能看作"同音同义"呢?可以而且应该将它们看作"同音同义",因为这三个"好"声调的差异完全是由音韵条件决定的——是因变调而造成的。在确定两个词是否"同音同义"时,完全由音韵条件决定的语音上的差异不予考虑。因此这三个"好"可以概括为一个概括词"好"。像例(4)"二"和"两"的语音差异不是由音韵条件决定的,得视为不同音。

了解"词类是概括词的分类"这一点很重要。为什么这样说呢?由于"词类是概括词的分类",因此当我们依据词的语法功能来给某个词定类时,所考虑的词的语法功能,并不只是指这个词在某个句子里所实现的语法功能,而是应该指这个词所具有的全部语法功能。当年黎锦熙先生强调要"依句辨品",按词能作什么样的句子成分来给词分类,这个思路基本上是对的。但是由于当时人们并没有深刻认识到"词类是概括词的分类",仅仅依据一个词在句中所实现的语法功能来给词定类,加之当时模仿印欧语,认为汉语里的词类跟句子成分之间也是一对一的对应关系,因此,譬如"劳动",看见它作谓语或谓语中心时,就认为它是动词;作主宾语时,就认为它是名词了;而当它作定语时,又认为它是形容词了。这样做的结果,大量的词都成了兼类词了,而研究者自己也就觉得汉语里的词离开具体句子就没法定类了。于是黎锦熙先生就得出了有名的"依句辨品,离句无品"的说法。其实这就是因为当时还没有能深刻认识到"词类是概括词的分类"这一点而造成的。如果按概括词的观念来给"劳动"定类,它就是动词,并不兼其他词类。

1.3 关于划分词类的依据

上面说了,词类是词的语法分类,是词按照其各自语法功能的不同而分出来的类别。这一个认识不是一开始就有的。早期讲汉语语法的书,表面说是根据各个词能作什么样的句法成分来给词分类的,实际上,或者说骨子里是按照词的意义来给词分类的。譬如现代汉语语法学的奠基者黎锦熙先生在1924年出版了中国第一部讲现代汉语语法的《新著国语文法》,提倡句本位,强调要"依句辨品"。从此以后,在相当长的时间里,一般都说要按词能作什么样的句子成分来给词分类。但是在解释"劳动光荣""劳动人民"里的"劳动"的词性时,说前一个"劳动"由动词转成名词了,后一个"劳动"由动词转成形容词了。这里我们不禁要问:"动词'劳动'是依据什么来定的呢?"当然你可以回答说,"因为'劳动'能作谓语,所以是动词"。但是人们又得问:"既然'劳动'既能作谓语,又能作主语,又能作定语,那为什么不说作谓语的'劳动'是由名词'劳动',或者说是由形容词'劳动'转成动词的呢,而要说作主语的'劳动'、作定语的'劳动'分别是由动词'劳动'转成名词或形容词的呢?"显然,在一般人的心目中,之所以把"劳动"首先判为动词,是因为"劳动"表示行为动作,换句话说,依据的是意义。因此现在大家对划分词类的依据能取得一定的共识,是经历了一个很长的研究探索的过程的。

划分词类的依据,前人曾提出过三种:词的形态,词的语法意义,词的语法功能。从理论上来说,这三种依据中的任何一种,都可以成为我们划分词类的依据。但就划分汉语词类说,最佳的依据是词的语法功能。为什么这样说呢?下面我们不妨来具体分析一下。

采用第一种依据,那就是根据词的形态进行词的语法分类。对于像印欧语那样有形态标志和形态变化的语言来说,譬如俄语、英语等,这是非常可行的,划分起来也十分简单明了。可是,这个依据虽好,但不适合于汉语,因为汉语的词没有形态标志和形态变化。这就像中国古代可以根据一个人的穿着来判断一个人的身份,因为那时一个人的穿着跟身份是"挂钩"的——当官的跟平民百姓穿的衣服不一样,而当官的,因爵位或官位的不同,所穿衣服的衣料质地、颜色、配饰等有严格的区分。到了现代,我们就不能依据一个人的穿着来判断他的身份了,因为现代人的穿着跟身份基本不"挂钩"。

采用第二种依据,那就是根据词的语法意义进行词的语法分类。词的意义有两种,一种是概念义,也有人称为"认知义";一种是语法意义,也有人称为"语法范畴义"。例如"农民",《现代汉语词典》的解释是:"在农村从事农业生产的劳动者。"这就是"农民"的概念义。而"农民"的语法意义是"表示事物"。再如"写",《现代汉语词典》的解释是:"用笔在纸上或其他东西上做字。"这就是"写"的概念义。而"写"的语法意义是"表示行为动作"。先前有人自觉不自觉地凭词的概念义给词分类,例如早期许多人将"打仗"和"战争"都看作动词,根据的就是它们的概念义。其实从语法功能上看,"打仗"确实是动词;而"战争"是个名词,并不是动词。现在,单纯依据词的概念义来给词分类,已经没有人这样做了。现在说到按词的意义分类,那意义都是指词的语法意义。

根据词的语法意义给词进行语法分类,从理论上来说,好像是可行的。因为,既然名词的语法意义是表示事物,动词的语法意义是表示行为动作,形容词的语法意义是表示事物的性状,那么似乎理所当然地可以倒过来说,表示事物的词归为名词,表示行为动作的词归为动词,表示性状的词归为形容词。但是,由于语法意义的复杂性,具体划分起来难以操作。譬如"突然"和"忽然",先前许多人都把它们归入副词,这固然是由于他们只注意到这两个词都能作状语,更实际的原因也是认为它们的语法意义一样。类似的由于觉得语法意义一样而误将不同类的词归为一类的,还有"经常"和"常常"、"刚才"和"刚刚"、"干脆"和"索性"等。语法意义的复杂性,更具体表现为有不同层面的语法意义。就拿"事物"这一语法意义来说,就有不同层面的作为语法意义的"事物"——众所周知,名词的语法意义是表示事物,为区别起见,不妨将名词表示的事物标记为"事物$_1$"。大家也都知道,在一般人的心目中,汉语里的"什么"是用来问事物的(与之相对的"怎么样"是来问非事物的),这又是一个层面的"事物",为区别起见,不妨标记为"事物$_2$";然而我们看到,在实际交际中,用来回答"什么"的,既可能是名词性词语,也可能是动词性或形容词性词语。例如:

(1) 问:你说她喜欢什么?
    答:a. 她喜欢蝴蝶。【答话为名词性词语】
        b. 她喜欢弹钢琴。【答话为动词性词语】
        c. 她喜欢安静。【答话为形容词性词语】

显然,"什么"所问的"事物$_2$",其外延要大于名词所表示的"事物$_1$",即:

事物$_2$>事物$_1$

另外,说汉语的人都会强烈地感觉到,汉语句子里的主语、宾语表示事物,不妨将主语、宾语所表示的事物标记为"事物$_3$"。可是我们看到,在汉语里"什么"能作主语、宾语,"怎么样"也能作主语、宾语。例如:

(2) a. 什么才是对的?
    b. 怎么样才是对的?

(3) a. 你喜欢什么？
　　b. 你喜欢怎么样？

显然，主语、宾语所表示的"事物$_3$"，其外延又要大于"什么"所问的"事物$_2$"，即：

事物$_3$＞事物$_2$

上述三种"事物"都属于语法意义的范围，就外延的大小看，"事物$_1$"的外延最小，"事物$_3$"的外延最大，即：

事物$_1$＜事物$_2$＜事物$_3$　或　事物$_3$＞事物$_2$＞事物$_1$

语法意义之复杂，可见一斑。其实，不只是作为语法意义的"事物"有不同层面的"事物"，作为语法意义的"行为动作"和"事物的性状"，也都是如此，即也有不同层面的"行为动作"和"事物的性状"。可以想见，面对如此复杂的语法意义，我们如果仅仅依据词的语法意义来给词分类，操作起来会相当困难。汉语语法学界有不少人在相当长的时间里，认为动词、形容词作了主语、宾语后就名词化了，其理由就是"它们表示事物了"。这种看法固然是由于受印欧语语法影响所造成的，但更深一层的原因就在于没有认识到在语法意义范围内同是事物范畴，却还有多种不同层面的事物范畴，而误将主、宾语所表示的事物范畴跟名词所表示的事物范畴等同起来。专门从事语法研究的学者专家尚且难以把握好不同层面的语法意义，一般人就更把握不好了。因此，从理论上说似乎可以根据词的语法意义来划分词类，实际上是很难操作，很难做到的。我们不能将它作为主要依据。

就汉语来说，比较现实的路子是，采用第三种依据，即根据词的语法功能进行词的语法分类。但这绝不是无可奈何的做法，而是完全科学的。这可从下面四方面来认识：

首先，从划分词类的目的来认识。早在20世纪50年代初期，吕叔湘先生就讲过这么一句话："区分词类，是为的讲语法的方便。"[④]后来在《关于汉语词类的一些原则性问题》一文中，吕叔湘先生又重申了这个观点，又明确说："为了讲语句组织，咱们分别'词类'。"[⑤]到70年代的《汉语语法分析问题》一书里，吕叔湘先生再次重申了这个观点。[⑥]陈望道先生(1978)也曾指出，划分词类就是"为了研究语文的组织，为了把文法体系化，为了找出语文组织跟词类的经常而确切的联系来"。[⑦]吕叔湘、陈望道二位先生的观点是正确的，是实事求是的。我们划分词类确实就是为了研究语法、讲解语法。这里要明白的是，语言里的种种句法格式表面看都是许多具体词的序列，实质上都是词类的序列。例如"小王吃苹果"体现了"名词＋动词＋名词"这样一种句法格式,这样一种词类序列。"小王吃苹果"只是"名词＋动词＋名词"这种词类序列的一个实例。在这个词类序列里我们可以代入无数同类的词,造出无数同类的句子来。

既然划分词类是为了研究和讲解语句组织,而每个语句组织实质上都是一种词类序列,因此划分词类根据词的语法功能,这是理所当然的。

其次,从词的二维关系——组合关系和聚合关系来认识。我们知道,任何语言里的词和词之间总存在着二维关系——词的组合关系和词的聚合关系(亦称"配置关系"和"会同关系")。什么叫词的组合关系和词的聚合关系呢？不妨先看下面这个图表:

	组	合	关	系		
	a	b	c	d	e	f
聚	弟弟	把	杯子	打	破	了
	姐姐	把	衣服	洗	干净	了
合	爸爸	把	自行车	修	好	了
	妈妈	把	饭	煮	糊	了
关	春风	把	池水	吹	皱	了
	雷声	把	耳朵	震	聋	了
系	……					
	名词	介词"把"	名词	动词	形容词	助词"了"

上面是现代汉语里某一类"把"字句所呈现的词与词之间的二维关系。横向词与词之间的关系(如"弟弟""把""杯子""打""破""了"之间的关系)是组合关系,纵向词与词之间的关系(如 a 列"弟弟""姐姐""爸爸""妈妈""春风""雷声"之间的关系,d 列"打""洗""修""煮""吹""震"之间的关系,余者类推)是聚合关系。词和词按一定句法规则构成句法结构(如上面的"弟弟把杯子打破了"等句所代表的"把"字句结构),这体现了词的组合关系;句法结构就是词的组合关系的产物,是词的组合物。将相同组合关系里处于相同语法位置的词归为一类(如上面图表里所归出的 a、b、c、d、e、f 各类),这体现了词的聚合关系,词类就是词的聚合关系的产物。具有相同语法功能的词总是聚合成类,供组合选择;而词的聚合关系又总是以词的组合关系为前提的。上面的词与词之间的二维关系图显示了现代汉语里"把"字句的典型格式和词类序列模式。

从词与词之间所存在的二维关系里可以清楚地看到,词类确实是按照词在句法结构中起的作用(即词的语法功能)所分出来的类。既然如此,划分词类当然应以词的语法功能为依据。

再次,依据词的形态分类,实质上是依据词的语法功能分类。譬如说,英语用后缀 -s(实际语音形式是 -s 、-z 或-iz)表示名词复数。我们可以根据这一点来确定英语名词这一类。这看起来是根据词的形态分类,实际上根据的仍旧是词的语法功能。为什么这样说呢?因为凡是能加表示复数后缀 -s 的词,在句子里的语法功能是基本一致的;而且正因为这样,分出来的类才是有价值的。要是根据形态分出来的类并不能反映句法功能,这种分类就没有意义。这里需要指出的是,即使在印欧语里,也有少数词没有形态标志,例如英语的名词 sheep(羊)、deer(鹿),表示复数时后边不加表复数的后缀-s ,它们单复数的语音形式是一样的。可是,在以英语为母语的人的语感里,将这些词跟有形态标志的词,如 book(书)、pen(笔)、boy(男孩儿)、potato(土豆)、thief(贼)等,同等看待,看成同一类。讲英语语法的人也仍旧把这些词归入名词,这是因为 sheep、deer 这样的词跟表示复数时后面要加上复数后缀-s 的名词在语法功能上是一致的。换句话说,英语语法学里将无形态变化的 sheep 和 deer 归入名词,根据的是它们的句法功能。

正如朱德熙先生(1985)所指出的:"总之,我们能够根据形态划分词类,是因为形态反映了功能。形态不过是功能的标志。"⑧而依据词的语法功能划分出来的词类,在意义上也一定有共同点。

郭锐(2002/2018)在他的《现代汉语词类研究》中提出了一种崭新的、更为深刻的看法——"词类从本质上说不是分布类,因而试图通过寻找对内有普遍性、对外有排他性的分布特征来划分汉语词类的做法难以成功。词类从本质上说是词的语法意义的类型,我们把这种语法意义叫作表述功能,即词在组合中的意义类型,如陈述、指称、修饰等大的类型,以及实体、位置、计量单位、数量、指示等小的类型"。因此,"词类实际就是以词的词汇层面的表述功能为内在依据进行的分类"。他这个看法不是随便拍脑袋得出来的,而是他通过对现代汉语中 4 万多个词的实际考察并进行潜心研究分析所得出来的,是他深刻剖析了汉语词类划分中"分布论"的种种漏洞、"相似论"和"原型论"的多方面缺陷之后所得出来的,更重要的是他在深入探究这样一个问题之后得出来的:语法位置,或者说组合位置对进入的词语有选择限制,这种选择限制肯定需要有某种依据,那么选择限制的依据是什么?他凭借对 4 万多个词的实际考察所得到的丰富的感性知识,并经过长时间的反复研究发现,语法位置对词语的选择限制的依据不是分布本身,而是更深层次的某种性质,这种性质就是词的表述功能。人们心目中的体词性、谓词性这样的词性概念,实际就是指称和陈述这样的表述功能在词汇层面上的反映,只是过去人们没有意识到这一点罢了。"指称""陈述"这两个概念最早是由朱德熙先生(1983)提出来的,但郭锐的认识有进一步的发展:

第一,朱德熙先生将表述功能只分为指称和陈述两种类型,郭锐则将表述功能分为四种基本类型:(a)陈述——表示断言;(b)指称——表示对象;(c)修饰——对陈述或指称的修饰、限制;(d)辅助——起调节作用。

第二,郭锐认为,表述功能可分为两个层面:内在表述功能和外在表述功能。内在表述功能是词语固有的表述功能,外在表述功能是词语在某个语法位置上所实现的表述功能。两个层面的表述功能一般情况下是一致的,如"小王黄头发",其中的"小王"无论从哪个层面看,都是指称;但有时会不一致,像其中的"黄头发",就内在表述功能看是指称,但从外在表述功能看是陈述,因此它前面还能受某些副词修饰(如"小王也黄头发""小王的确黄头发")。

必须指出,郭锐所说的表述功能也是词的一种语法意义。名词、动词这样的词性区分的内在基础实际上就是指称、陈述这样的表述功能的区分;词类之间的分布差异、形态差异,无非是表述功能差异的外在表现。相应于表述功能的分层,郭锐将词性也相应地分成两个层面——对应于内在表述功能的词性是词汇层面的词性,对应于外在表述功能的词性是句法层面的词性。词汇层面的词性是词语固有的词性,可以在词典中标明;句法层面的词性是词语在使用中产生的,由句法规则控制。如上面举的"黄头发"就词汇层面说,是名词性的;但在上面那个句子里,即就句法层面看,是谓词性的。不难体会,"表述功能反映的是语言符号之间的关系,因而是一种语法意义;表述功能不是语言符号与现实世界的关系,因而不是概念义;也不是反映语言符号与语言使用者的关系,因而也不是语用义"。

郭锐关于词类的观念,显然大大突破了传统的认识,并有普遍的语言学理论意义。把词类看作"以词的词汇层面的表述功能为内在依据进行的分类",即不是把分布看作词类的本质,而是把表述功能看作词类的本质,可以解释为什么词类具有跨时代、跨语言的可比性;也可以说明为什么那些在不同时代、不同语言中分布不同的词,却都是同一词类。这正如郭锐在书中举例说明的,现代汉语中的"看"和古汉语中的"视",分布不同,前者可以带数量宾语,不能受数词修饰(看三次/*三看),而后者不能带数量宾语,可以受数词修饰(*视三/三视),却都是动词;英语中的

stone，可以受数词修饰（two stones），可以做引导处所成分的介词的宾语（on stone），汉语中的"石头"不具备这些功能，但都是名词。上述现象用"把表述功能看作词类的本质"的词类观来思考，就可以得到合理的解释：因为它们具有相同的表述功能。词性是一个范畴，相同词性之间一定有性质上的共同性，不同词性之间一定有性质上的区别，这种性质上的共同性和区别性，就是表述功能上的共同性和区别性，而这正是跨语言比较的基础。

划分词类的本质依据是词的表述功能，但词的表述功能是看不见、摸不着的东西，真要直接按照词的表述功能来给词分类，不便操作。我们划分词类还必须从词的分布层面找到一种可观察并真能体现词类本质的具体划类标准。为此郭锐提出了一个重要的概念——"语法功能的相容性"（compatibility）。语法功能的相容性体现在：(a)多个不同的语法功能是否能视为等价功能；(b)这些多个不同的语法功能是否有划类价值。同时提出了一种新的操作程序和方法，那就是"通过计算语法功能之间的相容度的办法来揭示语法功能同词类之间的关系"。关于郭锐提出的重要的概念"语法功能的相容性"和他所提出的操作程序和方法，这里不做详细介绍了，大家可以直接阅读郭锐的《现代汉语词类研究》一书，从中获取所需要的知识。

上面我们从理论上对划分词类的三种依据——词的形态、词的语法意义、词的语法功能，进行了分析与说明。由此我们可以明确，我们常说"词类是词的语法分类"，而所谓"词的语法分类"就其本质而言，"是词的语法意义的分类"；只是因为词的语法意义难以把握和具体操作，所以更多地还得从词的分布层面去寻求操作方法，同时也兼顾语法意义的某些方面。具体说，在给词具体分类的过程中，其分类的具体依据可以从以下三方面去提取：一是词充当句法成分的功能，如作主语、谓语等；二是词跟词结合的功能，如前加"不""很"或后带"了""着"等；三是词所具有的表示类别作用的功能，实际就是词的语法意义，如计数功能、指代功能、连接功能等。

最后还要指出一点，由于"词类是概括词的分类"，因此当我们依据词的语法功能来给某个词定类时，所考虑的词的功能，并不只是指这个词在某个句子里所实现的语法功能，而是指这个词所具有的全部语法功能。所谓"这个词所具有的全部语法功能"就是指这个词能作什么句法成分，不能作什么句法成分；能出现在什么句法位置上，不能出现在什么句法位置上；能跟什么样的特定的鉴定词结合，不能跟什么样的特定的鉴定词结合；等等。

1.4　各家词类数目多少简析

划分汉语词类，要依据词的语法功能。这个原则就目前的认识说还是正确的。但是,按这个原则具体给汉语里的词分起类来(或者说归起类来),则还不是那么容易。就几家有影响的汉语语法著作和《现代汉语》教材来看,汉语里的词划分为多少类,意见并不一致。

中国第一部讲汉语语法的专著《马氏文通》(马建忠 1898)借鉴西方语法学,把汉语的词类分为以下 9 类:名字、代字、动字、静字、状字、介字、连字、助字、叹字。⑨

黎锦熙《新著国语文法》(1924)是我国第一部有影响的系统研究现代汉语语法的著作,该书把现代汉语词类分为 9 类:名词、代名词、动词、形容词、副词、介词、连词、助词、叹词。其基本类别与《马氏文通》相同,只是名称略有改变。

吕叔湘《中国文法要略》(1942,1944)分为 7 类:名词、动词、形容词、限制词(副词)、指称词(称代词)、关系词(包括后来一般所说的介词、连词和部分助词"之、的、所"等)、语气词(包括后来一般所说的语气词、语气副词和感叹词)。而到《汉语语法分析问题》(1979)将汉语的词分为 10 类:名词、方位词、量词、动词、形容词、副词、代词、介词、连词、助词。

王力《中国现代语法》(1943,1944)将汉语的词分为 9 类:名词、数词、形容词、动词、副词、代词、系词、联结词、语气词。另加"记号",包括现在一般说的词缀和助词中的"所""的"。王力先生分出了数词和语气词。

丁声树等《现代汉语语法讲话》(1952—1953)将汉语的词分为 10 类:名词、代词、数词、量词、动词、形容词、副词、连词、语助词、象声词。《讲话》将量词从名词中独立了出来。

朱德熙《语法讲义》(1982)将汉语的词分为 17 类:名词、处所词、方位词、时间词、区别词、数词、量词、代词、动词、形容词、副词、介词、连词、助词、语气词、拟声词、感叹词。朱德熙先生除了将处所词、方位词、时间词从名词中分出来之外,还将区别词从形容词中分出来独立成类。

由张志公先生主持制定的《暂拟汉语教学语法系统》(1956)把汉语的词分为 11 类:名词、量词、代词、动词、形容词、数词、副词、介词、连词、助词、叹词。1984 年重新修订为《中学教学语法系统提要》,增加拟声词一类,语文教育领域大多沿用这个 12 类的词类体系。

在教学领域里有很大影响的胡裕树主编的《现代汉语》将汉语的词分为 13 类:名词、动词、助动词、形容词、数词、量词、副词、代词、连词、介词、助词、语气词、叹词。

黄伯荣、廖序东主编的《现代汉语》将汉语的词分为 14 类:名词、动词、形容词、区别词、数词、量词、副词、代词、连词、介词、助词、语气词、叹词、拟声词。

北京大学中文系现代汉语教研室编《现代汉语》(1993)把状态形容词独立为状态词,但仍把处所词、方位词、时间词归回名词,共计 15 类:名词、动词、形容词、状态词、区别词、数词、量词、代词、副词、介词、连词、助词、语气词、感叹词、拟声词。北大版《现代汉语》将状态词从形容词中分出来独立成类。2012 年的增订本照旧是 15 类,只是将"感叹词"改为"叹词"。

张斌主编的电大教材《现代汉语》(1996)将汉语的词分为 13 类:名词、动词、形容词、数词、量词、副词、代词、连词、介词、助词、语气词、叹词、象声词。

马真的《简明实用汉语语法教程》(1997 年一版,2015 年二版)[⑩]将汉语的词分为 15 类:名词、动词、形容词、状态词、区别词、数词、量词、副词、代词、连词、介词、助词、语气词、叹词、象声词。

郭锐的《现代汉语词类研究》(2002/2018)将汉语的词归为 20 类:动词、形容词、状态词、量词、方位词、时间词、处所词、名词、区别词、数词、数量词、指示词、拟声词、副词、介词、连词、语气词、助词、叹词、代词。与众不同的是,单列了"数量词"一类。[⑪]

为什么各家划分所得的词类数目不一样呢?除了各家划分词类的具体标准不一致以外,还有一个很重要的原因,那就是词类系统实际是个层级系统,划分所得到的各个词类并不是在一个平面上。我们知道,一种事物,如果只需划分一次就可以满足研究要求了,那么这种分类就很简单。譬如我们需要从性别的角度来研究人体构造的话,只需按性别,将人一次性分为男人和女人就行了。然而在科学研究中,多数情况一次性分类很难满足研究的需要;常常是需要将事物分为好几类,才能满足研究的需要。而分类,都采取二分法,即都根据有无某个属性或特征为标准先将事物一分为二,然后再将分出的类按另外的标准再一分为二,按此分下去,直至满足分类要求为止。

1.5 本书的词类系统以及划分的具体依据

一个事物划分所得到的各个类,从表面看,似乎在一个平面上,实际不在一个平面上,实际所得到的分类系统是个层级系统。这一点,反映在一种语言的词类系统上,就显得很突出。一种语言的词类,一般分成十几类,那十几类不是用某一个标准一次划分得到的,而是通过多次划分才得到的。下页是我们所划分的"现代汉语词类层级系统"图。

由于分类是有层次性的,因此(1)某一次分类所用的具体划分标准是以先前的分类为前提条件的。譬如说,我们划分连词这个词类时,所用的标准只是[＋连接功能]。这个标准的采用是以先前已作的分类为前提的,具体说只是在给"非成分词$_1$"分类时才用这样的分类标准。假如不考虑这种前提条件,一开始就用[＋连接功能]这个标准来定连词这个词类,那就会把某些能起连接功能的副词(如"就""才"等)、代词(如"那么""这样"等)也分到连词里去。(2)下位分类所用的划分标准可利用已有的上位分类成果。例如我们在给"成分词$_4$"进一步分类时,就用了"介词结构～"这一具体标准,其中的介词就是上位分类成果。

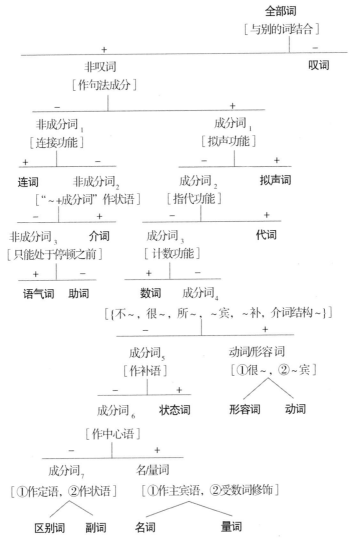

显然,各家分类的分歧跟细分的程度有关。这主要表现在:一、名词

要不要再细分？二、形容词要不要再细分？三、助词要不要再细分？下面就各家的分歧意见略作一些分析。

一、名词要不要再细分？

请先看例词：

(1) a. 学生、老虎、蝴蝶、松树、韭菜、桌子、汽油、空气、文学、友谊……
　　b. 今天、明年、元旦、明代、星期一、春节……
　　c. 上海、东城区、王府井、隔壁、门口……
　　d. 上、下、里、外、前、后、左边、东方、南面……

对于 a 组词，大家都把它归入名词，没有不同意见；对于 b、c、d 组词，一般都把它们归入名词，《现代汉语语法讲话》也把它们归入名词，但单独提出来，看作是名词里特殊的三小类词，分别命名为"时间词""处所词""方位词"；朱德熙先生在《语法讲义》里，则索性将它们各自独立成类，跟名词平起平坐。朱德熙先生这样做是有一定道理的。首先，我们应该承认，b、c、d 三组词，有它们自己的特点，譬如从语法意义上看，不是表示一般的事物，而是分别表示抽象的时间、处所、方位；从语法功能上看，能直接作介词"在""到""从"的宾语，构成介词结构，这是一般名词所不具备的。例如：

(2) 在今天出版|在上海出版|在左边晃动
　　到今天才来|到上海去买|到左边看看
　　从今天开始|从上海出发|从左边观察

另外，能分别用"这儿/这里""那儿/那里""这会儿"指代，能分别用"哪儿/哪里""多会儿"提问，而这都是一般名词所不具备的。因此，对这些词有特别注意的必要，朱德熙先生把它们从传统的名词类里边分出来，分别单独立类是有一定道理的。但是，考虑到它们各自包含的词的数量太少，再说，对于它们的特殊性也可以用其他方式来显示，不一定非得将它们单独立为一类，所以北大版《现代汉语》还是将它们归入名词，但又指明"今天、元旦""北京、杭州""里头、下面"可分别单独称为"时间词""处所词""方位词"。这样处理既注意到了这些词的特殊性，又不至于增加总的词类数目。

二、形容词要不要再细分？

也请先看例词：

(3) a. 大、甜、绿、勤快、认真、小气、虚心

b. 通红、煞白、红通通、黄灿灿、糊里糊涂、黑咕隆咚

c. 荤、温、野生、国营、急性、慢性、框式、微型

从前面所列的各家词类比较来看,对上面列出的三组词,在分类处理上,各家存在着三种不同的意见:

1. 归为一个类,都看作形容词。内部再分三小类:性质形容词(含 a 组)、状态形容词(含 b 组)、非谓形容词(含 c 组,即"区别词")。

2. 分为并列的两类——形容词(含 a 组和 b 组)和区别词(含 c 组)。形容词下面再分两个小类:性质形容词(含 a 组)、状态形容词(含 b 组)。

3. 分为并列的三类——形容词(含 a 组)、状态词(含 b 组)、区别词(含 c 组)。

上述三种意见,各自考虑的出发点不同。

第一种意见,主要是从它们所表示的语法意义上来考虑的,这些词都表示性质、状态。也考虑了它们的语法功能,那就是它们都能作定语。

第二种意见,更多地考虑到了它们的语法功能,认为 c 组词在语法功能上跟 a、b 两组词有很大不同。c 组词的语法功能很窄,除了作定语,或跟助词"的"构成"的"字结构外,没有别的语法功能。但认为 a、b 两组词在意义上密不可分,语法功能上也比较接近,所以仍把 a、b 两组词归为一类。

第三种意见,纯粹从它们各自的语法功能上来考虑,认为 a、b、c 三组词的语法功能除了作定语这一点以外,其他方面差异很大。而作定语在汉语里并非形容词所独有的语法功能。a、b、c 三组词语法功能上的不同可列表比较如下(以 a、b、c 三组词里的"虚心""煞白""微型"为例):

	a. 虚心	b. 煞白	c. 微型
作主语	虚心使人进步	—	—
作谓语	他这个人虚心	她的脸煞白	—
作补语	学得虚心	她的脸气得煞白	—
带补语	虚心得过了头	—	—
作定语	虚心态度	煞白的脸	微型电脑
很~	很虚心	—	—
不~	不虚心	—	—
构成"的"字结构	虚心的能学到东西	—	(买)微型的

而作定语不能认为是这些词的"专利",事实上汉语里作定语能力最强的还不是这些词,而是名词。一般名词都能直接去修饰一个名词,而自身又

能受另一个名词的修饰。例如：

(4) 桌子规格　　塑料桌子　　泡沫塑料
(5) 规格说明书　说明书内容　内容问题

此外,相当数量的双音节动词也能直接作名词的定语。例如：

(6) 参观人数　　游泳姿势　　研究课题　　学习方式　　跟踪路线
　　选举制度　　调查提纲　　盗窃集团　　检查时间　　增长速度

对于上述三种不同的处理意见,我们应该怎么看呢?

我们觉得,第一种意见是最不可取的,因为如果接受第一种意见,由此定出的所谓"形容词"就不具有"对外有排他性"的自身语法特点,因为正如上面已经指出的,虽然"作定语"这一点对其内部有一致性,但是这并非它所特有的。从分类的角度说,这无疑违反了"所有'划分子项'的共性必须只有'划分母项'所有,而不能与'划分母项'同级的其他项也具有"这一分类原则。

从严格遵守词类分类依据的角度看,第三种意见是最为可取的,因为这 a、b、c 三组词的语法功能确实有重要的区别。

但是分类有一定的相对性。考虑到不同方面的用途,特别是从教学语法(含对外汉语教学用的参考语法)角度说,采用第二种分类意见,即将 a、b 两组词合为一类,称为形容词,将 c 组词称为区别词,也是可以的。

三、助词要不要再细分?

所谓"助词要不要再细分",实际是指"吗、呢、吧、啦、呗"等专门表示语气的助词(一般称为"语气助词")要不要从助词里边分出来单独立类,称为"语气词"。就目前的发展趋势看,大家都越来越倾向于将语气助词从助词里边分出来单独立类,称为"语气词"。理由是：

1. 从语法意义上来看,这些词专门表示某种语气；
2. 从语法功能上来看,这些词主要是附在句子的末尾；
3. 从韵律上来看,这些词之后一定有停顿。

这就是说,这些词的特点比较鲜明,而且语气词是汉语词汇和语法上的一大特点。我国第一部汉语语法专著《马氏文通》,就已注意到并明确指出此乃"华文所独也"。

说到语气词,有人把"简直、偏偏、难道"等这样一些表示语气的副词也归入语气词。我们觉得这样做不好。固然"简直、偏偏、难道"等也能表示语气,但是这些词跟"吗、呢、吧、啦、呗"等有极为重要的区别：第一,"简直、偏偏、难道"等能作句法成分(作状语),而"吗、呢、吧、啦、呗"等不能作句法成分。第二,"简直、偏偏、难道"等跟别的词语发生组合时总是前置(即总是处于前面的位置),而"吗、呢、吧、啦、呗"等总是后置(即总是处于后面的位置)。有鉴于此,不宜将这两种词糅到一个类里去。

汉语词类分多少类为宜?这不能说死。这要根据不同方面的应用需要而定。我们赞成北京大学詹卫东教授的看法:"如果所作的分类,能满足'够用、好用'的要求,就行了。"⑫

1.6 关于动词形容词"名物化"问题
——兼说汉语在词类问题上的真正特点

汉语由于无形态标志和形态变化,所以即使像"参观""安静"这样一些典型的动词、形容词都能在主语、宾语位置上出现。请看:

(1) a. 参观是必要的。　　　　【作主语】
　　 b. 那展览馆我不想参观。【作宾语】
(2) a. 安静有助于养身。　　　【作主语】
　　 b. 我就喜欢安静。　　　　【作宾语】

怎么看待例(1)和例(2)里"参观"和"安静"的词性?学术界有两种意见:意见 A 认为,那些动词、形容词作了主语、宾语后就名词化或名物化了(统称为"名物化");⑬意见 B 认为那些动词、形容词作了主语、宾语后依然是动词、形容词,其中最有影响的是朱德熙等撰写的《关于动词形容词"名物化"的问题》(1961)一文,该文对"名物化"的说法采取断然否定的态度。⑭于是在上个世纪 60 年代初引起了"名物化"问题的争论。

由于朱德熙等(1961)文章的影响,目前汉语语法学界大多采用 B 观点处理办法,并认为动词、形容词作主语是汉语语法特点之一。我过去也采用 B 观点处理法;⑮之所以采用 B 观点,很重要的一个理由是,"兼类的词只能是少数"⑯,不能占很大比例。事实上汉语里动词、形容词作主语少说也要占动词总数的 46%、形容词总数的 93%。⑰如果我们将"买是买了,放着没有用""好是好,就是太贵了"这种句子里的"买""好"也分析为主语,那么动词、形容词作主语的比例还要高。

其实,从理论上来说,A、B 两种观点都是允许的。这两种观点的本质差异是:按照 A 观点,意味着句法成分跟词类相对应——作主语的是名词性词语,这一来,句法规则相对说来简单了,但大量的词就要兼类;按照 B 观点,意味着句法成分跟词类不一一对应——作主语的不限于名词性词语,动词、形容词也能作主语。这一来,词的兼类现象将大大减少,但句法规则相对说来会变得复杂些。我们到底应该怎么看待处于主语、宾语位置上的"参观""安静"这些词的词性呢?

在有形态的语言里,譬如在英语里,动词转化为名词,采用派生法,通常是后加名词词缀,如动词 demonstrate(论证,示威),要转成自指的名词,即变成动作名称的名词,就后加词缀-ion,变成 demonstration(论证,示威)。可是在英语里有相当多的动词转成自指的名词时,就直接转化,等于后加一个零词缀,我们不妨称之为"零派生"。如 play(动/名,玩耍)、work(动/名,工作)。零派生的动名兼类词都是英语里固有的词,而有标记的是来自拉丁语的。⑱这说明这个问题还是很复杂的。陈保亚在《20世纪中国语言学方法论》(1999)"§2 中国结构主义"这一小节中的"§2.1.1.6 鉴定字与英汉词类的有阶比较"中,就斯瓦迪士(M. Swadesh)提出的人类最常用的 100 个核心词进行了考察,发现"英语词类互用的情况比汉语高得多"。⑲

对于汉语里出现在主语位置上的动词、形容词,现在我们觉得不能简单地采用 A 观点,也不能简单地采用 B 观点。实际上还得细分为甲、乙两种情况:

情况甲:出现在主语位置上的动词、形容词名词化了。例如:

(3) a. 游泳对身体有好处。
　　 b. 谦虚是一种美德。

这里的"游泳"实际上已经不是指游泳这一具体的动态的行为动作,而是指一种活动项目,指一种行为或一个事件的名称;这里的"谦虚"实际上也已经不是指某种性质,而是指人的一种美德。例(3)里的"游泳""谦虚"分别属于零派生的名词化。

情况乙:出现在主语位置上的动词、形容词还是动词、形容词。例如:

(4) a. 你说吧,干有什么好处? 不干有什么害处?
　　 b. 谦虚才能赢得人们的尊重。

例(4)这种情况从本质上说,实际是小句作主语,只是因为省略的缘故,在句子表面只剩下动词"干""不干"和形容词"谦虚"了。换句话说例(4)作主语的"干""不干"和"谦虚"前都有一个潜主语,即例(4)可以看作下面例(5)的一种省略形式:

(5) a. 你说吧,我们干有什么好处? 我们不干有什么害处?
　　 b. 态度谦虚才能赢得人们的尊重。

实际上,有形态的英语也好,俄语也好,也是两种情况:一种是动词通过派生名词化后作主语,或像英语那样要使之成为加-ing 的动名词或变成前加 to 的动词不定式后作主语,这就类似汉语里的情况甲;一种是小句作主语(动词或形容词为小句的谓语中心),这就类似汉语里的情况乙。只是跟汉语不同的是,西方语言动词性词语跑到主语位置上要在形式上加以处理,使之具有名词化的形式。具体说,类似情况甲的,要通过加名词后缀的派生方式使之名词化,或像英语那样要使之成为加-ing 的动名词或变成前加 to 的动词不定式;而类似情况乙的,小句作主语是要通过从属连词 that、whether 或疑问副词 how、why、when 或疑问代词 what 使整个小句名词化。这样看来,动词、形容词作主语可以认为不是汉语的特点,而是个普遍现象;汉语的特点不表现在动词、形容词能作主语这一点上,而是表现在大量的零派生和大量的省略上。

1.7　如何看待高名凯先生的"汉语无词类"论?

高名凯先生是我国杰出的才华横溢、富于雄辩的语言学家,他对我国语言学的发展,特别是对我国语法学和理论语言学的发展,作出了重要的贡献,是我国理论语言学的奠基者之一。在高先生的学术生涯中,留给学界印象最深的莫过于他关于汉语词类问题的观点——"汉语的词并没有词类的分别",学界简称为"高名凯先生的汉语无词类论"。高先生的这一汉语词类观是怎么产生的?

大家都知道,上个世纪 50 年代汉语学界开展了一场汉语词类问题的大讨论。这场争论其实首先是由外国学者引发的。早期法国语言学家马伯乐、瑞典汉学家高本汉等学者认为,汉语无语法范畴和词类,因为没有形态。苏联汉学家康拉德(1952)在《论汉语》(*O китайском языке*)中对此观点加以批评,康拉德认为,说汉语没有形态那是一种"错误的观念";汉语有丰富的形态,因此汉语有语法范畴,有词类。[②] 高名凯先生于 1953 年在《中国语文》10 月号上发表《关于汉语的词类分别》一文,具体驳斥康拉德的观点,认为康拉德所说之汉语形态并非真正的形态;就一个个词来说,"汉语的词并没有词类的分别"。高先生在那篇文章里论证自己观点所用的三段论是:

> 词类分别根据的是词的形态;
> 汉语实词没有足以分词类的形态;
> 所以汉语实词没有词类的分别。

高先生的文章引起了汉语学界对汉语词类问题的热烈讨论。高先生对康拉德的文章持否定意见,并不是因为自己是马伯乐的学生,得支持、维护自己老师的观点,而是出于自己的汉语词类观。当时,完全支持高先生观点的只有极少数,多数持反对或保留意见。但高先生在这场讨论中,可以说是舌战群儒,先后撰写发表了7篇文章,[21]充分论述自己的观点,批驳"汉语有形态""汉语实词能分类"的观点,同时高先生也很注意吸取他人的合理意见。

　　我先前曾认为,高先生是用印欧语的眼光来观察汉语,因而得出了"汉语实词没有词类分别"的结论。现在回过头来冷静思考,应该说,高先生的上述观点是符合汉语的语言实际的。高先生在上个世纪50年代呼吁:研究汉语语法,就不应仿效西洋的语法;研究汉语语法,必须依照汉语的特点,走上独立的创造的道路。[22]高先生的呼吁是正确的。

　　高先生也没有认死汉语实词不需要和不能分类,他只是强调汉语没有印欧语那样的词类分别。要说高先生的整个论述有遗憾之处,我认为那就是三段论中的最后那句结论性的表述,应该明确修改为:"所以汉语实词没有印欧语那样的词类分别。"

　　属于屈折语的语言,可以依据词的形态来划分词类;汉语属于孤立语,不存在可以依据词的形态划分得到词类。可是,按照"没有分类就没有科学"这一最基本的道理,要研究汉语语法,不能不对汉语的词分类。那么在研究汉语语法时该怎么给汉语的词分类?这是不能回避的问题。当初高先生如果能向人们进一步说明划分汉语词类的出路,可能就不会引起众多学者对高先生观点的误解。不过我们今天不能这样来要求高先生。高先生没能进一步向人们指明划分汉语词类的出路,那是受当时整个语言学学科水平的限制所致。我们可喜地看到,半个多世纪后的今天,人们对汉语词类问题的认识,远比上个世纪50年代深刻得多。

　　上个世纪50年代开展词类问题大讨论时的政治局面是:要求全国一边倒,倒向苏联;同时也正是不断批判所谓"资产阶级学术思想"的时代。高先生敢于对苏联汉学家的观点持反对意见,这在当时是要有点勇气的。高先生在当时所受压力之大,是可想而知的。但高先生并不退却。不仅对康拉德,而且接着对苏联汉学家穆德洛夫有关汉语词类的观点,专门撰文进行批评。[23]在那段时间里,高先生连续发表文章,来阐述自己的词类观点。在这场汉语词类大讨论中,从高先生的汉语词类观里,我们看到了一个正直的知识分子所应有的求真求是、不断探索创新的治学精神和科学态度。高先生这种治学精神和科学态度,是很值得我们后辈学者学习的。

1.8 关于"名动包含"说

沈家煊先生自 2007 年以来连续发表了十多篇文章,[24]陈述他关于汉语词类的观点。沈先生最核心的观点是:英语的名词、动词、形容词彼此是分立关系;而汉语的名词、动词、形容词彼此是层层包含关系——汉语的形容词也是动词,汉语的动词也是名词,换句话说,形容词是动词的一个次类,动词是名词的一个次类。沈先生简称之为"名动包含"。图示如下(引自沈家煊 2009a):

沈先生这个观点怎么来的呢?他举了这样三个例子:

A. 他开飞机。
　*He fly a plane.
　He flies a plane.
B. 他开飞机。
　*He flies plane.
　He flies a plane.
C. 开飞机很容易。
　*Fly a plane is easy.
　Flying a plane is easy.

据此,沈先生获得如下的前提:

A:汉语的动词(如"他开飞机"里的"开")入句作陈述语(谓语)的时候不像印欧语那样有一个"陈述化"的过程(如英语中 fly 要变为 flies)。从这个意义上讲,汉语的动词就是陈述语。

B:汉语的名词(如"他开飞机"里的"飞机")入句充当指称语(主宾语)的时候不像印欧语那样有一个"指称化"的过程(譬如英语中的 plane 要变为 a plane, the plane(s),或 planes)。从这个意义上讲,汉语的名词就是指称语。

C:汉语的动词(如"开飞机很容易"里的"开")当作名词用(作主宾语)的时候不像印欧语那样有一个"名词化"或"名物化"的过程(如英语

fly 要变为 flying 或者 to fly)。

沈先生根据上面所说的前提得出了如下结论：

汉语的动词(陈述语)也是名词(指称语)，动词是名词的一个次类。汉语的动词其实都是"动态名词"，兼有名词和动词两种性质。这也就是"名动包含"。

沈先生很肯定地说："采用'名动包含'的观点，汉语语法中过去有许多不好解决的老大难问题就可以得到合理的解决。"①譬如说，学界曾经就"这本书的出版"里的"出版"这个词"到底依然是动词呢还是转成名词了"展开为时不短的争论。沈先生说，这种争论"没有必要也无意义"，因为"出版"本来就是名词，这里就凸显它的名词语法功能；而在"这本书刚出版"里，凸显它的动词语法功能。

沈家煊先生的意见怎么样？对汉语词类的特点我们到底该怎么认识？下面说说我们的看法。

我们认为，沈先生的论述中，似忽略了这样的问题，那就是(看下图)：

(一)大圆面积名词挖掉动词(即沈先生所说的"动态名词")这一中圆面积后，所剩下的大圆环部分(即 R1)是什么词？

(二)那中圆面积动词，挖掉形容词这一小圆面积后，所剩下的小圆环部分(即 R2)是什么词？

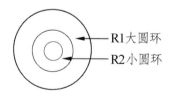

有人可能会说，R1 当然就是名词咯，R2 当然就是动词咯。然而必须清醒地看到，大圆环 R1 所指的名词跟原先沈先生所说的大圆面积所指的名词，其外延、内涵都不一样了；同样，小圆环 R2 所指的动词跟原先沈先生所说的中圆面积所指的动词，其外延、内涵也都不一样了。

事实上，原先学界一般所说的名词实际只是指 R1，原先学界一般所说的动词实际只是指 R2，原先学界一般所说的形容词是那中心的小圆面积所指的形容词。这样看来,原先汉语学界所说的汉语的名、动、形三类词,彼此也是分立的,而并非层层包含关系。

其实,沈先生所说的那个大圆面积所指的名词就是汉语学界一般所说的实词,实词就包含名、动、形三类词,就是那大圆面积所指的词;沈先生所说的那个中圆面积所指的动词就是学界一般所说的谓词,谓词就包含动词和形容词。

再说,原先汉语学界关于动词、形容词作主宾语是否"名物化"了的争论,关于"这本书的出版"大家对"出版"词性的争论,并不是如沈先生所以为的那样是大圆面积所指的名词(即一般所说的实词)与中圆面积所指的动词(即一般所说的谓词)之争,而是大圆环 R1 所指的名词和小圆环 R2 所指的动词与小圆所指的形容词之争。因此,沈先生的"名动包含"说似并不能真正解决汉语学界在上述两个问题上的争论。㉒

1.9 关于词的兼类问题

事物是复杂的,语言中的词有千千万万,它们各自的语法性质也是错综复杂的。我们不能期望按某些标准,通过几次分类手续就可以把词分得清清楚楚、干干净净。事实告诉我们,语言里存在着词的兼类现象。词的兼类现象是客观存在的,问题是什么样的情况属于兼类现象。

对于汉语里词的兼类现象,大家有个认识过程,这跟分类的依据有关。例如早期有人按句子成分给词分类,并主观规定:作主宾语的是名词;作谓语的是动词;作定语的是形容词;作状语的是副词。于是大量的词属于兼类词。结果得出了汉语的词"依句辨品,离句无品"的结论。现在大家认识到,下面的情况不属于词的兼类现象:㉓

1. 同一类词用于不同的句法位置上,而且同类词都能这样用,因而这种用法就列入这类词的功能之内,不看作词的兼类现象。例如:

(1) 他劳动。　　　　　【作谓语】
(2) 劳动光荣。　　　　【作主语】
(3) 他爱劳动。　　　　【作宾语】
(4) 要关心劳动人民。　【作定语】

例(2)、(3)里的"劳动"不看作动词兼名词了,例(4)里的"劳动"不看作兼形容词了,例(1)—(4)里的"劳动"都看作动词。

2. 不同类的词具有部分相同的语法功能,不看作这类兼那类或那类兼这类的兼类现象。例如动词后能带"了"表变化,带"起来"表开始进行;

有些形容词也能如此。"后带'了''起来'便看作是动词、形容词所共有的语法性质,不再认为形容词一带上'了''起来'就兼作动词用了"。

3. 临时借用,不看作兼类现象。如"你比秦始皇还秦始皇"里的后一个"秦始皇"不看作兼别的词类。

4. 意义上毫无关系的同音同形词不看作兼类词。如"花₁钱"的"花₁"和"一朵花₂"的"花₂"不是兼类现象。

对于上面四种情况大家不再认为是词的兼类,几乎已成为共识。㉘但是,绝对不要认为有关汉语词的兼类问题大家看法都一致了。事实是,语法学界对兼类词仍存在着不同的看法。具体说,下面八种现象是否属于词的兼类现象,语法学界仍然存在着分歧。

a. 锁　　把门锁₁上│买了一把锁₂
b. 代表　　他代表₁我们班发言│他是人民的代表₂
c. 报告　　现在报告₁大家一个好消息│这起事故你给写个报告₂
d. 死　　他爷爷死₁了│这个人脑筋很死₂
e. 白　　那墙刷得很白₁│我白₂跑了一趟
f. 方便　　这儿交通很方便₁│大大方便₂了顾客
g. 正式　　他是正式₁代表│我正式₂提出申请
h. 研究　　他研究₁人类史│这笔研究₂经费只用于艾滋病研究₃

具体该怎么分析、处理上述八种现象呢?在讨论这个问题之前,我们首先应该就下面的问题取得一致的意见:"对'兼类词'到底该怎么理解?"如果我们对"兼类词"这个概念本身各有不同的理解,那肯定就讨论不好。譬如说,甲、乙双方,甲把兼类词理解为"指同音、同形不同义的词",乙把兼类词理解为"指同一个概括词而兼有两种词类语法特点的词",而甲和乙事先并未就兼类词取得一致意见,那么甲和乙来讨论下列句中的"保管"时,就会说不到一起去。请看:

(5) 我负责保管₁仪器设备。
(6) 他是我们仓库的保管₂。
(7) 这钢笔,我保管₃你好用。

按甲的理解,上面句中的"保管₁""保管₂""保管₃"属于兼类词;按乙的理解,上面句中的"保管₁""保管₂""保管₃"分别归为三类不同的词,不看作兼类词。所以,在讨论之前必须先对"兼类词"进行明确定义。

我们认为,根据研究和运用的不同需要,对"兼类词"可以下不同的定义。

一、从本体研究的需要出发定义"兼类词"

从本体研究的需要出发,宜将"兼类词"定义为:指同一个概括词兼有两种词类特性的词,即指同音同义而词性不同的词。

如果按上述定义来分析前面所列的八种现象,那么只有 f、g、h 三种现象有可能处理为兼类现象。为什么这样说呢？我们不妨作些分析。

【关于 a 种现象】把门锁$_1$上|买了一把锁$_2$。

"锁$_1$"和"锁$_2$"显然不能概括为一个概括词,因为它们虽然同音,但不同义——"锁$_1$"表示"用锁使门、箱子、抽屉等关住或使铁链拴住",显然是表示一种行为动作;而"锁$_2$"则表示"安在门、箱子、抽屉等的开合处或铁链的环孔中,使人不能随便打开的金属器具",很明显是表示一个具体的事物。所以,"锁$_1$"和"锁$_2$"应概括为两个词:"锁$_1$"是动词,"锁$_2$"是名词,而不能把它们看作兼类词。

【关于 b 种现象】他代表$_1$我们班发言|他是人民的代表$_2$。

"代表$_1$"和"代表$_2$"也不能概括为一个概括词,因为它们虽然同音,但不同义——"代表$_1$"表示"代替个人或集体办事或表达意见",表示一种行为动作;"代表$_2$"则表示"受委托或指派代替个人、团体、政府办事或表达意见的人",是指人。所以,"代表$_1$"和"代表$_2$"应概括为两个概括词:"代表$_1$"是动词,"代表$_2$"是名词。"代表$_1$"和"代表$_2$"也不能看作兼类词。

【关于 c 种现象】现在报告$_1$大家一个好消息|这起事故你给写个报告$_2$。

"报告$_1$"和"报告$_2$"也不能概括为一个概括词,因为它们虽然同音,但不同义——"报告$_1$"表示"把事情或意见正式告诉上级或群众",表示一种行为动作;"报告$_2$"则表示"用口头或书面的形式向上级或群众所做的正式陈述",是指一种抽象事物。很显然,"报告$_1$"和"报告$_2$"也应概括为两个概括词:"报告$_1$"是动词,"报告$_2$"是名词。"报告$_1$"和"报告$_2$"也不能看作兼类词。

【关于 d 种现象】他爷爷死$_1$了|这个人脑筋很死$_2$。

"死$_1$"和"死$_2$"也不能概括为一个概括词,因为它们虽然同音,但不同义——"死$_1$"表示"(生物)失去生命",表示一种行为动作;"死$_2$"则表示"固定,死板,不活动",是指性质。所以,"死$_1$"和"死$_2$"应概括为两个词,"死$_1$"是动词,"死$_2$"是形容词。"死$_1$"和"死$_2$"也不能看作兼类词。

【关于 e 种现象】那墙刷得很白$_1$|我白$_2$跑了一趟

"白$_1$"和"白$_2$"也不能概括为一个概括词,因为它们虽然同音,但不同义——"白$_1$"表示"像霜或雪的颜色",表示性质;"白$_2$"则表示"酬和劳发生偏离,酬劳不相称"。按语法功能,"白$_1$"是形容词,"白$_2$"是副词。"白$_1$"和"白$_2$"也应概括为两个概括词,而不能看作兼类词。

以上分析说明,a—e 都不属于兼类现象。那么 f—g 现象呢?f—g 现象跟 a—e 现象不同。请看分析:

【关于 f 种现象】这儿交通很方便$_1$ | 大大方便$_2$了顾客

"方便$_1$"是形容词的用法,"方便$_2$"是动词的用法。值得注意的是,我们既见不到"很方便$_1$顾客"的说法,也见不到"很方便$_2$顾客"的说法。那么"方便$_1$"和"方便$_2$"是不是应该概括为两个概括词呢?从表面看,"方便$_1$"和"方便$_2$"意思不相同,前者表示"便利",后者表示"使便利"。然而这种差别不是由于词义的变化所造成的,"使便利"中的使动意义是由格式所赋予的,几乎所有形容词只要能带上宾语,由此形成的述宾结构就都含有使动意义,这是有规律可循的。请看:

(8) 方便顾客＝使顾客方便
　　丰富文娱生活＝使文娱生活丰富
　　巩固国防＝使国防巩固
　　充实内容＝使内容充实
　　端正态度＝使态度端正
　　统一思想＝使思想统一
　　壮大队伍＝使队伍壮大
　　纯洁队伍＝使队伍纯洁
　　清醒头脑＝使头脑清醒
　　稳定情绪＝使情绪稳定
　　繁荣市场＝使市场繁荣
　　缓和气氛＝使气氛缓和
　　安定人心＝使人心安定
　　清洁城市＝使城市清洁

因此,对于"方便$_1$"和"方便$_2$",我们不能认为它们在词汇意义上有差别,换句话说,"方便$_1$"和"方便$_2$"不能看作是同音不同义。其实无论是"方便$_1$"还是"方便$_2$",本身所表示的意义都是"便利",所以还应把它们视为同音同义,还应把它们概括为一个概括词。因此,"方便$_1$"和"方便$_2$"应处理为兼类词,带宾语时的"方便"是动词,其余情况下的"方便"是形容词。

【关于 g 种现象】他是正式$_1$代表 | 我正式$_2$提出申请

"正式$_1$"和"正式$_2$"也应该概括为一个概括词,因为同音同义。"正式"不论是作定语(如"正式$_1$代表"),还是作状语(如"正式$_2$提出申请"),都表示"合乎一般公认的标准的,合乎一定手续的"意思。但能不能处理为兼类词呢?应该看到,"正式$_1$"和"正式$_2$"在语法功能上是对立的:在作句法成分上,"正式$_1$"只能作定语,而"正式$_2$"只能作状语;"正式$_1$"可以形成"的"字结构,"正式$_2$"不能形成"的"字结构。以上所说的区别可列如下:

	作定语	作状语	形成"的"字结构
正式$_1$	+	−	+
正式$_2$	−	+	−

因此,"正式$_1$"和"正式$_2$"也应处理为兼类词。也有人主张把区别词和副词合为一类称为"饰词"。㉘按这种主张,"正式$_1$"和"正式$_2$"同属一类词,不属于兼类词了。鉴于区别词和副词在语法功能上差别太大,所以在词类平面上,我们不采用这种主张;但我们不反对为了研究的需要,将区别词和副词合称为"饰词",如同为了研究的需要将动词、形容词、状态词合称为"谓词"一样。

【关于 h 种现象】他研究$_1$人类史│这笔研究$_2$经费只用于艾滋病研究$_3$。

"研究$_1$""研究$_2$""研究$_3$"也应概括为一个概括词,因为它们同音同义。那么它们是不是属于兼类词呢?"研究$_1$"带宾语,并考虑到其他方面的功能,大家都认为是动词。"研究$_2$"和"研究$_3$"的用法——直接受名词修饰和直接修饰名词,这是名词所特有的功能。这样说来,"研究$_1$"和"研究$_2$""研究$_3$"似应处理为兼类词。但是,考虑到"研究"这种双音节动词"所占比例很大",我们得另作处理。据我们调查,原本是动词,而可以不改变意义去直接受名词修饰或直接修饰名词的,只限于双音节动词,所占的比例竟高达 31%。按如此高的比例,把这些词看作兼类词,就不合适了。朱德熙先生采取了另一种处理办法,那就是将"研究$_1$""研究$_2$"和"研究$_3$"合为一类,仍叫动词,而把"研究"这样的动词看作是动词中的一个小类,称为"名动词"。㉙

总之,根据兼类词是"指同一个概括词兼有两种词类特性的词"这一定义,上述八种现象,只有 f 和 g 两种现象才能处理为兼类现象。

二、从汉语教学的需要出发定义"兼类词"

从汉语教学的现实情况看,不论是汉语作为第二语言/外语教学还是中学语文教学,不需要从本体研究的需要出发来给"兼类词"下严格的定义。我们知道,在汉语教学中,为了便于学生学习、掌握词汇,我们尽可能将由本义派生而成的词跟具有本义的词放在一起来学习、掌握。这样,像"锁₁"和"锁₂","代表₁"和"代表₂",从教学的角度说,将它们处理为兼类词比把它们处理为各自属于不同的词类,更有利于教学。从这个角度出发,不妨将"兼类词"定义为:指同字形、同音且意义上有极为密切关系而词性不同的词。

如果按上述定义来分析前面所列的那八种现象,那么除了 h"研究₁""研究₂""研究₃"这种现象可以不处理为兼类现象外,其余 a—g 七种现象都可以处理为兼类现象。h 这一种现象之所以不处理为兼类现象,只是因为所占比例太大。

三、从中文信息处理的需要出发定义"兼类词"

现阶段的中文信息处理,还不怎么能处理语义信息。因此,从中文信息处理的角度说,汉语教学用的"兼类词"定义也还嫌严。目前在中文信息处理中,是这样来定义兼类词的:指同字形、同音而意义不同或词性不同的词。

如果按上述定义来分析前面所列的那八种现象,那么 a—h 八种现象都可以处理为兼类现象,而且甚至像前面所提到的"花₁钱"里的"花₁"和"一朵花₂"里的"花₂",也得处理为兼类词。

从对兼类词的分析讨论中,我们也可以体会到这样一点,那就是分类有一定的相对性,划分词类也有一定的相对性。㉛ 举例来说,假如按功能甲和功能乙来考察我们所要划分的词,可能会呈现下列三种情况:

a. 有些词只符合甲功能,不符合乙功能;

b. 有些词只符合乙功能,不符合甲功能;

c. 有些词既符合甲功能,又符合乙功能。

我们在进行分类时,下面五种处理办法都是允许的:

1. 分为 A、B、C 三类,a、b、c 各为独立的一类。按此处理,各类词的语法功能分别为:

A 类词:[+甲,-乙]
B 类词:[-甲,+乙]
C 类词:[+甲,+乙]

2. 分为 A、B 两类,a+c 为一类,b 为一类。按此处理,各类词的语法功能分别为:

A 类词(含 a 和 c):[＋甲]
B 类词:[－甲]

3. 也分为 A、B 两类,但 b+c 为一类,a 为一类。按此处理,各类词的语法功能分别为:

A 类词(含 b 和 c):[＋乙]
B 类词:[－乙]

4. 也分为 A、B 两类,但 a 为一类,b 为一类,c 为兼类。按此处理,各类词的语法功能分别为:

A 类词(含 a 和 c):[＋甲]
B 类词(含 b 和 c):[＋乙]

5. 合为一类。按此处理,这类词的语法功能是:

A 类词(含 a、b、c):$[\{^{+甲}_{+乙}\}]$⑫

以上五种处理办法从理论上来说都是允许的,采用哪一种,要放到所需的分类系统中去考虑。上面我们在讨论处理前面提出的那八种现象是否属于词的兼类现象时,就是从所需分类系统考虑出发而采取不同处理办法的。

1.10 汉语词类划分中难处理的问题

在分类中,除了会遇到兼类现象外,往往还会遇到一些例外的现象和难处理的现象,而这些现象都是在研究的现阶段还不能圆满解释或解决的。对于这些例外或难处理的现象,我们只能采取"如实说"的老实态度。下面不妨举些实际的例子。

【实例一】"很"和"极"

"很"和"极",在现代汉语里大家都把它们归入副词。但汉语里的副词是"只能充任状语的虚词",⑬而"很"和"极"除了能作状语外,还能作补语,如"好得很""好极了"。这显然跟一般副词用法不一样。假如汉语里有专门作补语的 X 类,那我们倒可以说"很"和"极"兼副词和 X 类,然而现代汉语里没有这样一类专门作补语的词类。那么能不能把"很"和"极"单独立一类,称为 Y 类,说 Y 类的语法特点是只能作状语和补语。从理论上来说,这样做当然不是绝对不可以,但只为两个词就去设立一个词类,付出的代价太大,任何研究者都不会这样做。因此,"很""极"的情况给汉语词的分类带来了难题。目前还没有理想的处理办法,就只能实话实说,看作例外,即把"很""极"作补语的用法看作副词"很""极"的例外用法。

【实例二】"一起"和"一块儿"

"一起"和"一块儿",经常作状语,如"我们一起/一块儿走吧"。一般都把它们归入副词。可是,它们又可以作介词"在"的宾语,如"大家在一起/一块儿玩儿"。这里的"一起/一块儿",怎么处理?这目前也是难办的事。

【实例三】"开"

这里说的"开",不是指"开门""打开"的"开",而是指"四六开""三七开"里的"开"。这个"开",《现代汉语词典》是这样注释的:"指按十分之几的比例分开:三七~。"这个"开"的出现环境很特别,它只能出现在有限的、二者相加为十的两个数字之后,如"五五开""四六开""三七开""二八开"。这个"开"也是词类划分中难处理的问题。

【实例四】"见方"

"见方"这个词语法功能也很特别,它只出现在由长度单位量词形成的数量词的后面,如"三尺见方""两米见方""五厘米见方"等。这个词也是在汉语词类划分中难以处理的词,我们也只能如实向大家说明。

注释

① 参看朱德熙、卢甲文、马真《关于动词形容词"名物化"的问题》,《北京大学学报》(人文科学版)1961年第4期。
② 本书各个词《现代汉语词典》的释义均引自第7版。
③ 其实"好$_3$"的实际调值是211。
④ 参看吕叔湘、朱德熙《语法修辞讲话》第10页,中国青年出版社,1952年。
⑤ 参看吕叔湘《关于汉语词类的一些原则性问题》,《中国语文》1954年第9、10期。
⑥ 参看吕叔湘《汉语语法分析问题》34小节,商务印书馆,1979年。
⑦ 参看陈望道《文法简论》,上海教育出版社,1978年。
⑧ 参看朱德熙《语法答问》"贰 词类",商务印书馆,1985年。
⑨ 在《马氏文通》的年代,字词不分,所说的"名字""代字""动字"等即"名词""代词""动词"等。
⑩ 该书的前身是《简明实用汉语语法》(北京大学出版社,1981年),1985年,国家教委高等学校文科教材办公室将该书列入1985—1989年高等学校中文教学类专业教材编写计划。根据教育部高教处中文教学类专业教材编写计划和教学的需求,作者对原书进行了多次修订,于1997年更换书名为《简明实用汉语语法教程》,并被列为"21世纪汉语言专业规划教材"。2015年又修订出版第二版。海外已有法

文、日文、韩文译本。

⑪ 郭锐所单列的"数量词"包括：(a)"数＋量"凝固成的单词，如"一生、一小撮、一阵、一会儿"；(b)"数＋量"语音并合造成的合音词，如"俩、仨"；(c)其他具有数量意义、功能相当于数量词组的单词，如"许多、很多、不少、大量、部分、全部、所有、一切、有些、片刻、许久"等。

⑫ 詹卫东这一看法是在2012年的一次学术研讨会上发表的。

⑬ 持这种观点的，最有代表性的是黎锦熙《新著国语文法》(第65页，商务印书馆，1992年)，黎锦熙、刘世儒《语法再研讨——词类区分和名词问题》(《中国语文》1960年12月号)，史振晔《试论汉语动词、形容词的名词化》(《中国语文》1960年12月号)。

⑭ 朱德熙、卢甲文、马真《关于动词形容词"名物化"的问题》，《北京大学学报》(人文科学版)1961年第4期。

⑮ 参看陆俭明《80年代现代汉语语法研究理论上的建树》，《世界汉语教学》1991年第4期。

⑯ 参看朱德熙《语法讲义》3.3小节，第39页，商务印书馆，1982年。

⑰ 参看郭锐《现代汉语词类研究》，商务印书馆，2002/2018年。

⑱ 这是香港科技大学张敏教授电话里告诉我的。

⑲ 在陈保亚(1999)的统计中，属于动词、名词互用的，除了自指现象(如work，动/名，都是"工作"的意思)外，专指现象(如 tie，作为动词，是"捆"的意思；作为名词，是"绳子，带子"的意思)也列入其内。

⑳ 参看康拉德(Н. И. Конрад)(1952)，*О китайском языке*；中译本：《论汉语》(彭楚南译)，中华书局，1954年。

㉑ 那7篇文章是：高名凯《关于汉语的词类分别》，《中国语文》1953年10月号；高名凯《再论汉语的词类分别(答Б. R. 穆德洛夫同志)》，《中国语文》1954年8月号；高名凯《三论汉语的词类分别》，《中国语文》1955年1月号；高名凯《关于汉语实词分类问题》，《语言学论丛》第四辑，上海教育出版社，1960年；高名凯《汉语语法研究中的词类问题》，《安徽大学学报》1963年第1期；高名凯、刘正埮《库兹涅佐夫对汉语词类问题的看法》，《语法论集》第2集，中华书局，1957年；高名凯、计永佑《从"动词形容词的名物化"说到汉语的词类问题》，《北京大学学报》(人文科学版)1963年第2期。

㉒ 参看高名凯《关于汉语的词类分别》，《中国语文》1953年10月号。

㉓ 高名凯《再论汉语的词类分别(答Б. R. 穆德洛夫同志)》，《中国语文》1954年8月号。

㉔ 沈家煊先生的文章具体如下：1.《汉语里的名词和动词》，《汉藏语学报》2007年第1期。2.《我看汉语的词类》，《语言科学》2009年第1期。3.《我只是接着向前跨了半步——再谈汉语里的名词和动词》，《语言学论丛》第四十辑，商务印书馆，2009年。4.《从"演员是个动词"说起——"名词动用"和"动词名用"的不对称》，《当代修辞学》2010第1期。5.《英汉否定词的分合和名动分合》，《中国语文》2010年第5期。6.《朱德熙先生最重要的学术遗产》，《语言教学与研究》2011年第4

期。7.《语法六讲》"第一讲 汉语语法研究摆脱印欧语的眼光",商务印书馆,2011年。8.《名动词的反思:问题和对策》,《世界汉语教学》2012年第1期。9.《汉语语法研究摆脱印欧语的眼光》,日本《中国语文法研究》,朋友书店,2012年。10.《词类的实验研究呼唤语法理论的更新》(与乐耀合写),《当代语言学》2013年第2期。11.《朱德熙先生最重要的学术遗产》,在2010年北京大学举行的"走向当代前沿科学的现代汉语语法研究国际学术研讨会——纪念朱德熙先生诞辰90周年和庆祝陆俭明教授从教50周年"会议上发表,后收录在沈阳主编《走向当代前沿科学的现代汉语语法研究》,商务印书馆,2013年。12.《词类的类型学和汉语的词类》,《当代语言学》2015年第2期。13.《汉语词类的主观性》,《外语教学与研究》2015年第5期。14.《从唐诗的对偶看汉语的词类和语法》,《当代修辞学》2016年第3期。15.《名词和动词》,商务印书馆,2016年。16.《汉语"大语法"包含韵律》,《世界汉语教学》2017年第1期。

㉕ 参看沈家煊《语法六讲》的"第一讲 汉语语法研究摆脱印欧语的眼光",商务印书馆,2011年。

㉖ 参看陆俭明《汉语词类的特点到底是什么?》,《汉语学报》2015年第3期。

㉗ 参看徐枢《兼类及处理兼类时遇到的一些问题》,《语法研究和探索》第5辑,语文出版社,1991年;陆俭明《关于词的兼类问题》,《中国语文》1994年第1期。

㉘ 参看徐枢《兼类及处理兼类时遇到的一些问题》,《语法研究和探索》第5辑,语文出版社,1991年;陆俭明《关于词的兼类问题》,《中国语文》1994年第1期。

㉙ 参看郭锐《现代汉语词类研究》,商务印书馆,2002/2018年。

㉚ 参看朱德熙《语法讲义》5.5小节,商务印书馆,1982年。

㉛ 参看朱德熙《语法答问》"贰 词类",商务印书馆,1985年。

㉜ "$\left\{\begin{array}{c}+甲\\+乙\end{array}\right\}$"表示析取关系,即或者取[+甲],或者取[+乙]。

㉝ 参看朱德熙《语法讲义》14.1.1小节,商务印书馆,1982年。

第二节 层次分析法

2.1 关于汉语句法分析
2.2 句子成分分析法及其局限
2.3 句法构造的层次性
2.4 关于层次分析法
2.5 运用层次分析法需要注意的几个问题
2.6 层次分析法的作用
2.7 层次分析法的局限

2.1 关于汉语句法分析

在"绪论"里我们说到,作为一个汉语语言学工作者应具有最起码的语法分析能力,其中最主要的是"句法分析"能力。所谓"句法分析",是指从句法的角度来解释说明种种语言现象。譬如说,为什么"咬死了猎人的狗"有歧义,而"咬死了猎人的鸡"一般不认为会有歧义?同样,为什么"放大了一点儿"有歧义,而"放大了一寸"没有歧义?"外面放着花"和"外面演着戏",词类序列相同,都是"处所短语+动词+'着'+名词",但是人们会明显地感觉到,前者表示存在,表静态,后者表示活动,表动态。人们的这种感觉对吗?如果是对的,怎么证实?为什么会有这样的差别?再如,为什么我们可以说"谦虚点儿!""高点儿!",但不能说"骄傲点儿!""伟大点儿!"? 这为什么?怎样解释这种现象?同样,为什么我们可以说"团长了""博士生了""老夫老妻了",但似乎不说"士兵了""插班生了""孩子了"? 这又为什么?怎样解释这种现象?再譬如,"开车的司机"和"开车的方法"都是"定-中"偏正结构,而且都是由"开车的"作定语。但是,前者在一定的语境里中心语"司机"可以省去不说,如"开车的还没有来";后者中心语"方法"则在任何语境里都不能省去,"开车的方法不容易掌握",不能说成"开车的不容易掌握"。这是为什么?怎样来解释这种现象?诸如此类的问题多了。为了解释说明这些饶有趣味的现象,我们就得想出一些分析方法来,并尽可能从理论上来加以说明。从句法的角度来解释说明种种语言现象的分析方法,一般就称之为"句法分析法",相关的理论就称为"句法分析理论"。

不考虑意义的句法分析时代已经过去。我曾经引用过已故著名语言学家朱德熙先生在一次小型语法沙龙会上所说的一段话:"语法研究发展到今天,如果光注意形式而不注意意义,那只能是废话;如果光注意意义而不注意形式,那只能是胡扯。"①朱德熙先生的话说明了,句法研究与分析发展到今天,必须走形式与意义相结合的道路。我们看到,汉语语法研究中的句法分析法,也正是沿着这条路发展的。

从本节开始我们将给大家介绍汉语语法研究中常用的一些句法分析法。我们在介绍各种句法分析法时,都力求从怎么更好地解释种种语言现象的角度来谈,并举汉语语法研究的实例来加以说明,以便让大家对汉语句法研究与分析有更多的感性认识,更好地引发大家对句法研究与分析的兴趣,破除对句法研究与分析的一些畏难心理。在介绍过程中,会涉及一些理论问题,但在本教材中我们不会展开来空谈理论。

2.2 句子成分分析法及其局限

大家最早了解和熟悉的是句子成分分析法,因为在中学语文教学中,在外语教学中,在分析句子结构时,用的基本都是句子成分分析法(也称为"中心词分析法")。这种分析法的要点大致如下:

1. 分析的对象是单句。

2. 认定一个句子有六大句子成分——主语、述语(即谓语)、宾语、补足语②、形容性附加语(即今天一般所说的定语)、副词性附加语(即今天一般所说的状语和补语),这六个句子成分分为三个级别:主语、述语是主要成分,宾语、补足语是连带成分,形容性附加语、副词性附加语是附加成分。

3. 充任句子成分的,原则上都只能是词。

4. 分析时,先一举找出全句的中心词作为主语和述语,让其他成分分别依附于它们。

5. 分析手续是:先看清全句的主要成分主语和述语,再看述语是哪一种动词,决定它后面有无连带成分宾语或补足语,最后指出句中所有的附加成分——形容性附加语和副词性附加语。

由于认定作句子成分的原则上只能是词,分析任何一个句子成分时都要找出中心词,所以句子成分分析法也称为"中心词分析法"。与这种分析方法相配的还有图解法。那六大句子成分在图上的安排如下:

全图有一根主要的横线,主语、述语、宾语、补足语都写在主要横线之上,附加成分都写在主要横线之下。与横线交叉的双竖线‖,是主语部分和述语部分的分界线,‖左边是主语部分,‖右边是述语部分;主要横线上的单竖线|之后是述语连带的宾语成分,斜线／之后是述语连带的补足语成分;主要横线下的附加成分,在写法上也有讲究。主语或宾语的形容性附加语,一律写在主要横线下,如果由形容词充任,用左斜线表示;如果由介词结构或名词性词语带"的"的名词性结构充任,用先竖线后向左折线表示。述语的副词性附加语也一律写在主要横线下,如果由副词充任,用右斜线表示;如果由介词结构充任,用先竖线后向右折线表示。补足语,如果是动词或形容词性词语充任,所带附加成分的表示法,如同述语的附加成分;如果是名词性词语充任,所带附加成分的表示法,如同主语或宾语的附加成分。

例如:

(1) 我的好朋友早已斟满了一杯香香的葡萄酒。

例(1),按句子成分分析法,主语是"朋友",谓语是"斟"。"朋友"和"斟"就是我们分析这个句子时首先要找出的全句的中心词。因为"斟"是个及物动词,后面可以带宾语,"葡萄酒"这个中心词就是宾语成分。主语、宾语前分别有附加成分"我""好"和"一杯""香香的",这分别就是主语的形容性附加语和宾语的形容性附加语。谓语"斟"的前后分别有附加成分"早已"和"满",它们就是附加在谓语身上的副词性附加语。具体图解如下:

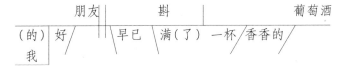

句子成分分析法的好处,可以让人一下子把握住一个句子的脉络。用它来分析一个长单句,更能显示出它这方面的优越性。请看下面这个长单句:

(2) 我国首次升空的"神州—3号"模拟载人飞船经过264个小时在太空运行之后按照原先预定的时间安全、准确地返回原先计算好的我国西北某地区的地面。

按照句子成分分析法来解读,例(2)的基本脉络是:"飞船——返回——地面"。由于句子成分分析法有上述优点,而在一般的语言教学中给学生作句法分析,无非是要让学生清楚了解一个句子的基本格局和脉络,所以句子成分分析法为语言教学界所接受,在教学语法领域影响很大,直至现在。它对推动汉语教学语法的发展作出了很大的贡献。

但是,句子成分分析法在实际操作上有不少问题,从语法研究的角度说,它有较大的局限性。

实际操作上的问题是:

问题一,离了枝叶,主干不成立或站不住。例如:

(3) 他贪图安逸。
(4) 封建思想必须清除。
(5) 鲸鱼属于哺乳动物。

例(3)—(5)作为句子主干的"他贪图""思想清除""鲸鱼属于",根本就不成立。

问题二,离了枝叶,主干虽能成立或站得住,但意思完全变了。例如:

(6) 我们便宜他了。≠我们便宜
(7) 我们都听不懂。≠我们听≠我们懂
(8) 他死了爷爷。≠他死了
(9) 这些举措方便了群众。≠举措方便
(10) 不合格的党员清除了。≠党员清除了

问题三,分化歧义的能力差。有的歧义句可以用句子成分分析法分化,例如:

(11) 我们五个人一组。

例(11)如果表示"我们每五个人组成一个组",按句子成分分析法,主语应是"我们",谓语是主谓词组"五个人一组";如果表示"我们这五个人在同一个组里"的意思,那么句子主语是"人"。但是更多的歧义句句子成分分析法就无能为力。例如:

(12) 这张照片放大了一点儿。

例(12)有歧义:a 意思大致相当于"这张照片只放大了一点儿,放得不是很大";b 意思大致相当于"这张照片放得过于大了"。用句子成分分析法,"大了"和"一点儿"都分别看作补语,都该这样分析:

这样,句子所表达的不同意思没法通过句子成分分析法来加以分化。

问题四,不利于发现某些词语的用法特点。如副词"白白"在用法上有一个特点,那就是它只能修饰一个复杂的动词性成分。这一特点就不可能依据句子成分分析法来加以揭示(为什么?请大家自己想一想)。

句子成分分析法为什么会有这样的局限性呢?原因是句子成分分析法在分析过程中不大关注语法结构的层次性。上面所说的问题都是由这一点引起的。

要解决或者说解释例(3)—(12)的问题,就要求我们去寻求能关注句法结构内部层次构造的分析手段。

句子成分分析法有它的局限性,但决不能认为句子成分分析法就没有用了,就没有价值了。我们说某种分析方法有局限,是说它只适用于一定的范围,服务于一定的目的,而不是说它就一无是处。其实句子成分分析法在外语教学和汉语的初级语法教学中,还是能发挥它的作用的。

2.3 句法构造的层次性

从表面看,一个句子或者句法结构是词的线性序列,其实句子或句法结构里词与词之间结合的松紧程度是不一样的,词和词的组合有着层次的透景。换句话说,一个句子或者句法结构里的词和词,并不是简单地像我们人排队那样总是相邻两个词依次发生关系,而总是按一定的句法规则一层一层地进行组合的。举一个最简单的例子:

(1) 他刚来。

这句话只包含"他""刚""来"三个词,这三个词挨次相邻,形成一个线性序列。从线性排列的角度看,"刚"和"他"、"刚"和"来"是等距离的,但在语法上"刚"跟"他"不发生直接的关系,"刚"先跟"来"发生直接的关系,然后"刚来"再跟"他"发生关系。显然,从内部的句法构造看,呈现一种层次构造——首先"刚"跟"来"构成修饰关系,然后"刚来"合起来再跟"他"构成主谓关系。这种层次构造可以图示如下：

句子或者说句法结构所具有的这种构造特性，一般就称之为"句法构造的层次性"。关于句法构造的层次性，还要有两点认识：

第一，句法构造的层次性对句法结构来说是隐性的，不是显性的，从句法结构表面是看不出来的。试比较：

(2) a. 发现了敌人

  b. 发现过敌人

(3) a. 这篇文章不很好

  b. 这篇文章很不好

(4) a. 发现敌人的哨兵回营房了【那哨兵是指敌方的哨兵】

  b. 发现敌人的哨兵回营房了【那哨兵是指我方的哨兵】

例(2)a 和 b 意义上的区别，可以由包含的不同的词（"了"和"过"）所呈现；例(3)a 和 b 意义上的区别，可以由词序上的不同（"很"和"不"前后位置不同）所呈现；它们的区别都是显性的，我们一眼就能看出来的。例(4)a 和 b 意义上的区别，则是由内部构造层次不同所造成的，而这是隐性的，我们从句子表面是看不到的，要分析了以后才能知道。请看：

  a. 发现　敌人　的　哨兵　回营房了

  b. 发现　敌人　的　哨兵　回营房了

第二，句法构造的层次性是句法结构的基本属性之一，一个句法结构所包含的词的数目大于二，一般就会存在句法构造层次性的问题。

2.4 关于层次分析法

由三个或三个以上的词构成的句法结构在内部构造上一般都具有层次性。在分析一个句子或句法结构时，将句法构造的层次性考虑进来，并按其构造层次逐层进行分析，在分析时，指出每一层面的直接组成成分，并分析确认那直接组成成分之间的句法关系，这种分析就叫"层次分析（法）"。

对于"层次分析（法）"，朱德熙先生在上个世纪 50－80 年代期间的讲课中曾反复强调，不能简单地将它看作是一种分析方法，而应将它看作一种分析原则，因为方法是可用可不用的，而原则是必须遵守的。朱先生还指出："所有自然语言的语法构造都是有层次的，层次性是语言的本质属性之一。既然如此，进行语法分析就不能不进行层次分析，层次分析是语法分析的一部分，是进行语法分析不可缺少的手续之一，不是一种可以采用也可以不采用的方法。"③朱德熙先生的看法是有道理的。不过，相对于以往的句子成分分析法来说，将它称为"层次分析法"也是可以的。

层次分析法的本质特点之一，是要分析确认每一构造层面的直接组成成分，并分析确认每一构造层面的直接组成成分之间的句法关系。因此，在国际上将这种句法分析法称为"直接组成成分分析法"，直接组成成分的英文是"immediate constituents"，所以层次分析法也简称为"IC 分析法"。

层次分析，实际包含两部分内容，一是切分，一是定性。切分，是解决一个结构的直接组成成分到底是哪些，换句话说，一个句子或句法结构到底应该在什么地方切分。拿上一小节所举的"他刚来"为例，从结构上说，首先该在"他"和"刚"之间切分呢，还是该在"刚"和"来"之间切分？这考虑的就是切分问题。定性，是解决切分所得的直接组成成分之间是什么句法关系。再拿"他刚来"来说，在切分问题解决之后，"他"和"刚来"之间是什么句法关系？"刚"和"来"之间是什么句法关系？这考虑的就是定性问题。

对于一个句法结构的层次分析我们怎么表示呢？切分，一般用画线法，也用树结构；定性，一般用阿拉伯数字标示，再加简明的文字说明。例如：

a、b 属于画线法,其中,a 是由小到大画,b 是由大到小画;c 是树结构(像一棵倒置的树)。

层次分析的基本精神是:

1. 承认句子或句法结构在构造上有层次性,并在句法分析中严格按照其内部的构造层次进行层层分析。

2. 每一次分析,都要明确说出每一个构造层面的直接组成成分。再拿上面举的"他刚来"为例,内中的三个词不在一个层面上,实际含有两个构造层面。那么第一个层面,其直接组成成分是哪两个,第二个层面,其直接组成成分是哪两个,都必须明确说出。

3. 在分析中,只管直接组成成分之间的语法结构关系,不管间接组成成分之间的语法结构关系,也不管句法结构中实词与实词之间的语义结构关系。举例来说,"张三喝啤酒",第一个层面的直接组成成分是"张三"和"喝啤酒",它们之间是主谓关系;第二个层面的直接组成成分是"喝"和"啤酒",它们之间是述宾关系。这在分析中必须明确指出。至于"张三"和"啤酒"之间是否有什么语法关系,"张三"和"喝"之间、"张三"和"啤酒"之间、"喝"和"啤酒"之间在语义上是什么关系,层次分析一概不管。这也说明,层次分析法是一种纯形式的分析法。

总之,层次分析实际上包含两部分内容,一是"切分"——要解决从哪儿切分的问题;二是"定性"——要解决切分所得的直接组成成分之间在句法上是什么关系的问题。

前面我们曾谈了句子成分分析法的局限。如果改用层次分析法,那些局限就不复存在了。为了便于说明,这里不妨照录 2.2 小节里(3)—(10)和例(12)的用例(为区别起见,在原先的标号后加上'):

(3') 他贪图安逸。

(4') 封建思想必须清除。

(5') 鲸鱼属于哺乳动物。

(6') 我们便宜他了。
(7') 我们都听不懂。
(8') 他死了爷爷。
(9') 这些举措方便了群众。
(10') 不合格的党员清除了。
(12') 这张照片放大了一点儿。

按照层次分析法的观念,例(3')的谓语根本就不是"贪图",而是"贪图安逸";例(4')的主语,根本就不是"思想",而是"封建思想";例(5')的谓语不是"属于",而是"属于哺乳动物";例(6')的谓语不是"便宜",而是"便宜他了";例(7')的谓语不是"懂",而是"都听不懂";例(8')的谓语不是"死了",而是"死了爷爷";例(9')的主语是"这些举措",谓语是"方便了群众",而不是"方便";例(10')的主语不是"党员",而是"不合格的党员"。显然,按照层次分析,原先按句子成分分析法分析所存在的所谓问题便都不复存在了。至于例(12')的歧义,用层次分析法,就很容易分化,因为这个句子之所以有歧义,就因为内部构造层次不一样:当表示 a"这张照片只放大了一点儿,放得不是很大"的意思时,它的内部构造层次是:

(12') a. 这张照片　　放　　大了　　一点儿。
　　　　　1　　　　　　　　2　　　　　　　　1—2 主谓关系
　　　　　　　　　　　3　( )　　4　　　　　3—4 述宾/述补关系④
　　　　　　　　　　　5　　6　　　　　　　5—6 述补关系

当表示 b"这张照片放得过于大了"的意思时,它的内部构造层次则是:

(12') b. 这张照片　　放　　大了　　一点儿。
　　　　　1　　　　　　　　2　　　　　　　　1—2 主谓关系
　　　　　　　　　　　3　( )　　4　　　　　3—4 述补关系
　　　　　　　　　　　　　　5　　　6　　　5—6 述宾/述补关系

2.5　运用层次分析法需要注意的几个问题

为确保层次切分能符合句法结构本身内部构造的实际情况,在切分时,需注意这样几个问题:

第一,切分不能只根据语感,因为语感是不可捉摸的,往往会因人而异。例如:

(1) 张教授写的一篇文章

例(1)是个名词性偏正结构,首先应在哪儿切分?如果凭语感,不同的人,可能会进行不同的切分(这里且用斜线表示切分):

(2) a. 张教授/写的一篇文章
　　b. 张教授写的/一篇文章
　　c. 张教授写的一篇/文章

就语感来说,这三种切分,各自都可以说出一定道理,很难断定哪一种切分是合理的,而事实上 b 切分才是可取的。

第二,也不能只根据语音停顿,因为语音停顿跟语法成分的界线不是一一对应的。例如:

(3) 我昨天买了一件最新潮的外套。

在实际言语交际中,例(3)可以有不同的语音停顿(这里用ᵛ表示语音停顿):

(4) a. 我ᵛ昨天买了一件最新潮的外套。
　　b. 我昨天ᵛ买了一件最新潮的外套。
　　c. 我昨天买了ᵛ一件最新潮的外套。
　　d. 我昨天买了一件ᵛ最新潮的外套。
　　e. 我昨天买了一件最新潮的ᵛ外套。

但是从语法上来说,应该在"我"(主语)和"昨天买了一件最新潮的外套"(谓语)之间切分,即 a 的停顿与切分是一致的。

第三,一个句法结构如果由 a、b、c 三个词语组合而成,如果我们有办法证明"ab/c"切分优于"a/bc"切分,那么我们就取"ab/c"切分;反之,如果我们有办法证明"a/bc"切分优于"ab/c"切分,那么我们就取"a/bc"切分。例如:

(5) a. 很　有办法　　　　b. 很有　办法

如果按 a 切分,作为直接组成成分的"有办法"这个合成句法形式,可以在别类句法结构里再现,如"有办法的人""他有办法"等;如果按 b 切分,作为直接组成成分的"很有"这个合成句法形式,就只能在"很有……"这类结构里出现,不能在别类结构里再现。显然,a 切分优于 b 切分,所以 a 切分比较合理。再如:

（6）a. 睡它　三天三夜　　　　b. 睡　它三天三夜
　　　　―――　――――　　　　　―　―――――

例（6）似不太好按例（5）的办法来处理，因为"睡它"也好，"它三天三夜"也好，都不能在别类结构里再现。学界普遍认为"睡它三天三夜"是带虚指宾语的双宾结构（"它"是动词"睡"所带的虚指宾语）。一般都将双宾结构分析为述宾结构带宾语，譬如典型的双宾结构"给小张一本书"，一般都分析为：

（7）给　小张　一本书
　　　―――１―　――２――　　　1—2 述宾关系
　　　３　４　　　　　　　　　　3—4 述宾关系

既然如此，那么对于例（6）带虚指宾语的双宾结构"睡它三天三夜"，相比之下，a 切分要优于 b 切分，也就是说宜取 a 切分。

第四，每个层面上切分所得的直接组成成分，它们之间组合所依据的规则在该语言中必须具有普遍性。这意思也就是说，每个层面上切分所得的直接组成成分，它们之间组合所依据的规则对语言事实的解释在深度和广度上都是最理想的。拿"张三喝啤酒"来说，正确的切分应该是 a，即：

（8）a. 张三　喝　啤酒
　　　　　　　―――――

那么能否切分为 b 呢？即：

（8）b. 张三　喝　啤酒
　　　　―――――

单就这个句子来看，似乎也未尝不可。但从整个汉语语言事实看，采用 b 切分会有些问题。按 a 切分，意味着述宾结构可以作谓语；取 b 切分，意味着主谓结构可以带宾语。但两相比较，述宾结构作谓语，这一句法规则在现代汉语里带有普遍性，对语言事实的解释力强；而主谓结构带宾语在现代汉语里就不具有普遍性。例如"他属于白种人"，就只能切分为 a，而不能切分为 b。请看：

（9）a. 他　属于白种人　　　　　b. 他属于　白种人
　　　　―　――――（√）　　　　―――　―――（×）

这为什么呢？这是因为"属于"是个黏宾动词，它后面必须带宾语，不可能单独先跟某个名词构成主谓关系。如果硬要按 b 切分，切分为"他属于"和"白种人"两部分，就还将违反上面所讲的第三条标准，即切分所得的直接组成成分"他属于"只能在"X属于……"这类结构中出现,不能在别类结构里再现。可见,"他属于白种人"切分为a才是合理的。

第五,每一层面切分所得到的直接组成成分,彼此按句法规则组合起来,在意义上必须跟原先的整个结构所表示的意思相一致,具体说:

1. 切分所得的各个直接组成成分,都必须有意义。例如"年轻的一代",如果把它切分为:

(10) a. 年轻的　一代
　　　　 ——— ———

所得的直接组成成分,"年轻的"有意义,"一代"也有意义,所以这个切分是合理的。如果把它切分为:

(10) b. 年轻　的一代
　　　　 —— ———

所得的直接组成成分,"年轻"有意义,但是"的一代"根本就不成立,当然没有意义。可见这样切分是不合理的。

2. 切分所得的各个直接组成成分,彼此在意义上有搭配的可能。例如"一片好风光",如果把它切分为"一片"和"好风光",彼此在意义上能进行合理的搭配;如果切分为"一片好"和"风光",虽各个直接组成成分都有意义,但它们在意义上没有搭配的可能,因为"一片好"只能理解为主谓关系,而作为主谓结构的"一片好"在意义上不可能跟"风光"搭配。

3. 切分所得的各个直接组成成分,它们在意义上的组合必须跟原结构的意义相等。例如"我最好的朋友",如果切分为:

(11) a. 我　最好的　朋友
　　　　　　（　　　）
　　　　 —— ———

按a切分,意味着那朋友是"我"的,而且是我的朋友中的"最好的朋友",各个直接组成成分,在意义上的组合等于整个句法结构的意义。如果我们把它切分为b:

(11) b. 我　最好的　朋友
　　　　（　　　）　———
　　　　 ——

这样切分,从第一层看,问题还不那么显露;看到第二层,问题就很清楚了。在原结构里,"最好的"在意义上是说明"朋友"的,而按b切分,"最好的"变成说明"我"了,这显然不合原结构的意义。

2.6 层次分析法的作用

层次分析法对句法分析,乃至对整个语言结构的分析,起了极大的推动作用。层次分析法的适用面相当广。就语法范围内说,上至复句,下至合成词,要作内部结构分析,都得用到它。请看下面这个复句:

(1) ①掌柜是一副凶脸孔,②主顾也没有好声气,③教人活泼不得;④只有孔乙已到店,⑤才可以笑几声,⑥所以至今还记得。(鲁迅《孔乙已》)

这是一个多重复句,一共包含6个分句。正确分析这个复句内部分句与分句之间的关系,有助于我们对这句话的准确理解。要对这个复句作结构分析,就一定得用层次分析。严格按照层次分析法,这个复句的内部构造层次应该是:

①	②	③	④	⑤	⑥	
		1			2	1—2 因果关系
	3			4		3—4 对比关系
5		6	7		8	5—6 因果关系,7—8 条件关系
9	10					9—10 并列关系

对于这个复句,有的人从表面看问题,将整个复句首先在分号那个地方(即在第③和第④分句之间)一分为二。其实,这样切分不符合句子的原意。为什么这样说呢?我们可以思考这样一个问题:如果没有"教人活泼不得"和"可以笑几声"二者的对比,那伙计能对孔乙已"至今还记得"吗?显然,这个复句第一刀应该切在"所以……"之前,这样才符合句子的原意。这也就是前面所说的,"每一层面切分所得到的直接组成成分,彼此按句法规则组合起来,在意义上必须跟原先的整个结构所表示的意思相一致"。

当我们分析词的内部构造时,也得用层次分析法。例如京剧名词"武花脸"这个合成词,它的内部构造,按照层次分析法应分析为:

(2) 武 花 脸
    1   2   1—2 修饰关系
        3 4   3—4 修饰关系

层次分析法不仅适用于语法结构分析,而且往下也适用于语音音节结构分析，往上也适用于句群或篇章结构分析。音节结构以"小（xiǎo [ɕiau²¹⁴]）"为例，应分析为：

```
(3)    x   i   a   o   ²¹⁴
     [ ɕ   i   a   u   ²¹⁴ ]
     ─────────── ───────────
           1          2           1：音段成分   2：超音段成分
     ─── ─────── ───────
      3     4                     3：声母       4：韵母
         ─── ───────
          5     6                 5：韵头       6：韵部（简称"韵"）
             ─── ───
              7   8               7：韵腹       8：韵尾
```

现在看一个句群：

(4) A①我那时随身并没有带着家谱，②确乎不能证明我是中国人。B③即使带着家谱，④而上面只有个名字，⑤并无画像，⑥也不能证明这名字就是我。C⑦即使有画像，⑧日本人会假造从汉到唐的刻石、⑨宋太宗或什么宗的画像，⑩难道偏不会假造一部木制的家谱吗？（鲁迅《说胡须》）

这是一个句群，由 A、B、C 三个复句组成。每个复句包含若干分句。要分析好这个句群，也得运用层次分析法。先分析例（4）三个复句之间的关系：

```
  A       B       C
─────  ─────
   1       2                1—2 转折关系
        ─────  ─────
           3       4         3—4 递进关系
```

再往下，对各个复句的分析如同对例（1）的分析那样。（略）

单就句法来说，层次分析法的作用大致可概括如下：

第一，能更好地分化歧义句式。

一个具体的句子或句法结构，能表示多种不同的意思，而这并不是由句法结构中某个词的多义现象造成的，这种句子或句法结构统称为"歧义句式"。如"绪论"0.8 小节所举的例（8）"他们两个人分一个西瓜"，就是一个歧义句，而这种歧义就是由于内部构造层次不同而造成的。请看：

```
(5)     他们   两个人    分   一个西瓜
   a.  ─────  ──────────────────────     1—2 主谓关系
             1              2
            ──────────   ──────────      3—4 主谓关系
                  3             4
```

(5) 他们　两个人　分　一个西瓜
　　b. ___1___　___2___　　　1—2 主谓关系
　　　___3___ ___4___ ___5___ ___6___　3—4 同位关系，5—6 述宾关系

再如，本节一开始所提到的汉语语法学界常举的"咬死了猎人的狗"也是一个歧义句，它既可以表示 a"把猎人的狗咬死了"这一意思，又可以表示 b"那条把猎人咬死了的狗"这一意思。而造成歧义的原因也首先由于内部层次构造不同。按 a 的意思，整个结构应切分为：

(6) a. 咬死了　猎人的　狗
　　　___1___　___2___　　　1—2 述宾关系
　　　　　　___3___ ___4___　3—4 "定—中"偏正关系

按 b 的意思，整个结构该切分为：

(6) b. 咬死了　猎人的　狗
　　　___1___　　　　___2___　1—2 "定—中"偏正关系
　　　___3___ ___4___　　　　3—4 述宾关系

有时，从结构内部的层次构造看虽然相同，但切分出的直接组成成分之间的语法结构关系不同，这也会造成歧义。例如"绪论"0.8 小节所举的例(9)"我们需要进口钢材"，这是一个歧义句，既可以表示 a"我们需要从国外进口某种钢材"的意思，也可以表示 b"我们需要进口的钢材"的意思。这一歧义现象的造成，跟构造层次无关，而是由某一层面的直接组成成分之间的语法关系不同造成的。先请看其层次构造：

(7) a. 我们　需要　进口　钢材　　b. 我们　需要　进口　钢材
　　　___1___　___2_____　　　　___1___　___2_____
　　　　　　___3_____ ___4___　　　　　　　___3_____ ___4___
　　　　　　　　　　___5_ _6__　　　　　　　　　　___5_ _6__
　【我们需要从国外进口某种钢材】　【我们需要进口的钢材】

但是，其中的"进口钢材"可以分析为不同的结构关系——按 a 意，"进口钢材"该分析为述宾关系；按 b 意，"进口钢材"该分析为"定—中"偏正关系。

跟构造层次相关的歧义句式，有的我们也可以运用句子成分分析法来加以分化。如上面举的例(5)"他们两个人分一个西瓜"，用句子成分分析法来分析的话，按 a 意，这是个主谓谓语句；按 b 意，这只是个普通的主谓句。例(6)"咬死了猎人的狗"，用句子成分分析法来分析的话，按 a 意，这是个主谓句，主语(可能是狮子、老虎或豹子等)省略了，谓语中心是

"咬",宾语中心是"狗";按 b 意,这只是一个名词性的偏正结构,定语是"咬死了猎人",中心语是"狗"。

而例(7)"我们需要进口钢材",用句子成分分析法来分析的话,也是比较容易对付的。但是,像先前所举的"这张照片放大了一点儿"这样的歧义句,句子成分分析法,就显得无能为力了,这种歧义句就只能用层次分析法来分化。因此说,层次分析法在分化这些歧义句式上,其能力远胜于句子成分分析法——不仅能分化句子成分分析法能分化的歧义句式,而且能分化句子成分分析法所不能分化的歧义句式。

第二,有助于发现新的语法现象,揭示新的语法规律。

层次分析更大的作用在于有利于发现新的语法现象,揭示新的语法规律。譬如说,以往的汉语语法书上都说现代汉语里的动词一般都能作谓语,只要意义上能搭配。其实这是没有层次观念来分析句结构所得出的结论。自从自觉运用层次分析法以来,人们逐渐认识到,现代汉语里的动词单独作谓语是要受到很大限制的。有大约 50% 的动词不能单独作谓语,像"姓""逗""企图""责怪"等就都不能单独作谓语;而像"看""等""吃""参观"等动词虽然能作谓语,也要受到语用上的限制,如"看"只在祈使句和答话里或含明显对比意义的句子里才能单独作谓语。例如:

(8) 你看!
(9) "那个电影她看不看?""她看。"
(10) 那电影她看,我不看。

显然,这一重要语法现象,如果只使用句子成分分析法,如果不使用层次分析法,那是不会发现的。[5]

运用层次分析法,我们常常要思考应该在哪儿切分,为什么要在那儿切分这样一些问题,这就有助于把语法研究引向深入,去揭示前人所未曾发现或注意的问题与规律。譬如"父亲的父亲的父亲"这一个句法结构该怎样切分?下面 a 和 b 两种切分都可以吗?

(11)　　父亲的　父亲的　父亲
　　a.　_____1_____2
　　b.　___1_____2_____

有人认为 a、b 两种切分都可以,理由是"父亲的父亲"是"祖父"的意思,按 a 切分,意思是"祖父的父亲",即指曾祖父;按 b 切分,意思是"父亲的祖父",也是指曾祖父——二者意义等值。考虑到像"大哥的岳母的儿子""老师的孩子的同学""团长的妻子的哥哥""我们的排长的媳妇"等实例,

第二节 层次分析法

只能按 a 切分,即:

(12)　　大哥的　岳母的　儿子
　　　　老师的　孩子的　同学
　　　　团长的　妻子的　哥哥
　　　　我们的　排长的　媳妇
　　a.　_____1_____　__2__

我们就不能不考虑这样的问题:"真是 a、b 两种切分都可以吗?"为了能获得科学的结论,这就不能就事论事,只是就"父亲的父亲的父亲"这个具体的结构来思考。考虑到"父亲的父亲的父亲"是由三个指人的名词组合成的,所以就得全面考察、研究由指人的名词自相组合造成的偏正结构,这样才能讨论清楚"父亲的父亲的父亲"的切分问题。我们就全面考察研究了由指人的名词自相组合造成的偏正结构,结果发现,由指人的名词自相组合造成偏正结构,其内部有极强的规律性。"父亲的父亲的父亲",只是由指人的名词自相组合造成的偏正结构中的一个特例,而其特殊性只表现在它内中的三个名词都是"父亲",而不是其组合规则有什么特殊性。因此,根据由指人的名词自相组合造成的偏正结构内部所具有的极强的组合规则,我们对"父亲的父亲的父亲"这个结构的切分,得出了这样的结论:按 a 切分是合理的,按 b 切分是不符合这类结构的内部组合规则的。⑥那么为什么"父亲的父亲的父亲"按 a 切分或按 b 切分在意义上是等值的呢? 其实这完全是一种偶然的巧合。正如在数学中,如果在同一个算式里既有加减项,又有乘除项,那么一定得遵守"先乘除,后加减"这一个运算原则。可是我们有时似乎会遇到不遵守这"先乘除,后加减"的运算原则也会获得正确答案的情况。例如:

(13) a. 1×7+3=7+3=10　【正确的运算法】
　　　b. 1×7+3=1×10=10　【不正确的运算法】
(14) a. 7+3×1=7+3=10　【正确的运算法】
　　　b. 7+3×1=10×1=10　【不正确的运算法】
(15) a. 7+3÷1=7+3=10　【正确的运算法】
　　　b. 7+3÷1=10÷1=10　【不正确的运算法】

这也是一种巧合。就这里所举的例子看,其巧合条件是,或者算式中乘在前加在后,当且仅当被乘数为 1,如例(13);或者算式中加在前乘在后,并当且仅当乘数为 1,如例(14);或者算式中加在前除在后,并当且仅当除数为 1,如例(15)。那么"父亲的父亲的父亲"按 a、b 两种切分在意义上等值,其条件是什么呢?那就是组成成分都是"父亲"。

由指人的名词自相组合造成的偏正结构内部有极强的规律性,这一点就是因为要解决"父亲的父亲的父亲"这一结构的切分问题才促使我们去进一步考察研究而发现的。

2.7 层次分析法的局限

层次分析是我们语法研究,乃至整个语言研究所必不可少的最基本的分析方法。层次分析理论观点的建立,极大地推进了语言研究,也对其他学科产生了积极的影响。我们必须学习、掌握好层次分析法。但正如前面已经指出过的,任何理论方法都有它的局限性。局限性不能理解为缺点。所谓局限性,是说任何一种理论方法都有一定的适用范围,越出了它所能解决的范围,就无能为力了。层次分析法也不例外。

那么层次分析法的局限性表现在哪里呢?就句法分析来说,它的局限性主要表现在两方面:

(一)它只能揭示句法结构的构造层次和直接组成成分之间的显性的语法关系,即语法结构关系,不能揭示句法结构内部所隐含的语义结构关系。

层次分析具有这一个局限性是很可以理解的,因为正如前面已经指出的,层次分析只包含切分和定性两方面内容,换句话说,层次分析只承担两项任务:一是切分,找出一个结构的直接组成成分;二是定性,确立切分所得的直接组成成分之间是什么句法关系。至于指出结构中的实词性词语之间的语义结构关系,这不是它所承担的任务。例如:

(1) 我写了一封信。

例(1)通过层次分析,我们可以而且也只能知道它内部的构造层次和直接组成成分之间的语法结构关系,如下图所示:

```
我    写    了    一    封    信
1_____2                       1—2 主谓关系
      3_____4                 3—4 述宾关系
                 5_____6      5—6 "定—中"偏正关系
                      7____8       7—8 "定—中"偏正关系
```

但是,"我"和"写"之间在语义上是什么关系,"写"和"信"之间在语义上是什么关系,层次分析法就不管了,它也没有能力来揭示。本节2.1我们曾提出这样的问题:为什么"咬死了猎人的狗"有歧义,而"咬死了猎人的鸡"

没有歧义？层次分析法只能说明前者有歧义,后者没有歧义,因为"咬死了猎人的狗"可以有两种切分,"咬死了猎人的鸡"只有一种切分。但是,层次分析不能回答"为什么"的问题,原因也在于它不管成分之间的语义关系。如果考虑、了解了内部实词之间的语义关系——狗既可以成为动词"咬"的受事(别的动物把狗咬死),也可以成为动词"咬"的施事(狗把猎人咬死),而鸡只可能成为动词"咬"的受事(别的动物把鸡咬死),而不可能成为动词"咬"的施事(从没有听说过鸡会把人咬死),那么我们就可以来进一步说明"为什么"了。

总之,由于语义结构关系的不同而造成的歧义句式就不能用层次分析法来加以分化。像"我在屋顶上发现了小偷"这样的歧义句就没法通过层次分析来加以分化。因为这个句子之所以有歧义,跟内部的构造层次、切分所得的直接组成成分之间的语法结构关系都毫无关系,而只是因为"屋顶上"似乎既可以看作是"小偷"所在的地方,也可以看作是"我"所在的地方,还有可能是"小偷"和"我"都在屋顶上。为解决这种问题,就需要我们去寻求新的分析方法。

(二)层次分析完全是一种静态的分析,因此有些现象它解释不了。例如:

(2) a. 木头桌子质量
　　 b. 羊皮领子大衣
(3) a. 北大数学老师
　　 b. 土壤钾盐含量

就构造层次和内部的句法结构关系看,例(2)a和b完全一样,例(3)a和b完全一样。请看:

```
(2) a. 木头   桌子   质量        (3) a. 北大   数学   老师
    b. 羊皮   领子   大衣            b. 土壤   钾盐   含量
          1          2                    1          2
       3      4                        3      4
    1—2 "定—中"偏正关系            1—2 "定—中"偏正关系
    3—4 "定—中"偏正关系            3—4 "定—中"偏正关系
```

可是我们看到,例(2)a和b并不一样,例(3)a和b也并不一样。例(2)a去掉最前头的修饰语"木头","桌子质量"仍然成立,可是b例如果去掉最前头的修饰语"羊皮",则"领子大衣"就不成立;同样,例(3)a如果去掉中间的修饰语"数学","北大老师"仍然成立,但是b例如果去掉中间的修饰语"钾盐",则"土壤含量"就不成立。为什么会有这样的区别呢?怎样解释这种差异?层次分析回答不了这个问题。要回答、解释这个问题,需了解扩展问题。关于扩展详见下文第八节 8.5"关于替换分析法与扩展分析法"。

注释

① 参看陆俭明《八十年代中国语法研究》"柒 形式和意义的结合",商务印书馆,1993 年。

② 黎锦熙先生所说的补足语,指以下一些(下加横线的):

(1) 工人是<u>劳动者</u>。| 这些工人们好像一支<u>军队</u>。| 空气也有<u>重量</u>。
(2) 现在的工人变了<u>主人</u>。| 那个工人成了一个<u>学者</u>。| 工人们都现出愉快的<u>样子</u>。
(3) 工人请我<u>报告</u>。| 我的话引起他们<u>发笑</u>。| 主人让客人<u>坐</u>。
(4) 工人推举张同志<u>作代表</u>。| 我们认工人是<u>生产者</u>。| 他们叫我<u>老哥</u>。
(5) 工人赞成我的话<u>公正</u>。| 我爱他们<u>诚实</u>。| 他们骂卖国贼<u>没有良心</u>。

例(1)、(2)里的补足语现在一般都看作宾语;例(3)—(5)现在一般将整个结构看作递系式(或称兼语式)。参看黎锦熙《新著国语文法》第三章 15—19 小节,商务印书馆,1992 年。

③ 参看朱德熙《语法分析和语法体系》,《中国语文》1982 年第 1 期。

④ 对于动词或形容词所带的有动量、时量或程度量的数量成分,在汉语学界有不同分析处理法——有学者视为宾语(称为"准宾语"),有学者视为补语(称为"数量补语")。所以在这里我们对于"放大了+一点儿"和"大了+一点儿"的内部句法关系标为"宾语/补语关系"。

⑤ 参看陆俭明《汉语语法研究中一个值得注意的问题》,《中学语文教学》1980 年第 11 期。

⑥ 参看陆俭明《由指人的名词自相组合造成的偏正结构》,《中国语言学报》1985 年第二期;又见《陆俭明自选集》,河南教育出版社,1993 年/大象出版社,2000 年。

第三节 变换分析法

3.1 层次分析法的局限和变换分析法的产生
3.2 关于"变换"这个概念
3.3 变换分析的客观依据
3.4 变换分析法的基本精神和所遵守的原则
3.5 变换分析法的作用
3.6 变换分析法的局限

3.1 层次分析法的局限和变换分析法的产生

层次分析法很有用,但它有局限,它不能揭示句法结构内部的实词与实词之间的语义结构关系。而语言中存在着大量的由于句中实词与实词之间的语义结构关系不同而造成的种种有意思的现象,特别是歧义现象。要揭示这种隐含在句子里边的实词与实词之间的语义结构关系,就得寻求新的分析手段。变换分析法正是适应这种研究、分析的需要而产生的。

在第二节2.7小节我们曾指出,像"我在屋顶上发现了小偷"这样的歧义句就没法通过层次分析来加以分化。这个句子在意思上可以作三种理解:

a. 只是"我"在屋顶上。
b. 只是"小偷"在屋顶上。
c. "小偷"和"我"都在屋顶上。

之所以有歧义,跟内部的构造层次,跟每一层面的直接组成成分之间的语法结构关系都没有关系,而只是因为内部实词性词语之间语义结构关系不同。那我们怎么从形式上来加以验证?怎样有效地来分化这种歧义句?层次分析法对此无能为力,我们就得另想办法,探求新的分析手段。

从哲学上来说,一个事物的特性将会在内外两个方面表现或反映出来。从内部来说,一个事物的特性,一定会在其构成成分上,或构成成分的配置上,或构成成分之间的关系上,或在其他某个方面表现或反映出来;从外部来说,一个事物的特性,一定会在跟其他事物的联系、接触上表现或反映出来。既然我们现在一时无法从"我在屋顶上发现了小偷"句子本身去加以分化,那我们就从外部去找找出路。

"我在屋顶上发现了小偷"是属于这样一种词类序列:

名词[施事]＋在＋名词[处所]＋发现＋名词[受事]①

从外部一找,首先我们发现,在实际的汉语交际中确实存在能各自表示a、b、c 意思而词类序列跟"我在屋顶上发现了小偷"相一致的句子。请看:

(1) a. 我在飞机上发现了敌人的坦克。
　　　我在屋顶上发现了藏在草丛里的小偷。
　　　我在紫金山天文台发现了这颗小行星。
　　b. 我在抽屉里发现了蟑螂。
　　　我在冰箱里发现了小张的钥匙。
　　　我在《现代汉语词典》里发现了那张纪念邮票。
　　c. 我在北京大学校园里发现了我要找的人。
　　　我在长白山上发现了这稀有的物种。

例(1)a 各句表示 a 义,"名词[处所]"只指明"发现"的施事所在的地方;例(1)b 各句表示 b 义,"名词[处所]"只指明"发现"的受事所在的地方;例(1)c 各句表示 c 义,"名词[处所]"指明"发现"的施事和受事共同所在的地方。例(1)a、b、c 意义上的区别可以从形式上得到验证。为区别起见并为便于说明,我们将表示 a 义的"名词[施事]＋在＋名词[处所]＋发现＋名词[受事]"假设为[A 式],将表示 b 义的"名词[施事]＋在＋名词[处所]＋发现＋名词[受事]"假设为[B 式],将表示 c 义的"名词[施事]＋在＋名词[处所]＋发现＋名词[受事]"假设为[C 式]。先看[A 式]和[B 式]。语言事实告诉我们,表示 a 义的[A 式],可以跟下面的词类序列(假设为[D 式])发生联系:

[D 式]:名词[施事]＋发现＋名词[受事]＋时＋名词[施事]＋是＋在＋名词[处所]

所谓[A 式]可以跟[D 式]发生联系,就是说[A 式]可以变换为[D 式],即(用"⇒"表示"变换为",下同):

[A 式]:名词[施事]＋在＋名词[处所]＋发现＋名词[受事]
⇒ [D 式]:名词[施事]＋发现＋名词[受事]＋时＋名词[施事]＋是＋在＋名词[处所]

第三节 变换分析法

请看:

(2) [A式]:我在飞机上发现了敌人的坦克。
　　⇒ [D式]:我发现敌人的坦克时我是在飞机上。
　　[A式]:我在屋顶上发现了藏在草丛里的小偷。
　　⇒ [D式]:我发现藏在草丛里的小偷时我是在屋顶上。
　　[A式]:我在紫金山天文台发现了这颗小行星。
　　⇒ [D式]:我发现这颗小行星时我是在紫金山天文台。

而[B式]可以跟下面这样的词类序列(假设为[E式])发生联系:

[E式]:名词[施事]＋发现＋的＋名词[受事]＋是＋在＋名词[处所]

所谓[B式]可以跟[E式]发生联系,就是说[B式]可以变换为[E式],即:

[B式]:名词[施事]＋在＋名词[处所]＋发现＋名词[受事]
⇒ [E式]:名词[施事]＋发现＋的＋名词[受事]＋是＋在＋名词[处所]

请看:

(3) [B式]:我在抽屉里发现了蟑螂。
　　⇒ [E式]:我发现的蟑螂是在抽屉里。
　　[B式]:我在冰箱里发现了小张的钥匙。
　　⇒ [E式]:我发现的小张的钥匙是在冰箱里。
　　[B式]:我在《现代汉语词典》里发现了那张纪念邮票。
　　⇒ [E式]:我发现的那张纪念邮票是在《现代汉语词典》里。

值得注意的是,[A式]只能变换为[D式],不能变换为[E式],即("⇏"表示"不能变换为",下同):

[A式] ⇒ [D式]
[A式] ⇏ [E式]

请看:

(4) [A式]:我在飞机上发现了敌人的坦克。
　　⇒ [D式]:我发现敌人的坦克时我是在飞机上。
　　⇏ [E式]:*我发现的敌人的坦克是在飞机上。
　　[A式]:我在屋顶上发现了藏在草丛里的小偷。
　　⇒ [D式]:我发现藏在草丛里的小偷时我是在屋顶上。
　　⇏ [E式]:*我发现的藏在草丛里的小偷是在屋顶上。
　　[A式]:我在紫金山天文台发现了这颗小行星。

⇒ [D式]:我发现这颗小行星时我是在紫金山天文台。

⇏ [E式]:*我发现的这颗小行星是在紫金山天文台。

反之[B式]只能变换为[E式],不能变换为[D式],即:

[B式] ⇒ [E式]

[B式] ⇏ [D式]

请看:

(5) [B式]:我在抽屉里发现了蟑螂。

⇒ [E式]:我发现的蟑螂是在抽屉里。

⇏ [D式]:*我发现蟑螂时我是在抽屉里。

[B式]:我在冰箱里发现了小张的钥匙。

⇒ [E式]:我发现的小张的钥匙是在冰箱里。

⇏ [D式]:*我发现小张的钥匙时我是在冰箱里。

[B式]:我在《现代汉语词典》里发现了那张纪念邮票。

⇒ [E式]:我发现的那张纪念邮票是在《现代汉语词典》里。

⇏ [D式]:*我发现那张纪念邮票时我是在《现代汉语词典》里。

通过像上面那样的分析,我们从外部形式上验证或者说证实了"我在屋顶上发现了小偷"确实是一个既可以表示 a 义又可以表示 b 义的歧义句,"名词[施事]＋在＋名词[处所]＋发现＋名词[受事]"确实是一个歧义句式。上面所用的分析方法,就是变换分析法。

关于表示 c 义的[C式],也可以用变换分析法将它与[A式]、[B式]相区别。具体怎么操作?请大家自己思考一下。

再举个例子。请先看实例:

(6) 我送了一件毛衣给她。

(7) 我偷了一件毛衣给她。

(8) 我织了一件毛衣给她。

这三个句子,格式相同,词类序列也都是"名词[施事]＋动词＋名词[受事]＋给＋名词[与事]"。如果用层次分析法来对它们进行分析,结果一样。请看:

```
(6) 我    送了   一件毛衣   给她。
(7) 我    偷了   一件毛衣   给她。
(8) 我    织了   一件毛衣   给她。
    1_____2_____             1—2 主谓关系
         _____3_____  4      3—4 连动关系
```

但这三个句子所表示的语法意义不同。例(6)包含两个行为动作(送和给),实际只有一个过程,送的过程也就是给的过程;例(7)和例(8)都包含两个行为动作,两个过程;但例(7)和例(8)又有区别,例(7)包含的是两个转移过程(偷的过程和送的过程都属于转移过程),而例(8)包含的是一个制作过程(织的过程属于制作过程),一个转移过程(送的过程属于转移过程)。上面所讲的这种区别,可以通过变换分析来加以证实。为区别起见,例(6)、(7)、(8)代表的句式分别标为[A式]、[B式]、[C式]。

先看例(6)代表的[A式]跟例(7)、(8)代表的[B式]、[C式]的区别。[A式]可以变换为"名词[施事]＋动词＋给＋名词[与事]＋名词[受事]"(假设为[D式]),即：

[A式]：名词[施事]＋动词＋名词[受事]＋给＋名词[与事]
⇒ [D式]：名词[施事]＋动词＋给＋名词[与事]＋名词[受事]

例如：

(9)   [A式]   ⇒   [D式]
我送了一件毛衣给她。⇒ 我送给她一件毛衣。
我交了篇论文给陈老。⇒ 我交给陈老一篇论文。
我卖了间房子给老李。⇒ 我卖给老李一间房子。
我还了三本书给小张。⇒ 我还给小张三本书。
我递了张名片给曹总。⇒ 我递给曹总一张名片。
我写了封信给刘校长。⇒ 我写给刘校长一封信。
……

而例(7)、(8)代表的[B式]和[C式],不能变换为[D式],即：

[B式]：名词[施事]＋动词＋名词[受事]＋给＋名词[与事]
⇏ [D式]：名词[施事]＋动词＋给＋名词[与事]＋名词[受事]
[C式]：名词[施事]＋动词＋名词[受事]＋给＋名词[与事]
⇏ [D式]：名词[施事]＋动词＋给＋名词[与事]＋名词[受事]

请看：

(10)   [B式]   ⇒   [D式]
我偷了一件毛衣给她。⇒ *我偷给她一件毛衣。[②]
他买了个梨给小胖子。⇒ *他买给小胖子一个梨。
他抢了张入场券给我。⇒ *他抢给我一张入场券。
我要了点餐巾纸给她。⇒ *我要给她一点餐巾纸。
我讨了杯葡萄酒给他。⇒ *我讨给他一杯葡萄酒。

我取了些钱给张大爷。⇒ *我取给张大爷一些钱。
……

(11)   [C式]   ⇒   [D式]

我织了一件毛衣给她。⇒ *我织给她一件毛衣。
我冲了杯咖啡给客人。⇒ *我冲给客人一杯咖啡。
我做了只风筝给弟弟。⇒ *我做给弟弟一只风筝。
我炒了些花生米给她。⇒ *我炒给她一些花生米。
我刻了个图章给老王。⇒ *我刻给老王一个图章。
她剪了些剪纸给妈妈。⇒ *她剪给妈妈一些剪纸。
……

前面所举的例(7)代表的[B式]和例(8)代表的[C式]还有区别:[B式]可以变换为"名词[施事]＋从……＋动词＋名词[受事]＋给＋名词[与事]"(假设为[E式]),即:

[B式]:名词[施事]＋动词＋名词[受事]＋给＋名词[与事]
⇒ [E式]:名词[施事]＋从……＋动词＋名词[受事]＋给＋名词[与事]

例如:

(12)   [B式]   ⇒   [E式]

我买了一件毛衣给她。⇒ 我从上海买了一件毛衣给她。
他偷了个梨给小胖子。⇒ 他从铁蛋那里偷了个梨给小胖子。
他抢了张入场券给我。⇒ 他从小张手里抢了张入场券给我。
我要了点餐巾纸给她。⇒ 我从老板娘那里要了点餐巾纸给她。
我讨了杯葡萄酒给他。⇒ 我从爷爷那里讨了一杯葡萄酒给他。
我取了些钱给张大爷。⇒ 我从银行取了一些钱给张大爷。
……

而例(8)代表的[C式]不能变换为[E式]"名词[施事]＋从……＋动词＋名词[受事]＋给＋名词[与事]",即:

[C式]:名词[施事]＋动词＋名词[受事]＋给＋名词[与事]
⇒ [E式]:名词[施事]＋从……＋动词＋名词[受事]＋给＋名词[与事]

例如:

(13)   [C式]   ⇒   [E式]

我织了一件毛衣给她。⇒ *我从上海织了一件毛衣给她。
我冲了杯咖啡给客人。⇒ *我从厨房冲了杯咖啡给客人。

我做了只风筝给弟弟。⇒ ＊我从学校做了只风筝给弟弟。
　　我刻了个图章给老王。⇒ ＊我从家里刻了个图章给老王。
　　她剪了些剪纸给妈妈。⇒ ＊她从学校剪了些剪纸给妈妈。
　　……

　　至此，我们通过变换分析，分化了层次分析所不能分化的"名词[施事]＋动词＋名词[受事]＋给＋名词[与事]"这一歧义句法格式。

3.2　关于"变换"这个概念

　　上面我们举了几个变换的实例，这里需对"变换分析"作些具体说明。在具体说明变换分析之前，有必要先对"变换"这个概念略作一些说明。

　　"变换"一词是英语 transformation 的译名。在中国大陆，一说起 transformation，人们往往把它跟乔姆斯基的转换生成语法联系在一起。其实英语里的 transformation 不同时期有不同的含义。

　　就我现在所知，在语法研究中，最早使用 transformation 这一术语的是 1896 年出版的英国语法学家纳斯菲尔德(J. C. Nesfield)的 *English Grammar Series*。这本英文文法书在中华人民共和国成立前曾翻译出版，取名为《纳氏英文文法》。该书的第四册有一编叫 The Transformation and Synthesis of Sentences(句子的改换和综合)，专门讲了"句子的改换"。纳斯菲尔德将 transformation 定义为："把一个语法形式改换为另一个语法形式而意义不变。"他所说的语法形式是指句子格式，他所说的意义不变，是指基本意思不变。黎锦熙先生在《新著国语文法》里所谓的变式句，就是纳氏的 transformation of sentences。

　　我们通常把上个世纪 50 年代兴起的乔姆斯基的转换生成语法里所用的 transformation 翻译成"转换"。"转换"开始在 1957 年的《句法结构》里是指从核心句(kernel sentence)到非核心句(nonkernel sentence)的转换；后来在 1965 年的《句法理论的若干问题》里是指从深层结构(deep structure)到表层结构(surface structure)的转换。

　　而我们把美国描写语言学后期代表人物海里斯(Z. S. Harris，又译为哈里斯)所用到的 transformation 译为"变换"。海里斯最早是在 Discourse Analysis(《话语分析》，1952)一文中用到 transformation，当时他把"变换"定义为："结构不同而等价的序列之间的替换。"例如："N_1＋V＋N_2"(主动句)跟"N_2＋be＋V-ed＋by＋N_1"(被动句)等价，彼此存在可替换性。在后来的 Co-occurrence and Transformation in Linguistic

Structure(《语言结构中同现和变换的分析方法》,1957)一文中,又将变换关系定义为:"两个有着相同的个别同现集合的形类相同的不同结构之间的形式联系。"显然,看重了"同现",并将此作为变换的条件。后来在 Transformational Theory(《变换理论》,1965)一文中,海里斯又将"可接受性"作为变换的条件,说:"两个有着相同词类的 n 个词的句式,如果其中一个 n 元组集合的句式中某一个能让人满足的句子 X 跟另一个 n 元组集合的句式中某一个能让人满足的句子 Y,在排列词序的可接受性上相同,那么对该 n 元组集合来说,这两个句式互为变换。"

总之,英语语法著作中的 transformation 有三种含义:在传统语法中,指句子的改换;在美国描写语言学中,指不同句式的变换;在乔姆斯基的转换生成语法中,指由底层结构到表层结构的转换。我们所讲的变换,是海里斯所用的 transformation 的含义。不过,中国学者有所修正与发展。

3.3 变换分析的客观依据

层次分析的客观依据是句法构造的层次性。变换分析的客观依据是什么呢?是句法格式的相关性。什么叫"句法格式的相关性"呢?我们知道,各个句法格式,从表面看好像是各不相同的,实际上彼此存在着一定的内在联系。例如:

(1) a. 张三送给李四那个照相机。
　　b. 张三送了那个照相机给李四。
　　c. 张三把那个照相机送给了李四。
　　d. 那个照相机被张三送给李四了。
　　e. 那个照相机张三送给李四了。

例(1)a、b、c、d、e 各句,无论从词类序列、内部的层次构造和句法结构关系,以及所表示的语法意义看,都各不相同,它们代表了不同的句法格式;但是句中所包含的各个实词之间的语义结构关系却是相同的——"送"和"给"都是表示含有"给予"意义的转移性行为动作,"张三"是"送"和"给"的施事,"李四"是"送"和"给"的与事,"那个照相机"是"送"和"给"的受事。"送"和"给"行为动作若实现,"那个照相机"就由张三一方转移到李四一方。显然,它们彼此之间存在着一定的内在联系,存在着结构上的相关性,而这种相关性的前提条件是,句中所包含的各个实词之间的语义结构关系一致。造成具有这种相关性的不同句法格式的原因有两个:

(一) 语言表达要求细致,这样,语言中同一个意义可以用不同的句法格式来表达,从而造成语言中存在大量的同义句式。举例来说,基本意思是"我丢了两把办公室的钥匙",可是在不同的场合,根据不同的表达需要,可以用不同的说法,也就是不同的句式来表示。下面四种句式都可以用来表达上面这个基本意思:

A. 名词$_{[施事]}$＋动词＋名词$_{[受事]}$

A 句式就是一般的所谓"主—动—宾"句式。例如:

(2) 我丢了两把办公室的钥匙。

B. 名词$_{[施事]}$＋把＋名词$_{[受事]}$＋动词

B 句式就是一般所说的"把"字句。例如:

(3) 我把办公室的两把钥匙丢了。

C. 名词$_{[受事]}$＋被＋名词$_{[施事]}$＋动词

C 句式就是一般所说的"被"字句。例如:

(4) 办公室的两把钥匙被我丢了。

D. 名词$_{[受事]}$＋名词$_{[施事]}$＋动词

D 句式就是一般所说的主谓谓语句。例如:

(5) 办公室的两把钥匙我丢了。

上述 A、B、C、D 四种句式就是同义句式。而除了 A 句式外,其他三种句式还可以因表达的需要而在内部格式上有所变化,造成更多的同义句式。请看(变化后的格式和例句,在原先的编号上加',以示区别):

B'. 名词$_{[施事]}$＋把＋名词$_{[受事]}$＋给＋动词

例如:

(3') 我把办公室的两把钥匙给丢了。

C'. a. 名词$_{[受事]}$＋被＋名词$_{[施事]}$＋给＋动词
    b. 名词$_{[受事]}$＋被＋名词$_{[施事]}$＋动词＋数量词

例如：

(4') a. 办公室的两把钥匙被我给丢了。
　　 b. 办公室的钥匙被我丢了两把。

D'. a. 名词[受事]＋名词[施事]＋给＋动词
　　 b. 名词[受事]＋名词[施事]＋给＋动词＋数量词

例如：

(5') a. 办公室的两把钥匙我给丢了。
　　 b. 办公室的钥匙我给丢了两把。

（二）语言表达还要求尽可能经济，这又常常在一定的上下文里省略一些词语，这样就造成原本属于不同句式、内部语义关系也不相同的两个句子在表面上成了形式相同的歧义句了。例如"老虎把鸡吃了"跟"白菜被鸡吃了"原本是属于不同句式的两个句子，前者属于"把"字句，后者属于"被"字句。但为了经济而省略的结果，出现了表面相同实质不同的"鸡吃了"。请看：

(6) A.【鸡是"吃"的受事】
　　　a. 老虎把鸡吃了。　　【回答"老虎把什么吃了？"】
　　　b. 鸡被老虎吃了。　　【回答"什么被老虎吃了？"】
　　　c. 老虎吃了。　　　　【回答"鸡呢？"】
　　　d. 鸡吃了。　　　　　【回答"鸡呢？"】
　　 B.【鸡是"吃"的施事】
　　　a. 白菜被鸡吃了。　　【回答"什么被鸡吃了？"】
　　　b. 鸡把白菜吃了。　　【回答"鸡把什么吃了？"】
　　　c. 鸡吃了。　　　　　【回答"白菜呢？"】
　　　d. 白菜吃了。　　　　【回答"白菜呢？"】

例(6)，"鸡"在 A 里是"吃"的受事，"鸡"在 B 里是"吃"的施事。出于表达的经济要求，无论介词结构"把 NP"还是介词结构"被 NP"，在一定的交际环境里都常常可以省略，这样 A 句在一定的上下文里出现了(Ad)"鸡吃了"这样一个句子，B 句也在一定的上下文里出现了(Bc)"鸡吃了"这样一个句子。而(Ad)和(Bc)虽然形式上完全一样，都是"鸡吃了"，但它们各自来源于不同的意思，从而造成了"鸡吃了"这样的歧义句。

以上两点，也说明了使用变换分析的必要性和可能性。

3.4 变换分析法的基本精神和所遵守的原则

从上面的介绍中,我们可以了解到,变换分析法的着眼点不在所分析研究的句法结构的内部,而在所分析研究的句法格式的外部。具体说,变换分析法是通过考察有歧义的句法格式跟与之在结构上有相关性的另外的句法格式之间的不同联系,来分化原先的歧义句法格式。

对于变换分析法,首先必须认识清楚,"变换是句式的变换"。用朱德熙先生1986年的话来说,"变换可以理解为存在于两种结构不同的句式之间的依存关系"。③因此,决不能将变换看作是某两个具体句子之间的变换。明确这一点很重要。按照这个精神,作为一个合格的变换,一定得遵守以下一些原则。

(一)作为一个合格的变换,一定得形成一个变换矩阵(matrix),这个变换矩阵由三部分组成:

1. 我们所要研究分析的句法格式(称为"原句式")及其一个个具体的实例;这一部分置于变换矩阵的左边。

2. 与原句式在结构上有相关性的另外的句法格式(称之为"变换式")及其一个个具体的实例;这一部分置于变换矩阵的右边。

3. 表示原句式和变换式之间变换关系的箭头,置于原句式及其实例和变换式及其实例之间(可用任何形式的箭头,如"⇒",表示变换关系成立;用加斜杠的箭头,如"⇏",表示变换关系不成立)。

现在我们再来看一个变换实例。先看具体例子:

(1) 戏台上放着鲜花。
(2) 戏台上演着京戏。

这两个句子格式相同,其词类序列都是:

名词[处所]+动词+着+名词

如果进行层次分析,对它们的切分和定性相同。请看:

```
(1) 戏台上    放着    鲜花。
(2) 戏台上    演着    京戏。
    ——1——  ——2——     1—2 主谓
            ——3——  ——4——  3—4 述宾
```

但例(1)和例(2)所表示的语法意义是不同的。例(1)表示存在,表静态,

"动词+着"在意思上大致相当于"有"。我们把例(1)所表示的语法意义假定为 A 义。例(2)表示活动,表动态,"动词+着"在意思上表示某行为动作正在进行。我们把例(2)所表示的语法意义假定为 B 义。这种歧义现象也得用变换分析法来加以分化,因为 A 义和 B 义的差异是由句法结构内部实词与实词之间不同的语义结构关系所造成的。具体说,例(1)里的"戏台上"(名词$_{[处所]}$)指明"鲜花"(名词)存在的处所,而例(2)里的"戏台上"(名词$_{[处所]}$)指明"演京戏"(动词+名词)这一活动进行的场所。下面试用变换分析法来分化上述歧义句式。这里我们不妨假设表示 A 义的"名词$_{[处所]}$+动词+着+名词"为[A 式],表示 B 义的"名词$_{[处所]}$+动词+着+名词"为[B 式]。我们看到,[A 式]可以跟"名词+动词+在+名词$_{[处所]}$"句式(假设为[C 式])相联系,而且共现词之间的语义结构关系保持不变,即[A 式]可以变换为[C 式],具体如下:

[A 式]:名词$_{[处所]}$+动词+着+名词
⇒ [C 式]:名词+动词+在+名词$_{[处所]}$

例如:

(3)   [A 式]   ⇒   [C 式]
  a. 戏台上放着鲜花 ⇒ 鲜花放在戏台上
  b. 门上贴着对联 ⇒ 对联贴在门上
  c. 黑板上写着字 ⇒ 字写在黑板上
  d. 墙上挂着画 ⇒ 画挂在墙上
  e. 左胸上别着校徽 ⇒ 校徽别在左胸上
  f. 树上钉着广告牌 ⇒ 广告牌钉在树上
  g. 台上坐着主席团 ⇒ 主席团坐在台上
  h. 门口站着人 ⇒ 人站在门口
  i. 前三排坐着来宾 ⇒ 来宾坐在前三排
  j. 床上躺着病人 ⇒ 病人躺在床上
  ……

显然,[A 式]与[C 式]之间存在着变换关系。上面说的是[A 式],现在看[B 式]。我们看到,[B 式]可以跟"名词$_{[处所]}$+正在+动词+名词"(假设为[D 式])发生联系,而且共现之间的语义结构关系保持不变,即[B 式]可以变换为[D 式]。具体如下:

[B 式]:名词$_{[处所]}$+动词+着+名词
⇒ [D 式]:名词$_{[处所]}$+正在+动词+名词

例如：

(4)　　　[B式]　　　　　　⇒　　　[D式]
　　a. 戏台上演着京戏　　⇒　戏台上正在演京戏
　　b. 门外敲着锣鼓　　　⇒　门外正在敲锣鼓
　　c. 外面下着大雨　　　⇒　外面正在下大雨
　　d. 大厅里跳着舞　　　⇒　大厅里正在跳舞
　　e. 教室里上着课　　　⇒　教室里正在上课
　　f. 操场上放映着电影　⇒　操场上正在放映电影
　　g. 炉子上熬着粥　　　⇒　炉子上正在熬粥
　　……

显然，[B式]与[D式]之间存在着变换关系。

值得注意的是，[A式]只能变换为[C式]，不能变换为[D式]，即：

[A式] ⇒ [C式]
[A式] ⇏ [D式]

例如：

(5) [A式]:戏台上放着鲜花 ⇒ [C式]:鲜花放在戏台上
　　[A式]:戏台上放着鲜花 ⇏ [D式]:*戏台上正在放鲜花

反之，[B式]只能变换为[D式]，不能变换为[C式]，即：

[B式] ⇒ [D式]
[B式] ⇏ [C式]

例如：

(6) [B式]:戏台上演着京戏 ⇒ [D式]:戏台上正在演京戏
　　[B式]:戏台上演着京戏 ⇏ [C式]:*京戏演在戏台上

正是通过上面这样的变换，分化了这个歧义句式。

(二) 在变换矩阵中，矩阵左边作为原句式的一个个实例，形式(即词类序列)必须相同；其语法意义(也称为"高层次语义关系"①)也必须一致。拿上面所举的例(3)变换实例来说，原句式的一个个实例，其词类序列都是"名词[处所]＋动词＋着＋名词"，构造层次和内部语法结构关系也都相同，这符合本条所说的要求；而原句式的各个实例所表示的语法意义，即高层次语义关系也都相同，它们都拿处所成分作话题，表示存在，表静态，这也符合本条要求。

（三）在变换矩阵中，矩阵右边作为变换式的一个个实例，形式（即词类序列）必须相同；其语法意义（也称为"高层次语义关系"）也必须一致。再拿上面所举的例(3)变换实例来说，变换式的一个个实例，其词类序列都是"名词＋动词＋在＋名词[处所]"，构造层次和内部语法结构关系也相同，这符合本条所说的要求；而变换式的各个实例所表示的语法意义，即高层次语义关系也都相同，它们也都表示存在，表静态，但都以存在的事物为话题，这也符合本条要求。⑤

（四）变换矩阵中每一横行左右两侧的句子，即每一横行作为原句式的实例和作为变换式的实例，其共现词之间的语义结构关系（也称为"低层次的语义关系"⑥）必须保持一致。再拿上面所举的变换实例来说，每一横行作为原句式的实例和作为变换式的实例，其共现词之间的语义结构关系都保持不变。试拿例(3)里的 d 例和 i 例为代表来加以说明：

d. 墙上挂着画 ⇒ 画挂在墙上
i. 前三排坐着来宾 ⇒ 来宾坐在前三排

d 例的原句式中，"挂"和"画"是动作和受事的关系，"墙上"表示"画"所存在的处所；在变换式中，"挂"和"画"仍是动作和受事的关系，"墙上"仍表示"画"所存在的处所。二者在共现词之间的语义关系上保持不变。

i 例的原句式中，"来宾"和"坐"是施事和动作的关系，"前三排"表示"来宾"所处的位置；在变换式中，"来宾"和"坐"仍是施事和动作的关系，"前三排"仍表示"来宾"所处的位置。二者在共现词之间的语义关系上保持不变。

这说明，例(3)所列的各个具体实例的变换符合本条要求。

（五）变换矩阵中每一横行左右两侧的句子，即每一横行作为原句式的实例和作为变换式的实例，二者在语法意义（即"高层次语义关系"）上的差别一致。再拿上面所举的变换实例来说，虽然我们分别在上面第二和第三点里说，原句式的语法意义是表示存在，表静态；变换式的语法意义也是表示存在，表静态，但是二者还是有细微的差异。试以例(3)里的 b 例和 g 例来加以说明：

b. 门上贴着对联 ⇒ 对联贴在门上
g. 台上坐着主席团 ⇒ 主席团坐在台上

b 例的原句式和变换式虽然都表示存在，表静态，但二者有差异：原句式以"门上"为话题，说明"门上"存在什么事物；变换式则以"对联"为话题，说明"对联"存在于何处。g 例的原句式和变换式之间语法意义上的差异也是如此,原句式以"台上"为话题,说明"台上"存在什么事物;变换式则以"主席团"为话题,说明"主席团"存在于何处。显然,b例和g例各自原句式与变换式在语法意义上的差异一致。可见,原例(3)所列的变换矩阵,符合本条要求。

以上所说的原则,已故著名语言学家朱德熙先生称之为"变换分析的平行性原则"。[⑦]这些原则,确保了变换的合格性,同时可以防止在变换矩阵中出现鱼目混珠的情况。请看下列一个变换矩阵:

[A式]:名词+在+名词[处所]+动词+着
⇒[B式]:名词+动词+在+名词[处所]

例如:

(7)　　　[A式]　　⇒　　[B式]
a. 病人在床上躺着　⇒　病人躺在床上
b. 孩子们在门口坐着　⇒　孩子们坐在门口
c. 他在马背上跳着　⇒　他跳在马背上
d. 张三在门外站着　⇒　张三站在门外
e. 他在地上画着　⇒　他画在地上
f. 对联在门上贴着　⇒　对联贴在门上
g. 胸针在胸前别着　⇒　胸前别着胸针
h. 书在地上堆着　⇒　书堆在地上
i. 水在河里流着　⇒　水流在河里
……

在这个变换矩阵里就有鱼目混珠的实例,即c例、e例和i例。为什么说c例、e例和i例是鱼目混珠的实例呢?因为这三个实例不符合上面所说的平行性原则。平行性原则的第二条说,原句式的一个个实例,语法意义(也称为"高层次语义关系")必须一致,可是c例、e例和i例的原句式所表示的语法意义跟其他各实例不一致,其他实例的原句式都表示存在,表静态,而c例、e例和i例则表示活动,表动态。平行性原则的第三条说,变换式的一个个实例,语法意义(也称为"高层次语义关系")必须一致,可是c例、e例和i例变换式所表示的语法意义跟其他各实例不一致,其他实例的变换式都表示存在,表静态,而c例、e例和i例则表示事物的位移,表动态。平行性原则的第四条说,每一横行作为原句式的实例和作为变换式的实例,其共现词之间的语义结构关系(也称为"低层次的语义关系")必须保持一致,可是c例、e例和i例不符合这一条。就c例来说,原句式里的"马背上"指明"他跳"这一活动的场所,而变换式里的"马背上"则指明"他"位移的终点。原句式与变换式,其共现词之间的语义结构关系显然不一致。e例、i例的情况与c例类似。很明显,c例、e例和i例只是在形式上跟其余各例一样,实质不一样,所以说这三例是鱼目混珠的实例。再看一个变换矩阵:

[A式]:有＋名词＋动词　⇒　[B式]:有＋动词＋的＋名词

例如:

(8)　　[A式]　　　⇒　　[B式]
　　a. 有能力完成　　⇒　有完成的能力
　　b. 有办法解决　　⇒　有解决的办法
　　c. 有条件上大学　⇒　有上大学的条件
　　d. 有人骂过他　　⇒　有骂过他的人
　　e. 有人陪他　　　⇒　有陪他的人
　　f. 有钱买新房子　⇒　有买新房子的钱
　　g. 有时间研究　　⇒　有研究的时间
　　h. 有时候玩儿　　⇒　有玩儿的时候
　　……

在这个变换矩阵里也有鱼目混珠的实例,即d例和h例。例(8)所列的变换矩阵,其原句式所表示的语法意义是,具备做某件事的能力或条件,原句式里"有＋名词"在表达上隐含着"能,可以"的意思;可是d例和h例都不表示这样的语法意义,d例和h例里的"有人"和"有时候"并不隐含"能,可以"的意思。凭这一点,就可以判断,d例和h例在上面这个变换矩阵里,确实是鱼目混珠的实例。

要学习掌握好变换分析法,并确保准确运用,就必须理解并牢记变换分析法的基本精神和所应遵守的原则。

3.5　变换分析法的作用

变换分析法在汉语语法研究中的作用主要有以下两个方面:一是能更有效地分化歧义句式,二是有助于将汉语语法研究引向深入。下面分别举例说明。

一、变换分析法最直接的作用是可以更有效地分化歧义句式

在分化歧义句式上,层次分析法强于句子成分分析法,而变换分析法

的能力更强。层次分析法能分化的歧义句式,变换分析法能分化;层次分析法不能分化的歧义句式,变换分析法也可以分化。

在现代汉语语法研究与教学中,人们常常举"咬死了猎人的狗"来说明由于层次构造的不同所造成的歧义格式。这个歧义格式当然可以用层次分析法来加以分化。请看:

(1) (发现)咬死了　猎人的　狗
　　　a.　_1_　　_____2_____
　　　b.　___1___　　_____2_____

按 a 切分,是个述宾结构,意思是"发现了一个情况,某个动物把猎人的狗咬死了";按 b 切分,是个"定—中"偏正结构,意思是"要寻找的那条狗找到了,就是那条狗把猎人咬死了"。像"咬死了猎人的狗"这样的歧义格式,也可以用变换分析法来加以分化。假设按 a 理解的格式为[A 式],按 b 理解的格式为[B 式]。[A 式]可以跟"把＋名词$_1$＋的＋名词$_2$＋动词＋补语(了)"句法格式(假设为[C 式])有相关性,即有变换关系:

[A 式]:动词＋补语(了)＋名词$_1$＋的＋名词$_2$
⇒ [C 式]:把＋名词$_1$＋的＋名词$_2$＋动词＋补语(了)

请看:

(2)　　　[A 式]　　　⇒　　　[C 式]
　　　咬死了猎人的狗　⇒　　把猎人的狗咬死了
　　　打破了张三的杯子　⇒　　把张三的杯子打破了
　　　砸坏了张家的窗户　⇒　　把张家的窗户砸坏了
　　　踢断了桌子的腿儿　⇒　　把桌子的腿儿踢断了
　　　撕破了词典的封面　⇒　　把词典的封面撕破了
　　　……

[B 式]则可以跟"是＋指量名＋动词＋补语(了)＋名词"句法格式(假设为[D 式])有相关性,即有变换关系:

[B 式]:动词＋补语(了)＋名词$_1$＋的＋名词$_2$
⇒ [D 式]:是＋指量名＋动词＋补语(了)＋名词

请看:

(3)　　　[B 式]　　　⇒　　　[D 式]
　　　咬死了猎人的狗　⇒　　是那条狗咬死了猎人
　　　做错了习题的同学　⇒　　是那些同学做错了习题

打伤了鸽子的人　　　⇒　　是那个人打伤了鸽子
叼走了鸡的黄鼠狼　　⇒　　是那只黄鼠狼叼走了鸡
撕破了练习本的孩子　⇒　　是那个孩子撕破了练习本
拆掉了围墙的学校　　⇒　　是那所学校拆掉了围墙
花光了外汇的公司　　⇒　　是那个公司花光了外汇
　　……

值得注意的是,[A式]只能变换为[C式],不能变换为[D式],例如:

(4) [A式]:打破了张三的杯子 ⇒ [C式]:把张三的杯子打破了
　　　　　　　　　　　　　⇏ [D式]:*是那只杯子打破了张三

反之,[B式]只能变换为[D式],不能变换为[C式],例如:

(5) [B式]:做错了习题的同学 ⇒ [D式]:是那些同学做错了习题
　　　　　　　　　　　　　⇏ [C式]:*把习题的同学做错了

由此分化了"咬死了猎人的狗"所代表的歧义句式。显然,层次分析法能分化的歧义句式,变换分析法也能分化。然而我们要看到,用变换分析法来分化上面那个歧义句式,在手续上比用层次分析法要来得繁复,所以我们能用层次分析法分化的歧义句式尽可能就用层次分析法来分化,而不用变换分析法。这正如在物理学中我们能用牛顿定律解决的力学问题,就不一定非得用爱因斯坦相对论来解决一样。用通俗的话来说,"杀鸡不必用牛刀"。问题是,语言中有许多歧义句,是没法用层次分析法来加以分化的。

语言事实告诉我们,大量的歧义句式是由于内部实词与实词之间的语义结构关系的不同而造成的。例如,"反对的是他",可以有两个意思:

a. "某人所反对的人就是他",按此理解,"他"是"反对"的受事;
b. "反对某人或某事的人是他",按此理解,"他"是"反对"的施事。

上述两种意思就不能用层次分析法来加以分化,因为无论理解为 a 义还是 b 义,"反对的是他"都得分析为:

(6) 反对　的　是　他
　　￣￣￣￣￣￣￣￣￣￣￣
　　　1　　　　2　　　　1—2 主谓关系
　　￣￣　￣　￣￣
　　　3　4　5　6　　　　3—4 "的"字结构,5—6 述宾关系

而用变换分析法可以分化这歧义句式。"反对的是他"的词类序列是:

　　动词+的+是+名词[⑧]

我们假设,按 a 理解的"动词+的+是+名词",为[A式];按 b 理解的"动

词＋的＋是＋名词",为[B式]。[A式]可以有如下的变换：

[A式]:动词＋的＋是＋名词 ⇒ [C式]:动词＋名词

例如：

(7)　[A式]　　　⇒　　　[C式]
　　反对的是他　　⇒　　反对他
　　吃的是馒头　　⇒　　吃馒头
　　看的是电影　　⇒　　看电影
　　学的是英语　　⇒　　学英语
　　惩罚的是他　　⇒　　惩罚他
　　……

[B式]则可以有如下的变换：

[B式]:动词＋的＋是＋名词 ⇒ [D式]:动词＋实词＋的＋是＋名词

例如：

(8)　[B式]　　　⇒　　　[D式]
　　反对的是他　　⇒　　反对搬迁方案的是他
　　苦练的是她　　⇒　　苦练基本功的是她
　　违反的是他　　⇒　　违反纪律的是他
　　吃过的是小王　⇒　　吃过木瓜的是小王
　　出席的是冯平　⇒　　出席开幕式的是冯平
　　……

同样,值得注意的是,[A式]只能变换为[C式],不能变换为[D式],例如：

(9) [A式]:吃的是馒头 ⇒ [C式]:吃馒头
　　　　　　　　　　⇒ [D式]:＊吃××的是馒头

反之,[B式]只能变换为[D式],不能变换为[C式],例如：

(10) [B式]:苦练的是她 ⇒ [D式]:苦练基本功的是她
　　　　　　　　　　　⇒ [C式]:＊苦练她

很显然,层次分析法所无法分化的"反对的是他"这样一种歧义句式,变换分析法给分化了。

有些歧义句是由句中的多义词引起的,譬如下面的例(11)。对于这种歧义句,一般都没法用层次分析法来加以分化,但变换分析法可以加以分化。请看：

(11) 这几箱书送北京大学图书馆。

例(11)动词"送",既可以理解为"赠送"的意思,也可以理解为"运送"的意思。这就造成例(11)有歧义——当"赠送"理解时,"北京大学图书馆"是与事宾语,即书的接受者;当"运送"理解时,"北京大学图书馆"是处所宾语。这种差别,层次分析法当然不能加以分化。那么这种歧义句需要用变换分析法来加以分化吗?一般当然只需指出动词"送"的多义就能让人明白造成这个句子有歧义的原因。但是如果有人问:"你怎么证明?"这就用得上变换分析法,可以通过变换分析来证明例(11)的歧义。例(11)的词类序列是:

名词$_1$+送+名词$_2$

假设带与事宾语时为[A式],带处所宾语时为[B式]。我们看到,[A式]可以变换为"名词$_1$+送+给+名词$_2$"(假定为[C式]),例如:

(12) [A式]:这几箱书送北京大学图书馆
  ⇒ [C式]:这几箱书送给北京大学图书馆

变换后"北京大学图书馆"仍指明书的接受者。类似的例子如:

(13)　　　[A式]　　　　⇒　　　　[C式]
　　　这几本书还王老师　⇒　　这几本书还给王老师
　　　这批砖卖民本小学　⇒　　这批砖卖给民本小学
　　　这件衣服送李奶奶　⇒　　这件衣服送给李奶奶
　　　这笔款交王校长　　⇒　　这笔款交给王校长
　　　这家具退还学校　　⇒　　这家具退还给学校

这说明[A式]和[C式]有变换关系。

再看[B式]。我们看到,[B式]可以变换为"名词$_1$+送+到+名词$_2$"(假定为[D式]),例如:

(14) [B式]:这几箱书送北京大学图书馆
  ⇒ [D式]:这几箱书送到北京大学图书馆

变换后"北京大学图书馆"仍指明书位移的终点。类似的例子如:

(15)　　　[B式]　　　　⇒　　　　[D式]
　　　这张桌子搬厨房　　⇒　　这张桌子搬到厨房
　　　这坛酒抬地下室　　⇒　　这坛酒抬到地下室
　　　那树苗扛后花园　　⇒　　那树苗扛到后花园
　　　这盆花拿芸芸屋里　⇒　　这盆花拿到芸芸屋里

    那垃圾袋扔垃圾桶里 ⇒   那垃圾袋扔到垃圾桶里

这说明[B式]和[D式]有变换关系。

  同样需要注意的是，[A式]只跟[C式]有变换关系，跟[D式]没有变换关系，即：

  （16）[A式]：这几本书还王老师 ⇒ [C式]：这几本书还给王老师
            ⇒ [D式]：*这几本书还到王老师

反之，[B式]只跟[D式]有变换关系，跟[C式]没有变换关系，即：

  （17）[B式]：这张桌子搬厨房 ⇒ [D式]：这张桌子搬到厨房
           ⇒ [C式]：*这张桌子搬给厨房

  这样，通过变换分析就将[A式]和[B式]区别了开来，证明"这几箱书送北京大学图书馆"确有歧义，而这比单纯指出"送"是多义词要深刻一些。

二、变换分析法更有助于将语法研究引向深入

  变换分析法的作用并不只在分化歧义句式方面。前面已经说到，层次分析只着眼于分析、研究句法结构的内部构造情况；而变换分析法，从本质上说，更注重句法结构与句法结构之间的联系。因此，变换分析法的运用会更有助于我们将语法研究引向深入，揭示更多的语法规律。已有的现代汉语语法研究成果也充分说明了这一点。这里不妨举几个实例。

  【实例一】双宾结构的远宾语不能由表示占有领属关系的偏正结构充任，这个特点就是在运用变换分析法时发现的。⑨

  "双宾结构"就是指一个动词后面带上两个宾语的句法结构，如"给他一本书"。一般将离动词较远的那个宾语（如上例中的"一本书"）叫远宾语，也称直接宾语；将离动词较近的那个宾语（如上例中的"他"）叫近宾语，也叫间接宾语。双宾结构一直受到汉语语法学界的注意。从第一部现代汉语语法专著黎锦熙先生的《新著国语文法》（1924）起，所有讲现代汉语语法的专著或教材，都会谈到双宾结构。可是大家都没能注意到宾语的上述特点。而上述特点正是在研究双宾结构跟"把"字句的变换关系时才发现的。因为凡"把"的宾语为表示占有领属的偏正结构，都不能变换为双宾结构。请看：

  （18）把我弟弟的箱子给你。 ⇒ *给你我弟弟的箱子。
    她把爸爸的电脑送给张老师了。⇒ *她送给张老师爸爸的电脑。

把我的书给他。　　　　　　⇒ *给他我的书。
把妈妈的手表送张阿姨。　　⇒ *送张阿姨妈妈的手表。
把你的帽子卖给我。　　　　⇒ *卖给我你的帽子。
把我们家的房子赔给他们。　⇒ *赔给他们我们家的房子。

【实例二】现代汉语里不用"被""给"一类字的受事主语句有一个特点,那就是受事主语不能是人称代词,而这一点也是在运用变换分析法时发现的。

现代汉语里有一种没有被动标记的受事主语句(即不带"被""给"一类字眼儿而表示被动意义的受事主语句),大家早就注意到了。关于这类受事主语句,一般都注意到这样两点:一是主语是有定的,即主语所指的事物,在说话人心目中,听话人是清楚知道的。二是谓语得是复杂的,即不能只是一个单个儿动词。其实,还有一个很重要的特点,那就是主语不能是一个人称代词。例如我们可以说:

(19) 那烂了的西红柿扔了。
　　　衣服卖了。
　　　书烧掉了。
　　　李教授请来了。

但不说:

(20) *你批评了?
　　　?他请来了。
　　　*那西红柿烂了,它扔了。

上面这三句话,一般我们得说成:

(21) 你挨批评了?｜你被批评了?｜把你给批评了?
　　　把他请来了。
　　　那西红柿烂了,把它扔了。｜那西红柿烂了,扔了它吧。

现代汉语里没有被动标记的受事主语句的上述特点,就是在运用变换分析法考察研究"把"字句与受事主语句的关系时发现的。因为"把"的宾语为人称代词时都不能变换为无标记受事主语句。请看:

(22) 把这个字擦了。　⇒　这个字擦了。
　　　把旧报纸卖了。　⇒　旧报纸卖了。
　　　把那啤酒喝了。　⇒　那啤酒喝了。
　　　把鸡窝拆了。　　⇒　鸡窝拆了。

  把他撤了。 ⇒ *他撤了。
  把它扔了。 ⇒ *它扔了。

  【实例三】使用程度副词"还"的"比"字句,除了表示比较外,还能表示含夸张意味的比喻,这是使用程度副词"更"的"比"字句所不具备的,这一点也是在运用变换分析法时发现的。

  先前一般辞书上,在谈到作为程度副词的"还"的时候,都说它相当于程度副词"更"。例如"他比我还高",也就是"他比我更高"的意思。这会给人一个错觉,以为凡是用程度副词"还"的地方,都能用"更"去替换。事实告诉我们,多数情况下,确实是这样,但有时不能。例如:

  (23) 她的胳臂比火柴棍儿还细。
  (24) 那蛇,好家伙,比碗口还粗。
  (25) "你孩子有多高了?""我孩子?比书架还高了。"

这里的"还"都用于"比"字句,而这些"还"都不能用"更"去替换。我们不能说:

  (26) *她的胳臂比火柴棍儿更细。
  (27) *那蛇,好家伙,比碗口更粗。
  (28) *"你孩子有多高了?""我孩子?比书架更高了。"

略微思考一下我们就会发现,例(23)—(25)虽是"比"字句,但都不是表示比较,而是表示含夸张意味的比喻。如例(23)并不真是要把"她的胳臂"去跟"火柴棍儿"比较,而只是用火柴棍儿来比喻她的胳臂,以强调说明她人之瘦。再拿例(25)来说,说话人并不真要把自己的孩子跟书架比高低,而只是为了让听话人对自己孩子目前的高矮有具体的感性的了解而临时拿书架来作为衡量高矮的尺度罢了。

  上述"还"和"更"的差异——使用程度副词"还"的"比"字句,不仅能用于比较,还能用于含夸张意味的比喻;而使用"更"的"比"字句,只能用于比较,不能用于含夸张意味的比喻——这一点正是运用变换分析法来研究比较"还"和"更"时发现的。再看些实例:

  (29) 哈尔滨比这里还冷。 ⇒ 哈尔滨比这里更冷。
    我哥哥比我还有能耐。 ⇒ 我哥哥比我更有能耐。
    小张跑得比王平还快。 ⇒ 小张跑得比王平更快。
  (30) 那孔儿比针眼儿还小。 ⇒ *那孔儿比针眼儿更小。
    他呀,比狐狸还狡猾。 ⇒ *他呀,比狐狸更狡猾。

    他们跑得比兔子还快。⇒ *他们跑得比兔子更快。

例(29)表示比较,变换式能说,整个变换成立;例(30)表示含夸张意味的比喻,变换式不能说,整个变换不成立。⑩

  【实例四】表总括的程度副词"都"确切的语法意义是什么,也是在运用了变换分析法后才进一步明确的。

  在以往的语法书或词典里,凡说到副词"都",都会说它"表示总括"。至于该怎么理解这"总括"二字的含义,也就不去注意了。母语为汉语的人,大概没有一个人是翻阅了词典、字典才去使用这个"都"的,都是要用就用,脱口而出,因为他是从小习得的。外族人或外国人学汉语,要使用副词"都",就少不了要翻阅词典、字典而后用。而他们往往把"表示总括"理解为"只要前面是表示复数的名词性成分就能用'都'"。按此理解,多数情况下是用得对的,但也会出现用得不对的病句。例如:

  (31) *麦克生日那天,我们三个人都给他送了一个大大的蛋糕。
  (32) *佐佐木、冈本俩都是同乡,都出生在鹿儿岛。

例(31)按现在句子的意思,"我们三个人"给麦克送了三个大蛋糕,实际只送了一个大蛋糕。句中的"都"应该删去。例(32)用了两个"都",后一个用对了,前一个用错了,该删去。为什么例(31)不该用"都"?为什么例(32)该把前一个"都"删去?原来副词"都"不是一般地表示总括,而是强调表示"都"后面所说的性状或情况适用于它所指向的某个集合中的每一个个体——或无一例外地独自进行了后面所谈到的行为动作,或无一例外地各自具有后面所谈到的性状,或无一例外地属于后面所谈到的情况。例如:

  (33)爸爸、妈妈、姐姐都给我送了生日礼物。
  (34)小芸和小玲都天资过人。
  (35)小张和小李都是八字脚。
  (36)王先生、张先生和我都是山东人。

例(33)是说爸爸、妈妈、姐姐每个人无一例外地独自给"我"送了生日礼物,而不是合着送一份生日礼物。例(34)是说小芸、小玲中每一个人无一例外地各自具备"天资过人"的特性。例(35)是说小张和小李每一个人无一例外地是属于"八字脚"的一类人。例(36)是说王先生属于山东人,张先生属于山东人,"我"也属于山东人。由于"都"表示的是上述语法意义,所以用"都"的句子往往可以扩充为一个并列复句,复句里居后的分句中往往用副词"也",以强调彼此的类同关系。如例(33)—(36)也可以说成:

(37) 爸爸给我送了礼物,妈妈给我送了礼物,姐姐也给我送了礼物。
(38) 小芸天资过人,小玲也天资过人。
(39) 小张是八字脚,小李也是八字脚。
(40) 王先生是山东人,张先生是山东人,我也是山东人。

上述对于副词"都"的语法意义的新认识,虽然先前也已有所认识,但通过变换分析使我们认识得更深刻。

总之,实践证明,变换分析法的运用确实更有助于我们解释更多的语法现象。

3.6 变换分析法的局限

变换分析法的运用扩大了语法研究的视野,可以解释更多的语法现象,把语法研究引向深入,有利于揭示更多的语法规律。但是,变换分析法同其他分析方法一样,也有它的局限性。具体说,变换分析法可以用来分化歧义句式,但不能用来解释造成歧义句式的原因。举例来说,前面我们讲到,现代汉语里"名词[处所]＋动词＋着＋名词"是个歧义句式,我们运用变换分析法把这个歧义句式分化为表示存在、表静态的[A式]"名词[处所]＋动词＋着＋名词"(如"戏台上放着鲜花")和表示活动、表动态的[B式]"名词[处所]＋动词＋着＋名词"(如"戏台上演着京戏"),从而达到了分化这个歧义句式的目的。但是,我们要进一步追问,[A式]和[B式]词类序列相同,内部构造层次和句法结构关系也相同,为什么会表示不同的语法意义呢? 也就是说,"名词[处所]＋动词＋着＋名词"这歧义句式是怎么造成的呢? 再如,前面讲到"反对的是他"是个歧义句,我们通过变换分析加以证实了。但是,这种歧义句是怎么造成的? 这些问题变换分析法回答不了,就得寻求别的解决手段。变换分析法的局限就表现在这里。

注释
① 句法格式里的"名词",既包括单个儿名词,也包括名词性结构。下同。
② 在有的方言里,可以说"我偷给她一件毛衣"。
③ 参看朱德熙《变换分析中的平行性原则》,《中国语文》1986年第2期。
④ 这是朱德熙先生所用术语。参看朱德熙《变换分析中的平行性原则》,《中国语文》1986年第2期。
⑤ 事实上例(3)[C式]也是一个有歧义的句式:(一)表示存在,表静态;按此语法意义,那"名词[处所]"表示存在物所存在的处所。(二)表示事物的位移;按此语法意义,那"名词[处所]"表示事物位移的终点。

⑥ 这是朱德熙先生所用术语。参看朱德熙《变换分析中的平行性原则》,《中国语文》1986 年第 2 期。
⑦ 参看朱德熙《变换分析中的平行性原则》,《中国语文》1986 年第 2 期。
⑧ 人称代词如"你、我、他、你们、我们、他们"等,从语法功能上说,相当于名词。
⑨ 参看陆俭明《双宾结构补议》,《烟台大学学报》1988 年第 2 期。
⑩ 关于"还"和"更"的异同,参看陆俭明《"还"和"更"》,《语言学论丛》第六辑,商务印书馆,1980 年。

第四节 语义特征分析法

4.1 变换分析的局限与语义特征分析法的产生
4.2 关于语义特征
4.3 关于"名词[施事]＋动词＋名词[受事]＋给＋名词[与事]"歧义句式
4.4 关于"动词＋了＋时量＋了"歧义句式
4.5 关于"动词＋有……"句法格式
4.6 关于"形容词＋(一)点儿!"祈使句式
4.7 关于"名词＋了"句法格式
4.8 关于语义特征分析

4.1 变换分析的局限与语义特征分析法的产生

我们在第三节里说了,变换分析法有用,但是变换分析法也有它的局限性。它可以用来分化歧义句式,但不能用来解释造成歧义现象的原因。我们在上一节 3.4 小节里举过这样一个歧义句式:"名词[处所]＋动词＋着＋名词",并指出我们可以通过变换分析把它分化为[A 式]和[B 式]两个句式,从而证明它确实有歧义:

　　[A 式]:名词[处所]＋动词＋着＋名词　　【表示存在,表静态】
　　[B 式]:名词[处所]＋动词＋着＋名词　　【表示活动,表动态】

可是有个问题:句子格式相同——词类序列相同,内部构造层次相同,每一层面的直接组成成分之间的句法结构关系也相同,为什么内部实词与实词之间语义结构关系会不同并由此而造成歧义呢? 经仔细考察后发现,歧义的产生跟句式中的动词有极大的关系。请看[A 式]与[C 式]的变换实例:

　　[A 式]:名词[处所]＋动词＋着＋名词
　⇒[C 式]:名词＋动词＋在＋名词[处所]

例如：

[A 式]	⇒	[C 式]
台上坐着主席团	⇒	主席团坐在台上
台下站着许多观众	⇒	许多观众站在台下
地上蹲着一只狗	⇒	那只狗蹲在地上
床上躺着病人	⇒	病人躺在床上
床前跪着一个人	⇒	那个人跪在床前
门口立着两个孩子	⇒	两个孩子立在门口
门上贴着对联	⇒	对联贴在门上
桌上放着几本书	⇒	那几本书放在桌上
黑板上写着字	⇒	字写在黑板上
墙上挂着画	⇒	画挂在墙上
左胸上别着校徽	⇒	校徽别在左胸上
头上戴着礼帽	⇒	礼帽戴在头上
树上钉着广告牌	⇒	广告牌钉在树上
领子上绣着朵玫瑰花	⇒	那朵玫瑰花绣在领子上

这些实例中的动词虽然具体意思各不相同，但是具有某种共同的语义内涵，那就是"使附着"。这可以从词典对各个词的释义中看出。[①]请看：

坐：把臀部放在椅子、凳子或其他物体上，支持身体重量。
站：直着身体，两脚着地或踏在物体上。
蹲：两腿尽量弯曲，像坐的样子，但臀部不着地。[②]
躺：身体倒在地上或其他物体上。
跪：两膝弯曲，使一个或两个膝盖着地。
立：同"站"。
贴：把薄片状的东西粘在另一个东西上。
放：使处于一定的位置。
写：用笔在纸上或其他东西上做字。
挂：借助于绳子、钩子、钉子等使物体附着于某处的一点或几点。
别：用别针等把另一样东西附着或固定在纸、布等物体上。
戴：把东西放在头、面、颈、胸、臂等处。
钉：用钉子、螺丝钉等把东西固定在一定的位置或把分散的东西组合起来。
绣：用彩色丝、绒、棉线在绸、布等上面做成花纹、图像或文字。

如果我们把出现在[A 式]中的动词记为"动词$_a$"，那么"动词$_a$"所共同具有的语义特征可以描写为：

动词$_a$：[＋使附着]

相应地，我们可以把出现在[B式]中的动词（演、敲、下、跳、上、放映、熬）记为"动词$_b$"，"动词$_b$"不具有"使附着"的语义特征，所以"动词$_b$"的语义特征可以描写为：

动词$_b$：[－使附着]

这样根据动词语义特征的不同，我们就可以将"名词$_{[处所]}$＋动词＋着＋名词"这一歧义句式直接加以分开表示为：

[A式]：名词$_{[处所]}$＋动词$_a$＋着＋名词
[B式]：名词$_{[处所]}$＋动词$_b$＋着＋名词

以上我们所运用的分析手段，就是语义特征分析法。

从上面这个实例中，大家可以体会到，上面所运用的分析方法是，通过分析句法格式中各个实例处于关键位置上的词语（上面分析的是动词）所呈现的语义特征上的差异，来说明该句法格式之所以是个歧义格式的原因。

4.2 关于语义特征

"语义特征"（semantic feature）原是语义学中的概念，指的是某个词在意义上所具有的特点。语义学中分析、描写词的语义特征，大致有以下三个目的：

第一个目的是从某个特定角度对某一个语义类再进行细分。譬如说，在有生命的事物中，人类是一个语义类，为了说明同一个家族中不同成员的不同辈分和相互关系，我们可以根据某些语义特征对家族中不同称谓的成员细加分类（"＋"表示具备所指示的特征，"－"表示不具备所指示的特征，下同）：

母亲[＋直系，－男性，＋女性，＋长辈，－晚辈，＋年长，－年幼]
父亲[＋直系，＋男性，－女性，＋长辈，－晚辈，＋年长，－年幼]
哥哥[＋直系，＋男性，－女性，－长辈，－晚辈，＋年长，－年幼]
姐姐[＋直系，－男性，＋女性，－长辈，－晚辈，＋年长，－年幼]
弟弟[＋直系，＋男性，－女性，－长辈，－晚辈，－年长，＋年幼]
妹妹[＋直系，－男性，＋女性，－长辈，－晚辈，－年长，＋年幼]

舅妈［－直系，－男性，＋女性，＋长辈，－晚辈，＋年长，－年幼］
舅舅［－直系，＋男性，－女性，＋长辈，－晚辈，＋年长，－年幼］

第二个目的是为了凸显同一语义类下的不同词语之间的差异。例如"火"和"光"都是一种可见自然现象，可视为属于同一个义类，但语义上有区别，为了凸显其相互之间的差异，就可以从以下一些方面描写它们的语义特征：

火［＋现象，＋亮度，＋温度，－速度，＋形体，……］
光［＋现象，＋亮度，＋温度，＋速度，－形体，……］

有了上面的描写，对下面的问题我们就容易说清楚了：为什么有"光的速度"的说法，而没有"火的速度"的说法？为什么有"大火""小火"的说法，而没有"大光""小光"的说法？再如动词"喝"和"吃"，从某个角度看，同属一个语义类——饮食类动词，但语义上有差别，为了显示它们之间的差异，就可以从以下一些方面描写其语义特征：

喝［＋动作，＋对象为液体，－对象为固体，＋用容器，＋使事物消失，……］
吃［＋动作，－对象为液体，＋对象为固体，±用容器，＋使事物消失，……］

同样，有了上面的描写，对下面的问题我们也就容易说清楚了：为什么可以说"喝水""喝汤""喝啤酒"，而不说"吃水""吃汤""吃啤酒"（有些方言，如吴方言可以说）？反之，为什么可以说"吃饭""吃梨""吃面包"，却不能说"喝饭""喝梨""喝面包"？从上面的例子我们可以了解到，对词语进行语义特征的描写有助于说明不同词语在词语搭配等一系列用法上的差异。

第三个目的是，可以用来区别看似同义实际不同义的词。例如"看"和"看见"，好像意义差不多，实际上除了都是凭借视觉器官这一点外，没有别的相同之处。通过对这两个词的语义特征的分析，就可以清楚地看出这一点。请看：

看　［＋凭借眼睛，－被动感知，＋自主，＋可控，……］
看见［＋凭借眼睛，＋被动感知，－自主，－可控，……］

把"语义特征"这个概念术语借用到语法学中，为的是做两件事：一件事，用以解释造成同形多义句法格式即歧义句法格式的原因；另一件事，用以说明在某个句法格式中，为什么同是动词，或同是形容词，或同是名词,而有的能进入,有的不能进入。因此,语法研究中对"语义特征"这一概念的使用,其含义跟原先在语义学中的使用并不完全一样。

语法学中所讲的某一小类实词的语义特征是指该小类实词所特有的、能对它所在的句法格式起制约作用的、并足以区别于其他小类实词的语义内涵或者说语义要素。因此,语法学中所讲的词的语义特征都是结合具体的句法格式概括得到的,而不是离开具体的句法格式单纯从词义的角度来分析、概括出来的。这句话有两层含义:

一是如果离开具体句式,单纯从词汇角度概括一些词的语义特征,那不一定具有句法上的价值。例如,我们从词汇的角度,可以将粉笔、黑板、黑板擦等归为一类,标以"教具"的语义特征。这样做,在词汇学里可能是有价值的,但在句法学里不一定有句法价值。

二是某些实词是否具有某种语义特征,只有结合具体的句法格式才能得以概括确定。例如动词"写",离开具体句式,一般怎么也不会想到它还具有"给予"义特征。朱德熙先生(1979)在考察了"名词[施事]＋动词＋给＋名词[与事]＋名词[受事]"这一句式之后,发现凡能在"动词＋给"的"动词"位置上出现的动词都含有"给予"义特征;动词"写"跟名词"信"相关联时也可以进入这一句式,如"张三写给李四一封信",所以"写"在这种语义环境中也具有"给予"义特征。③这就是说,"写"具有"给予"义特征是在考察了"名词[施事]＋动词＋给＋名词[与事]＋名词[受事]"这一句式并确认了"写"可以进入这一句式之后才加以确定的。

可见,语法研究中所使用的"语义特征",它着眼于分析、概括属于同一句法格式的各个实例中处于同一关键位置上的实词所共有的语义特征。语义特征的表示方式是,在所说明的词语之后加一个方括号,在方括号里用"＋""－"号并且用两三个字来表示所描写的词语具有的语义特征。就如上一小节里对"动词$_a$"所具有的语义特征的描写:

动词$_a$:[＋使附着]

语义特征分析,在语法研究中使用时间不长,对它还缺乏必要的理论上的阐说。下面我们多举几个实例,以使大家从中获得一些感性的认识。

4.3 关于"名词[施事]＋动词＋名词[受事]＋给＋名词[与事]"歧义句式

这是朱德熙先生(1979)的一项研究成果。④"名词[施事]＋动词＋名词[受事]＋给＋名词[与事]"是一个层次分析所不能分化的歧义句法格式,在

第三节 3.1 小节里我们已经通过变换分析,证实这一句法格式可以表示三种语法意义。下面就是代表这三种语法意义的实例:

[A式]:两个动词实际只表示一个过程。

(1) 他送了一个手机给小王
　　他卖了一辆自行车给小李
　　他付了一万元定金给王老板
　　他交了五千元钱给税务局

[B式]:两个动词表示两个转移过程。

(2) 他偷了一份情报给希尔公司
　　他取了一些钱给王大爷
　　他要了一些白药给小王
　　他买了一个玩具给小孙子
　　他讨了一些纪念邮票给小马

[C式]:两个动词,前一个表示制作过程,后一个表示转移过程。

(3) 他煮了一点百合汤给王大妈
　　他刻了一个图章给老张
　　他画了一幅山水画给孙教授
　　他做了一只风筝给弟弟

变换分析可以分化[A式]、[B式]、[C式],并证实它们所表示的语法意义确实不同。但是,变换分析解释不了"为什么它们的词类序列、构造层次、各层直接组成成分之间的句法结构关系都完全相同而所表示的语法意义不同"这一问题。这就需要用语义特征分析来解释。

上述句式里最关键的是动词。经研究,[A式]、[B式]、[C式]语法意义的差异都反映在各自所用的动词上;而动词的不同,是由其语义特征决定的。

[A式]各句的动词"送""卖""付""交"(假定为"动词$_a$"),都含有"给予"义特征;所谓"给予",可以描写为:

　a. 存在着给予者和接受者双方;
　b. 存在着从给予者向接受者转移的事物;
　c. 给予者能动地将所转移的事物从自己一方转移到接受者一方。

[B式]各句的动词"偷""取""要""买""讨"(假定为"动词$_b$"),都含有"取

得"义特征;所谓"取得",可以描写为:

a. 存在着得者和失者双方;
b. 存在着从失者一方往得者一方转移的事物;
c. 得者从失者一方获取那被转移的事物。

[C式]各句的动词"煮""刻""画""做"(假定为"动词$_c$"),都含有"制作"义特征;所谓"制作"可以描写为:

a. 动作者能动地进行某种动作;
b. 在动作进行、完成之后产生某种成品。

上述三组动词的语义特征可描写、比较如下:

动词$_a$:[＋给予,－取得,－制作]
动词$_b$:[－给予,＋取得,－制作]
动词$_c$:[－给予,－取得,＋制作]

正是这些语义特征的不同,充分显示了[A式]、[B式]、[C式]所表示的语法意义各不相同。按语法意义的不同和动词语义特征的差异,我们就可以把"名词$_{[施事]}$＋动词＋名词$_{[受事]}$＋给＋名词$_{[与事]}$"这个句法格式分化为三个具体的句法格式:

[A式]:名词$_{[施事]}$＋动词$_a$＋名词$_{[受事]}$＋给＋名词$_{[与事]}$
[B式]:名词$_{[施事]}$＋动词$_b$＋名词$_{[受事]}$＋给＋名词$_{[与事]}$
[C式]:名词$_{[施事]}$＋动词$_c$＋名词$_{[受事]}$＋给＋名词$_{[与事]}$

通过上述语义特征分析,不仅达到了分化上述歧义句式的目的,同时解释了造成歧义的原因。

4.4 关于"动词＋了＋时量＋了"歧义句式

这是马庆株(1981)的一项研究成果。⑤请先看实例:

(1) a. 死了三天了   b. 等了三天了
    c. 看了三天了   d. 挂了三天了

上面所举的a、b、c、d四个例子,词类序列相同,都是"动词＋了＋时量＋了";内部层次构造相同;直接组成成分之间的句法关系也相同。请看:

(2) 动词＋了＋时量＋了
    a. 死   了   三天   了

b. 等　了　三天　了
c. 看　了　三天　了
d. 挂　了　三天　了
　　＿＿＿＿＿＿（　）
　　　　1　　　2　⑥

但它们所表示的语法意义不尽相同,实际代表了四种不同的情况:

a 句"死了三天了",其中的时量成分"三天",只指明"死"这一行为动作完成、实现后到说话时为止所经历的时间。类似的例子如:

(3) 伤了三天了　　　　断了三天了
　　熄了三天了　　　　了(liǎo)了三天了
　　丢(＝遗失)了三天了　塌了三天了
　　出现了三天了　　　出嫁了三天了
　　娶了三天了　　　　提拔了三天了
　　到任了三天了　　　枯死了三天了

b 句"等了三天了",其中的时量成分"三天",只指明"等"这一行为动作持续的时间。类似的例子如:

(4) 盼了三天了　　　　哭了三天了
　　追了三天了　　　　养了三天了
　　玩儿了三天了　　　忍了三天了
　　找了三天了　　　　想了三天了
　　考虑了三天了　　　琢磨了三天了

c 句"看了三天了",其中的时量成分"三天",则既可以指明"看"这一行为动作完成、实现后到说话时为止所经历的时间,如"那小说我早看完了,看了三天了";也可以指明"看"这一行为动作持续的时间,如"那小说我都看了三天了,还没有看完"。类似的例子如:

(5) 听了三天了　　　　讲了三天了
　　学了三天了　　　　教了三天了
　　擦了三天了　　　　浇了三天了
　　剪了三天了　　　　广播了三天了
　　研究了三天了　　　商量了三天了

d 句"挂了三天了",其中的时量成分"三天",则既可以指明"挂"这一行为动作完成、实现后到说话时为止所经历的时间,如"灯笼早挂上了,都挂了三天了";也可以指明"挂"这一行为动作持续的时间,如"那灯笼太大,不好挂,我们挂了三天了,还没有挂上";还可以指明由行为动作造成的"事物存在状态"所持续的时间,如"彩灯一直在大门上挂着,都挂了三天了"。类似的例子如:

(6) 插了三天了　　　　　贴了三天了
　　穿了三天了　　　　　系(jì)了三天了
　　摆了三天了　　　　　戴了三天了
　　吊了三天了　　　　　钉了三天了

上述不同可列如下表:

	动作完成后经历的时间	动作所持续的时间	动作所造成的状态所持续的时间
a	＋	－	－
b	－	＋	－
c	＋	＋	－
d	＋	＋	＋

上述不同可以从动词本身反映出来。我们不妨将 a、b、c、d 里的动词分别记为"动词$_a$""动词$_b$""动词$_c$""动词$_d$"。现分别列举如下:

　　动词$_a$:死、伤、断、熄、了(liǎo)、丢(＝遗失)、塌、出现、出嫁、娶、提拔、到任、枯死……
　　动词$_b$:等、盼、哭、追、养、玩儿、忍、找、想、考虑、琢磨……
　　动词$_c$:看、听、讲、学、教、擦、浇、剪、广播、研究、商量……
　　动词$_d$:挂、插、贴、穿、系(jì)、摆、戴、吊、钉……

经考察各组动词后发现,它们各自所具有的语义特征不同:

"动词$_a$"表示的行为动作能在瞬间完成或者说实现,但不能持续,也不能使事物造成一种存在的状态并一直保持着。

"动词$_b$"表示的行为动作不能在瞬间完成或者说实现,这种动作可以持续,但不能使事物造成一种存在的状态并一直保持着。

"动词$_c$"表示的行为动作既能在瞬间完成或者说实现,也能持续,但不能使事物造成一种存在的状态并一直保持着。

"动词$_d$"表示的行为动作能瞬间完成或者说实现,也能持续,还能使事物造成一种存在的状态并一直保持着。

显然,以上四组动词各自所具有的语义特征可概括如下:

动词a:[＋完成,－持续,－状态]
动词b:[－完成,＋持续,－状态]
动词c:[＋完成,＋持续,－状态]
动词d:[＋完成,＋持续,＋状态]

通过对格式中动词语义特征的分析,可以知道 a、b、c、d 从更严格意义上说,并不是相同的句法格式,可分别表示如下:

a. 动词a＋了＋时量＋了
b. 动词b＋了＋时量＋了
c. 动词c＋了＋时量＋了
d. 动词d＋了＋时量＋了

4.5　关于"动词＋有……"句法格式

这是史有为(1984)的一项研究成果。[7] 请先看实例:

(1) 著有《阿 Q 正传》
(2) 附有《阿 Q 正传》
(3) 藏有《阿 Q 正传》

例(1)－(3)都是"动词＋有＋……"格式,但是如果要在它们头上加上主语,则情况并不相同。请看:

动词＋有＋名词	名词[施事]＋ 动词＋有＋名词	名词[处所]＋ 动词＋有＋名词
(4) 著有《阿 Q 正传》	鲁迅著有《阿 Q 正传》	——
(5) 附有《阿 Q 正传》	——	书后附有《阿 Q 正传》
(6) 藏有《阿 Q 正传》	张三藏有《阿 Q 正传》	山洞里藏有《阿 Q 正传》

例(4)"著有《阿 Q 正传》"的前面只能加上施事主语,不能加上处所主语;例(5)"附有《阿 Q 正传》"的前面只能加上处所主语,不能加上施事主语[8];例(6)"藏有《阿 Q 正传》"前面则既可以加上施事主语,也可以加上处所主语。为什么会有上述差异?

由于例(1)、(2)、(3)"动词＋有"后的宾语是同一个名词性成分,因此例(4)、(5)、(6)的差异,只能认为是由"著有""附有""藏有"性质的不同而造成的。怎么证明?经考察发现,类似"著有"的如:

A:占有、留有(~财产)、订有、享有、拥有、雇有……

类似"附有"的如：

B：刻有、写有、埋有、镀有、缝有、题有……

类似"藏有"的如：

C：存有、怀有、带有、保存有……

为区别起见，我们将"著有"类里的关键动词记为"动词$_a$"，将"附有"类里的关键动词记为"动词$_b$"，将"藏有"类里的关键动词记为"动词$_c$"。三类动词是：

动词$_a$：著、占、留、订、享、拥、雇……
动词$_b$：附、刻、写、埋、镀、缝、题……
动词$_c$：藏、存、怀、带、保存……

研究显示，A、B、C三类"动词+有"的不同，既跟出现在"关键动词"位置上的动词有关，也跟"有"有关。

从关键动词来看，"动词$_a$"，都具有"领有"的语义特征；"动词$_b$"，都具有"使附着"的语义特征；而"动词$_c$"，既具有"领有"的语义特征，也具有"使附着"的语义特征。"藏"最明显了，它既有"收藏"的意思，又有"藏匿"的意思。作"收藏"讲时，"藏"就属于"动词$_a$"，就具有"领有"的语义特征；作"藏匿"讲时，"藏"就属于"动词$_b$"，就具有"使附着"的语义特征，句子表示鲜明的存在义。具体可归纳如下：

动词$_a$：[+领有，-使附着]
动词$_b$：[-领有，+使附着]
动词$_c$：[+领有，+使附着]

从"有"来看，《现代汉语八百词》指出，它既能"表示领有"，也能"表示存在"。A类动词后的"有"，凸显"领有"义；B类动词后的"有"，凸显"存在"义；C类动词后的"有"，要视C类动词的具体义项，或凸显"领有"义，或凸显"存在"义。格式中动词和"有"的配合可列如下：

A：动词$_{a[领有]}$有$_{[领有]}$　　（如"著有"）
B：动词$_{b[使附着]}$有$_{[存在]}$　　（如"附有"）
C：动词$_{c[领有/使附着]}$有$_{[领有/存在]}$　　（如"藏有"）

到这里，我们大致可以解释清楚前面所提出的问题。

4.6 关于"形容词+(一)点儿！"祈使句式

上面我们分析的都是动词的语义特征，现在谈谈形容词。这是袁毓林(1993)的一项研究成果。⑨

现代汉语里有一种祈使句，它是由形容词带上"(一)点儿"形成的。例如：

a. 谦虚点儿！　　客气点儿！
　　大方点儿！　　灵活点儿！
　　坚强点儿！　　主动点儿！
　　耐心点儿！　　细心点儿！
　　虚心点儿！　　积极点儿！
　　……

b. 远一点儿！　　高一点儿！
　　近一点儿！　　低一点儿！
　　粗一点儿！　　浓一点儿！
　　细一点儿！　　淡一点儿！
　　大一点儿！　　长一点儿！
　　小一点儿！　　短一点儿！
　　……

但需注意，并不是所有的形容词都能进入"形容词+(一)点儿！"这一祈使句格式。例如我们不能说：

c. ＊滑头点儿！　　＊骄傲点儿！
　　＊自满点儿！　　＊冒失点儿！
　　＊胆小点儿！　　＊粗心点儿！
　　＊散漫点儿！　　＊悲观点儿！
　　＊啰嗦点儿！　　＊疲塌点儿！
　　＊嘈杂点儿！　　＊小气点儿！
　　＊笨一点儿！　　＊呆一点儿！
　　＊倔一点儿！　　＊蠢一点儿！
　　……

这为什么呢？这跟形容词的语义特征有关，而这也只有通过对形容词的语义特征分析，才能得到比较圆满的解答。

语言事实告诉我们,"形容词 ＋(一)点儿!"这种祈使句对形容词有一定的选择性,而这种选择性取决于形容词的语义特征。当然,到底具有什么样的语义特征的形容词才能进入这一格式,具有什么样的语义特征的形容词不能进入这一格式,这可得全面考察,认真分析。为什么要强调"全面考察,认真分析"呢? 因为如果只根据从上面了解到的语言事实就作结论,就很容易犯以偏概全的毛病。譬如说,我们不能只根据上面我们所举的例子,就匆忙地作出结论说,褒义形容词和中性形容词能进入"形容词＋(一)点儿!"祈使句式,贬义形容词不能进入这种句式。多考察一些语言事实,特别是如果我们拿一个形容词词表,逐个来检验的话,就会发现,有一部分形容词虽然是褒义的,照样不能进入这一祈使句式。以"聪明"为例,虽是褒义形容词,但好像就不能进入单说的"形容词 ＋(一)点儿!"这种祈使句,我们好像不说"聪明点儿!"⑩。下面是类似的例子:

d.　*棒一点儿!
　　*帅一点儿!
　　*高尚一点儿!
　　*健康一点儿!
　　*可爱一点儿!
　　*平凡一点儿!
　　*伟大一点儿!
　　*崇高一点儿!
　　*出色一点儿!
　　*优秀一点儿!

这看来是增加了我们的研究难度,但同时也使我们对研究这个问题有了更大的兴趣。

　　规律在哪儿? 条件是什么? 我们不妨先来比较、分析一下 a 组和 d 组里的褒义形容词。它们的区别在哪里呢? 是色彩的区别? 看来不是,因为 a 组里既有口语词(如"大方"),也有书面语词(如"坚强");而 d 组里也既有口语词(如"棒""帅"等),也有书面语词(如"高尚""崇高"等)。那是什么因素决定 a 组跟 d 组里形容词的不同呢? 原来,形容词除了有褒义、贬义等语义特征区别外,还有其他方面的区别。

　　细细分析将会发现,a 组和 d 组形容词存在着"可控"和"非可控"的语义特征区别。这怎么说呢? a 组形容词都具有"可控"的语义特征,d 组形容词不具有"可控"的语义特征。所谓"可控",是说形容词所表示的性状,人是可以控制的;所谓"非可控",是说形容词所表示的性状,人是不能控制的。譬如说 a 组的"谦虚""大方"等所表示的性状,人是可以进行一定的控制的,可以使自己尽量做到谦虚、大方等;但是 d 组的"棒""高尚"等所表示的性状,人是不能控制的,一个人"棒不棒""高尚不高尚",是要让别人来评价的,而不是自己要棒就棒,要高尚就高尚的。"形容词+(一)点儿!"是个祈使句式,说话人用这个句式,就是要听话人做到句中形容词所表示的那种性状。这就不难理解为什么具有"可控"语义特征的褒义形容词能进入该句式,而不具有"可控"语义特征的褒义形容词,就不能进入该句式。

假如我们取三组语义特征:一组是[±褒义],一组是[±贬义],另一组是[±可控];并假设上面所举的 a 组里的形容词为"形$_a$",b 组里的形容词为"形$_b$",c 组里的形容词为"形$_c$",d 组里的形容词为"形$_d$"。那么"形$_a$""形$_b$""形$_c$""形$_d$"各组形容词的语义特征分别为:

形$_a$:[+褒义,−贬义,+可控]
形$_b$:[−褒义,−贬义,+可控]
形$_c$:[−褒义,+贬义,±可控]
形$_d$:[+褒义,−贬义,−可控]

了解了各组形容词的语义特征,我们就可以知道,哪些形容词能进入"形容词+(一)点儿!"祈使句式,哪些形容词不能进入这个祈使句式。具体可列如下:

	形容词 +(一)点儿!
形$_a$:[+褒义,−贬义,+可控]	＋
形$_b$:[−褒义,−贬义,+可控]	＋
形$_c$:[−褒义,+贬义,±可控]	－
形$_d$:[+褒义,−贬义,−可控]	－

从上可知,能进入"形容词+(一)点儿!"祈使句的形容词,只限于"形$_a$"和"形$_b$"。它们的语义特征可概括描写为:

形容词:[+可控,−贬义]

有个问题请大家考虑一下,在生活中我们也能听到"糊涂点儿!""马虎点儿,别那么认真。"这怎么解释?

4.7 关于"名词+了"句法格式

现在来介绍一个分析名词性词语语义特征的实例。这是邢福义

(1984)的一项研究成果。⑪

现代汉语口语中有一种句法结构,它是由名词性词语加上"了"构成的,可以描写为:

名词+了

这个格式通常是作谓语,也可以单独成句,前面可以受副词的修饰。例如:

(1) 你们老夫老妻了,还闹什么别扭啊。
(2) 他呀,部长了,可还是那样平易近人。
(3) 哟,几年不见,你都大姑娘了。
(4) 你大学生了,还那么不讲文明!
(5) "他哪一年入的党?""老党员了。具体哪一年入的党,我也记不清了。"
(6) 冬天了,得穿毛衣毛裤了。
(7) "今天星期几了?""星期四了。"

但也不是随便什么名词都能进入这一句法格式的,譬如我们一般不会说:

(8) *桌子了   *港币了
    *饭碗了   *肥皂了
    *香烟了   *黑板了
    *足球了   *苹果了

那么,什么样的名词能进入这个句法格式呢?其中有无规律可循呢?这也需要通过语义特征分析,才能较好地回答这个问题。

首先我们看到,名词所表示的事物,如果属于带有顺序性而又周而复始不断循环出现的,那么这些名词就能出现在"名词+了"这一句法格式里。例如:

(9) 春天了   夏天了   秋天了   冬天了
(10) 正月了   二月了   ……   十二月了
(11) 星期一了 星期二了 ……   星期天了
(12) 初一了   初二了   ……   初十了

例(9)"春天""夏天""秋天""冬天"周而复始,在这个顺序里,每一个名词都能进入"名词+了"句式。余者类推。⑫

其次,名词所表示的事物属于带有顺序性并带有时间推移性的事物,而且是单向推移,那么除了所表示的事物在顺序中处于起始地位的那个

名词外,其余名词都能进入"名词+了"这一句法格式。例如:

(13) 大学生了。

从未入学的儿童,到小学生、中学生、大学生、硕士研究生、博士研究生,形成一个学历系列。在这个系列中,除了处于起始位置的"未入学的儿童"不能进入"名词+了"句式外,其余都能进入。

再有,名词所表示的事物属于带有顺序性并带有时间推移性的,而且是双向推移,那么这些名词就都能出现在"名词+了"这一句法格式里。例如:

(14) 部长了。

普通百姓、副科长、科长、副处长、处长、副司(局)长、司(局)长、副部长、部长……,形成一个行政职务系列。就个人来说,职位可能升,也可能降,所以可以双向推移。"部长了"当然可以说,这是说升职;"普通百姓了"也可以说,这是说降职或不再任官职。例如:

(15) 他现在呀,普通老百姓了,三年前就不当官儿了。

不过,谈到职位提升时,"普通老百姓"不能进入该句式;谈到职位下降时,表示最高行政职务的名词不能进入该句式。

有些词,如地名,本身似不具有什么顺序性或时间推移性,但如果所表示的地方处于某条交通线上,也就进入了某个交通序列,所以也就能进入"名词+了"句式。如南京处于京沪线上,所以可以有"南京了"的说法,例如:

(16) "现在到哪儿了?""南京了。"

注意,表示交通线上起点站的处所名词,不能进入这个句式。如京沪线上,如果起点站是北京,那么"北京"就不能进入该句式;反之,如果上海是起点站,那么"上海"就不能进入该句式。

还需看到,有些词,如指人的名词,菜肴的名字,就其本身的意义看,也没有什么顺序性或时间推移性,但它们所表示的事物在某种情况下可以作为某个系列中的一个成员,那么这些词在特定情况下也能进入"名词+了"句式。譬如大家都在排队检查身体,排队的每个人就成为这个特定排序中的一员,因此就可以有下面这样的说法:

(17) "现在已经轮到谁了?""王小刚了。"

还有,譬如举行宴会,服务员一道一道上菜,是有一定程序的,表示处于菜

单程序中的菜肴的名词,就可以进入"名词+了"句式。例如:

(18)"下面该上什么佳肴了?""东坡肘子了!"

从上面所谈的情况看,我们大致可以得出这样的结论:"名词+了"这种句式本身就表示"到什么程度或地步了"这样的语法意义,所以能进入这一句式的名词,有两种情况:一种情况是,名词本身具有明显的"顺序性或时间推移性"或者说"系列推移性"这样的语义特征,这样的名词可以较自由地进入"名词+了"句式,如上面举到的"老夫老妻""大学生""部长""星期四"等。另一种情况是,名词本身并不具有"顺序性或时间推移性",但它所表示的事物可以在某种特定条件下进入某个排序中,而一旦进入某个排序中,表示这种事物的名词就可以进入"名词+了"句式,如上面举到的"南京""王小刚""东坡肘子"等。这样,总起来说,能进入"名词+了"句式的名词所具有的语义特征,可以描写如下:

名词:[+系列推移性]

假如我们把上面所讲的第一种情况的名词性词语记为"名词$_a$",把第二种情况的名词性词语记为"名词$_b$",那么我们也可以这样说,"名词$_a$"所具有的"系列推移性"的语义特征是固有的,而"名词$_b$"所具有的"系列推移性"的语义特征是有条件的。

上面我们谈的是"NP 了",如果前面出现副词"都","都 NP 了"的语法意义跟"NP 了"是否完全相同?能进入"都 NP 了"的词语跟能进入"NP 了"的词语是否等同?请大家自行思索与分析一下。

4.8 关于语义特征分析

从上面所举的各种实例看,所谓语义特征分析,是指通过分析某句法格式各实例处于关键位置上的实词所具有的共同的语义特征,来解释、说明代表这些实例的句法格式之所以独具特色、之所以能与其他同形句法格式相区别、之所以只允许这一部分词语进入而不允许那一部分词语进入的原因或条件。

很显然,"语义特征分析",它着眼于分析、概括处于同一句法格式的各个实例中的同一关键位置上的实词的语义特征,而这正是语义特征分析的精神之所在。毫无疑义,语义特征分析为进一步分化同形句式,为根据句法研究的需要对同一类实词划分小类,提供了更为可靠的句法、语义依据,因此语义特征分析无疑使语法研究朝着形式和意义相结合的方向迈出了更为可喜的一步。

　　语义特征分析对语法研究来说很需要。但是在这里也得提醒大家，对出现在某句式里的某个语法位置上的许多个词所具有的语义特征，有时比较容易抓得住，容易概括出来，如上文4.7小节里所谈的"NP 了"句式，经细心分析后概括得到了进入该句式的 NP 所具有的[＋系列推移性]这一语义特征。可是有时就不那么容易概括。请先看例句：

甲	乙
把马刷刷	*把马骑骑
把衣服洗洗	*把衣服买买
把面包烤烤	*把面包吃吃
把报纸念念	*把报纸借借
把酒热热	*把酒喝喝
把被子晒晒	*把被子卖卖
把白薯煮煮	*把白薯运运
把车锁修修	*把车锁拆拆
把作业收收	*把作业交交
把文章看看	*把文章写写
把牲口喂喂	*把牲口放放
把桌子挪挪	*把桌子送送
把裤子熨熨	*把裤子穿穿
把黑板擦擦	*把黑板抬抬

　　甲、乙格式相同，都是"把＋N＋V_v（N 代表名词，V_v 代表动词重叠式），但甲组能说，乙组不能说。由于 N 是相同的，所以能说不能说的原因只能到 V_v 上去找。可是我们既说不出甲组里的 V_v 有什么共同的语义特征，也说不出乙组里的 V_v 具有什么样的共同的语义特征。另外，细心的读者可能会注意到，我们在4.1里只分析了[A 式]（如"台上坐着主席团"）里的"动词$_a$"的语义特征[＋使附着]，却没有正面分析说明[B 式]（如"台上演着梆子戏"）里的"动词$_b$"具有什么样的语义特征。这不是写作上的疏忽，而是我们难以概括出"动词$_b$"的语义特征，所以就没有说了。总之，概括词的语义特征并不容易。

注释

① 所有动词的释义均据商务印书馆出版的《现代汉语词典》（第7版）。
② 词典对"蹲"的释义还可斟酌。宜在"像坐的样子"之后加"两脚着地"这一小句，释

文改为:"两腿尽量弯曲,像坐的样子,两脚着地,但臀部不着地。"
③ 参看朱德熙《与动词"给"相关的句法问题》,《方言》1979年第2期。
④ 参看朱德熙《与动词"给"相关的句法问题》,《方言》1979年第2期。
⑤ 参看马庆株《时量宾语和动词的类》,《中国语文》1981第2期。
⑥ 对于"动词+时量",有学者分析为述宾关系,有学者分析为述补关系。到底该怎么看?从意义上来看,时量对前面的动词有补充说明的作用,接近于述补结构;但从形式上看,接近于述宾结构。试比较:

  a. 看三本　　看了/过三本　　一本也没有看　　＊看得三本
  b. 看三次　　看了/过三次　　一次也没有看　　＊看得三次
  c. 看三天　　看了/过三天　　一天也没有看　　＊看得三天
  d. 看仔细　　＊看了仔细　　　　×　　　　　　看得仔细

  a大家公认是述宾关系,d大家公认是述补关系。从形式上看,b和c显然跟a接近,而跟d相去甚远。所以有人将它们归入述宾结构。当然,这些表示动量或时量的数量宾语跟典型的宾语还是有区别,因此称之为"准宾语"。有人着眼于意义,将b和c里的数量成分看作补语,从理论上来说,这没有什么不可以,但也得说明,这跟典型的补语不同,因此就称之为"数量补语"。这也反映了分类或者说归类具有一定的相对性。
⑦ 参看史有为《关于"动+有"》,《语言学论丛》第十三辑,商务印书馆,1984年。
⑧ 在某种语境中也可能会看到"鲁迅附有《阿Q正传》"这样的句子(假设有这么一句话:"刘大年编的《中国文学史参考资料》,未附有《阿Q正传》;鲁迅编的《中国文学史参考资料》,附有《阿Q正传》。"那后一分句,在某种场合也可以说成"鲁迅附有《阿Q正传》"),但句中的"鲁迅"并不是谓语动词的施事,只是句子的话题。
⑨ 参看袁毓林《现代汉语祈使句研究》,北京大学出版社,1993年。
⑩ 警告他人时,只说:"放聪明点儿!"不说:"聪明点儿!"
⑪ 参看邢福义《说"NP了"句式》,《语文研究》1984年第3期。
⑫ "星期一了""初一了"前面加上副词"又",说成"又星期一了""又初一了"会觉得更自然些。

第五节 配价分析法

5.1 语法研究中的"配价"思想及配价语法分析
5.2 "喝啤酒的学生"和"喝啤酒的方式"在语法上有区别吗?
5.3 由动词性词语带"的"形成的"的"字结构的指称和歧义问题
5.4 "放了一只鸽子"和"飞了一只鸽子"在语法上有区别吗?
5.5 形容词都能受介词结构"对……"的修饰吗?
5.6 介词结构"对……"能作什么样的名词的定语?
5.7 为什么可以说"他是王刚的老师"却不说"他是王刚的教师"?
5.8 配价分析法的作用与局限

5.1 语法研究中的"配价"思想及配价语法分析

"配价"这一概念借自化学。化学中提出"价"(valence,亦称"原子价""化合价")这一概念为的是说明在分子结构中各元素原子数目间的比例关系。先设定氢原子为一价,某种元素的一个原子,可以和多少个氢原子相化合,或者说能置换多少个氢原子,那么该元素就是多少价。譬如说水是由氢和氧化合成的,分子式是 H_2O,即水是由一个氧原子和两个氢原子化合成的,因此氧是二价。氢不能直接跟铁化合,但氧能跟铁化合为氧化铁,分子式是 Fe_2O_3,由三个氧原子和两个铁原子化合成的。从水分子式 H_2O 知道氧是二价,既然氧化铁是 Fe_2O_3,可见铁是三价;但又有氧化亚铁,分子式是 FeO,可见铁还可以是二价。

最早把化学中的"价"明确引入语法研究中的是法国语言学家特思尼耶尔(Lucien Tesnière,亦翻译为特尼耶尔、泰尼耶尔、特斯尼埃)。特思尼耶尔发现,语言中词语的组合跟自然界不同元素间的化合有类似之处。于是,他将化学中"价"这个概念引入语言研究中来。为使大家明白这一点,这里有必要扼要介绍一下特思尼耶尔的整个语法思想。

特思尼耶尔的配价理论是他所建立的从属关系语法(也称依存语法)的重要组成部分。他认为,句法旨在研究句子,而句子是一个有组织的整体,它的构成成分不只是表面所看到的一个个词,更重要的是词与词之间的"关联"(connexion),它是句子的生命线。他举了这样一个例子:

Alfred parle.(阿尔弗雷德说话。)

特思尼耶尔认为,这个句子除包含 Alfred(阿尔弗雷德)和 parle(说话)这两个词之外,还有一个表面上看不到的但更为重要的成分,那就是 Alfred 和 parle 之间的句法关联。"关联"对思想表达来说是必不可少的,它赋于句子以有机性和生命力。"关联"如同化学中的化合,氢和氧化合成一种化合物——水,水的性质既不同于氢,也不同于氧。为什么水会不同于氢也不同于氧呢?这其中就是化合起了决定性的作用。句法上的"关联",建立起词与词之间的从属关系。这种从属关系,由支配词(regissant)和从属词(subordonne)联结而成。如上面所举的句子"Alfred parle."其中的 parle(说话)是支配词,Alfred(阿尔弗雷德)则是从属词,parle 是支配 Alfred 的。特思尼耶尔认为,动词是句子的中心,它支配着别的成分,而它本身则不受其他任何成分的支配。直接受动词支配的有名词词组和副词词组,其中名词词组形成"行动元"(actant),副词词组形成"状态元"(circonstant)。从理论上说,状态元是无限的,而行动元不得超过三个,这三个就是:主语、宾语$_1$、宾语$_2$。动词的价就决定于它所支配的行动元的数目。动词可比作带钩的原子,它能钩住(即支配)几个行动元,那它就是几价动词。一个动词如果不能支配任何行动元,那它就是零价动词;一个动词如果能支配一个行动元,那它就是一价动词;一个动词如果能支配两个行动元,那它就是二价动词;一个动词如果能支配三个行动元,那它就是三价动词。配价语法理论的基本思想是:

1. 句法旨在研究句子,对于句子不仅要注意它所包含的词,更要注意它所隐含的词与词之间的句法关联。这种句法关联在句子表面是看不见的,但实际是存在的。

2. 动词是句子的核心,我们所要注意的句法关联就是动词与由名词性词语形成的行动元之间的关联。

3. 行动元是指句子里在动词前充任主语、在动词后充任宾语的名词性成分。

4. 动词所关联的行动元的多少决定了动词的配价数目。

5. 动词按配价分类。具体如下:

一个动词如果只能支配一个行动元,也就是说这个动词只能前面有主语,后面不能带宾语,那它就是一价动词,一般记为 V^1;

一个动词如果能支配两个行动元,而且也只能支配两个行动元,也就

是说它前面有主语,后面能带一个宾语,而且也只能带一个宾语,那它就是二价动词,一般记为 V^2;

一个动词如果能支配三个行动元,也就是说它前面有主语,后面能带两个宾语,那它就是三价动词,一般记为 V^3。

利用动词与不同性质名词之间的配价关系来研究、解释某些语法现象,这种研究、分析手段,就称之为"配价分析法",或简称为"配价分析";由此而形成的语法理论就称为"配价理论"。

在汉语学界,最早自觉运用配价观念来分析汉语语法现象的学者是朱德熙先生。朱先生在《"的"字结构和判断句》(《中国语文》1978 年第 1 期、第 2 期连载)一文中,虽未明说但实际是运用配价理论出色地论述了由动词性成分组成的"的"字结构的种种不同指称及其内在规律性,并总结得出了这种"的"字结构所指的歧义指数公式。①

5.2 "喝啤酒的学生"和"喝啤酒的方式"在语法上有区别吗?

"喝啤酒的学生"和"喝啤酒的方式",其词类序列都是"动词＋名词₁＋的＋名词₂",内部构造层次和语法结构关系也完全一样。请看:

(1) a. 喝　啤酒　的　学生
　　 b. 喝　啤酒　的　方式
　　　　―――1―（）―2―　　1—2 "定—中"偏正关系
　　　　―3―　4　　　　　　3—4 述宾关系

可是,有一个现象很值得注意,那就是 a 例的中心语"学生"有时可以省略,例如"喝啤酒的学生请举手",在一定语言环境下可以说成:

(2) 喝啤酒的请举手。

而 b 例的中心语"方式",则在任何情况下都不能省略,例如"喝啤酒的方式有多种多样"不能说成:

(3) *喝啤酒的有多种多样。

这是为什么?先前学过的层次分析法不能解释这个现象,因为正如上面已经指出的,它们内部的构造层次和语法结构关系完全一样。

变换分析法倒可以用。例(1)不管 a 例还是 b 例,其格式都是:

动词＋名词₁＋的＋名词₂

假如我们将 a 例视为[A 式],将 b 例视为[B 式],[A 式]可以形成下列变换矩阵:

动词＋名词$_1$＋的＋名词$_2$ ⇒ 名词$_2$＋动词＋名词$_1$

例如:

(4) 喝啤酒的学生　　　⇒　　那学生喝啤酒
　　看电影的那个人　　⇒　　那个人看电影
　　唱京戏的那个同学　⇒　　那个同学唱京戏
　　下象棋的那个孩子　⇒　　那个孩子下象棋
　　……

而[B 式]不能形成上面那样的变换式,即下列变换不成立:

动词＋名词$_1$＋的＋名词$_2$ ⇏ 名词$_2$＋动词＋名词$_1$

例如:

(5) 喝啤酒的方式　　　⇒　　*那方式喝啤酒
　　看电影的情景　　　⇒　　*那情景看电影
　　唱京戏的样子　　　⇒　　*那样子唱京戏
　　下象棋的架势　　　⇒　　*那架势下象棋
　　……

但是运用变换分析的结果也只是证明,"动词＋名词$_1$＋的＋名词$_2$"确实可以分为 a、b 两种格式,不能解释为什么"喝啤酒的学生"的中心语"学生"有时可以省略,而"喝啤酒的方式"的中心语"方式"却不能省略。语义特征分析法也不能解决这个问题。要解释清楚,得采用上面介绍的配价分析法。

从配价的角度看,"喝啤酒的学生"和"喝啤酒的方式"是有区别的。区别在哪里呢?"喝"是二价动词,它的两个配价成分是"喝"的施事和受事。"学生"可以成为"喝"的施事,可以在"喝"之前作主语;"啤酒"可以成为"喝"的受事,可以在"喝"之后作宾语。"方式"呢?"方式"既不能成为"喝"的施事,也不能成为"喝"的受事;既不能在"喝"之前作主语,也不能在"喝"之后作宾语,因此"方式"不可能成为"喝"的配价成分。"喝啤酒的学生"里的中心语"学生"之所以可以省略,就因为它是动词"喝"的配价成分;而"喝啤酒的方式"里的中心语"方式"之所以不能省略,就因为它不是动词"喝"的配价成分。

由此我们可以悟出一个结论,当由动词性词语加上"的"形成的"的"字结构作名词的定语时,那个作中心语的名词如果是那动词的配价成分,那么中心语在一定的上下文里就可以省略,否则不能省略。请再看些实例:

(6) a. 喝啤酒的学生请举手　　　⇒ 喝啤酒的请举手
【"学生"是"喝"的施事,是"喝"的配价成分,所以可以省略】
b. 小张喝的啤酒便宜　　　　⇒ 小张喝的便宜
【"啤酒"是"喝"的受事,是"喝"的配价成分,所以可以省略】
c. 喝啤酒的方式有多种　　　⇒ *喝啤酒的有多种
【"方式"不能是"喝"的施事或受事,不能是"喝"的配价成分,所以不能省略】

(7) a. 开车的司机回来了　　　　⇒ 开车的回来了
【"司机"是"开车"的施事,是"开车"的配价成分,所以可以省略】
b. 开车的方法不容易掌握　　⇒ *开车的不容易掌握
【"方法"不能是"开车"的施事或受事,不能是"开车"的配价成分,所以不能省略】②

(8) a. 卖菜的农民富裕了　　　　⇒ 卖菜的富裕了
【"农民"是"卖"的施事,是"卖"的配价成分,所以可以省略】
b. 张大爷卖的芦笋新鲜　　　⇒ 张大爷卖的新鲜
【"芦笋"是"卖"的受事,是"卖"的配价成分,所以可以省略】
c. 张大爷卖芦笋的地方给占了 ⇒ *张大爷卖芦笋的给占了
【"地方"不能是"卖"的施事或受事,不能是"卖"的配价成分,所以不能省略】

(9) a. 参观钟表馆的游人很多　　⇒ 参观钟表馆的很多
【"游人"是"参观"的施事,是"参观"的配价成分,所以可以省略】
b. 小张参观的展览馆是钟表展览馆 ⇒ 小张参观的是钟表展览馆
【"展览馆"是"参观"的受事,是"参观"的配价成分,所以可以省略】
c. 小张参观的时候人很多　　⇒ *小张参观的人很多
【"时候"不能是"参观"的施事或受事,不能是"参观"的配价成分,所以不能省略】

(10) a. 去昆明的旅客请举手　　　⇒ 去昆明的请举手
【"旅客"是"去"的施事,是"去"的配价成分,所以可以省略】
b. 他们去的那个旅游城市是昆明 ⇒ 他们去的是昆明
【"旅游城市"可以作"去"的处所宾语,是"去"的配价成分,所以可以省略】

c. 去昆明的路线有两条　　⇒ ＊去昆明的有两条
【"路线"不能是"去"的施事,也不能作"去"的宾语,不能是"去"的配价成分,所以不能省略】

(11) a. 没有游泳的学生请举手　　⇒ 没有游泳的请举手
【"学生"是"游泳"的施事,是"游泳"的配价成分,所以可以省略】

b. 游泳的动作一定要正确　　⇒ ＊游泳的一定要正确
【"动作"不能是"游泳"的施事,不能作"游泳"的配价成分,所以不能省略】

5.3　由动词性词语带"的"形成的"的"字结构的指称和歧义问题

　　由动词性词语带"的"形成的"的"字结构如果作主语,会呈现很有意思的现象——有的能单独作主语来指称事物(如"他买的""吃羊肉的"),有的不能单独作主语来指称事物(如"他游泳的""他参观展览会的");有的作主语指称事物时没有歧义(如"参观展览会的"),有的则会有歧义(如"吃的")。这是为什么呢? 其中有无规律可循? 这样的问题,层次分析法、变换分析法、语义特征分析法等都没法来回答和解释,而配价分析法可以作出回答和解释。

　　原来由动词性词语带"的"形成的"的"字结构能不能作主语来指称事物,会不会产生歧义,都跟动词的配价问题有关。具体说决定于以下两点:一是动词的配价数,即动词属于几价动词。二是动词的配价成分在"的"字结构中出现的数目。内中的规律具体如下:

　　(一) 由一价动词 V^1 构成的"的"字结构,如果 V^1 的配价成分已经在"的"字结构里出现,就不能单独作主语来指称事物。如"老王游泳的""那朵玫瑰花蔫了的"都不能单独作主语来指称事物,因为一价动词"游泳""蔫"的配价成分"老王""玫瑰花"都已经在"的"字结构里出现了。

　　如果 V^1 的配价成分没有在"的"字结构里出现,就能单独作主语来指称事物,它所指称的就是 V^1 的配价成分,一般是 V^1 的施事或主体。例如:

(1) 正在游泳的是我的孩子。
(2) 已经蔫了的是玫瑰花。

例(1)里"正在游泳的"这个"的"字结构在这里是作主语,指称一价动词

"游泳"的施事。例(2)里"已经蔫了的"这个"的"字结构在句中作主语,指称一价动词"蔫"的主体。

(二) 由二价动词 V^2 构成的"的"字结构,如果 V^2 的两个配价成分都在"的"字结构里出现,就不能作主语来指称事物。"小王戴帽子的"就不能作主语指称事物了,因为动词"戴"是二价动词,它的两个配价成分施事"小王"和受事"帽子"都已经在"的"字结构里出现了。

如果 V^2 的两个配价成分中只有某一个在"的"字结构里出现,由此构成的"的"字结构都能作主语来指称事物。举例来说,"参观"是二价动词,它关联的两个配价成分,一个是施事,一个是受事。"今天参观展览会的"(受事出现了)和"张三今天参观的"(施事出现了),这些"的"字结构都能作主语来指称事物。例如:

(3) 今天参观展览会的是北大学生。【"今天参观展览会的"作主语,受事在其中出现,所以指称"参观"的施事】
(4) 张三今天参观的是工业展览会。【"张三今天参观的"作主语,施事在其中出现,所以指称"参观"的受事】

如果 V^2 的两个配价成分在"的"字结构里都没有出现,由此构成的"的"字结构能作主语来指称事物,但会有歧义。当然,会不会产生歧义还得取决于语境。例如:

(5) 反对的举手。
(6) 反对的是那房改方案。
(7) 反对的是他。

例(5)—(7)都是"反对的"作主语。"反对"是二价动词,它的两个配价成分分别是它所表示的行为动作的施事和受事,这两个配价成分都没有在"反对的"这个"的"字结构里出现。但在例(5)语境下没有歧义,"反对的"只指称"反对"的施事;在例(6)语境下也没有歧义,"反对的"只指称"反对"的受事;可是在例(7)语境下有歧义,"反对的"既可理解为指称"反对"的施事,也可以理解为指称"反对"的受事。例(7)的语境特点是:第一,这是一个"是"字句;第二,"他"与动词"反对"在语义上,既可以构成"施事—动作"关系,也可以构成"动作—受事"关系。③

(三) 由三价动词 V^3 构成的"的"字结构,可以按照上面讲的情况类推。试以由三价动词"给"所形成的"的"字结构为例,如果"给"的三个配价成分都在"的"字结构中出现了,如"张三给李四一个苹果的",这种"的"字结构,一般就不能再作主语来指称事物。只要"给"的三个配价成分中

有一个没有在"的"字结构里出现,由此形成的"的"字结构就能作主语来指称事物。请看:

(8) 不给她钱的也送了些东西给她。
【"不给她钱的"作主语,指称"给"的施事】

(9) 王教授给我的是那幅画。
【"王教授给我的"作主语,指称"给"的受事】

(10) 给了衣服的,我就不再给他钱了。
【"给了衣服的"作主语,指称"给"的与事】

在由三价动词构成的"的"字结构里,如果只出现一个配价成分或者一个配价成分都没有出现,这种"的"字结构就会有歧义,至于在具体句子里是否产生歧义,这取决于语境。请读者自己举实例来说明。

根据以上论述,我们不难发现:

第一,由动词性词语带"的"形成的"的"字结构,能不能作主语来指称事物,首先取决于动词的配价成分在"的"字结构里是否缺省,如果没有缺省,就不能作主语来指称事物。

第二,由动词性词语带"的"形成的"的"字结构,作主语时所指称的一定是动词的配价成分。

第三,由动词性词语带"的"形成的"的"字结构,只要动词的配价成分有缺省,都能作主语指称事物。

第四,由动词性词语带"的"形成的"的"字结构,如果动词的配价成分缺省不止一个,就会有歧义;至于句子会不会产生歧义,取决于语境。

从上不难看出,由动词性词语带"的"形成的"的"字结构能不能作主语指称事物,会不会有歧义,有很强的规律性。已故著名语法学家朱德熙先生,正是根据上述情况,概括并建立了一个有关由动词性词语带"的"形成的"的"字结构的歧义指数公式。这个歧义指数公式是:④

$P = n - m$

P代表由动词性词语带"的"形成的"的"字结构的歧义指数,指的是这种"的"字结构能不能指称事物,会不会有歧义;n代表动词的配价数,m代表在"的"字结构里出现的动词配价成分的数目。

根据这个歧义指数公式,当P为零时,由动词性词语带"的"形成的"的"字结构就不能作主语来指称事物;当P为1时,这样的"的"字结构就能作主语指称事物,一般没有歧义;当P为2或3时,或者说当P≥2时,这样的"的"字结构能作主语指称事物,而且会有歧义。

上述歧义指数公式在大多数情况下是可以成立的,但也会有些例外。请看实例:

(11) 我喝药的是那个杯子。
(12) 张大妈给过他衣服的是那个人吗?
(13) 芯儿蛀了的不能吃。

例(11)"喝"是二价动词,在"我喝药的"这个"的"字结构里,"喝"的两个配价成分(施事"我"和受事"药")都出现了。按歧义指数公式,P=n-m=2-2=0,按说这样的"的"字结构不能再作主语指称事物,但在例(11)里"我喝药的"是作主语,指称"喝"的工具("杯子"就是喝药的工具)。

例(12)"给"是三价动词,在"张大妈给过他衣服的"这个"的"字结构里,"给"的三个配价成分(施事"张大妈"、受事"衣服"和与事"他")都出现了。按歧义指数公式,P=n-m=3-3=0,按说这样的"的"字结构不能再作主语指称事物,但在例(12)里"张大妈给过他衣服的"是作主语,实际是来指称"给"的与事("那个人"就是"给"的与事)。

例(13)"蛀"是二价动词,在"芯儿蛀了的"这个"的"字结构里,"蛀"的两个配价成分只出现了一个受事"芯儿"。按歧义指数公式,P=n-m=2-1=1,按说这样的"的"字结构作主语时应该指称"蛀"的施事"蛀虫",但在例(13)里"芯儿蛀了的"作主语时并不指称施事"蛀虫",而是指称被蛀了的那事物的领有物,如桃子、李子、梨或棒子什么的。

请大家想想,那例外条件是什么?还有没有别的例外现象?

5.4 "放了一只鸽子"和"飞了一只鸽子"在语法上有区别吗?

乍一看,"放了一只鸽子"和"飞了一只鸽子"在语法上没有什么区别,因为:

第一,词类序列相同,都是"动词+了+数量词+名词"。
第二,内部的构造层次相同,都该分析为:

(1) a. 放　了　一只　鸽子　　　b. 飞　了　一只　鸽子
　　　　＿＿1＿＿＿＿2＿＿　　　　　＿＿1＿＿＿＿2＿＿

第三,都可以变换为"把"字句。请看:

(2) a. 放了一只鸽子 ⇒ 把(一)只鸽子放了
　　 b. 飞了一只鸽子 ⇒ 把(一)只鸽子飞了

其实二者是有区别的。最明显的是,"放了一只鸽子"可以变换为"被"字句,而"飞了一只鸽子"不能变换为"被"字句。⑤请看:

(3) a. 放了一只鸽子 ⇒ 鸽子被我放了
  b. 飞了一只鸽子 ⇒ *鸽子被我飞了

这是为什么呢？这也不是层次分析法、变换分析法、语义特征分析法所能回答和解释得了的,这也得用配价理论分析法。

原来,"放"是二价动词,而"飞"是一价动词。"放了一只鸽子",实际是省略了主语(由"放"的施事充任)所构成的格式;而"飞了一只鸽子",则是动词"飞"的施事位于动词之后所造成的格式。它们虽然都能变换为"把"字句,但这两个"把"字句的语法意义不同:"把(一)只鸽子放了"表示处置意义;"把(一)只鸽子飞了"则表示使动意义。

5.5 形容词都能受介词结构"对……"的修饰吗？

介词结构"对……"既能修饰动词性词语,也能修饰形容词性词语。例如:

(1) 校长对来访的学生提了三条建议,……。
(2) 校长对来访的学生非常热情。

例(1)介词结构"对来访的学生"修饰动词性词语"提了三条建议",例(2)介词结构"对来访的学生"修饰形容词性词语"非常热情"。下面再举些介词结构"对……"修饰形容词性词语的例子:

(3) 对这一带很熟
(4) 对学生很严
(5) 对顾客很耐心
(6) 对中国人特别友好
(7) 对工作很热心

现在的问题是,并不是所有的形容词都能受"对……"这一介词结构的修饰,像"大、漂亮、聪明、可恶、伟大"等等,都不能受"对……"的修饰。例如我们不说:

(8) *对这个苹果很大
(9) *对这件衣服很漂亮
(10) *对计算机很聪明

(11) *对作弊现象很可恶
(12) *对民族英雄很伟大

这就很自然地要提出这样一个问题:哪些形容词能够受介词结构"对……"的修饰?能受介词结构"对……"修饰的形容词有什么特点?对于这个问题,我们也最好引入配价分析法,来作出较好的回答与解释。

上面说到,语法学里引入配价概念原是为了说明动词与名词之间的关联现象。后来发现,不只动词有配价的问题,形容词也有配价问题。根据已有的研究成果,⑥一般形容词都是一价形容词,因为一般形容词在语义上都只要求有一种性质的名词性词语(一般看作主体)与它相关联,这种一价形容词,可以记为 A^1。像上面例子里所举的"大、漂亮、聪明、可恶、伟大"等,就都是一价形容词。但是,也有少数形容词在语义上要求必须有两种不同性质的名词性词语与它相关联,这种形容词就称之为二价形容词,记为 A^2。像上面所举到的"热情、熟、严、耐心、友好、热心"等就都属于二价形容词。

一价形容词与二价形容词的语义配置式是不同的。一价形容词的语义配置式是:

上述语义配置式也可以表示为:

$A^1[名词_1]$

二价形容词 A^2 的语义配置式是:

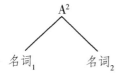

上述语义配置式也可以表示为:

$A^2[名词_1,名词_2]$

对二价形容词来说,"名词$_1$"是主体,"名词$_2$"是对象,因此上述二价形容词的语义配置式可以用文字表述为:

某人/某事/某物(名词$_1$)对某人/某事/某物(名词$_2$)A^2

例如"热情",它的语义配置式是:

热情[某人,某人/某事]

用文字表述为:

某人对某人/某事热情

"对……"这一介词结构所能修饰的形容词正是二价形容词。不难发现,"对……"这一介词结构跟二价形容词在语义上正好相吻合,而这也正是"对……"这一介词结构能修饰二价形容词的语义基础。

二价形容词,根据其具体意义的不同,大致可分为以下四类:

(一)情感态度类,如"好、严、气愤、恐惧、麻木、生气、友好、热情、友善、热心、冷淡、客气、耐心、不孝、不在乎……"。例如:

(13)你对我好,我也对你好。

(14)大家对腐败现象很气愤。

(15)他对什么事情都很麻木。

(16)泰国人民对我们很友好。

(17)张三对人很热情。

(18)那狼狗对她特别友善。

(19)她对谁都很冷淡。

(20)老板对他很客气。

(二)经验认知类,如"内行、在行、精、精通、熟、熟悉、陌生……"。例如:

(21)他对炒股票很内行。

(22)张三对修摩托车最在行了。

(23)他对电视机很精(通)。

(24)李老头对这条山路很熟(悉)。

(25)她对这一带并不陌生。

(三)有用无益类,如"有用、有害、有利、有数、有效、有益、无用、无害、无数、无效、无益、不利……"。例如:

(26)这个人对我们有用。

(27)抽烟对身体有害。

(28)形势对我们有利。

(29) 这种药对过敏性皮炎有效。

(30) 这事对我们不利。

(四) 公平、平等类，如"公平、不公、平等……"。例如：

(31) 这对我们公平吗？

(32) 这样处理，对她不公。

(33) 在相处上，他们对我们很平等。

有的形容词能表示多种意思，它的价也会因意义不同而有所不同。举例来说，形容词"熟"，起码有三个意义：

a. 植物的果实等完全长成。如："西瓜已经熟了。"
b. （食物）加热到可以食用的程度。如："饭熟了。"
c. 因常见常用而知道得清楚。如："这条路我很熟。"

义项 a、b 的"熟"在语义上都只跟一种性质的名词关联，所以都属一价形容词；义项 c 的"熟"在语义上就要求有两种性质的名词与之关联，所以它是二价形容词。因为它是二价形容词，所以它可以受"对……"这一介词结构的修饰。例如：

(34) 他对这一带地形很熟。

(35) 他对这条山路很熟。

5.6　介词结构"对……"能作什么样的名词的定语？

这是李小荣博士的一个研究成果。⑦介词结构"对……"能作名词的定语，这是人所共知的。例如：

(1) 对考试的意见
　　对祖国的感情
　　对身体的害处
(2) 对校长的意见

例(1)、(2)都是介词结构"对……"作名词定语的实例，我们所以要分开来举出，是因为例(2)会有歧解：a. 意见是由校长提出来的；b. 意见是针对校长的。

现在需要大家思考的是：第一，是不是所有名词都能受"对……"这一介词结构的修饰？第二，为什么例(1)各例没有歧解，而例(2)"对校长的意见"会有歧解?

现在先说第一个问题,是不是所有的名词都能受"对……"这一介词结构的修饰。

以汉语为母语的人一般不大会提出这种问题,可是学习汉语的外国留学生常常提出这样的问题。关于这个问题以往从事对外汉语教学的老师也曾进行过思考,并获得了一些有价值的看法。

首先大家发现,表示具体事物的名词都不能受"对……"这一介词结构的修饰,换句话说,"对……"这一介词结构所修饰的名词不能是具体名词。例如我们不能说:

(3) *对《红楼梦》的论文
(4) *对农村情况的影片

例(3)、(4)都不能分析为介词结构作定语的偏正结构。例(3)虽然论文是对《红楼梦》的论述,但因为"论文"是具体名词,不能受"对……"这一介词结构的修饰,例(4)根本不合汉语语法。

那么是不是表示抽象事物的名词都能受"对……"这一介词结构修饰呢?也不是。大家又发现,表示抽象事物的单音节名词也不能受"对……"这一介词结构的修饰。例如也不能说:

(5) *对黑社会的仇
(6) *对家乡的情

例(5)我们得说成"对黑社会的仇恨",例(6)我们得说成"对家乡的感情"。⑧

上面所获得的这两点看法,对于说明什么样的名词能受介词结构"对……"的修饰还是有点儿用的,但还不能充分解释为什么"话题""原则""问题"这样一些双音节名词也还是不能受介词结构"对"的修饰。例如不能说:

(7) *大家谈论了一些对家庭的话题。
(8) *他向大家介绍了对外交工作的原则。
(9) *她还提出了对住房的问题。

这三个例子里的"对"都应该改为"关于"。这是为什么呢?以往一般的解释是,从意思上来看,这里主要是强调关涉关系,而不是要强调对待关系,所以用"关于",不用"对"。可是这种解释外国学生很难理解,也很难掌握。事实告诉我们,真要说清楚这个问题,也得运用配价的理论与分析方法。

从配价理论的角度来观察,问题就变得简单而清楚了。已有的研究成果表明,不光动词、形容词有配价问题,名词也有配价问题。[⑨]名词的配价表现为某个名词一定要求与另外的某个名词在语义上构成依存关系。譬如说,我们说到"弟弟"这个名词,一定有"哥哥"或"姐姐"这个名词跟它相衬托,二者构成不可分离的依存关系。所谓"依存关系",就是说二者各自均以对方为自己存在的先决条件。

一个名词,如果不要求与另外的名词在语义上构成依存关系,这样的名词,称为零价名词,把它记为 N^0。如"大海、天空、空气"等。

一个名词,如果只要求与一种性质的名词在语义上与之构成依存关系,这样的名词,称为一价名词,把它记为 N^1。如"哥哥、弟弟、叔叔、爸爸、爷爷、姑父"等亲属称谓名词,"质量、脾气、价格"等属性名词,"脚、手、锅盖、抽屉"等部件名词等等。

一个名词,如果要求与两种不同性质的名词在语义上与之构成依存关系,这样的名词,称为二价名词,把它记为 N^2。二价名词都是抽象名词。如"意见、兴趣、态度、害处"等。

到目前为止,还没有发现有三价名词。

语言事实告诉我们,能受介词结构"对……"修饰的名词正是二价名词。就拿例(1)里受介词结构"对……"修饰的名词"意见""感情""害处"来说,"意见"一定会涉及两方面的事物——意见的持有者和意见所针对者;"感情"也一定会涉及两方面的事物——具有某种感情者和感情所针对者;"害处"也一定会涉及两方面的事物——害处的产生者和害处的波及者。据袁毓林(1992)、李小荣(2000)考察,二价名词从语义上看,主要有以下四种类型:[⑩]

(一)情感、态度类。这类二价名词都是表示人或感情动物对人或事物的感情、态度的。它们的两个配价成分分别是"情感、态度的持有者"和"情感、态度所针对者"。介词结构"对……"修饰这类名词时,介词"对"引介出情感、态度所针对者,而情感、态度的持有者总是出现在介词"对"的前面。例如:

(10)(他们)对祖国的感情
　　(人们)对旅游的兴趣
　　(人们)对弱者的同情心
　　(他)对艺术的灵感
　　(大家)对这件事的反应
　　(人们)对陌生人的戒心

（村长）对他的敌意
（他）对工作的热情
（泰国人民）对中国的好感

（二）见解、论点类。这类二价名词都是表示人们对人或事物的见解、看法、印象的。它们的两个配价成分分别是："见解、论点的持有者"和"见解、论点所针对者"。介词结构"对……"修饰这类名词时，介词"对"用来引介出见解、论点所针对者，而见解、论点的持有者总是放在介词"对"的前面。例如：

(11)（他）对这件事情的看法
（他）对这个问题的见解
（他）对妇女的偏见
（他）对这个问题的结论
（他）对新加坡的印象
（他）对考试的意见
（他）对这部影片的感想
（他）对校长辞职的说法

（三）作用、意义类。这类二价名词都是表示人或事物对其他人或其他事物的作用、意义的。它们的两个配价成分分别是"起作用者"和"受作用者"。介词结构"对……"修饰这类名词时，介词"对"用来引介出受作用者，而起作用者总是出现在介词"对"的前面。例如：

(12)（市场）对经济发展的作用
（这种药）对感冒的疗效
（阳光）对生命的意义
（这篇文章）对读者的吸引力
（这种理论）对歧义现象的解释力
（他）对当前形势的洞察力
（运动）对健康的好处
（吸烟）对健康的害处
（青蛙）对农业的益处

（四）方针、政策类。这类二价名词都是表示人们针对某个方面所采取的工作方针、政策。它们的两个配价成分分别是"方针、政策的制定者"和"方针、政策的针对者"。介词结构"对……"修饰这类名词时，介词"对"引介出方针、政策的针对者，而方针、政策的制定者总是放在介词"对"的前面。例如：

(13)（政府）对农村工作的方针
　　（政府）对农民的优惠政策

从上面所举的实例中，我们可以清楚地看到，介词结构"对……"作名词的定语时，基本的结构模式是：

名词$_{1[持有者/具有者]}$＋对＋名词$_{2[所针对者]}$＋的＋名词$^2_{[二价]}$

其中，作中心语的"名词^2"是整个结构的核心，它或表示对人对事的情感态度，或表示对人对事的意见论点，或表示对人对事的作用意义，或表示对人对事的政策方针，等等。"名词$_1$"和"名词$_2$"是"名词^2"的两个配价成分。"名词$_1$"一般是情感态度、意见论点、作用意义和政策方针的持有者或具有者；"名词$_2$"一般是情感态度、意见论点、作用意义和政策方针的针对者。

介词结构"对……"只能修饰二价抽象名词，但是其中也还要受到语音上的制约，即单音节抽象名词虽也属于二价名词，但不能受"对……"的修饰。这也就是为什么上面所举的例(5)"对黑社会的仇"和例(6)"对家乡的情"不合汉语说法的原因。

现在再说第二个问题，为什么"对校长的意见"会有歧义。

人们在谈到歧义结构时，常常会举到"对校长的意见"这个例子。这个句法结构确实有歧义：一是理解为那意见是由校长提出来的，假设这为a义；二是理解为那意见是他人针对校长提的，假设这为b义。相应地在结构上可以作两种层次切分。请看：

(14) a.　对　　校长的意见
　　　　　1　　　　2　　　　　1－2 介词结构
　　　b.　对校长的　　意见
　　　　　　1　　　　2　　　　1－2 "定—中"偏正结构

为什么"对校长的意见"会有歧义呢？这也得用配价理论来解释才会说得比较清楚。"对校长的意见"是这样一个句法格式：

对＋名词＋的＋名词^2

从配价理论角度说，如果介词"对"的宾语成分"名词"在语义上可以任意地理解为"的"字后面的那个二价名词（即"名词^2"）的任何一个配价成分，那么整个结构就会有歧义。举例来说：

(15) 对儿子的感情

(16) 对这篇文章的看法
(17) 对这部电影的吸引力
(18) 对美国的政策

例(15)—(18)最后一个名词都属于二价名词,这些例子都有歧义。这些例子之所以会产生歧义,就是因为:

例(15)的"感情"属于情感、态度类二价名词,而"儿子"既可以看作是"感情的持有者",也可以看作是"感情所针对者"。按前者理解,该按 a 切分;按后者理解,该按 b 切分。

例(16)的"看法"属于见解、论点类二价名词,而"这篇文章"既可以看作是"看法的持有者",也可以看作是"看法所针对者"。按前者理解,该按 a 切分;按后者理解,该按 b 切分。

例(17)的"吸引力"属于作用、意义类二价名词,而"这部电影"既可以看作是"吸引力的具有者",也可以看作是"吸引力所针对者"。按前者理解,该按 a 切分;按后者理解,该按 b 切分。

例(18)的"政策"属于方针、政策类二价名词,而"美国"既可以看作是"政策的制定者",也可以看作是"政策所针对者"。按前者理解,该按 a 切分;按后者理解,该按 b 切分。

请大家再看下面两个实例:

(19) 对上帝的敬意
(20) 对上帝的同情心

例中的"敬意"和"同情心"无疑是二价名词,因为说到"敬意",我们会想到一定有"持有敬意的人"和"所敬的人或事物";同样,说到"同情心",我们就会想到一定有"持有同情心的人"和"同情心所针对者"。由于"敬意"和"同情心"是二价名词,按说例(19)和例(20)都应该有歧义,都可以有两种切分法,可是实际上并不是这样。请看:

(19) a. 对　上帝　的　敬意　　　b. 对　上帝　的　敬意
   ―――――1―( )―2　　　*―1―――――2―――
   ―3――4―　　　　　　　　―3――4―
   1—2 "定—中"偏正关系　　　1—2 介词结构
   3—4 介词结构　　　　　　　3—4 "定—中"偏正关系

(20) a. 对　上帝　的　同情心　　　b. 对　上帝　的　同情心
　　＊＿＿＿1＿（）＿2＿　　　　＿1＿　　＿2＿＿＿
　　　＿3＿＿4＿　　　　　　　　　　　　＿3＿＿4＿
　　1—2 "定—中"偏正关系　　　　1—2 介词结构
　　3—4 介词结构　　　　　　　　3—4 "定—中"偏正关系

例(19)只允许 a 切分,不允许 b 切分;反之,例(20)只允许 b 切分,不允许 a 切分。这又为什么？大家不妨考虑考虑。另外,还能举出类似例(19)、(20)的例子吗？

5.7　为什么可以说"他是王刚的老师"却不说"他是王刚的教师"？

在前面"绪论"0.7 小节里,曾提出这样一个需要来解释的问题：

"汉语老师"可以说成"汉语教师",可是"他是王刚的老师",却不能说成"他是王刚的教师",这为什么？但又能说"他是王刚的家庭教师",而不说"他是王刚的家庭老师",这又为什么？这些都该怎么解释？

要回答、解释这个问题,也得用配价分析的理论与方法。

"教师"只是一种职称,也泛指"担任教学工作的人员",如同"职员""工程师"一样,它不反映社会上有依存关系的人际关系,是零价名词;而"老师"是相对于"学生"而言的,是学习者对教给自己知识的人的尊称,它反映了社会上一种有依存关系的人际关系,是属于一价名词。由于"老师"是一价名词,所以它可以接受带姓、带名的指人名词或单数人称代词的修饰,形成一个领属性偏正结构,如"张三的老师""小王的老师""庆生的老师""我的老师""她的老师"等;而"教师"因为是零价名词,所以不能接受带姓、带名的指人名词或单数人称代词的修饰,不能形成一个领属性偏正结构,譬如我们不能说"张三的教师""小王的教师""庆生的教师""我的教师""她的教师"等。至此我们也就可以明了为什么可以说"他是王刚的老师"却不说"他是王刚的教师"。

至于为什么又可以说"他是王刚的家庭教师",请各位读者自己好好思考一下,然后作出一个较为合理的回答与解释。

5.8 配价分析法的作用与局限

理想的句法研究成果,一方面能获得正确的句法分析结果,另一方面能为描写刻画句子中复杂多样的语义关系提供有力的支持,以利于人们准确理解句子的意思。配价语法理论与方法的提出和运用,使语法研究向上述方向迈进了一大步,因为配价语法理论与方法的最大的作用就在于深化句法语义研究。因此,配价分析对语法研究来说是有用的。但是,它也有局限。

第一,配价分析主要用来解释动词与名词之间一些语义关系问题,而语言中词语之间的语义关系极为复杂,对其他方面的语义关系,它就无能为力了。譬如说"砍坏了",补语"坏"在下面三个句子里所说明的对象各异,请看:

(1) 悠着点儿,别把身子骨给砍坏了。
(2) 他一不留神,将旁边的小椅子给砍坏了。
(3) 那木头真硬,那刀都给砍坏了。

补语"坏",在例(1)里是来说明"砍"这一行为动作的施事的;在例(2)里,是来说明"砍"这一行为动作的受事的;在例(3)里,是来说明"砍"这一行为动作的工具的。这种语义现象就不是配价分析法所能解释的。

第二,即使是动词和名词之间的语义关系,也不能完全靠配价分析来解释。以"洗"和"晾"为例,"洗"和"晾"都是二价三系及物动词,表面看似无区别。请看:

(4) a. 张三 洗 衣服
  b. 张三 晾 衣服
    1 2   1—2 主谓关系
       3 4 3—4 述宾关系

(5) a. 洗 热水
  b. 晾 竹竿上
   1 2   1—2 述宾关系

但二者有区别:动词"洗"所联系的三系是"施事"(例中的"张三")、"受事"(例中的"衣服")、"工具"(例中的"热水"),而动词"晾"所联系的三系是"施事"(例中的"张三")、"受事"(例中的"衣服")、"处所"(例中的"竹竿上")。⑪"洗"和"晾"跟名词的关系上这种细微的差异,配价语法理论也是无法解释的。

再有,上面我们在介绍朱德熙先生所建立的歧义指数公式时,已经说到,这公式是建立在配价语法理论基础上的,这个公式具有创新性,能解释不少语法现象,但会碰到某些例外。那些例外也不是配价语法理论所能解决的。

配价分析的局限要求语法研究者还得去探求另外的分析手段。

注释

① 参看朱德熙《"的"字结构和判断句》,《中国语文》1978第1、2期(连载)。朱先生用的术语不是"价",而是"向"。现在我们一般所说的"一价动词""二价动词""三价动词",朱先生称为"一向动词""二向动词""三向动词"。
② 例(7)也回答了第二节2.1小节里所提到的一个问题。
③ 以上说明也就回答了第三节3.6小节里所提出的一个问题。
④ 参看朱德熙《"的"字结构和判断句》,《中国语文》1978年第1、2期(连载)。
⑤ 在第三节3.4小节里我们强调"变换是句式的变换",这里的说法是否违反这一精神?请大家思考。
⑥ 详细参看日本学者奥田宽《论现代汉语形容词的强制性联系和非强制性联系》,《南开学报》1982第3期;刘丹青《形名同现及形容词的向》,《南京师范大学学报》1987年第3期。
⑦ 参看李小荣《从配价角度考察介词结构"对于……"作定语的情况》,见沈阳主编《配价理论与汉语语法研究》,语文出版社,2000年。
⑧ 在诗歌语言里可能会有这说法。
⑨ 参看袁毓林《现代汉语名词的配价研究》,《中国社会科学》1992年第3期。
⑩ 分别参看袁毓林《现代汉语名词的配价研究》,《中国社会科学》1992年第3期;李小荣《从配价角度考察介词结构"对于……"作定语的情况》,见沈阳主编《配价理论与汉语语法研究》,语文出版社,2000年。
⑪ "洗"似乎也能带处所宾语,如"洗这里,不是那里"。但是,句中"这里"虽是个表示处所的词语,但在句中不表示"洗"这一行为动作的处所,而得理解为是"洗"的受事。

第六节 语义指向分析法

6.1 "语义指向分析"的含义
6.2 是不是每个句法成分都有语义指向的问题?
6.3 对于句法成分的语义指向需考虑哪些问题?
6.4 对被指向的成分是否会有某些特殊的要求?
6.5 "只吃了一个面包"里的"一"能省不能省的问题
6.6 "究竟"在句中为什么有时能移位,有时不能移位?
6.7 "吃了他三个苹果"到底该看作单宾结构还是双宾结构?
6.8 语义指向分析的作用

6.1 "语义指向分析"的含义

要了解"语义指向分析",得先了解什么叫"语义指向"(semantic orientation)。

"语义指向",有狭义和广义两种理解。按狭义理解,"语义指向"只是指句中某个句法成分与哪一个词语或哪个成分在语义上发生最直接的联系。例如:

(1) 他喜滋滋地炸了盘花生米。
(2) 他早早地炸了盘花生米。
(3) 他脆脆地炸了盘花生米。

例(1)状语"喜滋滋地"在语义上跟"炸"的施事"他"相联系,即在语义上指向"他";例(2)状语"早早地"在语义上跟"炸"这一行为动作相联系,即在语义上指向"炸";例(3)状语"脆脆地"在语义上跟"炸"的受事"花生米"相联系,即在语义上指向"花生米"。按狭义理解的"语义指向",实际说的是两个成分之间的"相关性"。按广义理解,还包括"语义所指"(semantic co-reference)。所谓"语义所指",专指第三人称代词或反身代词与先行词之间,或者空语类[①]与名词性成分之间的"同指关系",也称"照应关系"。例如:

(4) 老王决不同意他去。
(5) 老王我已经问过他了。
(6) "反正这孩子跟自己无关。"老王这么想。
(7) 老王决定自己干。
(8) 老王认为,张三害了自己。
(9) 我打算 PRO② 去北京。

例(4)里的"他"不跟"老王"同指,而是指在上文出现过但没有在本句中出现的某个人。例(5)里的"他"跟"老王"同指。例(6)里的"自己"跟"老王"同指,而跟"孩子"不同指。例(7)里的"自己"跟"老王"同指。例(8)里的"自己"既可以跟"老王"同指,也可以跟"张三"同指。例(9)里的 PRO 跟"我"同指,即"去北京"的施事,也就是"打算"的施事"我"。

从上面所举的例子,我们可以初步了解到,狭义理解的"指向"是反映成分之间语义上的相关关系,"所指"则是反映成分之间语义上的相同关系,二者的区分是很清楚的。不过有时也难以区分。例如:

(10) 张三有个儿子,在邮局工作。

对例(10)我们既可以从"相关性"角度考虑,来研究"在邮局工作"这一动词性词语是指向"张三"呢还是指向"儿子";也可以从"所指"角度即"同指关系"考虑,认为"在邮局工作"前面有个省略的 pro,由此来研究那个 pro 是跟"张三"还是"儿子"有同指关系。

本节所说的"语义指向"是按狭义的理解来说的,即只是指句中的某个成分在语义上跟哪个词语或哪个成分发生最直接的关系。下面再举个例子:

(11) a. 我才做。
　　　b. 我才做第二道题。
　　　c. 我才做三道题。
　　　d. 我才做完。

例(11)a、b、c、d 各句都是由副词"才"作状语,但各句作为状语的"才",语义指向各不相同——a 句"才"指向动词"做";b 句"才"指向"做"的受事"第二道题";c 句"才"指向数量成分"三道";d 句"才"指向结果补语"完"。

通过分析句中某一成分的语义指向来揭示、说明、解释某种语法现象,这种分析手段就称为"语义指向分析"。

最早用到"指向"这个词的是吕叔湘先生。他在1979年出版的《汉语语法分析问题》一书中谈到结构关系跟语义表达的关系时说:"也有这种情形:论结构关系,A应该属于B,但是在语义上A指向C,例如:(a)'圆圆的排成一个圈'(圆的圈);(b)'走了一大截冤枉路'(走得冤枉);(c)'几个大商场我都跑了'('都'总括'几个')。"不过先前60年代也已经有人注意到这种现象,只是没用"指向"的说法,用"说明"的说法。例如文炼先生(即张斌先生)在1960年发表的《论语法学中"形式和意义相结合"的原则》一文中在谈到形式和意义不一致的情况时,举了要大家注意的两个例子(例子用原文序号):③

(1) 他洗衣服洗得干干净净。
(2) 他看小说看得着了迷。

他说:"第(1)(2)两句的格式相同,都是'主——谓——宾——谓(重用)——补'。但是表达的关系不完全一样:第(1)句的补语是说明宾语的,而第(2)句的补语是说明主语的。"

完整地使用"语义指向"说法的,是1987年段业辉先生发表的《"这样"的语义指向和已知信息的代词化》和邵敬敏先生1990年发表的《副词在句法结构中的语义指向初探》。④

6.2 是不是每个句法成分都有语义指向的问题?

是不是每个句法成分都有语义指向的问题?从理论上来说,应该是每个句法成分都有语义指向的问题,可是实际上不是所有的句法成分都必须运用语义指向分析手段来加以考察分析。像"吃苹果"里的"苹果",我们只要直接分析说明"苹果"是什么样的语义角色就行了,不必使用语义指向分析手段。根据语法研究的需要,下列三种句法成分,其语义指向很值得我们考察:

一是补语。例如:

(1) a. 砍光了　　b. 砍累了
　　c. 砍钝了　　d. 砍快了
　　e. 砍疼了　　f. 砍坏了

例(1)a—f都是述补结构,但其中补语的语义指向各不相同:
　a例补语"光"在语义上指向"砍"的受事,如"树砍光了"。
　b例补语"累"在语义上指向"砍"的施事,如"我砍累了"。
　c例补语"钝"在语义上指向"砍"的工具,如"那刀砍钝了"。
　d例补语"快"在语义上指向"砍"这一动作本身,如"你砍快了,得慢点儿砍"。

e 例补语"疼"在语义上有可能指向"砍"的受事,如"你把他砍疼了",也有可能指向"砍"的施事的隶属部分,如"砍了半天柴,把胳膊都砍疼了"。

f 例补语"坏"在语义上有时可能指向"砍"的受事,如"别把桌子砍坏了";有时可能指向"砍"的工具,如"他砍了一上午竹子,竟砍坏了两把刀";有时也可能指向"砍"的施事的隶属部分,如"悠着点儿,别把身子骨砍坏了"。

二是修饰语。例如:

(2) a. 他喜滋滋地炸了盘花生米。
　　 b. 他早早地炸了盘花生米。
　　 c. 他脆脆地炸了盘花生米。
(3) a. 两位大学的教授
　　 b. 两所大学的教授
　　 c. 两个大学的教授

例(2)各句状语在语义指向上的不同,上一小节(6.1)已分析说明过了。例(3)a、b、c 三个"定-中"偏正结构表面看格式一样,但构造层次并不同。请看:

```
a. 两位   大学的   教授
      1         2
b. 两所   大学的   教授
             1         2
c. 两个   大学的   教授
      1         2            (与 a 相同)
             1         2     (与 b 相同)
```

造成差别的原因就在于作定语的数量成分的语义指向各不相同:

a 例定语数量词"两位"指向"教授"。
b 例定语数量词"两所"指向"大学"。
c 例定语数量词"两个"有可能指向"大学",也有可能指向"教授"。

三是谓语。例如:

(4) a. 我很好。
　　 b. "你身体怎么样?""去年很好,今年又不太好。"

例(4)a、b两句里都有"很好"这个形容词性词组,而且都是作谓语。但二者在语义指向上不同:

a 句谓语"很好"指向句内的主语"我"。

b 句谓语"很好"不是指向句内某个成分,而是指向没有在句中出现的"我"。

以上所说的补语、修饰语(包括状语和定语)、谓语三种句法成分虽各不相同,但有共同点,那就是都是"说明性成分"——补语是补充性说明成分,修饰语是修饰性说明成分,谓语是陈述性说明成分。

语义指向是指句法成分的语义指向,不是指某个词的语义指向。但是,有的词类只能作某种特定的句法成分,如副词只能作状语。在这种情况下,我们也可以径直说"副词的语义指向"。

总之,从语法研究的实际需要看,重要的是要关注探究补语、修饰语、谓语这三种句法成分的语义指向。

6.3 对于句法成分的语义指向需考虑哪些问题?

对于句法成分的语义指向,我们需考虑以下一些问题。

一、指前还是指后?

所谓"指前还是指后"(或者说"前指还是后指")是说那句法成分在语义上是指向它前面的句法成分呢,还是指向它后面的句法成分。像前面第一小节(6.1)所举的状语的例子,即例(1)—(3),其中例(1)状语"喜滋滋地"就是指前的,例(2)状语"早早地"和例(3)状语"脆脆地"就都是指后的。具体什么样的成分一定指前,什么样的成分一定指后,这也还是一个值得探索的问题。拿副词来说,根据渡边丽玲(1991)的研究,副词的语义指向,有的只能指前,有的只能指后,也有的则既可以指前也可以指后。[⑤]例如:

(1) 中华人民共和国成立以后,所有外国列强跟中国签订的不平等条约一律废除了。
(2) 他馒头吃得不多,只吃了两个馒头。
(3) a. 今年我和他分别去广州参加过一个会。
    b. 今年我分别去过广州和福州。
    c. 今年我和他分别去过广州和福州。

例(1)里的副词"一律"是指前的,它指向前面的"所有……不平等条约"。

请看：

中华人民共和国成立以后,所有外国列强跟中国签订的不平等条约一律废除了。【指前】

例(2)里的副词"只"是指后的,它指向后面的数量成分"两个"。请看：

他馒头吃得不多,只吃了两个馒头。【指后】

例(3)里的副词"分别"既能指前,又能指后——a 句"分别"指前,指向"我"和"他"；b 句"分别"指后,指向"广州"和"福州"；c 句"分别"既可以理解为指前,指向"我"和"他",也可以理解为指后,指向"广州"和"福州"。请看：

a. 今年我和他 分别去广州参加过一个会。【指前】

b. 今年我分别去过广州和福州。【指后】

c. 今年我和他 分别 去过广州和福州。【指前/指后】

二、指向句内成分,还是指向句外成分？

所谓"指向句内成分"是说所指向的成分就在本句之内,所谓"指向句外成分"是说所指向的成分不在本句之内,在本句之外。一般都指向句内成分,如例(1)—(3)。但也有指向句外成分的。如上一小节(6.2)所举的例(4)b："你身体怎么样？""去年很好,今年又不太好。"谓语"很好"就指向句外的"我"。下面也是指向句外成分的例子：

(4) 别喝醉了！
(5) 罢工代表被客客气气地引进了客厅。
(6) 当时,那孩子就稀里糊涂地判给了男方。

例(4)补语"醉"在语义上就指向句外成分(喝酒的施事)。例(5)状语"客客气气地"在语义上也指向句外成分("引进"的施事)。例(6)状语"稀里糊涂地"在语义上也是指向句外成分(判案子的法官)。

三、指向名词性成分,还是谓词性成分,还是数量成分?

上面6.1小节里,我们曾举了一个副词"才"的例子,现在再转录在下面:

(7) a. 我才做。
　　b. 我才做第二道题。
　　c. 我才做三道题。
　　d. 我才做完。

例(7)a、b、c、d各句都是由副词"才"作状语,而且都是指后的,但各句作为状语的"才",语义指向各不相同——a句"才"指向谓词"做";b句"才"指向"做"的受事名词性成分"第二道题";c句"才"指向数量成分"三道";d句"才"指向表示行为动作的结果的谓词"完"。根据渡边丽玲(1991)的研究,⑥副词,有的只能指向名词性成分,如"一齐";有的只能指向谓词性成分,如程度副词、时间副词、大部分语气副词等;有的只能指向数量成分,如"一共、总共、一总、最少、约"等;有的则是多指向的,即可以指向名词性成分,可以指向谓词性成分,可以指向数量成分……。如"已经":

(8) "小王呢?""他已经去广州了。"
(9) "现在我们到哪儿了?""已经到南京了。"
(10) 面包,我吃得够多的了,我已经吃了五个面包了。

"已经"在例(8)里指向谓词性成分"去",在例(9)里,指向名词性成分"南京",而在例(10)里,则指向数量成分"五个"。怎么证明呢?可用删除法证明。请看:

(11) "小王呢?""他已经去广州了。"
　　 "小王呢?""他已经去了。"【"广州"可以省去】
　　 "小王呢?""*他已经广州了。"【"去"不能省略】
(12) "现在我们到哪儿了?""已经到南京了。"
　　 "现在我们到哪儿了?""已经南京了。"【"到"可以省去】
　　 "现在我们到哪儿了?""*已经到了。"【"南京"不能省略】
(13) 面包,我吃得够多的了,我已经吃了五个面包了。
　　 面包,我吃得够多的了,我已经吃了五个了。【"面包"可以省去】
　　 面包,我吃得够多的了,我已经五个了。【"吃""面包"都省了】
　　 *面包,我吃得够多的了,我已经吃了面包了。【"五个"不能省略】

状态词可以作状语。根据张力军(1990)的研究,^①各种状态词作状语时,其语义指向并不相同:有的只能指向谓词性成分,如"早早地、慢慢地、仔仔细细地、重重地"等;有的只能指向名词性成分,如"喜滋滋地、客客气气地、脆脆地、红红地"等;有的可以指向名词性成分,也可以指向数量成分,如"清清楚楚地",请看:

(14) 黑板上清清楚楚地写着个"忍"字。
(15) 黑板上清清楚楚地写着五个大字,你怎么就抄了四个?

例(14)"清清楚楚地"指向名词性词语"'忍'字",例(15)"清清楚楚地"指向数量成分"五个"。

四、指向施事,还是受事,还是工具,还是处所,还是别的什么?

如果某个句法成分是指向某个名词性成分的,那还得考虑那个句法成分是指向施事,还是受事,还是工具,还是处所,还是别的什么。如上面6.2小节曾举过的述补结构"砍光了""砍累了""砍钝了",其补语都是指向名词性成分的,但是"砍光了"的补语"光"指向"砍"的受事,"砍累了"的补语"累"指向"砍"的施事,"砍钝了"的补语"钝"则指向"砍"的工具。

6.4 对被指向的成分是否会有某些特殊的要求?

在分析某个句法成分的语义指向时,除了要注意是指前还是指后等问题外,还得注意该句法成分对被指向的成分有什么特殊要求没有,也就是说某个句法成分在语义指向上有没有某种特殊的要求。请看实例:

总共:
(1) 总共招收了一百名学生。
(2) 他呀,总共买了一个西瓜,这给谁吃呀?
(3) 他大约总共买了十五六本书。
(4) *他总共买了很多/许多书。
(5) *他总共只买了一点儿苹果。
(6) *他总共买了青的三斤苹果。

细细体会,我们不难发现,副词"总共"在语义指向上有这样四个特点:
第一,只能指后。
第二,只能指向数量成分,所以在"总共"之后必须有数量成分跟它同现。

第三,只能指向有明确范围的数量成分。例(1)、(2)的数量成分都说的是整数,数目非常明确;例(3)的数量成分"十五六本"虽然表示的是个约数,但是数量范围还是明确的;例(4)、(5)"很多/许多""一点儿"所说的数量就都没有明确范围,所以例(4)、(5)都不能说。

第四,那数量成分不能再受限制性定语的修饰。例(6)与"总共"同现的数量成分虽然表示的是一个确定的数量,但在它之前有一个限制性定语"青的",这样句子就不能说了。"青的"这个限制性定语得挪到"三斤"之后"苹果"之前,例(6)得说成:

(7) 他总共买了三斤青的苹果。

以上四点也可以认为是"总共"在语义指向上的特殊要求。在运用语义指向分析法时,类似的特点需加注意。副词"一共"的情况与"总共"相同。

6.5 "只吃了一个面包"里的"一"能省不能省的问题

"只吃了一个面包"里的"一",有时能省略,有时不能省略。例如:

(1) 他没吃什么,只吃了一个面包。
(2) 他面包吃得不多,只吃了一个面包。

例(1)、(2)里都有"只吃了一个面包",但是,例(1)里的"一"在一定的上下文里可以省去不说,"面包"则绝对不能省略。请看:

(3) 他没吃什么,只吃了一个面包。
　　他没吃什么,只吃了个面包。
　　他没吃什么,只吃了面包。
　　*他没吃什么,只吃了一个。

而例(2)里的"一"就不能省略,"面包"倒可以省略。请看:

(4) 他面包吃得不多,只吃了一个面包。
　　他面包吃得不多,只吃了一个。
　　他面包吃得不多,只一个。
　　*他面包吃得不多,只吃了个面包。

同样是"只吃了一个面包",为什么在例(1)和例(2)里省略的情况不同呢? 对于这个问题,就没法用前面所讲过的层次分析、变换分析、语义特征分析、配价分析等分析方法来加以回答与解释。这就要用语义指向分析法来解决。

细细分析会发现,上述现象跟句中副词"只"的语义指向有关。具体说,例(1)范围副词"只"指向名词性成分"面包",所以"面包"不能删除,别的可以删除,数词"一"当然也就可以删除了。例(2)里的范围副词"只"则指向数量,所以别的成分可以省略,而"一"是绝对不能省略的。

6.6 "究竟"在句中为什么有时能移位,有时不能移位?

请先看两个例句:

(1) 究竟谁捐了那么多钱?
(2) 究竟他捐了多少钱?

这两个都是合法的疑问句,从格式上看,是一样的,都是:

究竟+名词[主语]+动词+了+名词[宾语]?

所不同的是,例(1)的疑问点在名词性主语上,作主语的"名词[主语]"是疑问代词"谁";例(2)的疑问点在名词性宾语上,作宾语的"名词[宾语]"含有疑问代词"多少"。值得注意的是,"究竟"在这两个问句里的移位情况是不同的。例(2)可以将"究竟"挪到主语"他"的后面,说成:

(3) 他究竟捐了多少钱?

例(1)却不能将"究竟"挪到主语"谁"之后,我们不说:

(4) *谁究竟捐了那么多钱?

这是为什么呢?

这个问题就跟"究竟"在语义指向上的特点有关。我们知道,用在疑问句里的"究竟"在语义指向上有两个特点:

第一,它只能指向一个具体的疑问形式,换句话说,疑问句里一定要有一个具体的疑问形式。所谓具体的疑问形式,是指疑问代词(如"谁""什么""怎么样""多少"等)、"A 还是 B"这样的选择问疑问形式(如"吃饭还是吃面""星期一还是星期二"),以及"V 不 V""V 没有 V"这样的正反问(也称"反复问")疑问形式(如"喝不喝酒""喝没喝酒")。例如:

(5) 你究竟去哪儿?【有具体的疑问形式"哪儿"】
(6) 你究竟去广州还是福州?【有具体的疑问形式"广州还是福州"】
(7) 这个月你究竟去不/没去深圳?【有具体的疑问形式"去不/没去"】

(8) ＊你究竟去上海(吗)？【没有具体的疑问形式】

例(5)—(7)能说，因为句中都有具体的疑问形式；例(8)不能说，因为句中没有具体的疑问形式。

第二，它只能指后，换句话说，"究竟"所指向的具体的疑问形式一定得位于它之后，不能位于它之前。

了解了疑问句中副词"究竟"在语义指向上的特点，我们就可以来回答本小节开始提出的问题。

例(1)、(2)疑问句都成立，因为句中"究竟"的使用完全符合"究竟"在语义指向上的特点——句中副词"究竟"分别跟具体的疑问形式"谁"和"多少"同现，而且那具体的疑问形式都处于"究竟"之后。

例(2)里的"究竟"可以挪到主语后说成例(3)，是因为挪动后，例(3)仍保持了"究竟"所需要的条件——疑问代词"多少"仍在"究竟"之后。而例(1)里的"究竟"不能挪到主语后边说成例(4)，就因为挪动后，例(4)不再具备"究竟"所需要的条件，具体说，那具体的疑问形式"谁"不在"究竟"之后，而在"究竟"之前了。

6.7 "吃了他三个苹果"⑧到底该看作单宾结构还是双宾结构？

"吃了他三个苹果"，这是一个单宾结构还是一个双宾结构？语法学界意见不一。按"单宾结构"说，认为"他三个苹果"只能被分析为表示领属关系的偏正结构，整体作"吃了"的宾语；按"双宾结构"说，认为"他三个苹果"可以不分析为偏正结构，而将"他"分析为"吃"的与事宾语，"三个苹果"分析为"吃"的受事宾语。

语义指向分析可以为"双宾"说提供一种新的分析角度——利用"总共""一共"一类副词在语义指向上的特点，说明把"吃了他三个苹果"分析为双宾结构是可取的。具体论证过程是：

（一）先看"总共""一共"直接修饰"数词＋量词＋名词"结构。上面6.4小节已经指出，"总共""一共"在语义指向上有一个特点，那就是它们所指向的数量成分不能再受限制性定语的修饰，那限制性定语成分包括一般的"的"字结构充任的定语和表示领属关系的定语。例如：

(1) 总共/一共三个苹果

如果要加限制性定语，就只能直接加在"苹果"前，不能加在数量词前，即

例(1)可以说成例(2),不能说成例(3)。请看:

(2) 总共/一共三个红的苹果
(3) *总共/一共红的三个苹果

再如:

(4) 墙上总共/一共贴着三幅画

如果要加进限制性定语,例如领属性定语,就只能直接加在"画"之前,不能加在数量词之前,即例(4)可以说成例(5),不能说成例(6)。请看:

(5) 墙上总共/一共贴着三幅齐白石的画
(6) *墙上总共/一共贴着齐白石(的)三幅画

(二)再看"总共""一共"修饰典型的双宾结构"给了小张五个苹果"。这是大家都公认的、最典型的双宾结构,而"总共/一共"可以修饰这种双宾结构。例如:

(7) 总共/一共给了小张五个苹果

"总共/一共"之所以能修饰这种双宾结构,是因为其中的"小张"跟"五个苹果"没有直接的句法关系,换句话说,"小张"并不是"五个苹果"的定语成分,而是一个独立的宾语成分。

(三)现在再看"总共/一共"修饰有争议的"吃了他三个苹果"。下面例(8)大家公认能成立:

(8) 总共/一共吃了他三个苹果

这说明,"吃了他三个苹果"里的"他"和"三个苹果",虽然从语义上看彼此有领属关系,但具体在"总共/一共吃了他三个苹果"里,"他"和"三个苹果"之间没有直接的句法关系。如果"他"和"三个苹果"之间真有直接的句法关系,作为偏正结构的"他三个苹果"之前就不可能再受副词"总共/一共"的修饰。可见,"吃了他三个苹果"有理由分析为双宾结构。

有一个问题:既然承认"他"和"三个苹果"在语义上有领属关系,那么能说"他"和"三个苹果"之间没有直接的句法关系吗?能。为什么?在"绪论"里我们曾谈到,实词性词语之间总是同时并存着两种结构关系——语法结构关系和语义结构关系,而这两种结构关系之间,并不存在一对一的对应关系。因此,两个词语,即使是相邻的两个词语,它们之间虽然在语义上存在什么关系,也不一定相应地在句法上彼此也一定有某种句法关系。例如:

(9) 张三头脑清醒,手脚又特麻利。

例(9)"张三"和"头脑"之间在语义上存在着明显的领属关系,但在句法上"张三"和"头脑"并不直接组合,而是"头脑"和"清醒"先构成主谓结构,然后这个主谓结构再跟"张三"组合成又一种主谓关系。换句话说,"张三头脑清醒"在上面这个句子里,不是简单的主谓结构,而是一个主谓结构作谓语的主谓结构。整个句子是个联合复句,前一个分句"张三头脑清醒"是主谓谓语句,后一个分句承前省略大主语"张三",直接由主谓词组"手脚又特麻利"作分句。整个结构可以分析为:⑨

(10) 张三　头脑　清醒, pro 手脚　又麻利。
　　　　　　 1　　　　　　　　　2
　　　 3　　 4　　　　　　 5　　 6
　　　　　　 7　　 8
1—2 联合复句　　3—4/5—6/7—8 主谓关系

有读者可能会提出这样的问题:如果将"吃了他三个苹果"看作双宾结构,按照层次分析,双宾结构一般分析为"述宾结构带宾语",即:

(11) 吃了　他　三个苹果。
　　　 1　　　　 2　　　　　1—2 述宾关系
　　 3　 4　　　　　　　　　　3—4 述宾关系

句中的"吃了他"似乎不怎么能单独站得住,那么能看作述宾结构吗?能,只是这种述宾结构是黏着的,不是自由的。这里所说的"自由"是指某个音义结合体能处于单说地位,或者说能单独成句;"黏着"是指某个音义结合体在任何语境下不能处于单说地位,即在任何语境下不能单独成句。⑩这类黏着的述宾结构虽然不多见,但也不是只这一种,例如:"我真想睡它三天三夜。"这句话里的"它"绝对不可能跟"三天三夜"组合,它是"睡"所带的"虚指宾语",⑪"睡它三天三夜"整个结构只能分析为双宾结构。"睡它"就是一个黏着结构。

6.8　语义指向分析的作用

语义指向分析揭示了句法成分在句法上和语义上的矛盾现象,指明了句法成分之间,特别是间接的句法成分之间语义上的种种联系,从而可以比较合理地解释句法结构和语义结构之间复杂的对应关系。语义指向分析法的具体作用,大致可从以下几方面看:

(一) 可以进一步帮助分化歧义句式。

歧义句式是客观存在的。怎样分化歧义句式？可因歧义句式的性质不同而方法各异。有的可通过层次切分法来加以分化，如在第二节里所谈到的"咬死了猎人的狗""我们需要进口钢材"等。有的歧义句式，层次分析中的切分和定性都无法加以分化，得用变换分析法才能加以分化，例如在第三节 3.1 小节谈到的"我在屋顶上发现了小偷"这类句式。有的可用配价理论来解释，如第五节谈到的"吃的"歧义现象。可是，有的歧义句式，例如上面讲到的"砍坏了"（6.2 小节）、"只吃了一个面包"（6.5 小节）这些歧义句，先前的分析法都不能加以分化，就得要用语义指向分析法。

再举一个例子：[12]

(1) 老张有一个女儿，很骄傲。

这是个复句，到底是"谁很骄傲"，会有歧解：既可表示"老张很骄傲"；也可表示"那女儿很骄傲"。层次分析的切分和定性都无法分化这一歧义句，变换分析法虽然能分化这一歧义句，但手续复杂。当然，我们也可以从省略、隐含等角度去说明这种歧义。但是用语义指向分析法来分化，比较方便，只需说明这种复句句式的后一个分句（"很骄傲"），在语义上既可以指向"老张"（老张很骄傲），也可以指向"女儿"（那女儿很骄傲）。以上的解释可以得到语言事实的证明。

证明一，如果将后一分句的主语补出来，既可以是"老张"，如：

(2) 老张有一个女儿，所以老张很骄傲。

也可以是"那女儿"，如：

(3) 老张有一个女儿，那女儿很骄傲。

证明二，上面所说的任何一种解释，我们在实际的语言交际中都能找到相应的、只能作一种理解的实例。按前者理解，类似的句子如：

(4) 老张有个女儿，视为掌上明珠。
　　老张买了辆奔驰，很得意。

按后者理解，类似的例子如：

(5) 老张有个女儿，很漂亮。
　　老张做了个冬瓜盅，很鲜美。

总之，语义指向分析法为分化歧义句式又提供了一种新的方法。如果说层次切分法的切分和定性，以及变换分析法是属于形式方面的分析方法,那么语义指向分析法则是属于意义方面的分析方法,二者互为补充。

语义指向分析法不仅有助于分化歧义句式,而且也有助于解释造成歧义的原因。在第四节里,我们指出,语义特征分析法能很好地解释造成歧义的原因。其实,语义特征分析法也只能解释一部分歧义的原因,而有的更适合用语义指向分析法来加以解释。例如在上面2.7和3.1小节里谈到过这样一个例子:

(6) 我在屋顶上发现了小偷。

例(6)是一个歧义句。可以理解为只是"我"在屋顶上,"小偷"不在屋顶上。类似的例子如:

(7) 我在飞机上发现了敌人的坦克部队。

例(6)也可以理解为只是"小偷"在屋顶上,"我"并不在屋顶上。类似的例子如:

(8) 我在抽屉里发现了蟑螂。

例(6)还可以理解为"我"和"小偷"都在屋顶上。类似的例子如:

(9) 我在海底发现了50年前沉没的潜水艇。

对于这类歧义句,我们就没法用语义特征分析法来加以解释。而用语义指向分析法就很好解释,那就是因为状语"在屋顶上"在语义上既可以指向"我"(我在屋顶上),也可以指向"小偷"(小偷在屋顶上),还可以既指向"我",同时也指向"小偷"(我和小偷都在屋顶上)。

(二) 为解释某些语法现象提供了一种新的角度。

语义指向分析法也为解释某些语法现象提供了一种新的角度。譬如上面举到的,对有关"究竟"的有趣的移位现象的解释,对"吃了他三个苹果"是单宾结构还是双宾结构的说明,都显示了语义指向分析法对语法现象有较好的解释力。再如,"洗净了"和"洗累了"都是由一个动词和一个单音节形容词构成的"动结式"(即动词带结果补语的格式)再带上"了"所形成的格式,以往的语法论著并未注意到它们会有什么结构上的区别。实际在句式变化上存在着明显的差异。请看:

(10)　　洗净了　　　　　　　　洗累了

　　　我把衣服洗净了。　　　　＊我把衣服洗累了。

　　　脏衣服被我洗净了。　　　＊脏衣服被我洗累了。

＊我洗衣服洗净了。　　　　我洗衣服洗累了。
＊这盆衣服把我洗净了。　　这盆衣服把我洗累了。
衣服洗净了。　　　　　　？衣服洗累了。
？我洗净了。　　　　　　我洗累了。

相同的句法结构，为什么会有不同的句式变化？语义指向分析可以帮我们作出解释。那就是因为二者补语的语义指向不同——"洗净了"里的补语"净"在语义上指向"洗"这个动作的受事，而"洗累了"里的补语"累"在语义上指向"洗"这个动作的施事，正是这种补语语义指向上的差异，造成了它们在句式变化上的差异。（施春宏 2003）[13]

（三）我们看重语义指向分析还在于它能为我们提出一些新的研究课题，引起我们思考，从而有助于开阔语法研究的思路，将语法研究引向深入。

副词的语义指向问题就很值得研究。从语法功能看副词比较单纯，它只能作状语，但是它在句中的语义指向却极为复杂。上面我们已经谈到一些。单是副词的语义指向问题就可为我们提出许多研究课题。我们既可以从总体上来研究副词的语义指向问题，说明副词在语义指向上的规律，并根据语义指向的不同给副词分类；我们也可以研究个别副词的语义指向问题，譬如可单独研究副词"只"在语义指向上的规律，说明它在什么条件下指向动词性成分，在什么条件下指向名词性成分，在什么条件下指向数量成分，在什么条件下在语义指向上会出现歧解，怎样进行分化；再譬如副词"都"既能指前（"他们都来了"），也可以指后（"他都看些不三不四的书"），那么在什么条件下指前，在什么条件下指后，如果在语义指向上出现歧解，其规律何在，怎么分化，这都值得研究。再如上面 6.3 小节举到过副词"分别"的例子，并指出它既可以指前，也可以指后，也可以在同一个句子里作两种理解。这里再补充个例子：

(11) 昨天上午，陈校长和何副校长分别会见了美国麦阿密教授。
【前指陈校长和何副校长】

(12) 昨天上午，陈校长分别会见了杨振宁教授和李政道教授。
【后指杨振宁教授和李政道教授】

(13) 昨天上午，陈校长和何副校长分别会见了杨振宁教授和李政道教授。【既可前指陈校长和何副校长，又可后指杨振宁教授和李政道教授】

例(13)实际可以交叉指向,作以下四种理解:

A."昨天上午,陈校长先后单独会见了杨振宁教授和李政道教授,何副校长先后单独会见了杨振宁教授和李政道教授。"可图示如下:

B."昨天上午,陈校长和何副校长一起先后单独会见了杨振宁教授和李政道教授。"可图示如下:

C."昨天上午,陈校长同时会见了杨振宁教授和李政道教授,之后(也可能之前)何副校长同时会见了杨振宁教授和李政道教授。"可图示如下:

D."昨天上午,陈校长单独会见了杨振宁教授,何副校长单独会见了李政道教授。"可图示如下:

陈　校　长————杨振宁教授
何副校长—————李政道教授

"分别"指前指后的具体规律如何?也值得研究。

前面我们已经谈到补语在语义指向上的复杂性。补语的语义指向问题也是一个很值得研究的问题。补语在语义上到底能指向哪些方面?造成不同语义指向的内在规律是什么?造成某个述补结构的补语在语义指向上有歧解的条件是什么？这也都值得研究。

　　状语的语义指向问题也是非常值得研究的。张力军(1990)曾对由状态词充任的状语做了初步研究,他试图揭示造成这种状语不同语义指向的规律。⑬他的研究虽尚有不严密之处,但给人以启迪。汉语中的状语有多种类别,每一种状语在语义上都不可能只指向某一个成分。怎样探讨各种状语造成不同语义指向的内在规律？怎样根据不同的语义指向给所充任的词语分类？这也是新的研究课题。再有,状语在语义上可指向句内成分,也可指向句外成分。在什么情况下指向句内成分,在什么情况下指向句外成分？这一问题的探讨对研究句法成分的省略也将会有所启迪。

　　再譬如说,上文曾说到,语义指向分析所考虑的问题之一是指前还是指后。这也可以引发我们去思考很多问题：为什么有些副词(如"究竟""到底"等)一定指后呢？为什么有些副词(如"互相""一概"等)只能指前呢？副词的指前指后是由什么因素决定的？其中有无规律可循？

　　真要运用语义指向分析法来解读句子意思,还一定得关注前后左右词语的意义。例如：

　　(14) 王艳华去看望被丈夫打伤的张大爷
　　(15) 王伯伯去看望被丈夫打伤的徐玉芳
　　(16) 王艳华去看望被丈夫打伤的徐玉芳

这三个句子,词类序列、构造层次、内部句法关系都一样,且所有的名词都是指人的名词。可是,各句中的"丈夫"在语义上到底跟哪个名词发生最直接的联系,各不相同。例(14)的"丈夫"只能理解为跟"王艳华"相联系；例(15)的"丈夫"只能理解为跟"徐玉芳"相联系；而例(16)的"丈夫"可以有歧解——既能理解为跟"王艳华"相联系,也可以理解为跟"徐玉芳"相联系。这里还都是按常识判断——"张大爷""王伯伯"已指明是男性,不会误解,所以例(14)和例(15)判断不会有误；"王艳华"和"徐玉芳"是按常识判断为女性,可是在实际生活中男人用女人名的情况也不少见,万一"王艳华"或"徐玉芳"是男人用女人名,句子就没有歧解了。

　　以上也还都是举例性的,毫无疑义,这些研究都可以引发我们去进一步思考许多问题,都将会把汉语语法研究引向深入,而且很可能会帮助我们揭示出一些意想不到的语法规律来。

注释

①"空语类",也叫"空范畴"(empty category),这是形式语法学派"管约论"

(government-binding theory，简称 GB 理论)中的一个术语。通俗地理解，空语类分两种：一种是由隐含造成的空语类。如"那家伙企图逃跑"，"逃跑"的施事该是"那家伙"，但隐含着，而且也不能补出；再如"请他来"，"他"是"请"的受事，作"请"的宾语，而"来"的施事应该也是"他"，但句中的"他"已由"请"管着，结构上又不允许"他"在句中再重复出现，只能隐含着；"逃跑"前隐含的"那家伙"和"来"前隐含的"他"就属于由隐含造成的空语类，一般用大写的 PRO 代表，也称"大代语"。实际上 PRO 代表有语义内容但没有语音形式而且也不能补出来的成分。另一种是由省略造成的空语类。如："他病了，不来上班了。"句中"不来上班了"前头应该有个施事主语"他"，为了使表达简洁就省略了，如表达需要，也可以补出来说成："他病了，他不来上班了。"那省略的主语"他"就属于由省略造成的空语类，一般用小写的 pro 代表，也称"小代语"。这两类空语类的区别，前者是隐含的，没法补出的；后者是省略的，如表达需要，可以补出。

② 关于 PRO 和下文提到的 pro，请见上面的注①。
③ 参看文炼《论语法学中"形式和意义相结合"的原则》，《上海师范学院学报》1960 年第 2 期。
④ 参看段业辉《"这样"的语义指向和已知信息的代词化》，《汉语学习》1987 年第 6 期；邵敬敏《副词在句法结构中的语义指向初探》，见《汉语论丛》，华东师范大学出版社，1990 年。
⑤ 参看渡边丽玲《副词的修饰域与语义指向》，北京大学中文系硕士论文，1991 年。
⑥ 同注⑤。
⑦ 参看张力军《论"NP1＋A＋VP＋NP2"格式中 A 的语义指向》，《烟台大学学报》1990 年第 3 期。
⑧ "吃了他三个苹果"里的"他"，是实指用法，而非虚指用法。下面句子里的"他"是虚指用法："怎么样？那京戏，你也来他一段儿。"
⑨ 例(9)"张三头脑清醒，手脚又特麻利"也可以看作一个单句，"张三"是全句主语，"头脑清醒，手脚又特麻利"是一个并列结构作谓语。
⑩ 关于"自由""黏着"的概念，参看朱德熙《语法讲义》1.1.2 小节，商务印书馆，1982 年。
⑪ 关于"虚指宾语"，参看朱德熙《语法讲义》，商务印书馆，1982 年。
⑫ 此例引自邵敬敏《歧义分化方法探讨》，《语言教学与研究》1991 年第 1 期。
⑬ 参看施春宏《动结式的论元结构和配位方式》，北京大学中文系博士论文，2003 年。
⑭ 参看张力军《论"NP1＋A＋VP＋NP2"格式中 A 的语义指向》，《烟台大学学报》1990 年第 3 期。

第七节 语义范畴分析法

7.1 汉语句法研究中必须关注语义问题
7.2 汉语中的数量短语和数量范畴
7.3 数量范畴对汉语句法的制约作用
7.4 领属范畴对汉语句法的制约作用
7.5 自主范畴对汉语句法的制约作用
7.6 顺序范畴对汉语句法的制约作用

7.1 汉语句法研究中必须关注语义问题

"范畴"是人在认知上对客观事物依照人类长期以来所认识到的不同客观事物的不同本质特点所作的高度抽象的概括。各门学科都不同程度地建立起为持续开展本学科研究所需的各种基本范畴。如化合、分解就是化学领域的基本范畴；长度、宽度、高度、亮度、速度、重量就是物理学领域的基本范畴；植物、动物、原生生物、原核生物、真菌、病毒，是生物学领域的基本范畴；语音、词汇、语法、语用以及形式、意义、功能，都是语言学领域的基本范畴；名词、动词、形容词以及主语、谓语、宾语、补语、修饰语，就是语法学领域的基本范畴；等等。

本节所说的"语义范畴"，不是指对真实世界里所存在的客观事物进行分类所得的范畴，不是指词汇语义范畴，而是指跟句法相关的语义范畴，特别着眼于对句法起一定制约作用的语义范畴。举例来说，在真实世界里，肉包子是一种食品，谁也不会把肉包子看作工具，即在客观真实世界里肉包子不属于工具。但是，当"肉包子"这个词一旦进入下面的句子里：

你这是用肉包子打狗。

这里的"肉包子"，其所指虽然仍然是作为食品的肉包子，但在句中却作为打狗的工具，属于工具范畴了。因此，这里所说的语义范畴更确切地说应该叫作"句法语义范畴"。这种语义范畴是对不同语法意义进行抽象概括所得到的,下位包括时间范畴、处所范畴、领属范畴、数量范畴、工具范畴、自主范畴等。在语法研究中之所以要注重对语义范畴的研究,是因为一定的范畴意义对句法会起一定的制约作用。

从 20 世纪 70 年代末起,汉语语法学界开始越来越多、越来越广泛地关注语义问题,逐渐认识到句法和语义必须结合,这样才能把语法研究引向深入。朱德熙先生在《语法答问》(1985)中就深刻指出:

> 语言包括形式和意义两方面。语法研究的最终目的就是弄清楚语法形式和语法意义之间的对应关系。所以从原则上说,进行语法研究应当把形式和意义结合起来。……真正的结合是要使形式和意义互相渗透。讲形式的时候能够得到语义方面的验证,讲意义的时候能够得到形式方面的验证。①

朱德熙先生这段话告诉我们,句法研究可以从形式入手,也可以从意义入手,但是如果从形式入手,所得结论需要找到意义上的依据;如果从意义入手,所得结论需要找到形式上的表现。这也就是互相验证。80 年代中期以后,特别是 90 年代以后,汉语语法学界加强了这方面的探索。1996 年开始,我们进行了一项属于国家社科基金重点科研项目的研究课题"现代汉语句法语义研究"。经过几年的研究,对于句法研究中需要关注哪些语义问题,获得了一些初步的认识。但是,在汉语里跟句法相关的语义范畴到底有多少种? 它们对句法起怎样的制约作用? 这还是一个需要进一步探索的问题。这一节里,我们只谈汉语里数量范畴、领属范畴、自主范畴、顺序范畴这四种语义范畴对句法的制约作用。

7.2 汉语中的数量短语和数量范畴

数和量,这是两个有联系但并不相同的概念。说到量,一定有数的含义,②譬如当我们说一个人的饭量时,不可能不用到数的概念;但是说到数,则不一定有量的含义,譬如抽象的数学运算中,在"2+5=7"这个算式里的各个数就不含"量"的含义。所以国外一般不说数量词或数量短语,而说"量词""量项"或"量化成分"(quantifier/quantification)。不过我们不能用"量词"来代替数量词或数量短语,因为"量词"在汉语里另有含义,指表示计量单位的词,如"个、条、张""年、天、秒""次、趟、遍""斤、两、尺、寸、米、厘米、千克"等。

在汉语里,数量短语表示的就是数量范畴。一般认为汉语里的数量短语,有四种形式:

A. 数词＋量词(＋名词)。例如：

(1) 三本(书)　三位(学生)　三次　三天

B. "数量"词(＋名词)。这里所谓的"'数量'词"是指"许多""很多""不少"等,这些词本身就含有量,"可以说跟数量词的功能相当"③;而有时又可以只表示数,后面能带上量词。例如：

(2) 很多(书)　许多(学生)　不少(耕牛)
　　很多次　　许多遍
　　很多天　　许多年

C. 每＋数词＋量词(＋名词)。例如：

(3) 每一本(书)　每一次　每三年

D. 指示代词＋数词＋量词(＋名词)。例如：

(4) 这三本(书)　这三次　这三天
　　那三本(书)　那三次　那三年

一般将 A 种数量短语所表示的数量称为定量,将 B 种数量短语所表示的数量称为不定量,将 C 种数量短语所表示的数量称为周遍性数量,将 D 种数量短语所表示的数量称为确指数量。严格说来,A、B、C 三种属于数量表述,而 D 种已不属于数量表述,D 种是对包含若干个体的一个集合的指称。每一种数量短语对句法的制约不完全相同。

现代汉语里,数量短语有四方面的作用。

(一) 表示数量。这由数量词表示,例如：

(5) 我今天吃了三个面包,喝了两杯咖啡。

例(5)里的"三个"说明"面包"的数量,"两杯"说明"咖啡"的数量。

(二) 起指代作用。先看个例子：

(6) 今天他钓的鱼,一条是鲤鱼,一条是鲫鱼。

例(6)前后两个"一条",一方面起着表数量的作用,说明是一条,不是两条或三条;另一方面起着指代的作用,指代"他"所钓的鱼中的一条鱼。下面例子中的数量词,指代作用更为明显：

(7) 他儿子和儿媳妇都在新华印刷厂工作,一个是会计,一个是电话接线员。

(8) 楼上那家男的叫王永林,女的叫宋芳,一个是司机,一个是护士。

例(7)、(8)里的"一个"表示数量的作用已经非常弱了,这里无须表明人的数量;这里的"一个"纯粹起着指代的作用——例(7)前面的"一个"指代"他儿子",后面的"一个"指代"他儿媳妇";例(8)前面的"一个"指代那"男的",后面的"一个"指代那"女的"。例(7)、(8)如果改为例(9)、(10),基本意思一样。请看:

(9) 他儿子和儿媳妇都在新华印刷厂工作,他儿子是会计,他儿媳妇是电话接线员。

(10) 楼上那家男的叫王永林,女的叫宋芳,男的是司机,女的是护士。

值得注意的是,我们不能认为例(7)、(8)里的"一个"后省略了什么中心语,事实上在"一个"后面根本补不出什么名词。这足见这里的"一个"纯粹只是起指代的作用。

(三) 用以构成某种特殊的句式。譬如说,有一种周遍性主语句就是由数词为"一"的数量词构成的。其格式是:

一＋量词(＋名词)＋也/都＋不/没有＋动词/形容词

例如:

(11) 一个人也不知道。

(12) 一个老师都不认识他。

(13) 一个字也不认得。

(14) 一天也没有歇着。

(15) 一个电影也没有看完。

(16) 今天一条鱼都没有钓到。

(17) 一个也不好。

(18) (演闯王这个角色,现在这几个演员,)一个都不合适。

例(11)的意思是"所有人都不知道"。余者类推。

再譬如,现代汉语中还有一种表示"每"的数量结构对应句式,也是由数量词参与构成的。其格式是:

数量词$_1$(＋名词)(＋动词)＋数量词$_2$(＋名词)

例如:

(19) 三个人(组成)一组。

(20) 三个苹果(卖)十块钱。

(21) 三天(生产)六万吨煤。

(22) 十米(竖)一根竿儿。

(四) 对某些句法结构起某种制约作用。例如:

(23) 他抓了我一道血印子。

例(23)里的数量词"一道"绝对不能省去不说,我们不能说:

(24) *他抓了我血印子。

很显然,在"动作—受事—结果"这类双宾结构中,数量短语是不能缺的。这说明,数量范畴对"动作—受事—结果"这类双宾结构有一定的制约作用。

下面我们专门介绍汉语中数量范畴对句法的制约作用。

7.3 数量范畴对汉语句法的制约作用

现在具体谈谈数量范畴对汉语句法的制约作用,这种制约作用大致可以从以下三个方面来谈。

一、某些句法组合必须要求有数量词同现

数量范畴对句法的制约作用,首先表现在某些句法组合里如果没有数量词就不能成立。请看语言事实:

【实例一】汉语的双宾结构类型很多,[④]其中有三种双宾结构,其直接宾语(即远宾语,下同)一定得是数量短语,没有数量短语,那双宾结构就站不住。

(一) 直接宾语为结果宾语,而那结果宾语一定得含有数量词,否则不成立。例如:

(1) 烫了他一个大燎泡。
(2) 那蚊子叮了我两个大包。
(3) 那玻璃拉了小王一条很深的口子。
(4) 捂了孩子一身痱子。
(5) 那孩子咬了我两个牙齿印。
(6) 那事儿急了她一身汗。

例(1)烫的是他,结果是使他起了一个大燎泡。例(2)那蚊子叮的是我,结果是使我起了两个大包。例(3)那玻璃拉的是小王,结果是使小王身上出现了一条很深的口子。余者类推。如果把这些句子里的数量词抽掉,就

一个都站不住。请看：

(7) *烫了他大燎泡。
(8) *那蚊子叮了我大包。
(9) *那玻璃拉了小王很深的口子。
(10) *捂了孩子痱子。
(11) *那孩子咬了我牙齿印。
(12) *那事儿急了她汗。

（二）直接宾语为述语动词的受事或施事，间接宾语（即近宾语，下同）则是表示事物位移终点的处所宾语。那直接宾语一定含有数量词，否则站不住。例如：

(13) 妈只盛碗里两条鱼，另一条鱼盛另一个碗里。
(14) 他连投筐里三个三分球。
(15) 不小心掉地下两个包子，全喂了狗了。
(16) "你在干吗呀？""刚才不小心滚床底下一个硬币，我在找呢。"
(17) 你们先来这儿两个人。
(18) 前天去工地上三个人，说是去检查安全问题的。

例(13)—(16)直接宾语是述语动词的受事，间接宾语表示那受事位移的终点。例(17)、(18)直接宾语是述语动词的施事，间接宾语表示那施事位移的终点。如果把这些句子里的数量词抽掉，也就一个都站不住。请看：

(19) *妈只盛碗里鱼，……。
(20) *他连投筐里三分球。
(21) *不小心掉地下包子，……。
(22) *刚才不小心滚床底下硬币，……。
(23) *你们先来这儿人。
(24) *前天去工地上人，说是……。

其实，其他双宾结构一般也要求远宾语必须含有数量成分。譬如，"我给汪敏衣服"比起"我给汪敏三件衣服"来，要受到更多的语境条件（如对比条件等）的限制。

（三）含有由"他/它"充任的虚指宾语，那直接宾语也必须含有数量成分，否则不成立。例如：

(25) 我要能唱，我一定也唱他几段京戏。
(26) 什么时候有空了，我来陪你痛痛快快地逛它几个大商场，帮你挑几件称心的衣服。

(27) 老天爷要能连着下它三天雨就好了。

例(25)—(27)里的"他/它"都不实指什么,都是虚指的,只表示一种轻松、随便、俏皮的语气。这种虚指宾语后的那个远宾语中的数量词也都不能去掉。如果把这些句子里的数量词抽掉,也就一个都站不住了。请看:

(28) *我要能唱,我一定也唱他京戏。

(29) *什么时候有空了,我来陪你痛痛快快地逛它大商场,帮你挑几件称心的衣服。

(30) *老天爷要能连着下它雨就好了。

【实例二】现代汉语里的形容词和区别词一般都能不带"的"直接作名词的定语。⑤例如:

(31) a. 大房子　　　白孔雀　　　咸面包
　　　　干净衣服　　严肃态度　　漂亮姑娘
　　　b. 金手镯　　　副经理　　　单衣服
　　　　彩色电视　　慢性肝炎　　野生蘑菇

状态词,不管是双音节的、三音节的或四音节的,都不能直接作名词的定语,一定得带上"的"。请看:

(32) 雪白的衬衣(*雪白衬衣)　　锃亮的皮鞋(*锃亮皮鞋)
　　　碧绿的庄稼(*碧绿庄稼)　　滚烫的开水(*滚烫开水)

(33) 红通通的太阳(*红通通太阳)　白花花的银子(*白花花银子)
　　　恶狠狠的眼睛(*恶狠狠眼睛)　绿油油的麦苗(*绿油油麦苗)

(34) 干干净净的房间(*干干净净房间)
　　　花里胡哨的衣服(*花里胡哨衣服)
　　　酸不唧唧的葡萄(*酸不唧唧葡萄)
　　　老实吧唧的人(*老实吧唧人)

但是,如果名词前有数量词就可以不带"的"。请看:

(35) 雪白一件衬衣　　　　锃亮一双皮鞋
　　　碧绿一片庄稼　　　　滚烫一壶开水

(36) 红通通一个太阳　　　白花花一堆银子
　　　恶狠狠一双眼睛　　　绿油油一片麦苗

(37) 干干净净三间房间　　花里胡哨一件衣服
　　　酸不唧唧一挂葡萄　　老实吧唧一个人

"'很'类程度副词+形容词",如"很好""挺干净""十分老实"等,语法性质跟状态词类似,所以这种形容词性短语直接作名词的定语,也要求必须有数量词跟它同现。例如:

(38) 很好的车　　　　挺干净的房间　　　十分老实的人
　　 *很好车　　　　 *挺干净房间　　　 *十分老实人
　　 很好一辆车　　　挺干净一个房间　　 十分老实一个人

【实例三】根据朱德熙先生的研究(1961),所有单音节形容词的重叠式,都不能直接作名词的定语,带上"的"才能作定语。⑥例如:

(39) *高高宝塔　　　*大大西瓜　　　*好好衣服　　　*热热咖啡
　　 高高的宝塔　　 大大的西瓜　　 好好的衣服　　 热热的咖啡
(40) *薄薄饼干　　　*扁扁盒子　　　*辣辣酱菜　　　*长长电线
　　 薄薄的饼干　　 扁扁的盒子　　 辣辣的酱菜　　 长长的电线

但是,如果名词前有数量词,那个"的"可以省去不说。请看:

(41) 高高一座宝塔　　　　大大一个西瓜
　　 好好两件衣服　　　　热热一杯咖啡
(42) 薄薄三片饼干　　　　扁扁一个盒子
　　 辣辣一碟酱菜　　　　长长一条电线

这说明,单音节形容词重叠式,能不带"的"直接作定语的条件是那被修饰的名词性词语必须含有数量词。

【实例四】疑问代词"怎么"和"怎么样"都不能不带"的"直接修饰名词作定语。例如不能说:

(43) *怎么人?　 *怎么脾气?　 *怎么书?　 *怎么学校?
(44) *怎么样人? *怎么样脾气? *怎么样书? *怎么样学校?

带上"的"后,"怎么的"还是不能修饰名词作定语,"怎么样的"可以修饰名词作定语。例如:

(45) *怎么的人?　　　*怎么的脾气?
　　 *怎么的书?　　　*怎么的学校?
(46) 怎么样的人?　　 怎么样的脾气?
　　 怎么样的书?　　 怎么样的学校?

但是,如果名词前有数量词,"怎么"和"怎么样"不管带不带"的",就都能作定语。请看:

(47) 怎么一个人？　　怎么一种脾气？
　　 怎么一本书？　　怎么一所学校？
(48) 怎么样一个人？　怎么样一种脾气？
　　 怎么样一本书？　怎么样一所学校？

这也说明，数量短语制约着"怎么"和"怎么样"作定语。

【实例五】时间副词"已经"和"曾经"都可以修饰由否定副词"没(有)"形成的否定形式，但条件是"没(有)"前必须有表示时量的数量成分。⑦例如：

(49) 他已经三天没有吃饭了。|我已经两个星期没有看书了。|
　　 他已经一个月没有洗澡了。|他已经三天三夜没有合眼了。
(50) 他曾经一个月没有洗过澡。|她曾经七年没有出过远门。|
　　 他曾经两个星期没有来上课。|有的人曾经三天三夜没有睡过一个整觉。

如果把这些句子中表示时量的数量成分去掉，句子就都站不住，我们不说：

(51) *他已经没有吃饭了。|*我已经没有看书了。|
　　 *他已经没有洗澡了。|*他已经没有合眼了。
(52) *他曾经没有洗过澡。|*她曾经没有出过远门。|
　　 *他曾经没有来上课。|*有的人曾经没有睡过一个整觉。

【实例六】现代汉语里作为形容词的"多"和"少"都不能直接修饰名词作定语。注意，下面例(53)的例子不能看作表示修饰关系的偏正结构，只能看作述宾结构，这里的"多""少"都作动词用，不是形容词：

(53) 多苹果　　多书
　　 少苹果　　少书

例(53)"多苹果""少苹果"是"多余苹果""缺少苹果"的意思。即使带"的"，作为形容词的"多"和"少"，仍然都不能修饰名词作定语。注意，下面例(54)的例子是全能成立的，但这里的"多"和"少"不是形容词，仍是动词：

(54) 多的苹果　　多的书
　　 少的苹果　　少的书

例(54)"多的苹果""少的苹果"是"多余的苹果""缺少的苹果"的意思。

值得注意的是,名词前一旦带有数量词,作为形容词的"多"和"少"就能带上"的"作定语。请看:

(55) 多的一箱苹果　　多的一捆书
　　 少的一箱苹果　　少的一捆书

当然,例(55)里的"多"和"少",既可以看作形容词,也可以看作动词,所以都是有歧义的。"多的一捆书"和"少的一捆书"既可以理解为"数量多的一捆书""数量少的一捆书",也可以理解为"多余的一捆书""缺少的一捆书"。(试想想,上面例子里的量词"箱"和"捆"如果分别换为"个"和"本",情况会是怎么样?)

二、某些句法组合如果不含有数量词只能是黏着的

数量范畴对句法的制约作用,还表现在某些句法结构是自由的还是黏着的,就取决于是否含有数量词。⑧

【实例七】典型的双宾结构是表示"给予"义的双宾结构,这种双宾结构,以往研究、讨论得很多,但有一点长期以来没有注意到,那就是如果间接宾语(即近宾语)由人称代词充任,不管直接宾语(即远宾语)是不是含有数量,所形成的双宾结构都是自由的。例如:

(56) "给我(一杯)酒!""好,马上就来。"
(57) "你看送她什么好?""送她(一个)手机。"

如果间接宾语不是由人称代词充任的,那么直接宾语(即远宾语)得是个数量短语,否则所形成的双宾结构是黏着的,甚至不能单独作谓语。例如:

(58) a. 他们给王叔叔一坛绍兴酒。
　　 b. ? 他们给王叔叔绍兴酒。
(59) a. 她送小妹一个手机。
　　 b. ? 她送小妹手机。

直接宾语不含数量词的双宾结构,只能处于被包含状态。例如:

(60) 给王叔叔绍兴酒的是李亚平先生。
(61) 她决定送小妹手机,送小弟电脑。

例(60)里的双宾结构被包含在"的"字结构中,例(61)里的双宾结构是作"决定"的宾语,也处于被包含状态。⑨

【实例八】"动词+了+名词"这种述宾结构,如"吃了苹果""喝了啤

酒""写了散文"等,是黏着的,单独站不住。这已成为现代汉语语法学界的共识。要使这种述宾结构成为自由的,有两个办法,一是末尾带上"了",例如:

(62) 吃了苹果了|喝了啤酒了|写了散文了

这样,就都变成自由的了。二是在名词前加数量词,例如:

(63) 吃了三个苹果|喝了两杯啤酒|写了一篇散文

这样,也都变成自由的了。这说明数量短语对这类述宾结构也有制约作用。

其实,"动词+结果补语+名词"这种述宾结构,如"吃完苹果""洗干净衣服""写好文章"等,也是黏着的。情况跟"动词+了+名词"述宾结构类似。

【实例九】现代汉语里,方位结构可以直接作定语。这有两种情况:一种是中心语不含数量词,如"床上被子""大门上对联""地窖里酒"等;一种是中心语含有数量短语,如"床上两条被子""大门上一副对联""地窖里四坛酒"等。前一种偏正结构是黏着的,只能处于被包含状态。后一种偏正结构是自由的,在一定的上下文里可以单独成句。试比较:

(64) a. 把床上(两条)被子拿出去晒晒。
　　　 大门上(一副)对联也该换了。
　　　 你去把那地窖里(四坛)酒拿一坛来。
　　 b. "晒哪几条被子?""床上两条被子。"【*床上被子。】
　　　 "换哪些对联?""大门上四副对联。"【*大门对联。】
　　　 "今天喝什么酒?""地窖里四坛酒。"【*地窖里酒。】

a 例,那偏正结构处于被包含状态,中心语带不带数量短语,都可以。b 例,那偏正结构处于单说的地位,中心语必须带数量短语,除非定语成分带"的",即 b 例的一问一答也可以分别说成:

(65) b. "晒哪条被子?""床上的被子。"
　　　 "换哪些对联?""大门上的对联。"
　　　 "今天喝什么酒?""地窖里的酒。"

三、某些句法组合排斥数量短语

上面说的是,现代汉语里某些句法组合非要有数量短语不可。可是也有相反的情况,某些句法组合排斥数量成分。这也是数量范畴对句法制约作用的一种表现。

【实例十】前面第三节3.4小节里曾说到,"名词$_{[处所]}$＋动词＋着＋名词"是一个歧义句式,既可以表示存在,表静态;又可以表示活动,表动态。前者如"戏台上放着鲜花",后者如"戏台上演着京戏"。有时我们还能碰上这种歧义句,如"山上架着炮",既可以表示存在,相当于"山上有炮"的意思;又可以表示活动,相当于"山上正在架炮"的意思。但是,如果那"名词"包含有数量词,就只能表示存在,表静态,不表示活动。例如"山上架着一门炮",这就没有歧义,就只表示"山上有一门炮"的意思。这也就是说,表示活动的"名词$_{[处所]}$＋动词＋着＋名词"句式,排斥数量短语。

【实例十一】上面【实例四】讲到,疑问代词"怎么"作定语,中心语一定得有数量词,否则不成立。也有相反的情况,疑问代词"什么"作定语,则中心语绝对不能含有数量成分。请看:

(66) 什么人？　　　＊什么两个人？
　　 什么书？　　　＊什么一本书？
　　 什么朋友？　　＊什么三个朋友？
　　 什么衣服？　　＊什么两件衣服？

例(66)如果由于表达的需要非得用到数量词,那么"什么"得放在数量词后边,说成:

(67) 什么人？　　　两个什么人？
　　 什么书？　　　一本什么书？
　　 什么朋友？　　三个什么朋友？
　　 什么衣服？　　两件什么衣服？

这也就是说,由"什么"作定语的偏正结构中,其中心语排斥数量短语。

对照前面的【实例四】,疑问代词"怎么"和"什么",在作名词性词语的定语时,正好形成鲜明的互补关系。请看:

(68) 怎么三个人/怎么三本书　　　＊三个怎么人/＊三本怎么书
　　 ＊什么三个人/＊什么三本书⑩　三个什么人/三本什么书

【实例十二】副词"再"可以用来表示重复。"再"所表示的重复,有两种:一是表示实际的重复,即表示重复已经进行过的行为动作。例如:

(69) "美国樱桃吃了没有？""吃了,挺好吃的。""你爱吃还可以
　　 再吃。"

例(69)里的"再"表示的就是实际的重复。二是表示空缺的重复,即表示

重复原计划或预想中要进行或发生但实际由于某种原因而没有进行、发生的行为动作。例如：

(70)"妈，我想吃冰淇淋。""那么晚了，到哪儿去买啊？明天再吃吧。"

例(70)里的"再"就表示空缺的重复。

值得注意的是，"再"表示实际的重复时，后面可以有数量词，如例(69)"吃"后可以带上数量短语，说成例(71)：

(71)"美国樱桃吃了没有？""吃了，挺好吃的。""你爱吃还可以再吃几个。"

可是，"再"表示空缺重复时，后面不能出现数量成分。例(70)"吃"后不能带上数量短语，不能说成例(72)：

(72)"妈，我想吃冰淇淋。""那么晚了，到哪儿去买啊？＊明天再吃一些吧。"

上述事实充分说明，在现代汉语中数量范畴对句法确实起一定的制约作用。需要进一步探究的是：数量范畴为什么能对句法起某种制约作用？如何解释这种制约作用？下面第十节10.7小节将会作出一些说明。

7.4 领属范畴对汉语句法的制约作用

领属关系是事物与事物之间的领有、隶属关系的总称，反映到语言中，就形成对句法起某种制约作用的领属范畴。领属范畴也是汉语中一种很重要的语义范畴。对于领属范畴，近20年来汉语语法学界颇为关注。汉语语法学界对于怎么判定两个名词性词语之间有领属关系，意见虽并不完全一致，但到目前为止，较多的学者认为，以下18种关系可以认为是领属关系：

A. 称谓领属

我的父亲 他的老师 小王的朋友 老张的徒弟 我们的邻居

B. 占有领属

他的房子 小李的笔 我的自行车 爸爸的电脑 姐姐的手表

C. 器官领属

他的眼睛 弟弟的手 猴子的尾巴 大象的耳朵 松树的叶子

D. 构件领属

书的封面　房间的门　衣服的领子　桌子的腿儿　饺子的馅儿

E. 材料领属

桌子的木头　衣服的布料　画报的纸张　军装的呢料

F. 属性领属

他的脾气　小王的性格　糖的价格　烤鸭的味道　桌子的长度

G. 特征领属

弟弟的个儿　妹妹的穿着　孩子的长相　箱子的形状　衣服的颜色

H. 观念领属

他的观点　我的看法　校长的意见　朋友的劝告　佐藤君的见解

I. 成员领属

北大的学生　清华的校长　美国的总统　夏普公司的职员

J. 变形领属

土豆丝儿　黄瓜丝儿　萝卜块儿　羊肉片儿

K. 成果领属

他的文章　李白的诗　齐白石的画　王羲之的字　茅盾的小说

L. 产品领属

东芝公司的电脑　中国的人造卫星　浙江的茶叶　新潟的大米

M. 状况领属

北大的现状　他的前途　张教授的水平　我们的条件　李老师的病情

N. 创伤领属

张三的伤口　他的口子　老张的胃炎　小李的牛皮癣

O. 事业领属

我们的事业　小王的工作　郭老的研究　他们的调查　他的考察

P. 景观领属

苏州(的)园林　九寨沟(的)风光　桂林(的)山水　西湖(的)景色

Q. 处所领属

张三的面前　小王的身后　王大爷家的房后　北京大学的隔壁

R. 能力领属

张三的英语　小王的象棋　姚明的篮球　侯宝林的相声

下面将以实例具体说说领属范畴对汉语句法的制约作用,分三种情况来谈。

一、要求必须是领属关系

【实例一】按说受事主语句谓语动词不能再带受事宾语,但有例外,其条件是所带的受事宾语跟受事主语之间有领属关系。例如:

(1) 那狼打折了一条腿。
　　他的脚砍掉了一个脚趾头。
　　那书已经撕去了封面。

例(1)各句都是受事主语句谓语动词带受事宾语的实例。不难发现,那受事主语与受事宾语之间都存在着领属关系——"那狼的腿""他的脚的脚趾头""那书的封面",而这种领属关系正是这类受事主语句成立的决定因素。

【实例二】在现代汉语中,"把"字句和"被"字句可以叠置整合在一起使用。例如:

(2) 他被小偷把手表偷走了。
(3) 张三被人把胳臂拧折了。

其条件就是全句主语跟"把"的宾语之间一定有领属关系。

【实例三】在现代汉语中,主谓词组可以带"地"作状语。①例如:

(4) 她们手拉手地走来。
　　他们俩背靠背地坐着。
(5) 大家斗志昂扬地干着。
　　她态度安闲地坐着。
　　她泪流满面地诉说着她的遭遇。
(6) 她头也不回地只管自己往前走。
　　他话也不说一句地默默地坐着。

但有条件,其条件也是要求全句主语跟作状语的主谓词组的主语之间有领属关系。这也就是说,全句主语跟作状语的主谓词组的主语之间有领属关系是主谓词组作状语的决定因素。

【实例四】20 世纪 70 年代,朱德熙先生(1978)运用配价理论(valence grammar theory)深入研究了"动词+的"这种"的"字结构的歧义情况,并总结、概括出了"动词+的"这种"的"字结构的歧义指数公式(具体见本书第五节 5.3 小节):

$P=n-m$

根据这个公式,可以很快计算、判断出一个具体的"动词+的"的"的"字结构能否作主语指称事物,如能作主语指称事物会不会有歧义。朱德熙先生所创建的这一歧义指数理论与公式是很有创造性的。但是后来发现有例外。例外之一就是还能指称在"的"字结构里出现的配价成分所指事物的领有者。例如:

(7) 孩子游泳的【可指称孩子的家长】
(8) 他漆了地板的【可指称某个房间或房子】

例(7)"游泳"是一价动词,作为"游泳"的配价成分"孩子"("游泳"的施事)已经在"的"字结构里出现,按照歧义指数公式,该"的"字结构的歧义指数应为零($P=n-m=1-1=0$),它不能再作主语指称事物,可是事实上"孩子游泳的"还可以作主语用来指称孩子的家长(属于亲属称谓领属)。例如:

(9) 各位家长,我们想了解一下,你们的孩子游泳不游泳? 孩子游泳的请举手。

例(8)"漆"是二价动词,在"他漆了地板的"这个"的"字结构里,作为动词"漆"的两个配价成分"他"("漆"的施事)和"地板"("漆"的受事)也都在"的"字结构里出现了。按照歧义指数公式,该"的"字结构的歧义指数应为零($P=n-m=2-2=0$),它不能再作主语指称事物,可是事实上"他漆了地板的"还可以作主语用来指称地板的领有者房子(属于构件领属)。例如:

(10) 他漆了地板的只是那间书房。

【实例五】先看两个例子:

(11) 木头桌子坏了。
(12) 桌子腿儿坏了。

例(11)、(12)从词类序列、内部层次构造和内部句法结构关系看,是完全一样的。请看：

(11) 木头　桌子　坏了　　　(12) 桌子　腿儿　坏了
　　　　　　1　　　2　　　　　　　　　1　　　2
　　　　3　　　4　　　　　　　　　3　　　4

1－2 主谓关系，3－4 "定－中"偏正关系

但是它们有区别。例(12)可以有"桌子坏了一条腿儿"的说法，即可以有下列变换：

(13) 桌子腿儿坏了 ⇒ 桌子只坏了腿儿

而例(11)没有"木头坏了一张桌子"的说法，即没有下列变换：

(14) 木头桌子坏了 ⇒ *木头只坏了桌子

原因就在于例(12)的"桌子"和"腿儿"之间有领属关系，而例(11)的"木头"和"桌子"之间没有领属关系。类似例(12)的例子如：

(15) 张三胳臂折了　　　　　⇒ 张三只折了胳臂
　　　那机器一颗螺丝钉松了　⇒ 那机器只松了一颗螺丝钉
　　　老王一颗牙掉了　　　　⇒ 老王只掉了一颗牙
　　　奶奶一只耳朵聋了　　　⇒ 奶奶只聋了一只耳朵

【实例六】在现代汉语中，句子谓语动词的论元可以用"的"字结构来提取。提取时可以采取多种方式，但又有不同的情况，而这也跟领属范畴有关。试以提取施事为例：

(16) 张三打破了自己的玻璃杯。
　　→ a. 打破了自己的玻璃杯的是张三。
　　→ b. (自己的)玻璃杯打破了的是张三。

(17) 张三打破了李四的玻璃杯。
　　→ a. 打破了李四的玻璃杯的是张三。
　　→ b. *李四的玻璃杯打破了的是张三。

例(16)、(17)结构完全一样，而且作宾语的成分都是领属性偏正结构。所不同的是，例(16)领属性偏正结构的修饰语是与主语"张三"有同指照应关系的"自己"，意味着主语"张三"与"玻璃杯"之间有领属关系；而例(17)作领属性定语的"李四"与作主语的"张三"是两个人，这意味着主语"张三"与"玻璃杯"之间没有领属关系。而这一点差别，就带来了提取方式的差异——例(16)可以有 a 和 b 两种提取方式，例(17)则只有 a 而没有 b

提取方式。

二、排斥领属关系

上面所举到的语法现象,是以句中所同现的某两个名词性词语之间必须具有领属关系为条件。下面是相反的情况——排斥领属关系。

【实例七】双宾结构的远宾语排斥领属性偏正词组。[12]请看:

(18) *王老师嫁给李警官他的女儿。(→ 王老师把他的女儿嫁给李警官。)

*我送给她我妹妹的唇膏。(→ 我把我妹妹的唇膏送给她。)

*我卖给张三我的老房子。(→ 我把我的老房子卖给张三。)

例(18)箭头左边的句子都是双宾句,都不能说,所要表示的意思得采用箭头右边的说法。这是为什么?因为双宾句里的远宾语,即直接宾语,排斥表示"称谓领属"和"占有领属"的领属性偏正结构。[13]下面句子里双宾结构的直接宾语不是领属性偏正结构,可是也站不住,这为什么?

(19) *王老师嫁给李警官大女儿。

"大女儿"是一价名词,隐含着领属性定语"他(的)",所以也不能成立。

【实例八】现代汉语里,大、小主语之间为施受关系的主谓谓语句有两种格式:

A. 受事作大主语,施事作小主语。例如:

(20) 杂志我还了。| 信我写了。| 衣服我洗了。

B. 施事作大主语,受事作小主语。例如:

(21) 我杂志还了。| 我信写了。| 我衣服洗了。

在实际交际中,A式的使用频率比B式高得多,这是因为B式使用时要受到很多限制,其中一个限制就是B式里作为小主语的那个受事成分不能是一个表示"称谓领属"和"占有领属"的领属性偏正结构。例如:

(22) 小王的杂志我还了。【A式】   *我小王的杂志还了。【B式】
    大哥的信我写了。【A式】   *我大哥的信写了。【B式】
    她的衣服我洗了。【A式】   *我她的衣服洗了。【B式】

除非在大主语后有停顿,B式才能成立。请看:

(23) 小王的杂志我还了。【A式】   我啊,小王的杂志还了。【B式】
    大哥的信我写了。【A式】   我啊,大哥的信写了。【B式】

她的衣服我洗了。【A式】　　我啊,她的衣服洗了。【B式】

三、另一种情况——一种更有意思的现象

【实例九】有时,虽然属于领属关系,但两事物之间的领属关系是行为动作之前就具有的,还是在行为动作之后才具有的,这也会对句法产生影响。例如:

　　　　　　[A式]　　　　　[B式]
(24) a. 他的名字我忘了。　我忘了他的名字了。【名字在忘之前就有】
　　 b. 他的名字我起了。　*我起了他的名字了。【名字在起之前没有】
(25) a. 他的信我烧了。　　我烧了他的信了。【信在烧之前就有】
　　 b. 他的信我写了。　　*我写了他的信了。【信在写之前没有】
(26) a. 他的毛衣我洗了。　我洗了他的毛衣了。【毛衣在洗之前就有】
　　 b. 他的毛衣我织了。　*我织了他的毛衣了。【毛衣在织之前没有】

A式是受事作大主语的受事主语句,B式是一般的"施——动——受"主谓句。不难发现,两事物之间的领属关系如果是在行为动作之前就具有的,既可以用A式,也可以用B式;两事物之间的领属关系如果是在行为动作之后才具有的,就只能使用A式,不能使用B式。下面的例(27)更有意思:

(27) 他的衣服我买了。

例(27)"他的衣服我买了"可作a、b两种理解:a. 他所拥有的衣服我买了;b. 要我替他买的衣服我买了。按a义,"他的衣服"可挪到动词后作宾语(如:我买了他的衣服);按b义,则"他的衣服"不能挪到动词后作宾语(如:*我买了他的衣服)。

以上事实充分说明,在现代汉语里领属范畴对句法确实有制约作用。与数量范畴可以对句法起制约作用一样,我们也还需要进一步探究的是:领属范畴为什么能对句法起某种制约作用?如何解释这种制约作用?

7.5　自主范畴对汉语句法的制约作用

汉语的自主范畴,是由马庆株(1988)首先提出来的。[13]他是受到藏语动词有自主与非自主之分的影响提出来的。所谓"自主动词",是说行为动作是动作者能主观决定并自由支配的、有意识的行为动作,如"吃、喝、看、说、吵、研究、讨论、参观、考虑、帮助、休息"等;所谓"非自主动词"是说

行为动作是动作者无法决定和支配的、无意识的行为动作,如"病、蔫、噎、呛、忘、看见、听见、发抖、忽视、感染、变质、知道"等。语言事实表明,自主范畴对汉语句法起明显的制约作用。请看下面的实例。

【实例一】先介绍马真(1999,2016)的一个研究成果。⑮语言事实告诉我们,副词"别"修饰某些动词时,可以有带"了"、不带"了"两种格式,例如:"别吃了!""别吃!"和"别去了!""别去!"等;而修饰有的动词时,却只有带"了"这一种格式,却没有不带"了"的那种格式,例如可以说:"小心,别呛了!",但不说:"*小心,别呛!"。这为什么?原来这跟所修饰的动词是自主动词还是非自主动词有关。请看实例:

(1)　　　　　别……!　　　别……了!
吃　　　　别吃!　　　别吃了!　　【自主】
噎　　　　—　　　　别噎了!　　【非自主】
喝　　　　别喝!　　　别喝了!　　【自主】
呛　　　　—　　　　别呛了!　　【非自主】
参观　　　别参观!　　别参观了!　【自主】
感染　　　—　　　　别感染了!　【非自主】
休息　　　别休息!　　别休息了!　【自主】
看　　　　别看!　　　别看了!　　【自主】

下面再以有同义关系的"看[自主]"和"看见[非自主]","了解[自主]"和"知道[非自主]"加以比较:

(2)　　　　　别……!　　　别……了!
看　　　　别看!　　　别看了!　　　　【自主】
看见　　　—　　　　别给看见了!　　【非自主】
了解　　　别了解!　　别了解了!　　　【自主】
知道　　　—　　　　别让他知道了!　【非自主】

从上面所举的实例我们不难发现,既能进入"别……了"格式又能进入"别……"格式的动词,如"吃、喝、了解、休息、看"等,都是自主动词;而只能进入"别……了"格式不能进入"别……"格式的动词,如"噎、呛、感染、看见、知道"等,都是非自主动词。由此可以体会到自主范畴对句法的制约作用。

自主动词和非自主动词虽然都能进入"别……了"格式,但二者形成的格式所表示的语法意义,即在意思表达上,有明显区别:由自主动词形成的"别+动词+了",如"别看了""别吃了""别了解了"等,表示劝阻——

对方已经在进行某种行为动作,或计划中要进行某种行为动作,说话人劝对方中止这行为动作;而由非自主动词形成的"别+动词+了",如"别噎了""别呛了""别感染了"等,则表示提醒对方防止出现某种不如意或不利的情况。这是两种性质不同的"别+动词+了"格式所表示的不同的语法意义,但考虑到一般人并没有区分"自主动词"和"非自主动词"的观念,我们也不妨将这两种格式表意上的区别,归结为"别"的语法意义的不同:

别$_1$:出现在"别$_1$+动词$_{[自主]}$+了"里,表示劝阻。

别$_2$:出现在"别$_2$+动词$_{[非自主]}$+了"里,表示提醒听话人,注意防止发生不如意的事情。

跟"别……"相类似的是"甭……"。自主动词能出现在"甭……"格式里,如"甭吃、甭喝、甭想、甭看、甭研究、甭考虑、甭休息"等;而非自主动词都不能进入"甭……"这个格式,我们不能说"甭病、甭呛、甭噎、甭看见、甭听见、甭忘"等。

【实例二】"一下"表示不定短时量时,只能出现在自主动词后面,不能出现在非自主动词后面。请看:

(3) **自主动词**　　　　　　　**非自主动词**
你来一下　　　　　　　＊你病一下[16]
你喝一下　　　　　　　＊你蔫一下
你看一下　　　　　　　＊你噎一下
你说一下　　　　　　　＊你呛一下
你写一下　　　　　　　＊你忘一下
你研究一下　　　　　　＊你看见一下
你讨论一下　　　　　　＊你听见一下
你参观一下　　　　　　＊你发抖一下
你考虑一下　　　　　　＊你忽视一下
你帮助一下　　　　　　＊你感染一下
你休息一下　　　　　　＊你知道一下

【实例三】"加以""进行""给以"等,一般称为形式动词,[17]后面都只能以双音节动词为宾语。而那作宾语的双音节动词也只能是双音节自主动词,不能是双音节非自主动词。试比较:

(4) **自主动词**　　　　　　　**非自主动词**
加以/进行调查　　　　　＊加以/进行找见
加以/进行传播　　　　　＊加以/进行流传

加以/进行生产	＊加以/进行出产
加以/进行观察	＊加以/进行窥见
加以/进行拆除	＊加以/进行坍塌
加以/进行建设	＊加以/进行好转
加以/进行参观	＊加以/进行忽视

【实例四】表示方式的副词,如"亲自、特地、专程、大力、暗暗、偷偷、死死、大肆、擅自、埋头"等,都能修饰动作动词作状语,但是这些副词只能修饰自主动词,不能修饰非自主动词。如"观察"和"看见"、"传播"和"流传"、"结束"和"完结"这三对同义词或者说近义词,前一个都是自主动词,后一个都是非自主动词。前一个可以受上述方式副词修饰,后一个都不能受这些方式副词修饰。请看:

(5) 亲自/暗暗观察	＊亲自/暗暗看见
大力/擅自传播	＊大力/擅自流传
偷偷/擅自结束	＊偷偷/擅自完结

在前面第四节 4.6 小节里讲到,能进入"形容词＋(一)点儿!"祈使句的形容词必须是可控的。所谓"可控的"也就是具有"自主性"。这也可视为自主范畴对句法的制约的一个实例。

7.6 顺序范畴对汉语句法的制约作用

顺序范畴是对事物或行为动作排序规律的抽象概括。顺序范畴也是汉语中制约句法的一个重要的语义范畴。

【实例一】前面第四节 4.7 小节专门谈了"名词＋了"(即"NP 了")句法格式,指出能进入这一句法格式的名词具有"系列推移性"的语义特征。例如:

(1) 春天了	夏天了	秋天了	冬天了
(2) 正月了	二月了	……	十二月了
(3) 星期一了	星期二了	……	星期天了
(4) 初一了	初二了	……	初十了
(5) 大学生了	部长了	教授了	南京了⑬

"系列推移性"就属于顺序范畴。因此,我们也可以说,在现代汉语里顺序范畴制约着"名词＋了"句法格式,不含有顺序义的名词不能进入"名词＋了"句法格式。

【实例二】关于方位词的排序。

世界各国在确定地球上某个点的方位时,都会用上"东""南""西""北"这四个最基本的方位词。当用这四个方位词进行两两组合来表示一个复合方位时,从理论上来说,按排列组合可以构成如下16种格式:

(6) 东东　东南　东西　东北　　西东　西南　西西　西北
　　 南东　南南　南西　南北　　北东　北南　北西　北北

可是事实上,在现代汉语中,这16种组合中只有6种是成立的,合乎汉语的说话习惯,那就是:

(7) 东南　东北　西南　西北　【偏正型】
　　 东西　南北　　　　　　　【并列型】

而以下10种在方位表达上都不用:

(8) *南东　*南西　*西东　*北东　*北南　*北西　【偏正型】
　　*东东　*西西　*南南　*北北　　　　　　　　【并列型】

这为什么?该怎么解释?原来方位词的组合要受顺序范畴的制约。仔细分析,在汉语里这种制约性很强。具体规则如下:

［规则一］"东""南""西""北"遵循下列方向顺序原则进行组合:
　　东＞西＞南＞北 【">"读作"优先于"】
［规则二］"东""南""西""北"都不能自身重叠进行组合。

按［规则一］,"东",可以顺向跟"西""南""北"顺序组合,构成"东西""东南""东北";"西",只能顺向跟"南""北"顺序组合,构成"西南""西北",不能逆向跟"东"组合,所以没有"西东"的说法;"南",只能顺向跟"北"组合,构成"南北",不能逆向跟"东""西"组合,所以没有"南东""南西"的说法;"北",不能逆向跟"东""西""南"组合,所以没有"北东""北西""北南"的说法。按［规则二］,没有"东东""西西""南南""北北"的说法。

关于"东""南""西""北",不同的语言有不同的排列顺序,参看本书第十节10.2小节。

【实例三】参照点和目标的顺序。

在现代汉语里,如果要用一个名词性偏正结构来注明处于某位置的事物,也要受到顺序范畴的制约,具体得遵循如下的顺序原则:

第七节 语义范畴分析法

参照点先于目标。

例如:

(9) 湖中的亭子【*亭子的湖中】 桌子上的剪子【*剪子的桌子上】
墙上的地图【*地图的墙上】 地表下的水分【*水分的地表下】
水里的鱼虾【*鱼虾的水里】 柜子里的衣服【*衣服的柜子里】

可是,在比较句中遵循相反的原则:

目标先于参照点。

例如:

(10) 这间房子跟那间房子一样大。【等同】
这间房子有那间房子那么大。【等同】
(11) 新房子比旧房子大。【胜过】
(12) 他没有/不如我想的那么有钱。【不及】

实例三所谈的关于参照点和目标的顺序问题,和下文【实例五】里谈到的时间顺序原则,请再见本书第十节 10.3 小节"关于语言结构的'象似性'分析"和 10.5 小节"关于意象图式分析"。

【实例四】地点、时间、数量表达法。

无论地点还是时间,在表达上都遵循由大到小的顺序原则。这里说的时间是指时点。请看:

(13) 地点:北京市西城区辟才胡同 9 号
北京市 > 西城区 > 辟才胡同 > 9 号【">"表示"大于",下同】
(14) 时点:2013 年 2 月 5 日上午 9 点 24 分
2013 年 > 2 月 > 5 日 > 上午 > 9 点 > 24 分

在数量表达上,距离、时段、重量等都遵循由大到小的顺序原则。请看:

(15) 距离:总长 36 米 7 分米 9 厘米
总长 2 尺 3 寸 6 分
36 米 > 7 分米 > 9 厘米
2 尺 > 3 寸 > 6 分
(16) 时段:历时 3 年 10 个月 26 天 9 小时 24 分
3 年 > 10 个月 > 26 天 > 9 小时 > 24 分
(17) 重量:重 3 千克 125 克
重 3 斤 6 两

3 千克 ＞ 125 克

3 斤 ＞ 6 两

其他如面积、体积等数量表达也都遵循由大到小的顺序原则。

【实例五】动词连用表达法。

在现代汉语里,动词连用,从结构上来看,除联合结构外,常见的有述宾结构、述补结构、连谓结构、递系结构(兼语式)等。不管哪一类动词连用结构,都得受顺序范畴中的时间先后顺序的制约。[19]

述宾结构:打算学习驾驶拖拉机

打算——→学习——→驾驶拖拉机[20]

述补结构:洗干净｜使我笑得肚子都疼得哇哇叫

洗——→干净

使我——→笑得——→肚子都疼得——→哇哇叫

连谓结构:回家穿了棉衣再来这里看戏

那茶叶买了留着等姑爷回来慢慢儿喝

回家——→穿了棉衣——→再来这里——→看戏

那茶叶买了——→留着——→等——→姑爷回来——→慢慢儿喝

递系结构:派他通知王学敏请张大夫看病

派他——→通知王学敏——→请张大夫——→看病

由于汉语动词连用遵循时间顺序原则,所以下面两个句子意思不一样:

(18) a. 他跳在马背上。

b. 他在马背上跳。

a 句是说"他"先跳,然后就在马背上了;b 句是说"他"先已在马背上,然后跳。似乎有例外,例如:

(19) a. 他去买菜了。

b. 他买菜去了。

c. 他去买菜去了。

例(19)除了 a 句,b 句和 c 句似乎都不符合时间顺序原则。因为第一,例(19)的三句话意思差不多,不像例(18)a、b 两句那样有很大差别;第二,按时间顺序原则,应该"去"在先,"买菜"在后,可是 b 句"买菜"排在"去"前面了,c 句也有一个"去"排在了最前头。其实,"去"在前在后,整个格式意思有别:a 句"去＋动词"(去＋VP)意在表示"他"要从事买菜的事,而 b 句"动词＋去"(VP＋去)则意在表示因为"他"要买菜所以"他"离去。[21]

为便于说明,我们将排在前面的"去"记为"去$_1$",将排在后面的"去"记为"去$_2$"。例(19)改写为例(20):

(20) a. 他去$_1$买菜了。
　　 b. 他买菜去$_2$了。
　　 c. 他去$_1$买菜去$_2$了。

按通俗理解法,[2]我们径直将"去$_1$"理解为"从事"义,将"去$_2$"理解为"离开原处"义。按此理解,a 句无须再解释。b 句是意识上已定的要从事的事是"买菜",为此而离开原处;这样看来也遵循时间顺序原则——意识上已定的要从事的事即"买菜"在先,"离开原处"在后。至于 c 句,可以按上述同样道理来加以解释:

去$_1$──→买菜──→去$_2$

(从事──→买菜──→离开原处)

以上我们举例说明了数量范畴、领属范畴、自主范畴和顺序范畴对汉语句法的制约作用。由此我们有理由认为,一定的句法语义范畴会对句法起一定的制约作用。关于这个问题,我们过去注意得很不够。在一个语言里,具体说在汉语里,到底有多少种句法语义范畴会对汉语句法起制约作用?每一种句法语义范畴对句法的制约范围有多大?其制约作用具体表现如何?当多种句法语义范畴同时作用于一种句法格式时,其不同的制约作用之间的关系如何?这不同的制约作用是否有不同层面的区别?诸如此类的问题,都很值得我们结合具体语言事实去进行思考与探索。我们认为,探讨一定的句法语义范畴对句法的制约作用将有助于汉语句法研究的进一步深入,也有助于我们在汉语语法研究中进一步贯彻形式和意义相结合的原则。

注释

① 参看朱德熙《语法答问》"柒 形式和意义",商务印书馆,1985年。
② 在现代汉语里有些量的表达看似不含数,如"请稍等片刻"里的"片刻",实际还是有数的含义,只是字面上没用数词罢了。
③ 参看朱德熙《语法讲义》5.18小节,商务印书馆,1982年。
④ 关于现代汉语里双宾结构的类型,参看马庆株《现代汉语的双宾结构》,见《语言学论丛》第十辑,商务印书馆,1981年。
⑤ 也有形容词修饰名词时必须带"的"的情况,如只能说"热的烤鸭、凉的肉",不能说"热烤鸭、凉肉"。这一现象将在本书第十节10.3小节中说明。
⑥ 朱德熙先生将单音节形容词重叠式分为两类:一类是副词,只能作状语,如"高高、

大大、好好、热热"等。例如"高高举起│大大夸奖了一番│好好想一想│热热喝下去"。另一类则自身不能充当任何句法成分,属于非词,如"薄薄、扁扁、辣辣、长长"等。它们都不能直接作名词的定语。但是,不管哪一类,加上"的"后就都转化为状态词性词语,可以作定语,还可以直接作谓语、补语等。具体参看朱德熙《说"的"》,《中国语文》1961年第12期。

⑦ 参看马真《"已经"和"曾经"的语法意义》,《语言科学》2003年第1期。

⑧ 关于"自由""黏着"的概念参看朱德熙《语法讲义》1.1.2小节,商务印书馆,1982年。

⑨ 例(58)、(59)的b句,如果后面带上"了",可以站得住,如:"他们给王叔叔绍兴酒了。""她送小妹手机了。"但带上"了"就不能视为双宾结构直接作谓语了,而得分析为由"双宾结构+了"作谓语。

⑩ "什么三个人/什么三本书"在反问句中允许成立,如:"什么三个人?""什么三本书?"

⑪ 主宾同形的主谓词组(如"手拉手、背靠背、头顶头")可以不带"地"直接作状语,如本书所举的例(4)可以说成:"她们手拉手走来。│他们俩背靠背坐着。"

⑫ 参看陆俭明《双宾结构补议》,《烟台大学学报》1988年2期。

⑬ "我送给她三支我妹妹的唇膏",直接宾语含有领属性偏正结构,但这句子成立,这为什么?那是因为在"我妹妹的唇膏"之前有数量词"三支";这样,作直接宾语的实际已经不是领属性偏正结构了。

⑭ 参看马庆株《自主动词和非自主动词》,《中国语言学报》1988年第3期。

⑮ 非自主动词进入"别……了!"格式,不表示劝阻,表示"提醒听话人注意防止发生不希望发生的事情"。参看马真《关于"不要"》,日本《关西汉协通讯》1999年第一期;《说说目前辞书的释义》,《辞书研究》2016年第5期。

⑯ 在实际言语交际中也存在这样的话语:"你以为生病能得什么好处?你病一下试试!"这是例外吗?怎么解释这种"例外"?

⑰ "加以""进行"等这类动词又被称为"虚化动词""准谓宾动词""傀儡动词"。关于这类动词的特性,参看朱德熙《现代书面汉语里的虚化动词和名动词》,《北京大学学报》(哲学社会科学版)1985年第5期。

⑱ "南京了"里的"南京"是地名,本身似不具有什么顺序性或时间推移性,但由于它处于某条交通线上,具体说南京处于京沪线上,也就进入了某个交通序列,所以也就能进入"名词+了"句式。

⑲ 最早明确提出时间顺序原则的是戴浩一(Tai, James H-Y)教授。参看Tai, James H-Y: Temporal Sequence and Chinese Word Order, *Typological Studies in Language*, Volume 6, 1985. 译文《时间顺序和汉语的语序》(黄河译),《国外语言学》1988年第1期。

⑳ "打算学习驾驶拖拉机",先有打算,而后学习,学后才会驾驶拖拉机。

㉑ 关于这一理解,参看朱德熙《语法讲义》12.4小节,商务印书馆,1982年;陆俭明《关于"去+VP"和"VP+去"句式》,《语言教学与研究》1985年4期。

㉒ 所谓通俗理解法就是对词语随文释义,这不是一种科学的解读法。像例(20)a和b两句不同的意思其实是分别由各自的整个句法格式所表示的。

第八节　形式学派语法分析思路

8.1　关于形式语言学派
8.2　美国结构主义形式学派的分析思路
8.3　关于切分、等同、分类、组合
8.4　关于分布分析法
8.5　关于替换分析法与扩展分析法
8.6　乔姆斯基形式学派的研究思路
8.7　用乔姆斯基的"中心词"理论重新分析"名词＋的＋谓词"结构
8.8　关于轻动词理论分析

20世纪在语言学发展史上是一个令人振奋而又令人眼花缭乱的时代。20世纪初和20世纪中叶,有两部重要的语言学著作问世,一部是德·索绪尔(F. de Saussure,1857—1913)的《普通语言学教程》(1916),它开创了结构主义语言学的新天地;一部是乔姆斯基(N. Chomsky)的《句法结构》(1957),它改变了语言研究的航向,开创了探索人类语言共性的新天地。这两部著作都带有革命性,都被誉为划时代的著作。在20世纪五六十年代,一度将以乔姆斯基为首的转换生成学派和以布龙菲尔德为首的结构主义语言学派(也称"描写语言学派")视为对立的两派。其实这两派都注重高度抽象的语言形式的研究,所不同的是,布氏的结构主义语言学着眼于某个具体语言的结构系统的考察、分析与描写,乔氏的转换生成语言学着眼于探求人类语言的生成机制以及人类语言所共有的、高度概括而又十分简明的普遍规则。自20世纪60年代中后期以后,转换生成语法学与传统的结构主义语言学相对立的状况逐渐发展成为形式语言学、功能语言学和认知语言学三足鼎立的局面,而原先的结构主义语言学派逐渐淡出人们的视野。其实在我们看来,以生成语言学为代表的形式语言学和后起的功能语言学、认知语言学这三者,它们各自的研究视角、研究手段、研究期望值虽然都不一样,但各派的研究者都应具有运用结构主义语言学的研究、分析方法来考察、分析自然语言这样的基本功。传统结构主义语言学重在描写,而以生成语言学为代表的形式语言学和后起的功能语言学和认知语言学重在解释。传统结构主义语言学理论的价值在于能帮助语言研究者弄清楚"是什么"的问题,有了这样的基础,才能进而解决好"为什么"的问题。

在中国大陆,上个世纪90年代之前,研究者都比较熟悉并习惯于美国结构主义语言学的理论方法;而之后对以乔姆斯基为代表的形式语言学派和后起的功能语言学派、认知语言学派逐渐有所了解、评介和借鉴。虽然可喜的研究成果到目前为止还是不多,但让大家增长了新知,扩大了视野。

这一节先介绍形式语言学派(包括结构主义学派和转换生成学派)的语法分析思路,随后介绍功能语言学派、认知语言学派的语法分析思路。这里需要先提醒大家注意的是,这里所说的"形式语言学派"的"形式",不是跟"意义"相对而言的,而是跟"功能""认知"相对而言的;因此,不要以为形式语言学派只研究形式,不研究意义。

8.1 关于形式语言学派

说到形式语言学派,人们首先会想到以乔姆斯基为代表的生成语法学派,可是我们这里所说的形式语言学派不限于生成语法学派。无论从历史发展的角度看,还是从研究的侧重点看,形式语言学派至少可以包括三个支派:

第一支是结构主义形式学派,以德·索绪尔的理论为指导。内部又分美国描写语言学派、布拉格学派、哥本哈根学派,其中以美国描写语言学派的影响最大,成果也最显著,其哲学基础是逻辑实证主义,心理学基础是行为主义。这种观点认为,人类语言是人受到刺激后作出反应的一种结果,可以图示为:

$$S \longrightarrow r \text{------} s \longrightarrow R$$

S代表刺激,R代表反应;s代表语言的代替性刺激,r代表语言的代替性反应;箭头代表发生在一个人身上的某个事项,虚线代表空气里一连串的声波。图中的"r------s"就是语言,语言就是"刺激—反应"的中介物。

第二支是乔姆斯基形式语言学派,上个世纪50年代中期兴起,以探求人类语言机制、人类语言的普遍语法为研究目标;其哲学基础是笛卡儿的唯理主义,或者说理性主义。主张恢复洪堡特(W. von Humboldt, 1767—1835)关于"语言是以有限的手段作无限的运用"这一传统,认为语法的特性就在于:(1)它本身应是有限的,(2)它应能预言无限数目的句子,(3)它应该是纯形式的。①

第三支是非乔姆斯基形式学派。这主要是在乔姆斯基学说产生以后出现的或作为乔姆斯基学说的对立面、或作为乔姆斯基学说之外另立新说的一些学派,主要有词汇功能语法(lexical functional grammar,LFG)、广义短语结构语法(generalized phrase structure grammar,GPSG)、中心词驱动短语结构语法(head-driven phrase structure grammar,HPSG)、功能合一语法(functional unification grammar,FUG)、树邻接语法(tree adjoining grammar,TAG)、链语法(link grammar,LG)、范畴语法(categorial grammar,CG)、限定从句语法(definite clause grammar,DCG)等等。这一支形式学派的特点是,不是用规则,而是采用复杂特征来描写语言。规则隐含在特征之中。

上述诸多形式语言学派中,对各国语言研究(包括汉语研究)产生重大影响的是美国描写语言学派和乔姆斯基生成学派。下面只介绍这两大学派的研究思路。

8.2 美国结构主义形式学派的分析思路

被誉为现代语言学鼻祖的瑞士语言学家德·索绪尔主张区分语言(langue)和言语(parole),区分共时语言学(synchronic linguistics)与历时语言学(diachronic linguistics),而他更强调语言,强调语言的共时研究。语言的共时研究,所研究的是同质的、抽象的语言形式(即语言)而不是异质的、五花八门的话语(即言语)。美国结构主义语言学是依据索绪尔的语言理论,从调查、分析、描写共时平面的不熟悉的美洲印第安人语言的实践中发展起来的,而后他们进一步去分析、描写英语和其他欧洲语言,所以美国结构主义语言学又称为美国描写语言学。布龙菲尔德(L. Bloomfield,1887—1949)被认为是美国描写语言学的代表人物,其代表作是 *A Set of Postulation for the Science of Language*(《语言科学的基本原则》,1926)和 *Language*(《语言论》,1933)。后经斯瓦迪士(M. Swadesh)、特瓦德尔(W. F. Twadell)、布洛克(B. Bloch)、特雷格(G. L. Trager)、海里斯(Z. Harris)、派克(K. L. Pike)、奈达(E. A. Nida)、威尔斯(R. S. Wells)和霍凯特(C. F. Hockett)等人的开拓发展,美国描写语言学派在国际语言学界的影响越来越大,在20世纪的上半叶几乎成为一统天下的主流学派。早期,美国描写语言学派专心于从形式入手对语言进行分析、研究,以致受到人们质疑。美国学者卡洛尔(J. B. Carroll)就曾说:"许多美国语言学家今天所运用的描写语言学方法论的总的特点是,想不考虑意义来分析语言的结构。"②其实布龙菲尔德他们不是没有看到意义的重要,更不是没有看到语言的意义的存在。布龙菲尔德《语言论》(1933)在第二章"语言的用途"里就指出:"在人类的语言里,不同的声音具有不同的意义。研究一定的声音和一定的意义如何配合,就是研究语言。"(29页)而第九章"意义"就是专门谈论意义的,并一开始就很明白地说:"我们曾经给语言形式的意义下的定义是:说话人发出语言形式时所处的情景和这个形式在听话人那儿所引起的反应。"(166页)但是,布龙菲尔德认为,"意义单凭语言科学是无法加以明确的界说的"(203页),"言语形式的意义,只有在一切科学部门,特别包括心理学和生理学,都接近完善的时候,才有可能科学地加以确定"(91页);同时指出,"任何一段话语都可以根据词汇形式或者语法形式作出完全的描写"(203页)。③可见,他们是觉得意义太复杂了,难以驾驭,甚至后来有人将意义看成是"流沙般的意义",这样就只能暂时先不考虑意义,以致"在语言学工作中绝对地否定了考虑意义的必要性"。④他们的看法不无道理,如今看来,以布龙菲尔德为代表的美国结构主义语言学派当初幸好暂不考虑意义,从而创造了一整套分析、描写语言结构的手续和方法,成为普通语言学宝库的重要组成部分。他们到后期也开始并越来越注意意义问题,威尔斯(1947)对歧义现象的关注,⑤海里斯(1957)提出"变换"(transformation)问题,都说明了这一点。

上一小节(8.1)里我们简单说到,结构主义语言学派认为,人类语言,更确切地说,人类的言语行为("r------s"部分)是人受到刺激后作出反应的一种结果,是"刺激—反应"的中介物。图示为:

$$S \longrightarrow r\text{------}s \longrightarrow R$$

布龙菲尔德在《语言论》里举了这样一个例子来说明他的观点:假设杰克和他的女友吉尔一起散步,吉尔看到树上有苹果,她动用她的喉咙、舌头、嘴唇发出某种声音,杰克听到声音,领悟到了,就爬上树,摘下苹果,给吉尔,吉尔就吃了苹果。这整个过程中,包含了三大部分内容:

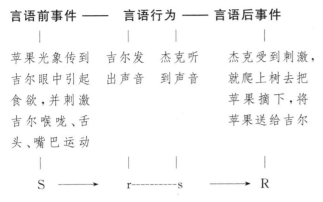

从中,布龙菲尔德得出了这样三点看法:第一,"语言可以在一人受刺激(S)时让另一个人去作出反应(R)";第二,"劳动分工以及人类社会按分工原则进行活动,都依靠语言";第三,"说话人和听话人身体之间原有一段距离——两个互不相连的神经系统——由声波作了桥梁"。⑥这也就是布龙菲尔德对言语行为的解释,反映了他的逻辑实证主义的哲学思想。

美国结构主义语言学派跟其他两个结构主义学派一样,是从研究、分析、描写语音开始的,然后他们把从语音研究、分析所得来的一套方法推广到形态和句法研究方面。语音研究方面主要从事音位分析、音位的理论研究,并对具体的语言进行音位分析。音位(phoneme)的概念和音位学,正是由结构主义语言学派建立起来的。音位概念的建立,把语音研究大大向前推进了一步。这里我们着重介绍美国结构主义语言学派在语法,特别是句法方面的研究思路。

美国结构主义语言学派,面对未知语言的大量的语言材料,他们主要做以下五步研究分析工作:

1. 运用国际音标采取如实记音的办法,尽可能记录大批语言资料。

2. 分析这些成片段的语言资料,通过切分、等同(即语言单位同一性的认定),获得这个语言的不同层面上的单位,如音位、语素、单词、短语、小句、句子。

3. 对每一个层面上的单位开出一个清单来,并分别考察它们的分布情况。

4. 根据分布,对每一个层面上的单位进行分类。

5. 考察分析不同层面上的单位各自的组合规则。

在这五步工作中,除了运用国际音标记录语言资料之外,重要的手续是:切分(segmentation)、等同(identification)、分类(classification)和组合(syntagmatic);而所运用的基本的研究方法是替换分析法、对比分析法、分布分析法、直接组成成分分析法等。

以上可以说是描写语言学研究语言的全部内容。下面分别作些说明。

8.3 关于切分、等同、分类、组合

关于切分,前面第二节 2.4 "关于层次分析法"曾谈到过。本小节所谈的切分跟第二节 2.4 所谈的"切分"就本质上来说是一样的,但因层面不同会有些差异。在第二节 2.4 所谈的切分只是句法结构的切分,这里所谈的切分是指怎么将用国际音标记录下来的原始的语言片段有层次地切分得到该语言的一个个音位和一个个最小的音义结合体,即语素。譬如说,汉语普通话里记录到这么一句话:

(1) [$t^h uŋ_1^{35}$ ɕye^{35} mən^3 i^{55} $t^h uŋ_2^{35}$ pa^{21} tɕ^{h}iŋ^{55} sɑu^{21} tə^4 la$_1^{55}$ tɕi$_1^{55}$ tɑu^{51} tɑu^1 iou^{214} kar^{51} tə^1 la$_2^{55}$ tɕi$_2^{55}$ $t^h uŋ_3^{35}$ li^3].

(同学们一同把清扫的垃圾倒到有盖儿的垃圾筒里。)

在解决好音位的基础上,⑦考虑到汉语的最小的音义结合体语素是建筑在音节的基础上的,绝大多数语素都是一个音节,所以如果从语法的角度来加以切分的话,不妨先以音节为单位将这段话分割开来;至于是否每个音节就一定是一个语素,[kar^{51}]是否还需切分,⑧如何切分,[la$_1^{55}$ tɕi$_1^{55}$]是一个语素还是两个语素,这要通过"等同"和对比性替换这些工作后才能确定。

所谓"等同",是说切分得到的两个或几个在语言形式上甚至意义上相仿的单位是否同一,即是同一个语素呢,还是不同的语素。拿例(1)来说,前后有三个[$t^h uŋ^{35}$]——[$t^h uŋ_1^{35}$][$t^h uŋ_2^{35}$]和[$t^h uŋ_3^{35}$],它们是同一个语素呢,还是不同的语素?

要做好切分和等同这两步工作:一是要采用替换分析法,二是要遵守"同音同义"的同一性原则(关于"同一性原则",参看第一节 1.2),同时也要善于运用比较的方法。这里不妨先举一个容易理解的实例。⑨假如你并不懂英语,而通过翻译了解下面列表中一些语音组合的意思:

语音组合	意思
ugly	丑
uglier	更丑
ugliest	最丑

第八节 形式学派语法分析思路

pretty	好看
prettier	更好看
prettiest	最好看
tall	高
taller	更高
tallest	最高

为了确认以上语音组合中的语素,一个做田野调查的语言工作者首先要做的,就是要注意反复出现的语音形式,看看不同语音组合里是否有一些形式表达相同的意思。结果不难发现,-er 和-est 是反复出现的语音形式。通过对比"ugly｜uglier｜ugliest""pretty｜prettier｜prettiest""tall｜taller｜tallest"这三组语音组合,又通过向英语母语者咨询一些问题,就发现:

(a) -er 出现在任何一组语音组合中都增添了"更加"的意思,-est 出现在任何一组语音组合中都增添了"最"的意思。

(b) -er 和-est 都不单独出现来表示"更加""最"的意思。

(c) 基于上面所说的(a)和(b)两点,我们不难认定,在"tall｜taller｜tallest"这一组的语音组合里,tall、-er、-est,都分别是语素。

(d) ugly 和 pretty,后面有了-er 或-est,那 y 都有规则地变成了 i,根据已有的语音学知识,可以确认这是由语流音变造成的;同样,基于上面所说的(a)和(b)两点,我们不难认定,在"ugly｜uglier｜ugliest"这一组的语音组合里,ugly(另有 ugli 这一条件变体)、-er、-est,都分别是语素;在"pretty｜prettier｜prettiest"这一组的语音组合里,pretty(另有 pretti 这一条件变体)、-er、-est,都分别是语素。

(e) 最后可以认定,上面列表中有以下语素:

ugly(另有 ugli 这一条件变体),词根语素,意思是"丑"。

pretty(另有 pretti 这一条件变体),词根语素,意思是"好看"。

tall,词根语素,意思是"高"。

-er,黏着语素,形态成分,含"更加"的意思。

-est,黏着语素,形态成分,含"最"的意思。

由于语音在连读中常常会发生语流音变,所以"切分""等同"说来容易,实际做起来远比认定 ugly 和 ugli 是同一语素、pretty 和 pretti 是同一语素要困难得多,特别是面对一个完全陌生的语言。下面不妨举一个汉语方言的例子。我们听到某方言里这样一组音:⑩

(2) [mak^{11} tsap^{11}]⑪(眼泪)

意思是"眼泪"。由于各方言词语形式有别,我们不能单凭意思想当然就认为"[mak¹¹]"就是语素"眼","[tsap¹¹]"就是语素"泪",而需要通过对比性替换,并遵循"同音同义"的同一性原则来确定。具体说来,得跟该方言里的别的语言片段去进行一系列比较。我们发现,可以将[mak¹¹ tsap¹¹]与下面一组意为"眼镜"的音相对比:

(3) [mak¹¹ kia³¹](眼镜)

例(2)里的[mak¹¹]跟例(3)里的[mak¹¹],同音同义,都是"目"(即眼睛,下同)的意思;这样我们基本上可以确定[mak¹¹ tsap¹¹]里的[mak¹¹]是一个语素,意为"目"。可是我们又发现,下面一组音中有表示"目"意思的[mak⁵⁵]:

(4) [kiŋ³³ si³³ mak⁵⁵](近视眼)

例(4)里的[mak⁵⁵]跟例(2)、(3)里的[mak¹¹],意义虽同,语音形式不一样,具体说调值有差异——例(4)里的[mak⁵⁵]调值为55,而例(2)、(3)里的[mak¹¹]调值为11。考察分析,这是由语流音变引起的调值的变化(即一般所说的"变调")所造成的,而且是有规则的。据此我们还是可以认为,例(4)里的[mak⁵⁵]跟例(2)、(3)里的[mak¹¹]同音同义,是同一个语素。我们可以用同样的办法,将例(2)[mak¹¹ tsap¹¹](眼泪)跟下面例(5)相对比:

(5) [kam³³ tsia⁵⁵ tsap¹¹](甘蔗汁)

遵循"同音同义"的同一性原则,通过细心对比,可以确认例(2)[mak¹¹ tsap¹¹]里的[tsap¹¹]跟例(5)里的[tsap¹¹],都可以理解为"汁"的意思。例(2)的[mak¹¹ tsap¹¹]实为"目汁"之意,"目汁"就是眼泪。这两个[tsap¹¹]应分析为同一个语素。至此可知例(2)的[mak¹¹ tsap¹¹]是由两个语素组成的合成词。

替换(substitution)是描写语言学里最基本的一种分析方法。所谓替换就是在一个语言组合里,一个语言项目被另一个语言项目替代的过程。举例来说,假如有 AB 这样一个语言组合,我们把 B 抽掉,填上 C,而 AC 成立;我们也可以把 A 抽掉,填上 D,而 DB 成立,这一抽一填的过程就是替换。上面确认例(2)[mak¹¹ tsap¹¹]里的[mak¹¹]和[tsap¹¹]分别是语素"目"和"汁",从某个角度看,实际也运用了替换分析法,即将例(2)[mak¹¹ tsap¹¹]里的[tsap¹¹]替换为[kia³¹](镜),成为例(3)的 [mak¹¹ kia³¹](眼镜),由此确认[mak¹¹]是语素,意为"目";同样,将例(2)[mak¹¹ tsap¹¹]里的[mak¹¹]替换为[kam³³ tsia⁵⁵]（甘蔗）而成为例(5)[kam³³ tsia⁵⁵ tsap¹¹]（甘蔗汁），由此确认[tsap¹¹]为语素，意为"汁"。

"替换"这种分析方法，首先是在语音研究中被运用的，成为确定音位的最简便、有效的方法。请看英语中一组例子：

(6) a. [pin]　pin（大头针）
　　b. [tin]　tin（锡）
　　c. [pig]　pig（猪）

例(6)a 里的[p]换为[t]，就变成了 b，二者意思有别；通过替换，证明英语里[p]和[t]有区别意义的作用，可以分别视为独立的音位。用同样的办法，将 a 里的[n]换为[g]，就变成了 c，二者意思也不一样了；这也通过替换，证明英语里[n]和[g]也分别是独立的音位。再看汉语的例子：

(7) a. [tian⁵⁵]　diān（颠）
　　b. [tʰian⁵⁵]　tiān（天）

例(7)a 里的[t]换为[tʰ]，意思有别。通过替换，证明汉语里送气不送气有区别意义的作用，[t]和[tʰ]都是独立的音位。

划分词类，从某个角度说，也运用替换分析法。例如我们来确定现代汉语里的形容词具体可以用以下两条标准：

1. 能出现在下列框架里："很 +（　）"
2. 不能出现在下列框架里："很 +（　）+ 宾语"

表面看用的是框架，实际用的是替换——在上述框架里彼此能互相替换的词就都属于形容词。因此，替换是我们给词分类，以及在大类下分小类所必须使用的基本方法。

关于"替换"，下文 8.5 小节还将作进一步补充说明。

关于"分类"，美国结构主义认为，分类的根本依据是语言单位的分布（distribution）。这就涉及分布分析法，我们将在下文 8.4 小节具体谈。

关于"组合"，从语法层面说，就是指小的音义结合体组合成大的音义结合体，这包括由语素组成词，由词组成句法结构，由句法结构组成更复杂的句法结构，由小句组成复句，等等。

关于组合，大家在早先的现代汉语语法课里都已经有较好的了解，这里不再赘述，只想引述朱德熙先生说过的一段话：[12]

> 任何句法结构都可以从两个不同的方面来观察：第一是把它当作一个复杂的组合来看它的内部构造，第二是把它当作一个整体来看它的语法功能。一般语法著作对于句法结构往往同时用两套不同

的办法来分类,用一套办法分出来的结果是主谓结构、偏正结构、联合结构等等,用另一套办法分出来的结果是名词性结构、动词性结构、副词性结构等等。第一种分类的依据是内部构造,第二种分类的依据是语法功能。

这段话值得大家重视。下面介绍分布分析法。

8.4 关于分布分析法

"分布"是美国描写语言学里一个有特别含义的术语,最早也是在语音研究中运用的,上个世纪40年代明确运用到语法研究。[⑬]就语法研究中所运用的"分布"来说,不是直接取语文辞书上所注释的意思(如《现代汉语词典》将"分布"注释为"散布(在一定的地区内)")。按语文辞书上的注释,没法理解语法学里的"分布"。语法学里的"分布"是指某个语言成分(如语素、词、词组等)能或者不能在哪个位置上出现,或者说能或者不能在哪个环境里出现;也可以指某个语言成分(如语素、词、词组等)所能出现或所不能出现的位置或者说环境的总和。我们在"绪论"0.8小节曾说到,凡有志于从事汉语教学与汉语研究的人要具有"对于一个词,能较快地判断它属于什么词类"这样的分析能力。要具备这样的能力,就得学习、了解、掌握分布分析法。譬如说"突然"和"忽然"表面看意思似乎一样,而且也都能作状语,如:"他突然/忽然回来了。"其实它们并不属于同一个词类,因为它们的分布不同。请看:

	作状语	作谓语中心	作宾语	作补语	作定语	很～	并不～
突然	＋	＋	＋[⑭]	＋	＋	＋	＋
忽然	＋	－	－	－	－	－	－

("＋"表示具备所标示的句法功能,"－"表示不具备所标示的句法功能,下同)

按它们的分布,"忽然"是副词,因为它只能作状语;[⑮]"突然"是形容词。再如,现在汉语语法学界几乎一致同意将下列这些词从以往一般所说的形容词里分出来,单立一类,称为"区别词":

(1) 荤、温、野生、国营、急性、慢性、框式、微型……

原因就因为大家认识到,这些词跟大家所说的下面这样的形容词在语法分布上形成明显的对立:

(2) 大、甜、绿、勤快、认真、小气、虚心……

试将例(1)里的"微型"和例(2)里的"虚心"进行比较：

	虚心	微型
作主语	虚心使人进步	—
作谓语	他这个人虚心	—
作补语	学得虚心	—
带补语	虚心得过了头	—
作定语	虚心态度	微型电脑
很～	很虚心	—
不～	不虚心	—

很明显，二者只在作定语这一点上相同，其余均形成分布上的对立。而作定语这一点只是反映了语言中不同的词类也可能有某些共性这一语言事实罢了。前面"绪论"0.8小节里曾提出这样一个问题："都是表示颜色的'红''粉'⑯'通红'，它们属于同一个词类吗？理由是什么？"我们运用分布分析就能一下子看出它们的不同，它们不属于同一个词类。请看：

	作状语	作谓语中心	作宾语	作补语	作定语	很～	并不～	"的"字结构
红	—	＋	＋	＋	＋	＋	＋	＋
粉	—	—	—	—	＋	—	—	＋
通红	—	＋	—	＋	＋⑰	—	—	—⑱

前面我们在第一节"汉语词类研究"1.3小节里曾说到，"划分词类得根据词的语法功能"。现在了解了分布分析法，我们也可以说，"从根本上来看，划分词类的依据是词的语法分布"。这两种说法是否有矛盾？在回答这个问题之前，先请大家注意我们在第一节1.3小节最后说的一段话：

> 由于"词类是概括词的分类"，因此当我们依据词的语法功能来给某个词定类时，所考虑的词的功能，并不只是指这个词在某个句子里所实现的语法功能，而是指这个词所具有的全部语法功能。所谓"这个词所具有的全部语法功能"就是指这个词能作什么句法成分，不能作什么句法成分；能出现在什么句法位置上，不能出现在什么句法位置上；能跟什么样的特定的鉴定词结合，不能跟什么样的特定的鉴定词结合；等等。

不难认识，在句法中所谓某个词的全部语法功能，也就是指某个词的语法分布。换句话说，在句法中，词的语法功能和词的语法分布可以说是同义词语，只是所说的角度不同。因此，我们在语法论著中，"根据词的语法功能给词分类"与"根据词的语法分布给词分类",这是等价的两种说法,只是由于说话环境或说话场合不同而采用不同的说法而已。

分布分析法并不是只在分类中用得着。事实上在解决单位的等同时,也会用到分布分析。我们知道,语言单位的分布,在语言研究中的作用主要有两个:一是作为语言单位分类的依据;二是作为确定语言单位同一性的依据,即作为出现在相同位置(环境)或不同位置(环境)的两个相似的语言成分是同一个成分还是不同的成分的依据。关于语言单位的分布的第二个作用,不仅语音研究的实际说明了这一点,语法研究的实际也说明了这一点。

先看语音研究的实际。

在俄语里,[p]和[p^h]分布相同,它们属于等同分布(即一致分布),但不造成意义上的对立或差异,所以可以认为是同一个语言成分,属于一个音位,[p]和[p^h]看作是同一个 /p/ 音位的不同变体。由于它们分布相同,这种变体称为自由变体。

在英语里,[b]和 [p^h]分布相同,它们属于等同分布,但能造成意义上的对立。请看实例:

(3) bat[bæt](球拍)　　　ben[ben](内室)
　　 bin[bin](箱子)　　　rebel[ribel](造反)
(4) pat[p^hæt](轻拍)　　pen[p^hen](笔)
　　 pin[p^hin](大头针)　repel[rip^{h}el](击退)

比较例(3)和例(4),很清楚,[b]和 [p^h]虽分布相同,但能造成意义上的对立,所以应分析为两个音位,例(3)是/b/音位,例(4)是/p^h/音位。再看:

(5) spat[spæt](掌击)　　speech[spi:tʃ](言语)
　　 spell[spel](拼写)

比较例(4)和例(5),可以发现,/ p^h/音位在[s]后出现,不再是送气双唇清辅音 [p^h]了,而是不送气双唇清辅音 [p]了。这说明,[p^h]和 [p]形成互补分布——[p]只在[s]后出现,不在其他场合出现;而 [p^h]决不在[s]后出现,只在别的场合出现。[p^h]和 [p]为 /p^h/ 音位的不同条件变体。

再看语法研究的实际。

不妨举现代汉语里的"白"为例。请先看例子:

(6) 那衬衣很白$_1$。
(7) 今天一天白$_2$干了。

(8) 我不会白₃吃你的。

真要死抠意义,按"同音同义"的同一性原则,"白₁""白₂""白₃"得分为三个不同的词——"白₁"表示"像霜或雪的颜色"的意思;"白₂"表示"没有效果;徒然"的意思;"白₃"表示"无代价;无报偿"的意思。可是一般将"白₁"单独看作一个词(形容词),而将"白₂"和"白₃"合在一起看作一个词(副词)。为什么不分成三个"白",而分成两个"白"呢?就因为从分布上看,"白₂"和"白₃"语法分布一致,只能作状语;而"白₁"在语法分布上跟"白₂"和"白₃"明显对立。请看:

	白₁	白₂/白₃
受"很/不"修饰	＋	－
作谓语	＋	－
作定语	＋	－
形成"的"字结构	＋	－
作状语	－	＋

显然,将"白₂""白₃"合为一个词,称为副词,将"白₁"单独立为一个词,称为形容词,这不能不说,分布在其中起了作用。[19]

8.5 关于替换分析法与扩展分析法

前面说了,层次分析的客观基础是语法构造的层次性。不过我们真要对语法构造的层次性有深刻的了解,还必须进一步了解替换分析法与扩展分析法。

关于替换分析法,我们已经在上面 8.3 小节作了些说明,指出替换分析法在语音研究中是确定音位的最简便、有效的方法,而在语法研究中,划分词类,从某个角度说,也运用替换分析法。这里需要补充说明的是,替换实际有两种情形:一种是等量替换。例如:

(1) 看书 ——通过替换——→ 看报

(2) 很干净 ——通过替换——→ 很大方

例(1)用"报"替换"书",例(2)用"大方"替换"干净",都是等量替换。等量替换不改变结构的长度。另一种是不等量替换。例如:

(3) 看电影 ——通过替换——→ 看中国电影

(4) 喜欢看电影 —通过替换→ 喜欢看

例(3)用一个词组"中国电影"替换"电影"一词,例(4)则用一个词"看"替换一个词组"看电影"。这都属于不等量替换。不等量替换一定改变结构的长度。例(3)和例(4)还不完全一样。例(3)是超量替换——用以替换的语言项目的长度超过被替换的语言项目的长度,即:

(5) 电影 —通过替换→ 中国电影

例(4)是差量替换——用以替换的语言项目的长度小于被替换的语言项目的长度,即:

(6) 看电影 —通过替换→ 看

超量替换的结果,造成句法结构的扩展;差量替换的结果,造成句法结构的紧缩。

对替换作补充说明为的是便于了解扩展,而扩展在语法学里是个很重要的概念。语法学中的所谓扩展(expansion),一般的理解是指一个句法结构由简单变为复杂。我们将原先简单的那个结构称为"模型",将变为复杂后的结构称为"扩展式"。合理的扩展得满足三个条件:

A. 扩展式在长度上超过模型。

B. 扩展式与模型相对应的某一位置上成分之间有替换关系,而且语法性质基本不变,[20]因而扩展式与模型能在相同的语言环境中出现。

C. 模型包含在扩展式中。

例如:

    模型   **扩展式**

(7) 买房子 —通过替换→ 买一所房子

(8) 洗衣服 —通过替换→ 洗干净衣服

就例(7)来说,扩展式"买一所房子"长度超过模型"买房子";在相对应的宾语位置上,"房子"与"一所房子"有替换关系;"买房子"和"买一所房子"二者语法性质不变;模型"买房子"包含在扩展式"买一所房子"中。例(8)情形与例(7)相同。例(7)、(8)合乎扩展要求。但下列例(9)、(10)不合要求,不能视为合理的扩展:

(9) *他爱干净 —通过替换→ 他爱干净的孩子

(10) *吃面包 —通过替换→ 吃面包的皮

为什么说例(9)、(10)不是合理的扩展?请大家自己分析一下。

句法结构的扩展,实际有三种类型:

第一种是更迭性扩展(expansion through the supersession)。这种扩展是模型里的某个序列被一个包含该序列但长度超过该序列的新的序列所代替,从而构成一个长度超过原模型的新的扩展式。例如:

(11) 老师的衣服 $\xrightarrow{通过替换}$ (我的老师)的衣服

(12) 老师很能干 $\xrightarrow{通过替换}$ (数学老师)很能干

(13) 做作业 $\xrightarrow{通过替换}$ (做完)作业

(14) 买房子 $\xrightarrow{通过替换}$ 买(木头房子)

(15) 他去 $\xrightarrow{通过替换}$ 他(去广州)

(16) 马上说 $\xrightarrow{通过替换}$ 马上(说清楚)

例(11)—(13)是结构的前面部分被替换而扩展,例(14)—(16)是结构的后面部分被替换而扩展。

第二种是组合性扩展(expansion through the combination)。这种扩展是以模型作为一个整体跟另一个词的序列进行组合,从而构成一个长度超过原模型的新的扩展式。例如:

(17) 去 $\xrightarrow{通过替换}$ (我)去[①]

(18) 书 $\xrightarrow{通过替换}$ (新)书

(19) 清除了 $\xrightarrow{通过替换}$ (不合格的会员)清除了

(20) 批判 $\xrightarrow{通过替换}$ 批判(康德学说)

(21) 吃饱 $\xrightarrow{通过替换}$ 吃饱(肚子)

(22) 唱红了 $\xrightarrow{通过替换}$ 唱红了(北京城)

更迭性扩展是结构复杂化的必不可少的手段;组合性扩展是由一个词语和另一个词语组合成句法结构所必不可少的手段,也是结构复杂化的一种手段。

这两种不同类型的扩展,从本质上说,也都可以看作是替换的结果,不同的是:更迭性扩展,被替换的是个实序列,而组合性扩展,被替换的是个零形式。即:

更迭性扩展:XZ $\xrightarrow{YZ替换Z}$ X(YZ)

组合性扩展：$X\emptyset \xrightarrow{Y替换\emptyset} X(Y)$

第三种扩展是插入性扩展（expansion through the insertion）。这种扩展是在原模型中间插入一个词的序列，从而造成一个长度超过原模型的新的句法结构。例如：

(23) 看完 $\xrightarrow{插入"得/不"}$ 看得/不完

不同的句法结构可持续扩展的情况不一，有的可以无限地扩展，例如（为节省篇幅，下面有的例子用符号">"代替"$\xrightarrow{通过替换}$"）：

(24) 小王知道他来了 > 小王知道小李知道他来了 > 小王知道小李知道老张知道他来了 > 小王知道小李知道老张知道小陈知道他来了 > ……

(25) 我的爸爸 > 我的爸爸的秘书 > 我的爸爸的秘书的孩子 > 我的爸爸的秘书的孩子的同学 > 我的爸爸的秘书的孩子的同学的姐姐 > 我的爸爸的秘书的孩子的同学的姐姐的男朋友 > ……②

可是有的只能进行有限的扩展。例如：

(26) 吃饱 $\xrightarrow{通过替换}$ 吃不饱 $\xrightarrow{通过替换}$ 吃不太饱 $\xrightarrow{通过替换}$ ※

有的除了可以进行组合性扩展外，本身不能进行更迭性扩展。例如：

(27) a. 很笨 $\xrightarrow{通过组合性扩展}$ 孩子很笨 $\xrightarrow{通过更迭性扩展}$ 她的孩子很笨

　　b. 很笨 $\xrightarrow{通过更迭性扩展}$ ※

我们现在只是注意到了这个现象，但还没有想清楚这一现象对语法和语法研究会产生什么样的影响。希望大家都来想想。

了解了替换与扩展有助于我们深刻理解语法构造的层次性。事实上，任何一个复杂的句法结构都可以看作是由一个简单的句法结构通过扩展而形成的。例如，"我吃不完那个刚买的红苹果"我们可以看作是由"吃"通过一步步扩展而来的。请看：

吃 >（我）吃【组合性扩展】

> （我）（吃（苹果））【更迭性扩展】

> （我）（吃（（那个）苹果））【更迭性扩展】

> （我）（吃（（那个）（（红）苹果）））【更迭性扩展】

第八节 形式学派语法分析思路

>（我）(吃((那个)((买的)((红)苹果))))【更迭性扩展】
>（我）(吃((那个)(((刚)买的)((红)苹果))))【更迭性扩展】
>（我）((吃(完))((那个)(((刚)买的)((红)苹果))))【更迭性扩展】
>（我）((吃<不>(完))((那个)(((刚)买的)((红)苹果))))【插入性扩展】

了解了替换与扩展确实就很容易理解句法构造的层次性。

上面介绍了句法构造的扩展。扩展分析法与扩展不是一个概念。"扩展"，说的是语言句法里的一种现象，"扩展法"则是指一种语法分析方法。那么"扩展法"是一种什么样的分析方法呢？根据句法结构扩展的原理，通过观察某个结构能否扩展、能怎样扩展来解释说明某些语法现象，这种分析手段叫"扩展法"。

在前面第二节 2.7"层次分析法的局限"这一小节中我们举了下面这样的例子，来说明层次分析的局限（例子按本节序号排列）：

(28) a. 木头　桌子　质量　　　(29) a. 北大　数学　老师
　　 b. 羊皮　领子　大衣　　　　　 b. 土壤　钾盐　含量
　　　　　1　　　2　　　　　　　　　　1　　　2
　　　　3　　　　　4　　　　　　　　3　　　　　4
　　1—2 "定—中"偏正关系　　　　1—2 "定—中"偏正关系
　　3—4 "定—中"偏正关系　　　　3—4 "定—中"偏正关系

单就层次构造和内部结构关系看，无论例(28)还是例(29)，a 和 b 是一样的。可事实上例(28)a 和 b 并不一样，例(29)a 和 b 也并不一样。例(28)a 结构去掉最前头的修饰语"木头"，"桌子质量"仍然成立，可是 b 结构如果去掉最前头的修饰语"羊皮"，则"领子大衣"就不成立；同样，例(29)a 结构如果去掉中间的修饰语"数学"，"北大老师"仍然成立，但是 b 结构如果去掉中间的修饰语"钾盐"，则"土壤含量"就不成立。为什么会有这样的区别呢？怎样解释这种差异呢？层次分析回答不了这个问题。要回答、解释这个问题，就需了解向心的主从结构的扩展问题。

一个包含三个词、两层主从关系的向心结构，假设格式为"XYZ"，实际有两种结构类型，得采用两种切分法——有的向心结构得切分为"XY/Z"，不妨称之为 A 类向心句法结构。例如：

(30) 出租　汽车　司机｜吃　完　饭｜不　吃　苹果

(31)（这可以）更　快　通过｜中国　同学　多｜给　他　书

有的向心结构得切分为"X/Y Z"，不妨称之为 B 类向心句法结构。例如：

(32) 新的　木头　桌子｜已经　先　吃了｜唱得　很　好

(33) 看了　一个　电影｜同意　他　参加｜他们　不　去

上面举的例(30)—(33)都是包含双重主从关系的句法结构。一般人以为，A 类主从句法结构既然(XY)与 Z 是主从关系，X 与 Y 是主从关系，那么"(XY)Z"这个主从结构一定是由"YZ"扩展来的，即认为：

A. YZ $\xrightarrow{XY 替换 Y}$ (XY)Z

同样，B 类主从句法结构既然 X 与(YZ)是主从关系，Y 与 Z 也是主从关系，那么"X(YZ)"一定是由"XZ"扩展来的，即认为：

B. XZ $\xrightarrow{YZ 替换 Z}$ X(YZ)

其实，并不完全如此。例(28)、(29)就说明了这一点。那么其中的奥妙在哪儿呢？

原来，上面所说的对于一个包含三个词、两层主从关系的向心结构，假设格式为"XYZ"，通常会有两种分析法，这是用静态的眼光来分析这类向心结构所得的认识。如果用动态的眼光，即联系扩展来观察、分析这些包含三个词、两层主从关系的向心结构的话，那我们就会发现，其中实际存在着两种层次构造、四种类型。例(28)a 和 b 以及例(29)a 和 b 四个结构实际就代表了四种类型。请看：

(34) 桌子质量 $\xrightarrow{\text{"木头桌子"替换"桌子"}}$ [木头桌子/质量]

(35) 北大老师 $\xrightarrow{\text{"数学老师"替换"老师"}}$ [北大/数学老师]

(36) 羊皮领子大衣 $\xrightarrow{\text{"大衣"与"羊皮领子"组合}}$ [羊皮领子/大衣]

(37) 土壤钾盐含量 $\xrightarrow{\text{"钾盐含量"与"土壤"组合}}$ [土壤/钾盐含量]

由此可见，复杂的"定－中"偏正结构不一定都是通过更迭性扩展造成的，也有的如例(36)和例(37)是通过组合性扩展造成的，而且也只能理解为通过组合性扩展造成的。其实，不只"定－中"偏正结构如此，有些复杂的主谓结构、述宾结构、述补结构、"状－中"偏正结构，也只能理解为是通过组合性扩展造成的。例如：

主谓结构：(不合格产品)不准出厂 ≠ 产品不准出厂
　　　　　他(对我好) ≠ 他好
述宾结构：批判(康德学说) ≠ 批判学说
　　　　　(哭肿了)眼睛 ≠ 哭眼睛
　　　　　(走大了)脚 ≠ 走脚
述补结构：急得(掉眼泪) ≠ 急得掉
　　　　　笑得(直不起腰) ≠ 笑得直
　　　　　忙个(不停) ≠ 忙个停
状中结构：很(说明问题) ≠ 很说明
　　　　　只(看了三页) ≠ 只看
　　　　　非常(有本事) ≠ 非常有

扩展法对语法研究是有用的。其主要作用一是可以帮助我们对语法构造的层次性有较为清晰而深刻的认识；二是有助于发现、挖掘新的语法现象和语法规律，如上面所举的例(28)b 结构"羊皮领子大衣"和例(29)b 结构"土壤钾盐含量"等特殊现象。此外，一般说来，在区分词组和合成词方面，更迭性扩展法还是一个比较奏效的方法，譬如在"白马"跟"白菜/白药"的区分上，在"红头发"跟"红花②/红领巾"的区分上，用更迭性扩展法就很快能判定前者是词组，后者是合成词，因为前者能扩展，后者不能扩展。当然会遇到难以处理的情况，譬如"鸡蛋"和"鸭蛋"，如果只是根据因为"鸡蛋"有"鸡的蛋"这样的扩展式，"鸭蛋"没有"鸭的蛋"那样的扩展式，就断定"鸡蛋"是词组，"鸭蛋"是词，一般都难以接受。还有，我们也不能根据"帮忙"有"帮她的忙"这样的扩展式就断定"帮忙"是词组；反之，我们也不能根据"很丑""很脏""很下贱"绝对不能进行更迭性扩展，就断言它们都该看作词。造成上述难处有深层次的原因，而不能就此认为扩展法没用。那深层次的原因是：

第一，某事物某种序列不一定都是"1＋1＋1＋1＋1"那样的序列，会有"你中有我，我中有你"的状况。拿英语来说，复数事物一般都是在名词后加表复数的 -s(N＋-s)②来表示，例如："书"book ＋ -s →books|"钢笔"pen ＋ -s →pens |"杯子"cup ＋ -s →cups 等；可是下面的复数事物不是

那样表示法：

	单数	复数
牙齿	tooth	teeth
妇女	woman	women
耗子	mouse	mice

典型的复数表达，属于"1+1"模式，我们很容易将它分离出两个语素来——一个表事物的名词语素，[⑥]一个表事物复数的语素-s。可是对上面的teeth、women、mice这三个复数名词，就没法用这种办法来分离出一个表事物的名词语素和一个表事物复数的语素。过去时定式动词表达法也存在类似现象——一般都是在动词原形后加-ed，但也有不是那样的，如took(take的过去时定式动词)。有鉴于此，美国结构主义语言学派后期代表人物霍凯特就提出过语言构造的两种模型的看法。那两种模型是："项目和排列"(item and arrangement，简称IA模型)与"项目和手续"(item and process，简称IP模型，也有人翻译为"项目与变化"或"项目与过程")。[⑦]一般典型的就属于IA模型，那非典型的就属于IP模型。像前面8.3小节例(1)里的[kar^{51}]按霍凯特的说法，也得用IP模型来处理。霍凯特的设想不是解决问题的具体分析方法，但可以启迪人们去进一步思考。

第二，事物的不同类别往往是个连续统，事物的不同类别之间都有中间地带，难以用一种办法或一种标准截然分清。词和词组也是个连续统，它们之间也有中间地带，所谓离合词就是词和词组的中间地带。词和词组不能截然分得很清楚，这是客观现实。因此，在语言研究中，首先要抓住典型成员，将不同类的典型成员区分开；同时要致力于发现那些中间地带，而这就不能只靠一种分析方法，而需要多角度、多层面、多方位地去思考，探求解决之道。

8.6 乔姆斯基形式学派的研究思路

如果从古希腊时代算起，语法研究已经有几千年的历史了。在这漫长的岁月里，虽然各种语法体系此起彼落，认识论基础、理论格局和论证方式不断变化发展，但基本上都只停留在对语法事实的描写上。美国结构主义语法是这一传统达到巅峰时期的产物，虽然在不同语言的对比方面，在语料的实地采集方面，以及在对语料的概括、归纳、分析方面，都有了长足的进展，虽然从方法论的角度来说已经非常成熟，甚至可以同现代某些自然科学相提并论,但是直至上个世纪中叶,语言研究总是以全面、准确地描述某个自然语言作为自己的最终目标,语法理论的努力方向始终没有脱离这一传统的轨道。

上个世纪中叶,美国出了个乔姆斯基,他师从美国描写语言学大师海里斯,学的是结构主义语言学的研究分析方法,但是在他学成出师的时候,跟结构主义以至传统语法学的认识论基础进行了决裂。乔姆斯基并不轻视语言实际,但他明确指出,实际语料的搜集与分类只是语法分析的低级阶段,要进入高级阶段就必须有高度抽象的概括归纳,而语法研究的最终目的是要对语言现象提出合理的解释,并且进一步由语言机制去探讨大脑的工作机制,了解人类思维活动的本质,探求人类语言所共同遵循的普遍规则。因此,研究语言不能只满足于达到观察的充分性(observatory adequacy)和描写的充分性(descriptive adequacy),更要求达到解释的充分性(explanatory adequacy)。他举了一个浅显而生动的例子来解释他的观点,那就是牛顿发现万有引力的故事——有一天,牛顿躺在苹果树下面,看着苹果从树上掉下来,忽然萌发了一个古怪的念头:苹果为什么总是往地下掉,而不会往天上飞呢?他沿着这个思路往下想,试图为这个再也普通不过的现象找到合理的解释,并因此提出了所有物体都会相互吸引的万有引力理论。刚刚问世的时候,万有引力理论只是个未加验证的假设,却为许多早已观察到的现象提供了合情合理的解释,所以很快就得到大家的公认,而多年后证明万有引力确实存在。如果当初牛顿没有问个为什么,不是千方百计寻求苹果往下落的原因,而只是简单地做一个描述,说明苹果脱离树枝以后总是往下落,决不会上升,那么他充其量只是众多实验物理学家中的一个,他描述得再精确再全面也只不过达到了描述的充分性,那个时代的经典物理学就仍然会停留在实验科学的水平上。正是由于牛顿千方百计地探讨苹果往下落的原因,从显而易见的普通现象中寻找背后的规律性,在前人伽利略关于力的假想的启迪下,努力为自由落体运动寻找合理的解释,万有引力理论才得以问世,物理学才由此上升到理论科学的水平。

对人类语言的研究如果只停留在描述阶段,那语言学就永远只能是实验性的人文学科,永远无法进入理论科学的殿堂,无法与生物学、物理学以及化学等理论性的自然科学平起平坐。生成语言学的目标是为语言现象提供合理解释,也就是要像牛顿说明苹果的运动方向那样,找出能够解释语言运行机制的最佳理论。按照乔姆斯基的设想,所有人类语言的语法系统在高度抽象的层次上都大致相同,都是由所谓的普遍语法经过一定的变化派生出来的；所有的语言现象都可以用同一组语法规律，或者说可以用相同的原则来加以解释，而语言之间的差异只是参数不同而已。乔姆斯基的设想或者说假设，可归纳为以下三点：

第一，人生来就有一种语言官能或者语言习得装置，它是由遗传所决定的。这就是乔姆斯基的语言天赋性(innateness)假说。

第二，人类的语言都要遵守共同的原则，差异只是参数的不同。这就是乔姆斯基所说的原则与参数(principles and parameters)理论。

第三，人类的语言所要遵守的共同原则(即乔姆斯基所说的普遍语法)应该是高度概括，极为简洁的。这就是乔姆斯基的语法简约性(grammatical simplicity)观点。

不难理解，乔姆斯基形式学派的研究思路基本是，所关心的不再只是某种具体语言的内在规律的描写，而是整个人类语言的普遍规律或原则，是人的语言官能(language faculty)，即人与生俱来的由遗传所决定的语言能力及人类语言的习得机制，探索的是人是如何习得语言知识系统的(包括儿童习得母语和成人习得第二语言)。因此他不仅强调对各种语言、各种语言现象进行充分的考察、充分的描写，更强调对各种语言现象进行充分的解释。按照乔姆斯基的假设，人头脑里的语言机制具有初始状态(initial state)，它需要在语言环境中激活。具体说，儿童通过接触实际的语言，激活头脑里生来具有的语言习得机制，从而获得先天的那部分带有普遍性的原则，同时也会通过反复接触实际的语言，摸索出符合母语自身规律的语言特点，再加上必须学的部分，如语音、词汇及其特征等(那部分被视为"参数差异")，将这几部分结合起来，就会逐渐使自己的语法①完善成熟而最终完全掌握自己的母语。

乔姆斯基的理论观点的问世，在语言学界掀起了一场语言学的革命，被人们誉为"乔姆斯基革命"(Chomskyan Revolution)。

关于乔姆斯基理论的具体内容，这里不作介绍了，大家有条件的话可以看乔姆斯基本人的原著，也可以看看国内外介绍、评论乔姆斯基理论以及运用乔姆斯基理论研究汉语的著作。关于乔姆斯基理论的具体运用，总的说，乔姆斯基这套理论不是用来描写具体语言的语法的，而是为证实他所提出的、前面已经说过的三个假设服务的。不过，乔姆斯基用这套理论来探求人类普遍语法时，并不是只作理论的推演(虽然他很重视演绎法)，他同时很注意语言事实的调查、考察与描写。他十分明确地提出了三个"充分"——充分考察，充分描写，充分解释。这就是说，他的理论是建筑在对具体语言的考察、描写的基础上的。正因为这样，所以他的理论

虽然目的是为了探求人类普遍语法和人的语言机制,但对某个具体语言的语言现象的分析描写,也是有帮助的。㉘

这里不妨举个具体的例子,来说明我们也可以利用乔姆斯基的某些理论来对汉语的一些语法现象作新的探索。这个例子就是"这本书的出版""春天的到来"此类结构到底该怎么分析。

8.7 用乔姆斯基的"中心词"理论重新分析"名词+的+谓词"结构

现代汉语中存在着"这本书的出版""春天的到来""她的走"和"长城的伟大""柠檬的酸"这样一类"名词+的+谓词"(NP+的+VP)结构(这里的"谓词"包括动词、形容词),汉语语法学界都认为这是名词性偏正结构。曾有一段时间,这类结构引起了汉语语法学界的热烈讨论。讨论的焦点有两个:一是这些结构里的"出版""到来""走"和"伟大""酸"仍然是动词/形容词还是名词化了;二是这类结构是否跟布龙菲尔德在《语言论》(239页)里所提出的向心结构(endocentric construction)的理论㉙相悖。意见并不一致,归纳起来主要有四种意见——第一种意见认为,布氏的理论无需修改,这类结构里的"出版""到来""走"和"伟大""酸"已经名词化了(即所谓动词、形容词名词化)。㉚第二种意见认为,这类结构里的"出版""到来""走"和"伟大""酸"仍是谓词,不存在"名词化"的问题,布氏的理论需修改。㉛第三种意见认为,这类结构里的"出版""到来""走"和"伟大""酸"仍是谓词,布氏的理论也无需修改;而所以会出现这种似乎矛盾的现象,是由于存在着"汉语词类和句法成分的错综对应关系以及名词、谓词和主语、谓语跟指称、陈述的错综对应关系"的缘故。㉜第四种意见认为,汉语"名动形"是层层包含关系——名词包含动词,动词包含形容词。㉝汉语动词、形容词本来就是名词。以"出版"为例,在"这本书的出版"里,出版体现它的原始的名词性质;在"张三出版了一本书"里,"出版"体现它动词的性质。上述四种意见都缺乏解释力和说服力。

第一种意见,说这种偏正结构里的谓词名词化了,其理由是,那谓词不能再带体貌成分,不能再带补语、宾语,因此谓词性减弱了。这种看法是站不住的。作为某一类词里的某个具体的词,它当然会具有它所属词类的各种语法功能,但当它进入某个具体的语法位置后,我们没有理由再要求它具有它所属词类的所有语法功能。譬如一个及物动词(如"吃"),它一旦带上补语后(如"吃快了""吃得很饱""吃不完"等),一般就不可能再带上宾语,更不可能再带上"了、着、过"一类体貌成分,不可能再重叠,它本身不可能再直接受"不"的修饰,等等。我们能据此认为那带补语的及物动词(如"吃")改变词性了吗?事实上,在现代汉语中,即使像"这本书的出版"这种结构里的"出版"的情况也不少见。例如,"所看的""所做的"里的"看""做"同样不能再带体貌成分,不能再带补语、宾语,不能再重叠,可是没有人认为其中的"看""做"的谓词性减弱了,更没有人认为其中的"看""做"名词化了。

第二种意见,它对第一种意见的批评是有一定道理的,但它不好解释这样一些问题:为什么中心语是谓词性的,而整个偏正结构会呈现体词性?整个结构的体词性由什么决定的?如果我们把整个结构的体词性说成是由偏正格式造成的,那么将会陷入循环论证之中。再说,说布氏的理论要修改,这要有足够的语言事实为根据,光凭汉语"这本书的出版""春天的到来""她的走"和"长城的伟大""柠檬的酸"这类结构的情况还不足以动摇布氏理论,如果硬要根据上述结构的情况对布氏理论进行修改,可能会引发更多的问题,将会付出很大的代价。

第三种意见难以自圆其说。我们知道,所谓"汉语词类和句法成分的错综对应关系以及名词、谓词和主语、谓语跟指称、陈述的错综对应关系",是说在汉语里,不像印欧语那样,名词只能作主宾语,动词只能作谓语,形容词只能作定语或补足语;而是名词、动词、形容词在作主宾语、作谓语、作定语、受定语修饰等方面从句法层面看是基本一样的。如果因为承认"汉语词类和句法成分的错综对应关系以及名词、谓词和主语、谓语跟指称、陈述的错综对应关系",所以就得承认"这本书的出版""春天的到来""她的走"和"长城的伟大""柠檬的酸"这样一类结构里的"出版""到来""走"和"伟大""酸"仍是谓词性的,而这又势必跟布龙菲尔德所提出的向心结构的理论相悖。

至于第四种意见,也并不能圆满解释"这本书的出版"里"出版"的词性问题。这一点,我们已经在本书第一节"汉语词类研究"1.8小节"关于'名动包含'说"中有所论述。

我们觉得,不妨另作思考,具体说可以运用以乔姆斯基为代表的形式语法学理论中的"中心词理论"(head theory),来对这类结构进行再分析、再认识。这里需要介绍的是中心词理论中的中心词构建理论。[③]

中心词构建理论,其核心观点是:有一个短语结构 XP,如果其中所含的句法成分 X 的语法特性决定了整个 XP 的语法特性,那么 X 就被看作 XP 的中心词(head,也译为"中心语")。中心词的语类特点会渗透到其所在的母节点 XP。因此,如果我们知道某一个中心词能使母节点具有名词性语类的语法特点(标记为[＋N]),那么就可推知,其所在的母节点一定属于名词性语类([＋N])。这就是中心词的渗透性原则(percolation principle)。(R. A. Hudson,1987)⑤举例来说,"干净的""吃的"这两个结构里的"的",本身不是名词,但它能使整个结构具有名词性语类特点,即形容词"干净"加上"的"所形成的"干净的"(A 的)、动词"吃"加上"的"所形成的"吃的"(VP 的)都成了名词性结构了,可以表示为:"干净的"[＋N]、"吃的"[＋N]。因此,"干净的""吃的"里的"的"是这两个"的"字结构的中心词。

可见,乔姆斯基的中心词理论里的"中心词",跟传统句法学里所说的"中心语"不是一个概念,跟布龙菲尔德的向心结构理论里的"中心词"也不是一个概念。

传统句法学里的中心语是指修饰性偏正结构里受修饰语(定语或状语)修饰的那个句法成分。譬如,"高大的建筑物""慢慢儿说"都是偏正结构,前者是"定－中"偏正结构,后者是"状－中"偏正结构,其中的修饰语分别是"高大的"(定语)和"慢慢儿"(状语),"建筑物"和"说"就是中心语。显然,这里的中心语是跟修饰语(或定语,或状语)相对的。

布龙菲尔德向心结构理论里的中心词,是指包含在某个句法结构里、决定整个句法结构语法性质且与整个句法结构的语法功能基本一致的那个成分。按此理论,不仅上面所举的"高大的建筑物"和"慢慢儿说"都属于向心结构,像"讲故事""说完(了)"也属于向心结构。此外,还存在与向心结构相对的离心结构。譬如,"吃的""红的"和"木头似的"这些一般所说的助词结构,就属于离心结构,因为像"吃的""红的"是名词性"的"字结构,这种结构整体的语法功能既与"吃"(动词性)、"红"(形容词性)不相一致,也与助词"的"不相一致;同样,"木头似的"是谓词性的,⑥整个结构的语法功能既不同于名词"木头",也不同于助词"似的"。按此理解的中心词,其范围显然要比传统句法学里与修饰语相对的中心语的范围要大;向心结构理论里所说的中心词与传统句法学里所说的跟修饰语相对的中心语显然不一样。

乔姆斯基生成语法学理论中的所谓"中心词"则是指某种结构中与之共现的其他成分都从属于(subordinate)它,并且整个结构的语法性质就由它所决定的那个成分。或者简单地说,在某个句法结构中的某个组成成分决定了该句法结构的语法特性,那么该组成成分就是该句法结构的

中心词。按此理解的中心词,不仅与传统句法学里所说的中心语不一样,也与向心结构理论里所说的中心词不一样,突出的如:

第一,按美国结构主义向心结构理论,现代汉语里的"吃的""红的"那样的"的"字结构,都视为所谓没有中心的离心结构;而按乔姆斯基中心词理论,汉语的"的"字结构也有中心。那结构里的"的"就是中心词,正是这个后附的"的"使整个结构具有名词性。这一点,朱德熙先生早就论证过,说这个"的""是名词性单位的后附成分";⑦"的"字结构之所以具有名词性,就是由这个"的"决定的。

第二,某些句法结构,如"三个苹果""五条狗""两张桌子""八把椅子"等,无论按传统句法学还是按美国结构主义向心结构理论,都分别将"苹果""狗""桌子""椅子"视为中心;而乔姆斯基中心词理论认为,这些句法结构的中心词分别是前面的数量词"三个""五条""两张""八把",而不是"苹果""狗""桌子""椅子"。为什么?因为"三个苹果""五条狗""两张桌子""八把椅子"这些句法结构都属于具有"量项"(quantifier/quantification,也称为"量词"⑧)语法特性的"量化短语",其语法特性不同于一般的名词性结构,而这种量项特性是由"三个""五条""两张""八把"传递和决定的。

现在,我们按照上述乔姆斯基的中心词理论,来考虑、分析"这本书的出版""春天的到来""她的走"和"长城的伟大""柠檬的酸"这样一类"名词+的+谓词"(NP+的+VP)结构。我们觉得可以提出如下新的认识:

> "名词+的+谓词"(NP+的+VP)结构是名词性结构,但不是偏正结构,而是由名词性标记成分"的"插入"名词+谓词"(NP+VP)这种主谓词组中间所构成的另一类"的"字结构。⑨

上述分析与认识跟传统的分析与认识有相同点,有不同点。相同点是都认为"这本书的出版""春天的到来"这类结构是名词性结构。不同点是:

第一,对整个结构性质看法不同——按传统的分析,这类结构是"定—中"偏正结构,修饰语是"名词+的"(NP+的),中心语由"谓词"(VP)充任;按现在新的分析,这类结构是一种名词性的"的"字结构,这种"的"字结构是由名词性标记成分"的"插入一个"名词+谓词"(NP+VP)这样的主谓结构中间所构成的。

第二,对这类结构的"中心词"的看法不同——传统的看法是,这类结构的"中心词"是后面的"谓词"(VP),即所谓"中心语",如上面所举实例中的"出版""到来""走"和"伟大""酸"等;而按现在新的认识,即按中心词

理论,这类结构的"心"是名词性标记成分"的"。⁴⁰

第三,对"的"的看法不同——都将这个"的"看作"结构助词",但以往认为它是个"名词性单位的后附成分",意即只能后附;现在则认为它是个"名词性单位的标记成分",它既可以后附,也可以"嵌中"。⁴¹

以上所述异同,可列如下表(以"这本书的出版""长城的伟大"为例):

	传统的看法	现在的看法
整个结构性质	名词性	名词性
内部结构关系	偏正结构	"的"字结构
中心词	出版/伟大	的
"的"的性质	名词性单位的后附成分	名词性单位的标记成分

显然,按新的分析与认识,原先用传统的观点来分析"这本书的出版""春天的到来""她的走"和"长城的伟大""柠檬的酸"这样一类结构所存在的两个矛盾——(一)整个结构性质(名词性)与作中心语的词语的性质(动词性或形容词性)之间的矛盾,(二)这类结构的所谓特殊性(整个结构是名词性的,作中心语的词语却是动词性或形容词性的)与布龙菲尔德向心结构理论之间的矛盾——就都没有了。

按上述新的分析与认识,现代汉语里主谓结构跟结构助词"的"构成的名词性"的"字结构可以有两类:

甲类:"的"字后附在主谓词组的后边,如"张三写的""张三买的"和"个儿高的""叶子宽的""叶子红的"等;

乙类:"的"字出现在主谓词组的中间,如"这本书的出版""春天的到来""她的走"和"长城的伟大""柠檬的酸"等。

从语法性质上看,这两类"的"字结构,都是名词性的;从表述功能看,它们都具有表达指称的功能。但是,它们无论在表述功能、语法意义或语法功能上都有重要的区别。具体区别如下:

从表述功能和语法意义看,甲类"的"字结构可以表示转指,也可以表示自指。⁴²拿"张三写的"和"叶子红的"为例,在"张三写的是诗歌""叶子红的是枫树"里,"张三写的"转指写的东西,"叶子红的"转指某种植物;而在"张三写的时候""叶子红的时候"里,"张三写的""叶子红的"都表示自指。而乙类"的"字结构在任何情况下都只能表示自指,不能表示转指。

从语法功能看,甲类"的"字结构除了作主语、宾语外,还可以作定语、中心语、谓语等。以"张三写的"和"叶子宽的"为例,请看实例:

(1) 张三写的是一首七言诗。｜叶子宽的是韭菜。【作主语】
(2) 小说，我喜欢读张三写的。｜韭菜，要吃叶子宽的。【作宾语】
(3) 张三写的那首诗有诗意。｜叶子宽的韭菜好吃。【作定语】
(4) 我买了两本张三写的。｜那叶子宽的是韭菜。【作中心语】
(5) 那首诗，张三写的。｜我买的叶子宽的。【作谓语】

乙类"的"字结构则只能作主宾语，不能作别的句法成分。例如：

(6) 春天的到来给人们带来了希望。｜狐狸的狡猾是有名的。【作主语】
(7) 人人都盼望春天的到来。｜谁不知道狐狸的狡猾？【作宾语】

此外，甲类"的"字结构经常用来提取谓词的论元，例如"张大夫用中草药治疗肺气肿"，这句话里动词"治疗"的论元有三个——施事论元"张大夫"，受事论元"肺气肿"，凭借论元"中草药"，当我们要提取其中的任何一个论元时，可以而且只能用甲类"的"字结构。请看：

(8) 张大夫用中草药治疗的是肺气肿。【提取受事论元】
(9) 用中草药治疗肺气肿的是张大夫。【提取施事论元】
(10) 张大夫治疗肺气肿用的是中草药。【提取凭借论元】

乙类"的"字结构不能用来提取谓词的任何论元。

上述新的分析与认识，跟朱德熙(1982)、陆俭明(1989)关于"所"的分析一致，他们认为，"他所反对的"，作如下的切分比较合理：

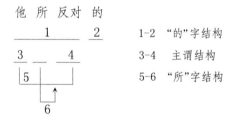

显然，"春天的到来"作如下分析也不是新奇的事：

值得注意的是，吕叔湘、朱德熙在1952年出版的《语法修辞讲话》里就将"中国的解放""态度的坦白"看作"主谓短语"，而将处于被包含状态的"自己不懂(的东西)""中国人民获得解放(是世界历史上一件大事)"看作"句

子形式",以示区别。而关于主谓短语,他们是这样说的:"主谓短语:一个主语加上一个谓语,中间用'的'字连接,如'中国的解放''态度的坦白'。"⑬(9页)

显然,我们完全可以借鉴乔姆斯基理论中的某些思想与观点来对汉语的一些语法现象作新的思考与分析。我们也曾用上述分析与观点给外国留学生讲解"这本书的出版""春天的到来""她的走"和"长城的伟大""柠檬的酸"这样一类结构,效果相当好。因此,上述新的分析与结论对于对外汉语教学中有关结构助词"的"的教学,也是有一定参考价值的。⑭

8.8 关于轻动词理论分析

"那件事激动得张三流出了眼泪",按层次分析法,这句话不难分析,具体可作如下分析:

(1) 那件事　激动得　张三　流出了眼泪。
　　　　1　　　　　2　　　　　　　　　1—2 主谓关系
　　　　　　　　3　　　　　　　4　　　3—4 述补关系
　　　　　　　　　　　　　5　　　　6　　5—6 主谓关系

问题是,"张三"是"激动"的施事,怎么出现在动词"激动"之后了?这该如何解释?要想作出较为满意的回答,得运用生成语法学的轻动词理论。

什么叫轻动词理论?这需要从双宾结构的切分说起。按传统的分析法,双宾结构(如"给玛丽一本书")是这样切分的:

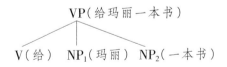

这样切分不符合生成语法学理论的"标杠"(X-bar)理论(也称"X 阶理论"或"中节理论")所严格要求的"两分叉结构"(binary branching structure)分析原则⑮。朱德熙先生(1982)作如下的切分法——述宾结构带宾语⑯:

(2) 约翰　给　玛丽　一本书。
　　　1　　　　　2　　　　　1—2 主谓关系
　　　　　　3　　　　4　　　3—4 述宾关系
　　　　　　5　　6　　　　　5—6 述宾关系

如果用树形图可表示如下：

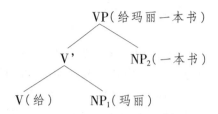

如此切分克服了传统切分的弊病,但从生成语法学的约束、统制理论看也存在问题——按现在的树形图是"NP₂(一本书)"约束、统制"NP₁(玛丽)",而按约束、统制理论应该是"NP₁(玛丽)"约束、统制"NP₂(一本书)"。为克服这一弊病,于是,美国一位语言学家拉森(R. Larson,1988)给双宾结构设计了一个双层动词短语嵌套的结构:下层是实义 VP 核心结构,上面还有一个以空动词(empty verb,v)为核心的空壳(shell)结构;这个模式就叫作"空壳动词结构"(VP-shell structure,vP)。具体如下:

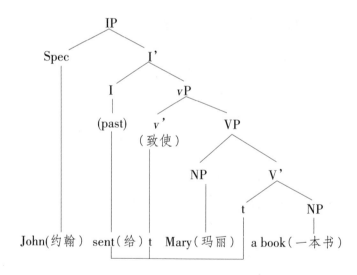

这样一来,既符合标杠理论要求,也符合约束、统制理论的要求。

拉森的这一分析处理意见为乔姆斯基所采纳,只是乔姆斯基没用拉森的"空动词"这一术语,而借用叶斯柏森(O. Jespersen)所用过的"轻动词"(light verb)这一术语,即用"轻动词"代替"空动词",用"轻动词结构"代替"空壳动词结构";轻动词用"v"表示,轻动词结构用"vP"表示。①乔姆斯基把轻动词看成是一个引导动词短语的成分["v is a light verb that introduces verbal phrases."(Chomsky,1995)],是每个有域外论元动词的动词结构的必有成分。按此理论,可以将任何一个句子(这里指单句)

都假设为:任何实义动词结构之前都有一个轻动词,那实义动词结构作轻动词的补足语。如果用符号可表示为:

主语$_i$—[$_{vP}$[v+$_{VP}$[NP$_i$+V+宾语]]]

用树形图可表示为:

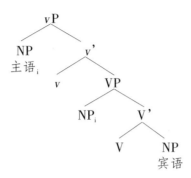

轻动词是有语义内容而无语音形式的成分,它有很强的特点:必须黏附在一个实义动词语的身上,以便在音韵层面得到实现。为了满足这个要求,后面的动词语需要提升到轻动词的位置与之并合。这也就是为什么乔姆斯基会把轻动词看成是引导动词语的成分。

拉森提出空壳动词结构假设,原本只为解决双宾结构的结构分析问题。结果发现,这一假设可以用于很多地方。下面我们举例性地略作说明。㊽

可用来解释致使结构(causative constructions)。例如上面所举的例(1),按轻动词理论,可作如下分析:

(1) a. 那件事[$_{vP(使)}$[$_{VP}$张三激动得流出了眼泪]]

b. 那件事激动得张三流出了眼泪。

下面是类似的例子:

(3) 那黑影吓了我一跳。
(4) 这条公路方便了山里的群众。

对例(3)可这样解释:

(3) a. 那黑影[$_{vP(使)}$[$_{VP}$我吓了一跳]]

b. 那黑影吓了我一跳。

对例(4)可这样解释：

(4) a. 这条公路[$_{vP(使)}$[$_{VP}$山里的群众方便了]]

b. 这条公路方便了山里的群众。

可用来解释存现宾语。请先看下面的实例：

(5) 台上坐着主席团。
    床上躺着病人。
    门口站着许多孩子。
(6) 墙上挂着画。
    门上贴着对联。
    头上戴着帽子。
(7) 前边来了一个人。
    水底下浮出一个葫芦。
    床底下蹿出一只老鼠。
(8) 村里死了一头猪。
    笼子里飞了一只鸽子。
    5号牢房跑了个犯人。

这些句子就是通常所谓的存现句。这有两个问题值得我们思考：

第一，例(5)、例(7)、例(8)各句的施事，即域外论元怎么跑到动词后面去了？

第二，例(5)—(8)明明语法意义各不相同，前人怎么会把它们放到一起，称之为"存现句"？

轻动词理论可以帮我们做出解释：在这些句子的动词结构前还有一个表示"存/现"义的轻动词结构，即：

(5) a. 台上[$_{vP(存在)}$[$_{VP}$主席团坐着]]

b. 台上坐着主席团。

(6) a. 墙上[$_{vP(存在)}$[$_{VP}$画挂着]]

b. 墙上挂着画。

(7) a. 前边[vP(出现)[VP一个人来了]]

b. 前边来了一个人。

(8) a. 村里[vP(消失)[VP一头猪死了]]

b. 村里死了一头猪。

这一理论也可用来解释汉语里的非受事宾语。我们知道,汉语跟英语相比较,有一个明显的特点:宾语的语义类型特别多,除了受事(含结果)宾语外,还有诸如施事宾语、目的宾语、工具宾语等。对于施事宾语现象,上面对存现句的分析中已经做出了解释,这里只对目的宾语和工具宾语做出解释。请先看例句:

(9) 下午我们打扫卫生。
　　我们在排足球票。
(10) 你吃大碗。
　　你切这把刀。

怎么解释这些宾语?也可以用轻动词理论来解释。例(9)(10)的第一句可分别表示为:

(9) a. 下午我们[vP(目的)[VP卫生打扫]]

b. 下午我们打扫卫生。

(10) a. 你[vP(用)[VP大碗吃]]

b. 你吃大碗。

例(9)(10)的第二句也可照此分析。

注释

① 参看 Chomsky, N. (1957), *Syntactic Structures*. The Hague: Mouton;中译本:《句法结构》(邢公畹、庞秉均、黄长著、林书武译),中国社会科学出版社,1979年。Chomsky, N. (1965), *Aspects of the Theory of Syntax*. Cambridge: MIT Press;中译本:《句法理论的若干问题》(黄长著、林书武、沈家煊译),中国社会科学出版社,1986年。

② 参看 Carroll, J. B. (1953), *The Study of Language: A Survey of Linguistics and Related Disciplines*. Cambridge: Harvard University Press.

③ 布龙菲尔德的话以及所注页码,均见中译本《语言论》(袁家骅、赵世开、甘世福译),商务印书馆,1997年。

④ 参看 Hall, R. A. Jr (1951), *American Linguistics 1925—50*. 译文引自乔伙的译文《美国的语言学(1925—1950)》,见《语言学论文选译》第7辑167页,中华书局,1958年。

⑤ 参看 Wells, R. S. (1947), *Immediate Constituent*, *Language* 23, 译文《直接组成成分》,《语言学资料》1963年第6期。文中指出,old man and woman 可以有两种切分法: a. old (man and woman); b. (old man) and (woman)。这是因为在英语里这一结构本身在意义上就可以有两种理解。

⑥ 参看布龙菲尔德《语言论》2.2小节(中译本)。

⑦ 这里只是假设,假设按确定音位的原则已将汉语普通话的音位切分确定了。

⑧ [kar^{51}]的切分问题比较复杂,见下文8.6。

⑨ 实例引自维多利亚·弗罗姆金(Victoria Fromkin)、罗伯特·罗德曼(Robert Rodman)、妮娜·海姆斯(Nina Hyams)《语言引论》(*An Introduction to Language*)(第八版)中译本第三章"8.形态分析:辨认语素",王大惟、朱晓农、周晓康、陈敏译,北京大学出版社,2017年(但文字有所修改)。

⑩ 此例引自朱德熙《语法分析讲稿》1.1小节,商务印书馆,2010年。该方言是广东潮阳话。朱德熙先生所用例子引自张盛裕《潮阳方言的语音系统》,《方言》1980年第2期。

⑪ 标音右上角的"11"代表实际调值(下同)。潮阳话有8个声调,分别为:
  1. 阴平 33   2. 阳平 55   3. 阴上 53   4. 阳上 313
  5. 阴去 31   6. 阳去 11   7. 阴入 11   8. 阳入 55

⑫ 参看朱德熙《句法结构》0.1小节,《中国语文》1962年第8、9期合刊。

⑬ 上个世纪40年代,海里斯(Z. Harris)、布洛克(B. Bloch)、霍凯特(C. F. Hockett)和奈达(E. A. Nida)开始把"分布"这个术语用于语法分析。

⑭ "突然"可作宾语,如"感到(很)突然"。

⑮ 参看朱德熙《语法讲义》14.1.1小节,商务印书馆,1982年。朱先生明确地说:"我们把副词定义为只能充任状语的虚词。"我们同意此观点。

⑯ 这里的"粉"指"红和白合成的颜色"。

⑰ "通红"作定语一般得带上"的",除非受修饰的名词前有数量词,如"通红的太阳""通红的脸","通红一个太阳跃出了海面""立时,通红一张脸藏到了妈妈背后"。

⑱ 有"通红的"的说法,但这不是"的"字结构,仍属于状态词,参看朱德熙《说"的"》,《中国语文》1961年第12期。

⑲ 从更高层面上看,"白$_2$"和"白$_3$"可视为同义,都表示报酬与劳力的付出不相符。

⑳ "买房子"通过替换扩展为"买一所房子",那"一所房子"和"房子"、"买一所房子"和"买房子",语法性质还是有所差别,所以只能说"基本不变"。

㉑ 有的模型是个单词,如例(17)的"去",例(20)的"批判",但我们也可以将它们看作是一个结构,只是这种结构中包含一个零形式∅。即例(17)的"去"可假设为"∅＋去",由"我"替换"∅",就成了"我去";例(20)的"批判"可假设为"批判＋∅",由"康德学说"替换"∅",就成了"批判康德学说"。余者类推。
㉒ 这是由指人的名词自相组合造成的偏正结构,这种偏正结构的扩展只能是后加式组合型扩展。具体参看陆俭明《由指人的名词自相组合造成的偏正结构》,《中国语言学报》1985年第二期。
㉓ 红花是一种植物,可以入药。
㉔ 表示复数的-s 有变体,如[-s]、[-z]、[-is]、[-iz]等（class ：classes丨potato ：potatoes)。
㉕ 假设这里所说的名词是单纯词,不是合成词。
㉖ 参看 C. F. Hockett (1954) Two Models of Grammatical Description,中译文《语法描写的两种模型》(范继淹译),《语言学资料》1963年第6期。
㉗ 这里所说的"语法"是作广义理解的语法,即语言的法则。
㉘ 这一点从沈阳《现代汉语空语类研究》(山东教育出版社,1994年)、沈阳、何元建、顾阳《生成语法理论与汉语语法研究》(黑龙江教育出版社,2001年)、石定栩《名词和名词性成分》(北京大学出版社,2011年)、徐杰《普遍语法原则与汉语语法现象》(北京大学出版社,2001年)和徐烈炯主编《共性与个性》(北京语言文化大学出版社,1999年)中可以看出,大家不妨阅读一下这几部著作。
㉙ 参看布龙菲尔德《语言论》12.10 小节(中译本)。
㉚ 分别参看史振晔《试论汉语动词、形容词的名词化》(《中国语文》1960 年 12 月号)、施关淦《"这本书的出版"中"出版"的词性——从向心结构理论说起》(《中国语文通讯》1981 年第 4 期)和《现代汉语的向心结构和离心结构》(《中国语文》1988 年第 4 期)、范晓《VP 主语句——兼论"N 的 V"作主语》(《语法研究与探索》(六),语文出版社,1992 年)以及胡裕树、范晓《动词形容词的"名物化"和"名词化"》(《中国语文》1994 年第 2 期)。
㉛ 分别参看朱德熙、卢甲文、马真《关于动词形容词"名物化"的问题》,《北京大学学报》(人文科学版)1961 年第 4 期;朱德熙《关于向心结构的定义》,《中国语文》1984 年第 6 期。
㉜ 参看项梦冰《论"这本书的出版"中"出版"的词性——对汉语动词、形容词"名物化"问题的再认识》,《天津师范大学学报》1991 年第 4 期。
㉝ 参看沈家煊《汉语里的名词和动词》,《汉藏语学报》2007 年第 1 期;《语法六讲》"第一讲 汉语语法研究摆脱印欧语眼光"(12－14 页),商务印书馆,2011 年。
㉞ "中心词"理论主要包括两方面内容,一是"中心词"移位理论,二是"中心词"构建理论。下面只介绍"中心词"构建理论。
㉟ 参看 Hudson, R. A. (1987) On Heads, *Linguistics*, 23. (Hudson 这一阐释由北京语言大学司富珍教授提供)。
㊱ "木头似的"可以作谓语,如:"那家伙木头似的!"可以作补语,如:"他被惊得木头

似的,竟然一下子就成了个木头人。”它能受副词修饰,如:“我印象里他一向木头似的,现在怎么变得有说有笑的啦?”

㊲ 参看朱德熙《说“的”》“§3 的$_3$”,《中国语文》1961 年第 12 期。注意,按乔姆斯基的“中心词”理论,将汉语中“的”字结构里的“的”视为中心词,并不是说“的”本身具有名词性,而是说“的”字结构的名词性是由“的”决定的。

㊳ 这里所说的“量词”跟汉语语法学里说的“量词”,词形一样,但不是一个概念。这里所说的“量词”(quantifier/quantification)指一组表示数量对立的语项,下分为“全称量词”(universal quantification,也称“全称量化”)和“存在量词”(existential quantification,也称“存在量化”)。前者如汉语的“所有”“全部”“每一个”等,英语的 all、everyone;后者如汉语的“三个”“五条”“许多”等,英语的 some、many、several、a lot of 等。而汉语语法学里所说的“量词”,指表示事物或动作的计量单位的词。例如,“个”“次”“天”等,所以又称“单位词”。

㊴ 生成语法学者不说“插入”,他们采用这样的解释:由“的”形成的“的”字短语(简称 DeP),其“的”为中心词,那主谓词组是“的”的补足语,然后那主语成分为取得格位而往上移位,这样在表层看来成了“的”字插在主谓词组中间了。具体参看司富珍《中心语理论和汉语的 DeP》,《当代语言学》2004 年第 1 期。我们吸取生成语法学的“中心词”建构理论的合理因素,不取他们的生成之说。

㊵ 这个“的”,司富珍在《汉语的标句词“的”及相关的句法问题》(《语言教学与研究》2002 年第 2 期)一文中称之为“作为名词性功能标记的结构助词‘的’”。

㊶ 不限于嵌入主谓结构,也可以嵌入某些“介词结构+谓词”(PP+VP)的“状-中”偏正结构中间,如“对腐败现象的揭发批判”。

㊷ 有关“指称”“自指”“转指”的概念,参看朱德熙《自指和转指——汉语名词化标记“的、者、所、之”的语法功能和语义功能》,《方言》1983 年第 1 期。

㊸ 参看吕叔湘、朱德熙《语法修辞讲话》第一讲第二段“从字到句”,中国青年出版社,1952 年。

㊹ 关于用乔姆斯基的“中心词”理论重新分析“名词+的+谓词”结构,也可参看陆俭明《对“NP+的+VP”结构的重新认识》,《中国语文》2003 年第 5 期。

㊺ 按“标杠”理论,从切分角度看,所有语法结构都进行二分。关于“标杠”理论,不在此介绍,有兴趣的读者可参看 Chomsky, N. (1970), Remarks on Nominalization(《关于名词化标记》). In Roderick Jacobs & Peter Rosenbaum (eds.) *Readings in English Transformational Grammar*, pp. 184—221. Waltham, MA. Ginn.

㊻ 参看朱德熙《语法讲义》8.7.4 小节,商务印书馆,1982 年。这跟乔姆斯基 1970 年的《关于名词化标记》一文中的看法相类似。

㊼ 乔姆斯基只是借用叶斯柏森的“轻动词”这一术语,含义并不一样。叶斯柏森是用 light verb 来指英语中这样一类结构中的动词:

a. have a read/a rest/a cry/a think

b. take a walk/a sneak/a drive/a plunge

c. give a sigh/a shout/a shiver/a pull/a ring

这些是英语中标准的"动词+补足语(complement)"结构,但是其中 have、take、give 的意思很虚,不实在。人们说"John has a read"时,并不是真的指 John"有""一个读书",而就是指 John"读书"(reads)。余者类推。再说,虽然 have、take、give 在这里是作谓语的主要动词,但真正对主语在语义上起说明作用的是后面的 read、walk、sigh 等。

㊸ 参看冯胜利《轻动词移位与古今汉语的动宾关系》,《语言科学》2005 年第 1 期。

第九节 功能学派语法分析思路

  9.1 功能学派的基本观点和关注领域
  9.2 从篇章角度解释语法现象
  9.3 从语法化角度解释语法现象
  9.4 从语言类型学角度解释语法现象
  9.5 从话语交际角度解释语法现象

9.1 功能学派的基本观点和关注领域

  功能语言学派(简称"功能学派")是当代语言学领域三大学派之一,在语言学领域有广泛的影响。功能学派所说的"功能",是指语言的交际功能。

  功能学派的兴起是在20世纪70年代。自50年代爆发"乔姆斯基革命"以来,一时转换生成语法研究成为当时语言研究中最为活跃的领域。生成语言学派强调语法的"天赋性"(innateness)和"自主性"(automatic),主张对种种语言现象从语言内部去寻求解释。甚至他们认为语言的实际使用(language use)对研究语言规律没有多少裨益。因此转换生成语法在方法论上注重内省,不注重通过实际语料来研究语言规律。这个主张引来多方面的质疑与反对,功能语言学派就是在这样的背景下产生的。

  功能学派认为,对语言现象与语言规律得从语言外部,特别是从语言的交际功能这一角度去寻求解释。正如我们在"绪论"0.7小节里已介绍过的,功能学派的基本观点是:"语言的交际功能既是语法研究的出发点,也是语法研究的归宿。"功能学派所考虑的基本问题是:"How grammars come to be the way they are?"(语法为什么是这样的?)功能学派甚至普遍形成了这样的思想:"用法先于语法。"[①]但也不是说他们不需要形式分析。功能学派中的多数人认为功能分析和形式分析都需要,只是应以功能分析为主,形式分析为辅。[②]

  功能学派虽说是在上个世纪70年代兴起的,但是如果要追根溯源的话,可以追溯到古希腊时代。古希腊时代就存在着语言观迥然不同的两大派,一派以普罗塔哥拉(Protagoras,485—410 B.C.)和柏拉图(Plato,427—347 B.C.)为代表,一派以亚里士多德(Aristotle,384—322 B.C.)为代表。普罗塔哥拉和柏拉图他们就强调语言是人与人之间谈论事情的一种活动方式,研究语言就是要对话语作出语义解释,因此要关注语义与修辞功能的关系。他们将语言学归入人类学。而亚里士多德他们强调研究语言规则系统,对句子作出形式分析,将语言学视为哲学的一部分。③

二者之间的分歧意见大致可列入下表:

普罗塔哥拉和柏拉图	亚里士多德
语言学是人类学的一部分	语言学是哲学的一部分
语法是文化的一部分	语法是逻辑学的一部分
语言是向人谈论事情的手段	语言是表示肯定与否定的手段
语言是一种活动方式	语言是一种判断方式
语言学是描写的	语言学是规范的
语言是选择系统	语言是规则系统
注意不规则现象	注意规则现象
关心语义与修辞功能的关系	关心语义与真值的关系
对话语作语义解释	对句子作形式分析
把可接受性或用途作为理想化标准	把合乎语法性作为理想化标准

然而,20世纪70年代兴起的功能学派,更直接是受布拉格学派"语言功能论"的影响。大家知道,在索绪尔理论的影响下,出现了三个结构主义语言学派别,其中哥本哈根学派和美国描写语言学派,都被认为是彻底的形式主义学派,而布拉格学派与其他两个学派不同。布拉格学派一方面接受了索绪尔关于"系统""结构"的概念,创立了音位学理论,同时他们接受了博杜恩·德·库尔德内(B. de Courtenay,1845—1929)的功能观,并受到法国语言学家马丁内(A. Martinet)"功能语言观"的影响,所以布拉格学派一向自称"结构—功能学派",有人干脆就称之为"功能学派"。布拉格学派的奠基人马泰修斯(Vilém Mathesius,1882—1945)一再强调"语言是一个价值系统","语言是交际的工具,思维的工具",因此,"语言研究应以交际需要为出发点","分析语言现象要首先考虑其功能","要以功能为依据"。具体说,"研究语言应从语言功能入手,然后去研究语言形式",因为"说话人先想到要表达什么,然后才去寻找适宜的语言形式"。正是基于这样的认识,马泰修斯于1929年提出了"句子功能透视"(functional sentence perspective,捷克语原文为 aktuální členění větné,

也有人译为"句子功能前景"或"句子功能观点")的理论,强调用信息论的原理来分析话语和文句。④ 具体说,他把一个句子分为三部分:主位(theme)、过渡(transition)和述位(rheme)。主位是"话语的出发点",是"所谈论的对象",是"已知信息";述位是"话语的核心",是"说话人对主位要讲的话,或与主位有关的话";过渡是属于"非主位的但又负载最小交际能力的成分"。例如:

```
He      has  fallen    ill.      (他病了。)
|        |              |
主位     过渡           述位
```

上面例句里的 he 是主位,是所谈论的对象;ill 是述位,是话语的核心;has fallen 是过渡,是负载最小交际能力的成分。新崛起的功能学派就普遍接受了布拉格学派的句子功能前景理论和"主位""述位"的概念,只是把"过渡"归入了述位。

美国的功能学派,从理论继承上说,还受到洪堡特关于"语言和思维不可分割"和"民族语言和民族精神紧密相连","民族语言是民族精神外部现象"等观点以及萨丕尔(E. Sapir,1884—1939)关于"言语是一种非本能性的、获得的、'文化的'功能"和"语言是表达意义的工具","是表达思想的形式"等观点的影响。这里顺带需要说明,萨丕尔和布龙菲尔德虽同为美国结构主义的奠基者,但萨丕尔跟布龙菲尔德有所不同,他在强调语言是一个符号系统的同时,强调"语言是一种社会现象",带有"文化的功能"。⑤ 在第八节 8.6 里我们说到,形式学派"所关心的不再只是某种具体语言的内在规律的描写,而是整个人类语言的普遍规律或原则"。这一点,功能学派也这样认为,但他们所说的人类语言共性是指"蕴含性共性"(implicational universal),而非完全一致的共性原则。(详见下文 9.4)

功能学派强调语言的交际功能。功能学派的这一语言观决定了他们注重语言的实际交际,注重语言的社会性,强调研究语法、解释说明语法规则都必须而且主要得从语义、语用方面去找因素,要联系外部世界来考察、研究语言。可是外部世界非常大,不可能面面俱到,得选择合适的切入点。于是,功能学派逐步形成了若干个具体的研究领域,就目前来说主要是:话语信息结构、会话交际、语法化、语言社会变异、话语篇章分析、语言类型及语义地图等。从上个世纪 70 年代以来,功能学派研究成果突出,并产生了广泛影响。这里我们不想作全面介绍,仅就我自己所认识到的、认为对解决汉语语法问题、解释汉语语法现象有用的一些分析手段,作些介绍与说明。

9.2 从篇章角度解释语法现象

篇章(text),在国内外不同的学术论著中有不同的含义。吕叔湘先生在《汉语语法分析问题》(1979)中有这么一段话:

> 比句子大的单位是段、大段、全篇(或章、节)。一般讲语法只讲到句子为止,篇章段落的分析是作文法的范围。事实上,句和句之间的联系,段和段之间的联系,往往也应用语法手段(主要是虚词);但是除此之外还有其他手段,如偶句、排句、问答等等;还常常只依靠意义上的连贯,没有形式标志。因此,篇章段落的分析方法和句子内部的分析方法有较大的差别,语法分析基本上到句子为止,还是有点理由的。⑥

我们采纳吕先生的意见,对"篇章"取这样一种看法——篇章是指大于句子的话语,无论是书面语还是口语。越过句子而产生的语言现象,一般称之为"篇章现象"。⑦

在我国,对篇章结构及其特点的关注,可追溯到刘勰的《文心雕龙·章句》:"夫人之立言,因字而生句,积句而成章,积章而成篇。"不过后来将篇章研究归入文章学或修辞学范畴。篇章研究真正作为一个独立的语言学分支学科,那是上个世纪50年代至70年代在西方发展起来的,而且发展得很快,遍及各国。篇章研究是以语言运用为导向的研究,最早主要研究篇章连贯以及连贯手段。现在逐步探索各种文体或语体的结构要素以及这些要素组成篇章的具体情况,以及由于篇章原因所造成的种种语言现象。篇章虽不属于语法研究的范围,但某些语法现象从篇章的角度(或者说放到篇章里去看)会看得更清楚。这里我们只能举些实例,希望大家透过所举的实例来体会从篇章角度研究语法的研究视角与研究思路。

【实例一】助词"的"的实际作用

在结构主义语法学理论思想指导下,语法研究的视野只到句子为止,这使我们对某些语法现象的认识,特别是对一些虚词的实际作用的认识,往往受到局限。如果从篇章的角度看,将会更好地认识各个虚词在语言运用中的不同层面的实际作用。下面不妨以助词"的"为例来加以说明。

关于现代汉语里的"的"(包含书面上出现在状语末尾的"地"),学界已有不少研究。从结构主义语言学的视角看,朱德熙先生的《说"的"》(1961)可认为是有关"的"的最高水平的研究成果了。朱先生鉴于"的"是

个后附成分,他运用结构主义的分析方法,比较了"X 的"结构的语法功能,发现可以分为三类不同性质的"X 的":

(a) 副词性的,如"悄悄地""忽然地"等。
(b) 形容词性的,如"红红的""干干净净的""糊里糊涂的"等。
(c) 名词性的,如"吃的""妈妈买的""干净的""木头的"等。

朱先生将"X 的"语法性质上的不同归结为"的"的功能的不同,从而将"的"分析为三个——副词性的后附成分"的$_1$"、形容词性的后附成分"的$_2$"和名词性的后附成分"的$_3$"。

关于"的$_1$"和"的$_2$",暂无新的看法;关于"的$_3$",如果进一步从篇章的视角考察一下它在不同层面的实际作用,还可以对它获得新的认识。

按朱先生的分析,下面例子里的"的"都是"的$_3$":

(1) 我的面包 | 张三的面包
(2) 妈妈买的面包(大)| 甜的面包(好吃)
(3) 他呀,从来不吃这种甜面包的。| 他昨天回来的。

功能学派则不这样看,他们认为从篇章的角度看,这三个例子里的"的"实际处于不同的层面,其性质和作用是不相同的。请看张伯江(2005)的分析:[8]

例(1)里的"的"可以看作领属关系标志,是属于形态学意义的语法手段,黏在词上实现词汇性意义的变化——使该词具有属格身份。人称代词只要后边加了这个"的"字,就强制性地成为属格身份;某些名词性词语(记为 NP_1)后边加了这个"的"字,只要该名词性词语,所指事物可以成为另一事物的领有者,而且表示那另一事物的名词性词语(记为 NP_2)在结构中与之同现,那么那 NP_1 也能强制性地成为属格身份。[9]

例(2)里的"的",可以看作关系小句标志。谓词"买""甜",如果作谓语,所形成的最基本的句子结构是:

(4) 妈妈买面包。
(5) 面包甜。

那作为关系化标志的"的"是一种特殊的句法手段,通过它可以使谓词性成分体词化,从而可以提取句子的句法成分宾语或主语,对原先的行为事件结构或"事物-性状"结构内部的语义加以调整。请看:

(4)妈妈买面包。
　　　⇩
(4')a.妈妈买的面包(大)。
　　b.妈妈买的(大)。【本着经济原则,在一定上下文中可省去"面包"】
(5)面包甜。
　　　⇩
(5')a.甜的面包(好吃)。
　　b.甜的(好吃)。【本着经济原则,在一定上下文中可省去"面包"】

例(3)里的"的"则可以看作传信范畴标志。作为传信标志的"的",并不改变也不影响原来句子的句法结构和命题内容,只是添加一种说话人的态度因素。

张伯江(2005)的分析无疑有助于我们加深对结构助词"的"的认识。

【实例二】对"把"字句、"将"字句的新认识

关于"把"字句汉语学界谈论得很多,在谈论"把"字句时一般也常常会谈到"将"字句。而对于"把"字句与"将"字句的区别,一般都认为二者只是语气、风格的差异:"将"字句书面语语气浓,只用在书面语上;"把"字句则口语、书面语都用。其实,它们还有更重要的区别。1999年,陶红印教授专门从篇章语体的视角考察了书面上的"把"字句和"将"字句,结果发现一个很有意思的现象。

说"将"字句只用于书面语,"把"字句则书面语、口语都用,这结论不错。问题是"把"字句和"将"字句在书面语中所起的作用一样吗?如果不一样,二者的区别在哪里呢?对此陶红印(1999)作了考察,他发现"把"字句、"将"字句虽然都能用于书面语,但在语体上有重要的差异。下面是陶红印所获得的调查资料:

(一)《人民日报》社论无疑是书面语,但在社论这类语体的书面语中,很少出现"将"字句,多用"把"字句。他对1997年全年49篇社论做了调查统计,在近10万字的语料中,"把"字句出现145次,"将"字句只出现7次。

(二)菜谱也无疑是书面语,但在菜谱这类语体的书面语中,近5万字的语料里,"将"字句却出现了372次,"把"字句只出现166次,远低于"将"字句。而类似菜谱这样一种"指导操作性"语体的《利方多元系统中文软件用户手册》(四通利方信息技术有限公司1997年公布),也是"将"

字句的出现次数大大高于"把"字句——在头45页25,000多字中,"将"字句出现33次,"把"字句只出现1次。根据陶红印的报告,一般文章中,如报纸社论一类文章中,"把"字句用得多,"将"字句用得少;而在菜谱、说明书一类文字中,多用"将"字句,很少用"把"字句。[10]

同是书面语,为什么会出现这样的差异?这种差异说明了什么?怎么解释这一现象?后来沈家煊(2002)通过对汉语里处置式的研究,获得了如下结论:"把"字句具有很强的"主观处置性",而"将"字句的主观性逐渐衰弱,这从《老残游记》开始就可以看出。[11]这实际就回答了上面的问题——正是由于"把"字句具有很强的"主观处置性",因此一般多用"把"字句来表示那"主观处置性";而"将"字句的主观性逐渐衰弱,因此"将"字句一般主要用在菜谱、用户手册、产品说明书一类文体中,而这也是商家的需要——显示客观姿态、尽量弱化主观性。

显然,跳出句子,从篇章语体的角度看,使我们对"把"字句、"将"字句获得了重要的新的认识。

其实从篇章语体角度看"把"字句,还会获得另外的新认识。我们知道,吕叔湘先生在1942年出版的《中国文法要略》中说,"宾语代表无定的事物,不能用把";"真正的无定而用把的例子,早期也许有,现代是很难得遇见的"。[12]从那以后学界一直认为"把"字后面的宾语成分"不能是无定性的"。应该承认,绝大多数的"把"字句,其"把"的宾语是有定的。譬如我们不说:

(6) *他把一块橡皮递给我了。
(7) *他把一个凳子踢翻了。

例(6)的"一块橡皮"、例(7)的"一个凳子"都带有数量词,都具有"无定性"。这两个句子应说成:

(8)他把(那块)橡皮递给我了。
(9)他把(那个)凳子踢翻了。

但我们也应该承认,确实存在"把"的宾语由无定的"数量名"成分充任的那种"把"字句,而且决非"难得遇见的",特别是在口语中。宋玉柱先生首先提出了这一看法,[13]而马真作了进一步较为详细的描写。[14]请看:

A 组
(10)我要向他借支钢笔,他却把一支铅笔递给了我。
(11)我要他去买件衬衣,他却心不在焉,把条裤子给买来了。
(12)叫你去请外科大夫,你怎么把个牙科大夫请来了?

(13)我说要打酱油,你怎么把醋打瓶里了?

B 组

(14)只听见隔壁房里"乓啷"一声,像是把个什么玻璃瓶给打了。

(15)忽然,"哐当"一声,不知是谁把个凳子给撞翻了。

C 组

(16)他只顾低着头想事,一不留神,把个孩子给撞倒了。

(17)他一不小心,把个什么瓶子踢着了,发出的响声立即惊动了岗楼里的敌人。

  A 组例句代表一种情况。这都是复句,"把"字句用作后一分句,全句表示乙应甲的要求做了某件事,而乙所处置的对象并非是甲所要求的;前一分句指明甲原先对乙的要求。

  B 组例句代表另一种情况。这也都是复句,"把"字句也用在后一分句,全句表示从突然发出的声响判断,像是毁了什么东西;在前一分句里一定包含有拟声词。

  C 组例句代表又一种情况。这些句子都是说由于不留神、不小心,做了不该做的事。

  很明显,无论是 A 组、B 组还是 C 组"把"字句,都含有出乎意料的意思。这兴许可以看作是这类"把"字句所共有的特殊表达作用。而这正是从语篇的视角观察"把"字句所获得的新认识。

  关于"把"字宾语为"数量名"形式的"把"字句,后来陶红印、张伯江(2000)通过对辞书语料的调查,又发现了一种新情况,那就是在辞书释义语言中,所有"把 + 数量词 + 名词"形式都不表示"不定指"(indefinite),而表示"通指"(generic)。就《现代汉语词典》的释义来看,无一例外。⑮例如:

(18)翻译:把<u>一种语言文字</u>的意义用另一种语言文字表达出来。

(19)挂钩:用钩把<u>两节车厢</u>连接起来。

  词典释义是一种特殊的语体,一般没有什么上下文,更没有特定的说话情境,"把"后的"无定形式名词语"能表示通指意义,不能不认为是辞书释义这种特定的语体语言所决定的。当然,对于辞书中的这种"把"字句,也可以这样认为,名词"通指",实际是名词"有定性"的另一种表现。

  【实例三】关于"去 + VP"和"VP + 去"⑯

  "去+VP"和"VP+去"里的 VP 表示动词性词语。"去+VP"就是指"去看电影""去买东西"这一类说法,"VP+去"就是指"看电影去""买东西去"这一类说法。在对外汉语教学中,有的汉语老师谈到这两种说法时,这样跟留学生说:"(我)去问问"和"(我)问问去"、"去喝点儿水"和"喝点儿水去"意思差不多,都可以说。这种说法给留学生造成一个错觉,以为这两种说法可以任意换着说。这样,在他们的说话、写作中就出现了这样一些不合汉语说话习惯的说法:

(20) "埃德,你刚才干吗去了?"
　　　"＊我打了一会儿排球去。"
　　　【正确的说法应是"我去打了一会儿排球"】
(21) "＊你把墙上的钉子拔掉去!"
　　　【正确的说法应是"你去把墙上的钉子拔掉"】
(22) "玛莎呢?"
　　　"＊玛莎去上图书馆了。"
　　　【正确的说法应是"玛莎上图书馆去了"】
(23) "＊田中,走,去上课!"
　　　【正确的说法应是"田中,走,上课去"】

"去＋VP"和"VP＋去"这两种说法,到底能不能换着说?研究结果表明,就单个儿句子看,基本意思一样——"去"和VP都说明同一施动者,"去"都表示施动者位移的运动趋向,VP都表示施动者位移后进行的行为动作,"去"和VP之间都含有目的关系,即VP表示"去"的目的。但是,如果跳出句子范围,从篇章、语体的角度看,二者不能任意换着说。

先从语体看。首先我们看到,"去＋VP"和"VP＋去"这两种句式在方言里的使用情况有差异。北方方言,特别是北京话,主要采用"VP＋去"的说法;而其他许多方言,如西南官话、下江官话、闽方言、粤方言、湘方言、吴方言等,主要采用"去＋VP"的说法。在普通话里,"去＋VP"和"VP＋去"这两种句式都用,但又有一定的分工——口语中多用"VP＋去"句式,而在书面语中,两种句式都用。《相声创作选集》和《北京口语调查资料》[①]基本都是口语,经翻检,使用"VP＋去"句式的数目确实远远大于"去＋VP"句式。请看:

	去＋VP	VP＋去
《相声创作选集》	4	54
《北京口语调查资料》	6	66

而书面语里,两种句式都用。我们翻检了《老舍四部剧本》和《陈建功小说集》,两种句式的使用数量差别不是很明显。请看:

	去＋VP	VP＋去
《老舍四部剧本》	118	132
《陈建功小说集》	37	22

当然还是有所区别。为什么会有区别呢？从篇章看，它们在语用上还有差异。

现在从篇章看。现代汉语书面语中，"去＋VP"和"VP＋去"这两种句式都用，但语用功能不同。意在强调施动者从事什么事情，那么就采用"去＋VP"说法。因此凡是谈到执行或分配什么任务时，都用"去＋VP"句式，因为执行或分配任务，都属于施动者从事什么事情。请看：

(24) 咱们永远在一块儿，我去挣钱，你去念书。(老舍《茶馆》)
(25) 我说，40岁以上的去舀水，40岁以下的去挖沟，合适不合适？(老舍《龙须沟》)
(26) 假若咱们真个办个妇女商店，余志芳可以去卖鱼，玉娥可以去卖青菜。(老舍《女店员》)
(27) 玉娥，你要嫌爬山累得慌，咱们俩换换，你押轮船，我去爬山。(老舍《女店员》)
(28) 好，我去送，你看家。(老舍《全家福》)

例(24)如果采用"VP＋去"说法，说成"咱们永远在一块儿，我挣钱去，你念书去"，让人听着会觉得很别扭。其他各例都不宜采用"VP＋去"说法。而意在强调施动者位移，那么就采用"VP＋去"说法。在这种情况下，句子开头往往有"走"这一类字眼儿，或者句中往往含有表示施动者离开之意的话语。请看：

(29) 走！我们斗争他去。(老舍《龙须沟》)
(30) 走，把这些赶紧告诉经理去。(老舍《女店员》)
(31) 走吧，喝碗热茶去。(老舍《龙须沟》)
(32) 走吧，看看去！(老舍《全家福》)
(33) 你们谈吧，我拿饭去。(老舍《女店员》)
(34) 您等等，我给您叫车去。(老舍《茶馆》)
(35) 屋里烤烤去！(老舍《龙须沟》)

这两种说法为什么会在语用功能上有所分工？或者说怎么解释这两种说法在语用功能上的差异？张伯江(2005)有个说法，认为这两种句式的语用功能的分工是由它们的语体分工带来的。[⑬]

北京话里还有一种"去＋VP＋去"的说法。例如：

(36) 你赶快去找去。(1407)⑲

(37) 到岁数去考去，每年一次。(1302)

(38) 还让我去给买去？(1209)

对"去＋VP＋去"说法不妨这样来理解：当既要表示施动者从事什么事情，又要表示施动者位移时，就采用"去＋VP＋去"说法。这样说来，现代汉语里总共存在下面三种句式：

A. 去＋VP
B. VP＋去
C. 去＋VP＋去

我们不妨将 VP 前的"去"标为"去$_1$"，将 VP 后的"去"标为"去$_2$"，这样我们可以将上面三个句式概括为一个句式：

（去$_1$）＋VP＋（去$_2$）

在具体语体篇章里，"去$_1$"和"去$_2$"可以只出现一个，也可以都出现，但不能都不出现；如果只出现一个，那么只出现"去$_1$"就是"去＋VP"句式，只出现"去$_2$"就是"VP＋去"句式。取哪种情况，取决于语体和语篇的不同。

9.3 从语法化角度解释语法现象

在汉语词汇、语法研究中早先有"虚化"一说，这是从历时的视角指一个词由实词变为虚词的演变过程。例如，现代汉语里的介词"把"就是由表示"把持，拿"义的动词"把"虚化来的。苏轼的"明月几时有，把酒问青天"里的"把"就是表示"把持，拿"义的动词。现代汉语里的介词"被"就是由早先表示"覆盖"义后又引申为"遭受"义的动词"被"虚化来的，先秦时期的"被刺""被攻""被辱"里的"被"都是表示"遭受"义的动词。再如，现代汉语里的语气助词"看"（如"试试看、你说说看、骑一下看、我先尝一个看"里的"看"）就是由主动通过视觉器官感知客观事物的动词"看"逐步虚化来的。"把""被"由具有实在意义的动词演变为表示抽象语法意义的介词，"看"由具有实在意义的动词演变为表示某种语气的语气助词，这些都是"实词虚化"现象。中国对"虚化"问题的关注比较早，元朝周伯琦在《六书正讹》中说："大抵古人制字，皆从事物上起。今之虚字，皆古之实字。"这是我们所见到的最早有关"虚化"问题的记载。"语法化"（grammaticalization），这是一个由西方传来的新创的术语。最早可追溯到法国学者梅耶（Meillet）的《语法形式的演变》(1912)一书，其中就使用了 grammaticalization 一词,用来描写一个词汇形式如何演化为一个语法标记的过程——具体说,一个词语如何演变为附着语素,一个附着语素如何演变为词缀,以至于一个词缀又如何演变为另一个不能进行分析的语素;一句话:"一个本来独立的词演变为一个具有句法功能的成分"。[20]

其实不管语法化的定义如何,大家对语法化都有个一致的看法:语法化是一个过程;在这个过程中,发生语法化的成分由原来表示实在意义转化为表示较虚的意义,甚至转化为仅表语法功能意义。因此,西方语言中很多共时的形态句法现象,以及语言中的许多虚词或者说功能词,都有历史演变的痕迹与理据。怪不得在西方功能语言学派中流行着这样一句话:"今天的形态是昨天的句法"。[21] 显然,"虚化"说也好,"语法化"说也好,"原本属于历史语言学范畴"。[22]

既然语法化是属于历史语言学范畴,为什么在现代汉语语法研究中要提到语法化问题呢?语法化问题实际关涉到语言的语法变异问题。而语言的语法变异,即使在共时层面也随时都有可能发生,这也就是说,语法始终处于演化状态。因此上个世纪80年代,"动态浮现语法"的分析思想为学界广泛接受。该分析思想是由美国的功能语言学派代表人物 P. Hopper 于1987年发表的一篇题为 Emergent Grammar(《浮现语法》)的文章中首先提出来的,其基本观点是:"用法先于语法"。[23] 这跟形式学派的"语法先于用法"的语法观是针锋相对的。他认为任何语言的语法都是在说该语言的人所能说出来的话语里呈现出来的,因此研究者需要特别注重口语语料的调查和使用,而且关注范围不能只限于句子内部,而得关注语言交际的全部活动。显然,我们虽从事的是现代汉语语法研究,必须重视吸收和运用"动态浮现语法"分析思想。这里不妨举两个实例。

【实例一】关于"再见"的语法化过程

这是李明的研究成果。[24] "再见",这原是一个"状—中"偏正词组,现在还作为词组用,如"大家约好明年春节再见"中的"再见",就是个词组,意思是"再次相见"。可是下面句子里的"再见"就不能作为"再次相见"理解,它已经是一个表示"道别"的词了:"他在车上频频挥手和大家再见。"从表示"再次相见"义的词组,到表示"道别"义的词,经历了一个演变过程,下面的例子反映了这个过程:

(1) 大家约好明年春节再见。【"状—中"词组,表示"再次相见"之义】

(2) 你要不愿意去,算了,再见!【道别时常用的惯用语——既可分析为"状—中"词组,还能表示"再次相见"之义;也可以视为仅表

"道别"之义的词】

(3) 我坐进车里,把东西放好,摇下窗户和他再见。【纯粹是表"道别"之义的词】

不难发现,那"再见"从实实在在的词组到成为惯用语,再到表"道别"义的词,这明显地呈现了"动态浮现"的过程,而这就发生在现代汉语之中。

从"再见"的演变中可以体会到,语法化常常会伴随着词汇化。所谓"词汇化",有一种理解,就是"从非词单位变为词的过程,最常见的是从短语或从句法结构演变为词",也可以这样说,原来不是一个词的语言形式在历时发展中变为一个词的演变过程。多数情况是原先是词组后来演变为一个合成词,如"疾病",原是个主谓词组,表示病情加重的意思,后成为了一个词;再如"品尝""风华",原是名词作状语的偏正词组,后演变为一个词了。有的,原先不在一个层面上,后来逐渐黏合在一起成了一个双音节词,如"已经""曾经"便是。有的,甚至并非线性相邻,结果逐渐黏合在一起成了个双音节词,如"奈何""如何"就分别由"奈……何""如……何"这样的框架逐渐发展形成的。⑤

【实例二】深化对"了(le)"的认识

有些语法现象,过去已经发现了,也描写了,但是由于只局限于句子内部来观察、分析,并只作静态描写,因此不能认识得很深刻。这里不妨以现代汉语里的"了"为例来加以说明。

现代汉语里读为轻声[lə]的"了",是学界讨论得很多的一个老大难的问题。先前一般将"了"分析为两个:一个出现在句中,依附于动词之后,一般称为"了$_1$"。例如:

(4)他吃了$_1$一个苹果。
(5)你看了$_1$电影没有?

这个"了$_1$"是动态助词,表示行为动作的实现或完成。另一个出现在句尾,一般称为"了$_2$"。例如:

(6)我已经吃过饭了$_2$。
(7)他们已经放假了$_2$。
(8)他又喝酒了$_2$。

这个"了$_2$"是句末语气词,表示新情况的出现。1983年马希文发表文章⑥,认为下面句子里的"了",虽然普通话读为轻声[lə],并处于句子末尾,但不是表示"新情况的出现"(后来学界就称之为"了$_3$"):

(9) 把那材料烧了₃!
(10) 那破皮鞋扔了₃!

马希文先生指出,这个"了"意义比较实在,"烧了""扔了"相当于某些方言里"烧掉""扔掉"("动词+掉")的意思,可以将这个"了"分析为补语。马希文先生还从形式上加以验证——在北京口语里例(9)、例(10)里的"了"读为轻声[lou]。马希文先生的这一看法获得学界普遍认同。于是从那以后汉语学界一般将普通话里读为轻声[lə]的"了"分析为三个:

"了₁",动态助词,出现在句中,黏附在动词之后,表示实现或完成。

"了₂",语气词,出现在句尾,表示新情况的出现。

"了₃",动词,只出现在某些动词后,作动词补语,在意思上相当于动词"掉"。

前人的研究只到此为止。2005 年张伯江在《功能语法与汉语研究》一文中,运用"动态浮现语法"分析理论,从话语篇章的角度对这个"了"重新作了研究与分析,进一步发现并指出了上述三个"了"字的差异:

"了₁",加在动词或动词性词组之后,意义比"了₃"虚些,其作用范围在句子的中心谓语,表明句子的时体特征,跟事件过程相关,说明事件的实现或结束。

"了₂",意义更虚,作用于整个句子,不影响句子的命题内容,只是表明句子命题内容与说话情景的关系。

"了₃",其作用范围只在动词上,意义还比较实在,只是这是个黏着动词,只能黏在动词上作补语。

从"了₃"到"了₁"到"了₂",意义越来越虚,所处位置越来越往外。以上对"了"的新认识可以更好地说明了下面语句的歧义:

(11) a. 别吃了₃!【劝对方不要吃掉】
    b. 别吃了₂!【劝对方不要继续吃了】
(12) a. 吃了₃两个菜了₂。【吃掉两个菜了】
    b. 吃了₁两个菜了₂。【言下之意,菜吃得够多的了】
(13) a. 别吃了₃+啊! = 别吃喽哇!
    b. 别吃了₁+啊! = 别吃啦!
(14) a. 那字早擦掉了₂,擦了₃三天了₂,哪还能看得清楚?
    b. 擦了₁三天了₂,他还没有擦干净。

9.4 从语言类型学角度解释语法现象

当代语言类型学已不是简单地给语言分类的分支学科,它实际是要探索人类语言的共性;不过功能语言学所要探索的人类语言共性不是人类所有语言一致具有的共性,而是一种蕴涵性共性——有条件的语言共性,即:

假如 P,那么 Q 【文字表述】
P⊃Q^② 【逻辑蕴涵关系表达式】

语言类型学的性质决定了:第一,语言类型学的研究面对的不能只是一两个语言或方言,必须是众多的语言或方言;第二,其研究重在不同语言的比较研究。语言类型学的视角可以引导我们加深对跨语言或跨方言的语法现象的认识。这里举两个例子来加以说明。

【实例一】关于汉语的"和"与英语的 with

汉语有个介词"和"^③,英语有个前置词(即介词)with,它们虽然都能用来引介行为动作的伴随者(即与事),但二者似没什么可比性,因为二者的实际用法差异太大——汉语的"和"作介词时,只起引介行为动作伴随者的作用(如:我刚才和老李下了一盘棋),没有别的作用;而同时"和"又可以是连词,表示并列关系(如:我还有一个弟弟和一个妹妹)。可是英语的 with 则没有表示并列的连词用法,而 with 作为前置词用时,除了引介行为动作的伴随者外,还可以引介行为动作的工具、方式、原因等,例如:

(1) a. I often play basketball with Peter.【引出伴随者】
（我常常和彼得打篮球。）
b. I went to New York with John yesterday.
（我昨天和约翰去了纽约。）
(2) a. I cut the potatoes with a knife.【引出工具】
（我用小刀切土豆。）
b. He opened the door with a crowbar.
（他用撬棍打开了门。）
(3) a. She greeted us with smiles.【引出方式】
（她带着微笑向我们问候。）
b. He swims with ease.
（他游得轻松自如。）
(4) I tremble with fear always.【引出原因】
（我常因害怕而发抖。）

因此二者好像没有什么可比性。

可是,据吴福祥《汉语伴随介词语法化的类型学研究——兼论 SVO

型语言中伴随介词的两种演化模式》一文㉘论述,实际上汉语的介词"和"与英语的前置词 with 二者的差异,具有语言类型学的意义。

根据跨语言比较,在 SVO 型语言中,伴随介词存在两种演变模式:

演变模式Ⅰ:伴随介词→并列连词。汉语就属于这一语言类型,我国境内很多少数民族语言都跟汉语类似,诸如仫佬语、黎语、布努语、拉珈语、壮语武鸣话、吉卫苗语、拉基语、村语(又称"哥隆语",属侗台语族)等;西非的 Awutu 语和 Benue-Kwa 语群诸语言,其并列连词也源自伴随介词。这跟汉语的"和"一样,伴随介词/前置词跟并列连词是同一语音形式。

演变模式Ⅱ:伴随介词→工具介词→方式介词→原因介词→……。英语就属于这一语言类型。许多西方语言跟英语相类似,诸如丹麦语、爱斯基摩语、爱沙尼亚语、佛莱芒语(Flemish)、法语、挪威语、西班牙语、埃维语(Ewe),以及西非的丰语(Fon)、约鲁巴语(Yoruba)、加族语(Ga)、豪萨语(Hausa),还有南美的盖丘亚语(Quechua)等。在这些语言里,有类似英语的 with 那样的虚词/功能词,其实际语法作用跟 with 一样,只有介词/前置词的用法,没有并列连词的用法,而作为介词/前置词,不仅可以引介行为动作的伴随者,还可以引介行为动作的工具、方式、原因等。

造成这种语言类型上的差异的原因是什么?原来,跟介词/前置词结构的位置有关。汉语的介词结构"和+名词性词语",在句中位于主语和谓语动词之间;而英语的前置词结构"with NP",则出现在谓语动词(包括其宾语)之后。正是这种位置上的差异,也就是语序上的差异,造成了二者类型学上的差异。

我们知道,诸如汉语的"和"、英语的 with 这一类伴随介词/前置词,都是高频词。而高频词在使用过程中很容易发生语法化的变异。这也就是说,汉语的"和",英语的 with,都要发生语法化变异,但由于二者所形成的介词/前置词结构在句中所处的位置不同,各自语法化的路径、方向也就不同。

先看汉语的介词"和"。由介词"和"形成的介词结构,由于经常处于名词主语和谓语动词之间,形成这样的句子结构形式:

名词性词语$_1$+和+名词性词语$_2$+谓语部分

这样,就容易使原本不在一个构造层面上的"名词性词语$_1$+和+名词性词语$_2$",逐渐演变为一个并列结构,从而使介词"和"语法化为并列连词。

再看英语的 with。由前置词 with 形成的介词结构,由于经常处于谓语动词部分(包括其宾语成分)之后,形成这样的句子结构形式:

名词性词语₁＋谓语部分＋with＋名词性词语₂

这样,"名词性词语₁"跟"名词性词语₂"没条件连在一起,with 不可能语法化为并列连词,这就很可以理解。可是由于 with 是高频词,也必然会发生语法化变异,这就迫使它走另一种路径,往另一个方向发展,那就是with 作为前置词的语法功能逐渐由实而虚,由引介行为动作的伴随者语法化为可以引介行为动作的工具、方式、原因等。

【实例二】含有动词"给"的双宾句的名词性成分的提取

沈家煊先生曾举过这样一个例子:[39]

(5) 张生用鸽子给莺莺送了个信儿。
　　Tom sent a message to Mary with a pigeon.

例(5)"张生"(英文换用 Tom)是施事,"信儿"是受事,"莺莺"(英文换用 Mary)是与事,"鸽子"是旁事(工具)。上述指示动作施事、受事、与事、旁事的名词性成分(一般称为"论元")都可以提取,分别为:

(6) a. 用鸽子给莺莺送了个信儿的人　　【提取施事"张生"】
　　b. 张生用鸽子给莺莺送的信儿　　　【提取受事"信儿"】
　　c. 张生用鸽子给她送了个信儿的姑娘【提取与事"莺莺"】
　　d. 张生用它给莺莺送了个信儿的鸽子【提取旁事"鸽子"】

注意:提取与事和旁事时,原位置上必须用第三人称代词复指(如 c 中的"她"和 d 中的"它")。作为形式语言学派,只需如实描写并揭示其各自的生成路径就完成研究任务了;可是作为功能语言学派,得追究:(一)为什么 c、d 要用第三人称代词复指? 这是不是汉语特有的现象? (二)其他语言也都是这样的情况吗? (三)如果不是,那为什么? 其中有无什么规律可循? 对比其他语言,研究发现:

1. 大洋洲马来波西尼亚语的 Toba Batak 语,只有 a 不受限制,b、c、d 都受限制,原位必须用第三人称代词复指。

2. 汉语和波斯语,a、b 不受限制,c、d 受限制,原位必须用第三人称代词复指。

3. 印度泰米尔语,a、b、c 都不受限制,只有 d 受限制,原位必须用第三人称代词复指。

4. 英语,a、b、c、d 都不受限制。请看:

(7) a. the man who sent a message to Mary with a pigeon
　　【提取施事 Tom】

b. the message which Tom sent to Mary with a pigeon
【提取受事 message】
c. the girl to whom Tom sent a message with a pigeon
【提取与事 Mary】
d. the pigeon with which Tom sent a message to Mary
【提取旁事 pigeon】

上述情况似乎说明,在提取句子里的施事主语、受事宾语、与事宾语或介词的旁事宾语上受限制的情况各不相同,各具特色,但仔细分析,我们会发现,上述四种情况代表了四种语言类型,而且可以说,世界上的各种语言,在提取句子里的施事主语、受事宾语、与事宾语或介词的旁事宾语上都跳不出这四种类型。而这四种类型,隐含着一条人类语言的蕴涵性规律——在提取上述四种成分时遵循下面这一条等级法则,那就是:

施事主语＞受事直接宾语＞与事间接宾语＞介词的旁事宾语

这条等级法则的意思是,如果所提取的等级链上某一项不受限制,那么在提取它左边的各项时也不受限制。类似这样的法则,形式语言学派是不会考虑因而也不会总结得到的。

【实例三】汉语吴方言各次方言里引介处所成分的介词使用

就普通话(实际是北京话)来说,引介处所成分的介词有:

在　引介所在处所
到　引介位移终点
向　引介动作趋向或位移方向
从　引介源点
经　引介经由的处所

在普通话里,"在"和"到"有时可以互用,但有规则——引介位移终点,"到"可以换用"在",但引介所在处所,"在"则不能换用"到"。请看:

(8) 他跳到/在马背上。
(9) 他在/*到马背上跳。

"从"和"经"也可以互换,但也有规则——引介经由的处所可以用"从"替换"经",但引介源点,不能用"经"替换"从"。请看:

(10) 南京到杭州,你可以经/从苏州直接去杭州,不必绕道上海。
(11) 我从/*经北京出发到南昌,该怎么走最方便?

吴方言各片次方言,引介处所成分的介词,让人觉得很乱。其实内中有规则。那不同的处所成分有等级序列,具体如下:①

所在＞终点/方向＞源点＞经由

其规则是:前边的介词可以用来引介后边的处所成分,后边的介词则不能引介前边的处所成分。各片方言都遵循这一规则,只是具体情况不同而已。(刘丹青,2003)大家如果细心一点,从前面所举的例子可以发现,上述规则也适用于普通话。

上面说到,语言类型学的研究面对的不能只是一两个语言或方言,必须是众多的语言或方言。这使得我们对一些耳熟能详的某些语言现象有更深一层的认识。譬如说否定与疑问,大家都很熟悉。但我们过去都将它们跟肯定句、跟陈述句对照来认识——否定句与肯定句相对,疑问句与陈述句相对。汤普逊(S. A. Thompson)根据前人对世界语言广泛调查所记录描写的材料,对否定与疑问获得了这样一个新的认识:否定,不管各种语言所采用的手段如何不同(有的用否定助词,有的用否定动词,有的用否定词缀),都直接跟核心谓语动词发生关系;而疑问,也不管各种语言所采用的手段如何不同(有的采取动词倒置,有的采用疑问语素,有的采用附加问句,有的采用语调,有的采用非语调性标记),都或居句首,或居句尾,或是凌驾于整个句子之上的语音形式。那么为什么否定总作用在谓语上,疑问则作用于整个句子平面?汤普逊从功能语法的角度给出了答案:否定究其本质而言是关于命题的真伪的认定,所以总是体现在谓语上;而疑问实际是一种交互性行为,或为了提出问题,或为了交换话轮(turn)②。可见,否定与疑问其实有本质区别。

9.5 从话语交际角度解释语法现象

现代汉语里有一个用于人的名量词"位"。辞书上,语法书上,讲汉语量词的论著里,在谈到这个量词"位"时,都说这个量词只用于人,含敬称之意,不能用于说话人自身一方。请看一些辞书的注释:

《现代汉语词典》(第7版)/《新华字典》(第10版):〔量〕用于人(含敬意)。

《应用汉语词典》:〔量〕用于人(含敬意)。

《商务馆学汉语词典》:〔量〕用于人(用于比较客气、尊敬的场合)。

《中国文法要略》9.13(吕叔湘,1942):称人,含敬意,如一位客人。

譬如,我们不说:

(1) *我们系就我一位没有博士学位。
(2) *我们三位都来自上海。

最近发现了一个新情况。上大酒楼、大饭店用餐,一进门,服务员热情迎上前问:"请问几位?"我们常常会脱口而出说"我们五位""我们四位"等等。注意:在上面的答话里,量词"位"就用在了说话人自身一方。这用得不对?还是有别的什么原因驱使我们这样回答?

碰到或发现新的语言现象,首先要进行实地调查。我在北京市海淀区新开元大酒店假装在酒店门厅里等人,注意用餐客人进门时服务员与顾客的对话。连续三天,一共注意记录了163拨顾客进酒店时与服务员的对话。调查结果发现,其中有151拨顾客在答话中用"位",约占93.6%;答话中用"个"的,只有12拨顾客,用"个"都属于下面的情况:

(3)"请问几位?""就我们俩。"
(4)"请问几位?""就我一个。"

我不是北京人,为慎重起见,我向多位北京人咨询。在咨询过程中,他们都确认上面所说的"位"的用法。中国社会科学院语言研究所张伯江研究员(北京人)提醒我,其他量词使用上可能有类似现象。譬如狗,可以论"只",也可以论"条"。如果有人问:"你家养了几条狗?"应声回答好像总会说"两条"而不说"两只"。而如果用量词"只"问话:"你家养了几只狗?"这时应声回答好像总会说"两只"而不会说"两条"。于是我就调查了问到狗、猪(可以论头、论只、论口)、烟(可以论根、论支)的应答情况,结果确如张伯江所言,问话人用什么量词,答话人也跟着用什么量词。

后来我又注意介词的使用,口语交际中也存在类似现象。譬如,我的家乡苏州吴中区(原为吴县)东山镇所说的土话叫"东山话",属吴语的一个次方言。当两个熟人(假定是甲和乙)在东西向街上对面碰见,习惯用下面这样的看似废话的一问一答互打招呼:

(5) 甲:你往东去?
    乙:哎,我往东去。你往西去?
    甲:哎,我往西去。
(6) 甲:你朝北去?
    乙:哎,我朝北去。你朝南去?
    甲:哎,我朝南去。

不难发现,如果先打招呼的人用介词"往",答话人一定也用"往"回话;如果先打招呼的人用介词"朝",答话人一定也用"朝"回话。

趋向动词中的"来/去",按一般的说法,是以说话人为基点的——"来"指物体朝说话人方向移动,"去"指物体离开说话人而移动。③可是在一问一答中,会出现例外。例如,上课铃响了,老师在教室里招呼学生:"同学们,上课了,快进教室来。"学生回答:"我(们)马上就来。"而不说:"我(们)马上就去。"再如,电话中,对方问:"你什么时候来?"一般都回答:"马上就来。"反倒不说:"马上就去。"

从上面所说的语言事实中我们可以看到,在汉语会话里存在这样一种现象:会话双方在某些同义词语的选用上,答话人会跟随发话人,最先发话人用什么词,在后面会话中就跟着用什么词。该怎么看待和解释上述语言现象呢?

格赖斯(Grice,1975)曾提出会话合作原则(cooperative principle),勃朗和列文森(P. Brown & S. Levinson,1978)以及利奇(Leech,1983)又先后提出会话礼貌原则(politeness principle)。但是,经查阅,他们所谈的原则都是针对会话内容来说的。而上面所说的汉语里的会话现象,则完全是形式方面的。我们就仿照他们的会话原则,提出建立了一条新的会话原则——"应答协调一致性原则"。

但是,应答协调一致性的会话原则似不好解释下面的对话(假定为张三、李四对话):

(7) 张三:早饭用过了?
　　 李四:吃过了,您呢?
　　 张三:我也吃过了。

在上面的对话里,张三一开始用的是含敬意的"用"(意思相当于"吃"),而答话人答话时并没用"用",而改用普通的"吃"。这里,并不存在应答协调一致性。这个情况跟应答协调一致性原则不相符合,这又该怎么解释?

这就促使我再回过头来研究分析在大酒楼门口服务员与顾客一问一答之中有些顾客答话用量词"个"的情况。原来,少数应答时不用"位"的都不是宴请客人,都是自家人(包括跟很要好的朋友一起)用餐吃饭。上述情况说明,应答协调一致性原则还是存在的,但是它得让位于礼貌原则。这也说明,在数条会话原则中还存在着会话原则的优先顺序问题——排在最优选地位的是礼貌原则。④

上述事实告诉我们,新的语言事实、语言现象的挖掘与描写很重要;同时也说明理论的需要——没有功能学派的会话理论,面对上述语言事实可能只停留在一般的事实的描写上,不会去考虑是否还存在另外的会话原则的问题。

注释

① 此话出自 Paul J. Hopper, Emergent Grammar(《浮现语法》), *Berkeley Linguistics Society* 13, 1987。

② 参看徐烈炯《功能主义与形式主义》,《外国语》2002年第2期。当然,也有少数学者,如霍普(Paul Hopper)、汤普逊(Sandra Thompson)等,他们认为"不存在固定的语法,只有语法化过程(grammaticalization);没有固定的语言,只有言语过程(languaging)"。参看张敏《认知语言学与汉语名词短语》,中国社会科学出版社,1998年。

③ 参看胡壮麟、朱永生、张德禄《系统功能语法概论》,湖南教育出版社,1989年;胡壮麟主编《语言系统与功能》,北京大学出版社,1990年。

④ 参看刘润清《西方语言学流派》,外语教学与研究出版社,1995年。

⑤ 关于萨丕尔的语言观,参看他的原著 *Language:An Introduction to the Study of Speech*,也可参看中译本《语言论——言语研究导论》(陆卓元译),商务印书馆,1964年。

⑥ 参看吕叔湘《汉语语法分析问题》32小节,商务印书馆,1979年。

⑦ 参看廖秋忠《篇章与语用和句法研究》,《语言教学与研究》1991年第4期。

⑧ 参看张伯江《功能语法与汉语研究》,见刘丹青主编《语言学前沿与汉语研究》,上海教育出版社,2005年。

⑨ 关于"NP_1的NP_2"偏正结构里的NP_1与NP_2之间是否有领属关系,其鉴别办法是(详见陆俭明《确定领属关系之我见》,《南大语言学》第一编,商务印书馆,2004年;又见陆俭明《在探索中前进——21世纪现代汉语本体研究和应用研究》,北京师范大学出版社,2011年):

(a) 让NP_2作为某谓词的元系角色进入那谓词的论元结构;

(b) 再让该谓词论元结构加上"的"所形成的"的"字结构去作"是"字句的主语;

(c) 再让NP_1作"是"的宾语,而且,如果NP_1不是专有名词,在作"是"的宾语时,前加表示定指的修饰成分(如"这""那"等);

(d) 如果"是"字句成立而且作为"是"的宾语的NP_1跟论元结构里的任何论旨角色没有同指照应关系,那么NP_1与NP_2之间的语义关系属于领属关系,"NP_1(的)NP_2"属于领属性偏正结构。

例如"苏州园林",(A)是指苏州市的园林(如"苏州园林是世界闻名的"),按此理解,"苏州园林"是领属性偏正结构(景观领属);(B)是指具有苏州的园林韵味的园林(如"想不到在东北边陲能有那么美的苏州园林"),按此理解,"苏州园林"是属性偏正结构。作为领属性偏正结构,可以进入鉴别标准的框架;作为属性偏正结构,不能进入鉴别标准的框架。请看:

(A) 领属结构:园林有特色的是苏州

(B) 属性结构:＊园林有特色的是苏州

再如"诗人风度",(A)是指诗人所具有的风度,按此理解,"诗人风度"是领属性偏正结构(属性领属);(B)是指像诗人所具有的风度,按此理解,"诗人风度"是属性偏正结构。作为领属性偏正结构,可以进入鉴别标准的框架;作为属性偏正结构,不能进入鉴别标准的框架。请看:

  (A)领属结构:风度翩翩的是那位/那些诗人

  (B)属性结构:＊风度翩翩的是那位/那些诗人

⑩ 参看陶红印《试论语体分类的语法学意义》,《当代语言学》1999 年第 3 期。

⑪ 参看沈家煊《如何处置"处置式"？——论把字句的主观性》,《中国语文》2002 年第 5 期。

⑫ 参看吕叔湘《中国文法要略》3.7"把字式",商务印书馆,1942 年。

⑬ 参看宋玉柱《关于"把"字句的两个问题》,《语文研究》1981 年第 2 期。

⑭ 参看马真《"把"字句补议》,见陆俭明、马真《现代汉语虚词散论》,北京大学出版社,1985 年;又见马真、陆俭明《现代汉语虚词散论》(第三版),北京大学出版社,2017 年。

⑮ 参看陶红印、张伯江《无定式把字句在近、现代汉语中的地位问题及其理论意义》,《中国语文》2000 年第 5 期。

⑯ 该实例具体参看陆俭明《关于"去＋VP"和"VP＋去"句式》,《语言教学与研究》1985 年第 4 期。

⑰ 《北京口语调查资料》是上世纪 80 年代初由北京大学中文系汉语专业师生调查实录的,现存档于北京大学中文系。

⑱ 参看张伯江《功能语法与汉语研究》,见刘丹青主编《语言学前沿与汉语研究》,上海教育出版社,2005 年。

⑲ 例句后括号内的编号是北京大学中文系存档的《北京口语调查资料》内各篇的编号。

⑳ 转引自吴福祥《语法化理论、历史句法学与汉语历史语法研究》,见刘丹青主编《语言学前沿与汉语研究》,上海教育出版社,2005 年。

㉑ 语出 Talmy Givon(1971) Historical Syntax and Synchronic Morphology：An Archaeologist's Field Trip. *Chicago Linguistics Society* 7.

㉒ 参看吴福祥《语法化理论、历史句法学与汉语历史语法研究》,见刘丹青主编《语言学前沿与汉语研究》,上海教育出版社,2005 年。

㉓ 参看 Paul J. Hopper (1987) Emergent Grammar, *Berkeley Linguistics Society* 13.

㉔ 参看李明《从言语到言语行为——试谈一类词义演变》第一小节"从'再见'说起",见沈家煊、吴福祥、马贝加主编《语法化与语法研究》(二),商务印书馆,2005 年。

㉕ 关于"词汇化"可参看董秀芳《词汇化——汉语双音词的衍生和发展》(四川民族出版社,2002 年)以及《词汇化——汉语双音词的衍生和发展》(修订本)(商务印书馆,2011 年)。

㉖ 参看马希文《关于动词"了"的弱化形式/·lou/》,《中国语言学报》(第一期),1983 年。

㉗ 符号⊃表示蕴涵。

㉘ 现代汉语引介伴随者的介词有"和""跟""同""与",它们在风格色彩上有区别。这

里以"和"为代表。

㉙ 参看吴福祥《汉语伴随介词语法化的类型学研究》,《中国语文》2003 年第 1 期。

㉚ 参看沈家煊为张伯江、方梅《汉语功能语法研究》(江西教育出版社,1996 年)所作的序文;又见沈家煊《不对称和标记论》1.5 小节,江西教育出版社,1999 年。在序文里所举的例句是"张三跟王五一起把礼物送给李四"。

㉛ 参看刘丹青《语序类型学与介词理论》第 279 页,商务印书馆,2003 年。

㉜ 这部分内容转引自张伯江《功能语法与汉语研究》,见刘丹青主编《语言学前沿与汉语研究》,上海教育出版社,2005 年。关于"话轮",那是会话的基本单位。例如,会话中的问话和答话都分别是一个话轮,会话过程中的一问一答就体现了话轮的转换。

㉝ 《现代汉语词典》(第 7 版)(商务印书馆,2016 年):来[动]从别的地方到说话人所在的地方(跟"去"相对);去[动]从所在地到别的地方(跟"来"相对)。《商务馆学汉语词典》(商务印书馆,2006 年):来√从别的地方到(说话人所在的地方)(和"去"相对);去√(离开说话人所在的地方)到别的地方(和"来"相对)。

㉞ Leech 的"礼貌原则"下有 6 条准则,其中"赞同准则"(又译"一致准则")指在言语交际行为中要尽量减少与对方的分歧,在非原则问题上尽量靠拢对方的观点,以增加一致性。这个"赞同准则"强调的是在"观点/意思"上跟对方保持一致(赞同)。如果由此拓展为在"形式"上跟对方保持一致,那么本书所说的"应答协调一致性原则"似也可以归入"礼貌原则"。不过本书举出的语言现象都是"形式一致"的例证。(此脚注是根据詹卫东的意见加上的)

第十节 认知学派语法分析思路

10.1 认知学派的基本观点和研究领域
10.2 人类认知的共性与个性
10.3 关于语言结构的"象似性"分析
10.4 关于语义强度等级分析
10.5 关于意象图式分析
10.6 关于隐喻和转喻分析
10.7 关于"有界"和"无界"分析
10.8 关于"范畴化"分析

10.1 认知学派的基本观点和研究领域

认知语言学是建筑在认知科学的基础上的,所以要了解认知语言学,最好先大略地了解一下认知科学。

现在一般认为,认知科学是20世纪兴起的一门新的学科门类,其目的和任务在于探索人脑、心智的工作机制、工作原理。它是属于前沿性的尖端科学。促使认知科学产生的因素有三个方面。

一是计算机的面世。目前认知科学家都已经达成共识:"自第二次世界大战以来数字计算机的广泛使用,在我们形成思考心智的新方式——现今被称为是'认知科学的中心前提'——方面起了关键的作用。"[①] 美国哲学家塞尔(John R. Searle)曾说:"在认知科学史中,计算机是关键性的。事实上,如果没有数字计算机,就不会有认知科学。"[②] 计算机源于英国数学家、逻辑学家、哲学家图灵(A. M. Turing)1935年设计研制的理论上的万能机——"图灵机"(Turing machine)。这种万能机,具有一个"心智状态",而且"可指令"(计算机程序就是由一个精确的指令集组成的),"可计算"。"计算机"一词就是由图灵首先使用的。图灵所确立的图灵机的概念是:"一种想象的、能计算任何严格可定义的计算过程的计算机。"[③] 后来计算机学界的专家就试图通过模仿人的心理过程来探索理解人类大脑与心智的本质和特点。

二是心智哲学的兴起。图灵机一问世,哲学家们就适时地抓住了"图灵机"这一概念,并将图灵机视为智能有机体的模型,进而将人的心理状态从概念上理解为有机体的功能状态。最早思考这个问题的也是图灵本人。1950年他在《心智》(Mind)杂志上发表了一篇论文,题目是《计算的机器与智能》(Computing Machinery and Intelligence)。后逐渐在哲学界形成这样一个共识:"心智之于大脑如同计算软件之于硬件。"这也就是说,心智与大脑的关系如同计算机程序与电脑硬件之间的关系。因此,"研究人类思维的认知理论应该论述的是人类心智而非人类大脑"。[④] 20世纪50年代前,语言哲学被认为是"第一哲学",心智在哲学研究中一直处于非主流状态。50年代后,那"第一哲学"的地位逐渐由心智哲学所取代。这是因为哲学家们逐渐认识到,对许多哲学问题的理解依赖于对最基本的心智过程的理解。心智哲学主要就是从哲学的角度探索心智的本质与内在的工作原理和机制、心理过程与一定的脑过程的关系即心脑问题,同时对有关心智的各种心理概念进行理论分析。其代表人物就是塞尔。

三是背叛行为主义哲学的认知革命。上个世纪50年代前,大多数心理学家接受"刺激－反应"的行为主义哲学。50年代后期起,人们开始在哲学上考虑新的选择,以取代行为主义哲学。突出的是皮亚杰(Jean Piaget)和乔姆斯基(N. Chomsky)。皮亚杰提出了"发生认识论",其中特别是"符号性功能""符号运算论"这两个概念为认知科学的符号处理理论奠定了基础。这两个概念是说,人的思维之所以成为可能,是因为实际存在着带有信息的符号以及符号的运算。而乔姆斯基以儿童语言习得为例,有力地批驳了结构主义的"刺激－反应"行为主义。

以上三个因素催生了认知科学。关于认知科学,有过多种定义,现在一般都接受萨加特(Paul Thagard)的说法,认为认知科学是关于心智和智能的跨学科研究的学科,它关涉心理学、哲学、计算机科学、语言学、人类学和神经科学各领域。认知科学可以说就是关心心智性质的上述六个领域的研究者们研究旨趣和定向的整合。[⑤]

关于认知语言学,现在不少人认为它是跨认知科学和语言科学的一门交叉性学科;也有人认为,认知语言学"不是语言学的一个分支,不是跟社会语言学、神经语言学、数理语言学等等并列的一个分支学科,而是代表语言研究近来兴起的一个新的学派或思潮";[⑥]也有人认为"认知语言学是语言学中的一种新的范式",是"当代语言学中的一门'显学'"。[⑦]不管是不是已经成为一个独立的学科,有一点大家认识是比较一致的,那就是认知语言学的任务是从认知的角度来研究、解释语言能力和诸种语言现象。

认知语言学的兴起也有语言学自身的原因。自从1957年掀起"乔姆斯基革命"之后,以乔姆斯基的转换生成语言学为代表的形式语言学一时风靡全球,大有一统语言学天下之势。乔姆斯基他们把语言看作是完全独立于语言使用者和语言使用环境的自主的系统,他们研究的着眼点都只是抽象的语言系统。乔姆斯基强调语言的自主性,这一观点受到了语言学界一部分学者和心理学界特别是认知科学研究者的强烈反对。于是,20世纪70年代,不仅引发了功能语言学的兴起,也引发了认知语言学的迅速崛起。从某个角度说,认知主义在语言学领域的诞生始于乔姆斯基,但认知语言学的发展走了与乔姆斯基相反的道路,那就是认知语言学不承认语言是大脑中的一个自主的组成部分;相反,认知语言学的基本假设是,语言是人的认知所必不可少的一部分,我们研究语言必须对语言所呈现的种种现象从认知的角度作出更有说服力的解释。正如束定芳(2008)所指出的:"虽然现代意义上的认知语言学最初诞生于Chomsky语言理论框架中,但后来的发展使它采取了与乔氏理论相反的立场。"⑧

认知语言学在国际上被确认为一个独立的新兴的语言学学派,是在上个世纪80年代末。1989年国际认知语言学会议(International Conference on Cognitive Linguistics, Duisburg, Germany)的召开与《认知语言学》(*Cognitive Linguistics*)这一学术期刊第一期的出版,被认为是这一新兴学派确立的标志。认知语言学的核心是对意义的理解的解释,认知语言学认为对意义的理解应该是一个动态的识解过程,它是透过语言并以语言为工具来揭示概念和概念结构。认知语言学的基本观点是,语言是人的认知能力不可分割的重要组成部分;语言世界和客观世界不直接对应,在语言世界和客观世界之间有个中介物,那就是人的认知域。这一点,Lakoff & Johnson(1999)说得很清楚:"概念是通过身体、大脑和对世界的体验而形成的,而且只有通过它们才能被理解。"⑨这也正如王寅(2002)所说,"在语言与现实之间存在认知和概念这一中间层次,如果不依靠认知结构和范畴知识,就无法接近现实"。⑩因此,语言的外在功能是交际工具,而内在的基本功能则是象征——使语言内的语法结构被赋予人对客观世界所认知的内容。换句话说,各种语法结构的类型,都可以看作是不同象征的结构类型;语法规则从某种意义上说,可以看作是抽象的结构图式。

认知语言学,当代以兰盖克(Ronald W. Langacker,又译为朗格尔)

和雷柯夫(George Lakoff,又译为莱柯夫)为代表。不过这两位对认知语言学的定位,却持完全相反的看法——兰盖克认为认知语言学应属于功能语言学的范围,而雷柯夫则认为功能语言学应属于认知语言学的范围。不过这种看法的分歧不影响认知语言学的具体研究。

现在从事或接受认知语言学的学者普遍认为,语言是人的认知能力的不可分割的重要组成部分,语言是人特有的一种认知活动,这种认知活动包括人对世界的感知、人对世界的经验以及人对世界加以概念化的方式等。认知语言学就是以认知为出发点,来探究人是怎样运用语言符号对事物或事件进行抽象,怎样运用语言符号对事物或事件加以概念化,怎样运用语言符号以及由这些符号组成的种种语言结构来实现人的交际活动,来实现人的思维活动。因此认知语言学的研究将涉及范畴化、原型理论、隐喻和转喻概念、意象图式、象似性、主观性等诸方面,同时也关注语法化问题,因为语法化多半是通过隐喻或转喻实现的。这里我们不可能作全面介绍,也像上一节介绍功能语言学派分析思路那样,仅就我自己所认识到的、认为对解决汉语语法问题、解释汉语语法现象有用的一些分析手段,作些介绍与说明。

10.2 人类认知的共性与个性

全人类有共同的认知基础,这决定了各民族虽操不同的语言但可以通过翻译互相交际;但各民族历史文化背景的差异和生活环境的不同,又决定了各民族会在认知上有所差异。反映在语言上,就会呈现出不同的表达习惯。譬如说,作为一个位移事件,必然包含四个要素:图像、移动、路径、方式。这反映了人对位移事件认知的共同性。但是,各民族在看待这四个要素的关系的认识上并不一样,具体反映在语言上,哪个要素跟哪个要素"捆绑"在一起,各个要素用什么样的词语表达,并不一样。请看:⑪

(1) a. 张三　　　跑　　　进了　　　房间。【汉语】
　　　 图像　移动＋方式　路径　　目的地
　　 b. Zhangsan　　ran　　　into　　　the room.【英语】
　　　 图像　移动＋方式　路径　　目的地
　　 c. Zhangsan est entré dans la chambre en courant.【法语】
　　　 张三　　　入　　　于　　　房间　　以　　跑
　　　 图像　　移动＋路径　　目的地　　方式

汉语和英语一致,将移动与方式捆绑在一起;法语则将移动与路径捆绑在一起。然而汉语和英语还有差异,汉语常常可以将移动与路径捆绑在一起,而将方式隐含其中,例(1)a 句可以说成:

(2) 张三　　　　进了　　　　　房间。【汉语】
　　 图像　　移动＋(方式)＋路径　目的地

而英语不能这样表达,例(1)b 句就不能说成:

(3) ＊Zhangsan into the room.【英语】

这是因为汉语的路径习惯用动词表达,而英语的路径习惯用前置词表示。
　　下面再举两个例子来说明人类认知的共性与个性。
　　【实例一】汉语和英语用"东""西""南""北"定方位时说法上的差异。
　　全人类都有东、西、南、北的方位感,这可以说是人类在认知上的共性。因此,世界各国在确定地球上某个点的方位时,都会用上这四个最基本的方位词。但是,在表达复合方位上,汉语和英语既有共性,又有个性差异。
　　无论汉语的"东""南""西""北",还是英语的 east、south、west、north,当两两组合用来表示一个复合方位时,从理论上来说,按排列组合可以构成 16 种格式(以汉语为例):

(4) 东东　东南　东西　东北　　西东　西南　西西　西北
　　南东　南南　南西　南北　　北东　北南　北西　北北

可是在现代汉语中,这 16 种组合中事实上只有下面 6 种能成立,合乎汉语说话的习惯:

(5) 东南　东北　西南　西北　【偏正型】
　　东西　南北　　　　　　　【并列型】

而以下 10 种在方位表达上都不用:

(6) ＊南东　＊南西　＊西东　＊北东　＊北南　＊北西　【偏正型】
　　＊东东　＊西西　＊南南　＊北北　　　　　　　　　【并列型】

经分析不难发现其中的组合规则:

　　[规则一]"东""南""西""北"遵循下列方向顺序原则进行组合:
　　　　　　东＞西＞南＞北("＞"读作"优先于")
　　[规则二]"东""南""西""北"都不能自身并置进行组合。

按[规则一],"东",可以顺向分别跟"西""南""北"组合,构成"东西""东南""东北";"西",只能顺向分别跟"南""北"组合,构成"西南""西北",不能逆向跟"东"组合,所以没有"西东"的说法;"南",只能顺向跟"北"组合,构成"南北",不能逆向跟"东""西"组合,所以没有"南东""南西"的说法;"北",不能逆向跟"东""西""南"组合,所以没有"北东""北西""北南"的说法。

按[规则二],没有"东东""西西""南南"[12]"北北"的说法。

以上说的是汉语的情况。英语复合方位的表达法也只有跟汉语类似的6种,这就是汉语、英语的共性。但组合方式跟汉语有明显的差异,在具体组合上,其顺序跟汉语正好相反,然而所指相同。请看偏正型的:

(7) southeast   northeast   southwest   northwest
   (南东=东南) (北东=东北) (南西=西南) (北西=西北)

再看并列型的,不仅顺序跟汉语相反,中间还得加连词 and,请看:

(8) west and east   north and south
   (西东=东西)   (北南=南北)

汉语和英语的上述异同说明了什么?按照认知语言学的观念,空间域是人类语言中最基本的认知域之一。其中东、西、南、北的方位关系,应该是人类最基本也是最朴素的空间认识。这种朴素的空间认识全人类是共通的。人们在确定东、西、南、北方位时,选择的参照物通常是太阳或月亮升降的地方,这个参照物是固定不变的,也是最容易找到的。所以在语言中,"东""西""南""北"四个基本方位词中,"东"和"西"应是基础方位词,而"南"和"北"是参照"东""西"而次生的方位词。汉语是这样,英语也是这样。[13]那么为什么具体说法——汉语说"东南",英语说 southeast——汉语和英语会有不同呢?张璐(2002)指出[14],这是因为母语为汉语的人们和母语为英语的人们的认知策略不同,具体说,说汉语的人,其认知过程策略一般是参照点先于目标,而说英语的人一般是目标先于参照点。而这种差异,也反映在其他许多方面的表达上。请看汉语和英语的方所表达:

汉语:(在)+Y+方位词+的+X 例如:

(在)湖中的亭子

英语:X+介词+(方位词)+Y 例如:

a pavilion at the center of the lake

显然,在汉语里参照点先于目标,而在英语里一般是目标先于参照点。

【实例二】汉语和英语在回答是非问句时用"是"用"不"的差异。

请先看两组实例:

A组:(9) 你喜欢这种鱼(吗)?

  a. 是,我喜欢(这种鱼)。

  b. 不,我不喜欢(这种鱼)。

(10) 她现在在跳舞(吗)?

  a. 是,她在跳舞。

  b. 不,她不在跳舞。

(11) Do you like the fish?

  a. Yes, I like the fish. /Yes, I do.

  b. No, I don't like the fish. /No, I don't.

(12) Is she dancing now?

  a. Yes, she is dancing now.

  b. No, she is not dancing now.

B组:(13) 你不喜欢这种鱼(吗)?

  a. 不,我喜欢(这种鱼)。

  b. 是,我不喜欢(这种鱼)。

(14) 她不在跳舞(吗)?

  a. 不,她在跳舞。

  b. 是,她不在跳舞。

(15) Don't you like the fish?

  a. Yes, I like the fish. /Yes, I do.

  b. No, I don't like the fish. /No, I don't.

(16) Isn't she dancing now?

  a. Yes, she is dancing now.

  b. No, she is not dancing now.

A组例(9)—(12)是汉语和英语里属于肯定是非问句的一问一答,B组例(13)—(16)是汉语和英语里属于否定是非问句的一问一答。看来汉语和英语回答是非问句时用"是"还是用"不"有同有异——回答肯定是非问句时,用"是"用"不"情况相同;回答否定是非问句时,用"是"用"不"情况就正好相反。其异同可列如下:

问话主要疑问点所采用的形式	答话人自己的意见	用"是/Yes"还是用"不/No"	
		汉语	英语
肯定形式	肯定意见	是	Yes

肯定形式	否定意见	不	No
否定形式	肯定意见	不	Yes
否定形式	否定意见	是	No

为什么会有这种差异？怎么看待这种异同？如果单纯从语言内部去找答案，也是很难作出圆满的解释的。

这里不妨先说明一下问话人使用是非问句进行发问的心态。说汉语的人也好，说英语的人也好，在使用是非问句发问时，总是把内心自认为的主观想法清楚地表示在问话里：拿上面的汉语问句例(13)和英语问句例(15)来说，问话人心目中以为听话人大概是不喜欢这种鱼的，所以就采用否定形式来发问："你不喜欢这种鱼(吗)？""Don't you like the fish?"如果问话人心目中以为听话人大概是喜欢这种鱼的，就会采用如例(9)和例(11)那样的肯定形式来发问："你喜欢这种鱼吗？""Do you like the fish?"就问话心态来说，说汉语的中国人和说英语的欧美人是一样的。但答话人回答问题的心态则是很不相同的。说汉语的人，他来回答问题时，首先需要对问话人自认为的主观想法作出反应——同意还是不同意，接着才说明实际情况怎么样；换句话说，在汉语里，答话人回答问话人的是非问句时，他首先对问话人所自认为的主观想法表示肯定或否定的意见，接着答话人才说明客观事实是怎么样的或将是怎么样的。所以当听到问话人问："你不喜欢这种鱼(吗)？""她不在跳舞(吗)？"答话人首先所要肯定或否定的是问话人"你不喜欢这种鱼""她不在跳舞"这种自认为的主观想法。于是，当他作肯定回答或作否定回答时，就说成：

(17) a. 是，我不喜欢这种鱼。｜是，她不在跳舞。
【"是"用以肯定问话人的想法】
b. 不，我喜欢这种鱼。｜不，她在跳舞。
【"不"用以否定问话人的想法】

而说英语的人的心理或者说思路则不是这样。答话人回答问话人的是非问句时，根本就不考虑问话人自认为的主观想法，只考虑自己所要陈述或说明的客观事实怎么样——该肯定还是该否定。换句话说，在英语里，答话人在回答问话人的是非问句时，是直接对客观事实是怎么样的或将是怎么样的表示肯定或否定的意见，而根本不关心问话人所自认为的主观想法是怎么样的。所以当听到问话人问："Don't you like the fish?""Isn't she dancing now?"答话人一上来就对问话人所提到的客观事实开门见山地用 Yes 或 No 来表明自己所持的肯定或否定的意见，接着再作

具体说明,于是就回答说:

(18) a. Yes, I like the fish. ｜ Yes, she is dancing now.
【Yes 用以肯定事实】
b. No, I don't like the fish. ｜ No, she is not dancing now.
【No 用以否定事实】

因此,说汉语的人和说英语的人在回答否定是非问句时用"是/Yes"或"不/No"的差异,正反映了二者在民族心理和认知上的差异。⑮

10.3 关于语言结构的"象似性"分析

"象似性"(iconicity)是当今认知语言学研究、讨论的一个热点。最早明确提出"象似性"问题的是美国语言学家海曼(J. Haiman)。他于 1980 年发表了 The Iconicity of Grammar(《语法象似性》)一文,这篇文章被认为是认知语言学象似性理论的开山之篇。

历来认为语言具有"任意性"(arbitrariness),拿索绪尔的话来说,"能指和所指的关系是任意的"。"象似性"则是跟"任意性"相对的概念,是指语言的形式与意义之间的联系并非完全任意的,而是有一定理据的(motivated),而且是可以验证的。现在"距离象似性原则""顺序象似性原则"已由大量语言事实证明,并为大家所接受。再譬如大家所谈到的语言中的重叠或叠用现象,正是人类生活中为加重分量而常用的一种动作持续反复现象在语言中的反映。但是,所谓"语言的形式和内容具有象似性",这不是指语言形式与客观世界具有象似性,语言与客观世界不直接对应;也不要简单地理解为语言与概念结构具有象似性。就拿戴浩一先生首先揭示的汉语句子里多个动词性成分的语序排列是遵循时间先后的顺序原则来说,下面各例明显符合上述原则:

(1) a. 李老汉听到枪响马上起身下炕披上衣服直奔大门外……
b. 他诚心诚意地请那位教书先生来教他儿子识字。
c. 大家打算去香山看红叶。
d. 他跳在马背上。
e. 他在马背上跳着。

a 句"听到……起身……下炕……披上……直奔……"为连谓结构,完全按时间先后顺序原则排列;b 句"请……来……教……识字"为两个递系结构("请……来"与"教……识字")构成的连谓结构,所有动词成分也均按时间先后顺序原则排列;c 句"打算……去……看……"为由连谓结构("去香山看红叶")充任宾语的述宾结构,其所包含的动词成分也都按时间先后顺序原则排列;d 句和 e 句,前者"在……"处于"跳"之后,后者"在……"处于"跳"之前,意思不同,它们内部的动词成分也都按时间先后顺序原则排列。下面的例子似乎不好处理:

(2) a. 他写字在黑板上。
　　b. 他在黑板上写字。
(3) a. 他撒胡椒面在锅里。
　　b. 他在锅里撒了些胡椒面。
(4) a. 他在厨房里死了。
　　b. 他死在厨房里了。

例(2)—(4),a 句和 b 句都合汉语语法,但有人会觉得 a 句符合时间先后顺序原则,b 句不符合;也有人会觉得 b 句符合时间先后顺序原则,a 句不符合。该如何解释?这就看你如何识解。

例(2)a 句可以识解为"先写,而后所写之字在黑板上";b 句可以识解为"'他'先拿了粉笔接触黑板,而后写字";都符合时间先后顺序原则。我们很难说哪种识解不被允许。

例(3)a 句可以识解为"先撒胡椒面,而后胡椒面在锅里";b 句可以识解为"'他'先想着往锅里撒,而后将胡椒面撒锅里";都符合时间先后顺序原则。我们很难说哪种识解才是合理的。

例(4)a 句可以识解为"'他'人先在厨房里,而后死了";b 句可以识解为"'他'死了,尸体在厨房里";都符合时间先后顺序原则。我们很难说只有其中哪一种识解才是允许的。

对同一事实作不同识解,这实际就涉及下面会讲到的"意象"问题。(见下文 10.5)可见,所谓语法形式与其所表示的内容具有象似性,是就语法形式与概念化结构(即人的识解)二者之间的象似性来说的。因此张敏(2008)指出:"若将句法象似性理解为句法结构与概念化结构对应,这一方法是至关重要的。"⑯戴浩一(2002)早先就将语义结构称为概念化结构,并认为句法不能像 Jackendoff 设想的那样直接与概念结构对应。⑰

"象似性"是认知语言学里很重要的一个原则。事实说明,运用这一原则可以解释不少语法现象。这里不妨再举几个例子,便于大家体会。

【实例一】现代汉语里定语与中心语之间用不用"的"的问题。
形容词修饰名词所形成的名词性偏正结构,在英语里只有"A+N"这一种形式（A 代表形容词，N 代表作中心语的名词）；可是在汉语里，有两种形式——"A＋N"和"A＋的＋N"，而且不是任何形容词修饰名词都可以采取这两种形式。请对照：

(5)　　　英语　　　　　　汉语
　　　　hot water　　　　热水/热的水
　　　　cold rice　　　　 冷饭/冷的饭
　　　　hot meat　　　　 *热肉/热的肉
　　　　cold fish　　　　 *冷鱼/冷的鱼
　　　　large scale　　　 大规模/*大的规模
　　　　honest person　　老实人 ≠ 老实的人

有时，有"的"没有"的"，意思可能不一样，例如"老实人 ≠ 老实的人"。

上述现象首先是由朱德熙（1956）发现的。⑬怎么解释汉语形容词修饰名词带不带"的"的问题？

对于这个问题，当初朱德熙先生没有进一步加以解释。直到1998年，朱德熙先生的博士生张敏用认知语言学的象似性原则里的距离准则作出了很有说服力的解释——"X（的）名"结构中，"的"的有无实际起两方面的作用，一是表明 X 和"名"在人们的观念里，即认知域里，联系是否紧密，联系紧密的，不用"的"，联系不紧密甚至难得有联系的，就得用"的"。二是强调、凸显 X。譬如水，这是人的生活必需品，是最必需的饮品，人一天也离不开它。在日常生活中，水有冷热之分，在汉族人的认知域中和生活理念中，水就总是跟冷或热紧密相连。正因为这样，反映在汉语里可以说"热水""冷水"而无须用"的"；有时用"的"只是为了强调。至于鱼、肉的情况就不同，现在似乎已不是稀罕之物，常能吃到，可是以前普通百姓难得吃上鱼和肉。这样，鱼和肉虽也有冷热之分，但由于长期以来它们并非我们汉族人最基本的生活必需品，因此在汉族人的生活理念中，冷和热跟鱼、肉并不总是紧密相连的；这样，在汉族人的认知域中冷和热跟鱼、肉联系并不紧密。反映在语言上，当"冷""热"修饰"鱼"和"肉"时，就得用"的"。这个解释应该说是很有说服力的。

在此基础上，张敏进一步将形容词修饰名词的问题类推到名词修饰名词，说明"我女朋友"和"我的女朋友"在认知上有区别（即"我女朋友 ≠ 我的女朋友"）——在下列语境中，得用"我女朋友"：

(6) 陈教授：这位是……
　　张云轩：她是我女朋友。

除非要强调区别性,中间才用"的"。例如:

(7) 陈教授:这位是……
　　张云轩:她是我女朋友。
　　黄凌峰:(冲着张云轩)你是不是酒喝多了!? 她哪是你的女朋
　　　　　友,她是我的女朋友。

可是,在下列语境里,一定得用"我的女朋友"而并不含强调意味:

(8) 陈教授:(对自己原先的学生)你也老大不小了,怎么还没成家呢?
　　某学生:老师,您也知道,我是个很内向的人,再说我们单位的女
　　　　　同胞都结了婚了……
　　陈教授:要不要我给你介绍一个?
　　某学生:好啊,老师!
　　陈教授:那你说说,要什么条件?
　　某学生:(沉思一会儿)要说什么条件啊,我的女朋友不要求很漂
　　　　　亮,只要心地好就行。

为什么在例(6)语境下不用"的",而在例(8)语境下要用"的"? 这也可以用距离准则来加以解释——例(6)意味着"我"与"女朋友"之间已经亲密无间,距离近,所以不用"的";而例(8)"我"与"女朋友"之间八字还没有一撇呢,距离远,所以要用"的"。[19]

下面例(9)又该如何解释——为什么能说"我妹妹"而不能说"我桌子"?

(9) a. 我妹妹　　　我的妹妹
　　b. *我桌子　　　我的桌子

先前一般认为,虽然二者都是领属关系,但"桌子"对"我"来说是可让渡的领有物,而"妹妹"对"我"来说是不可让渡的领有物,所以"我"和"桌子"之间必须用"的",而"我"和"妹妹"之间可以不用"的"。[20]单就上面的例子来说,解释得似很有道理,但又该如何解释下面的例(10)——所领有之物全是不可让渡的:

(10) a. 我妹妹　　　　*我耳朵
　　 b. *张三妹妹　　　猪耳朵

"妹妹"无论对"我"还是对"张三"来说,"耳朵"无论对"我"还是对"猪"来说,都是属于不可让渡的,那为什么有的必须用"的",有的可以不用"的"? 张敏(1998)认为,这也需要用象似性原则中的距离准则来解释——"我妹妹""猪耳朵"已具有称谓性,而"张三妹妹""我耳朵"不具有称谓性。具有

称谓性的内部两个成分之间的关系自然就紧密,因此可以不用"的";而不具有称谓性的内部两个成分之间的关系,自然就松散,所以必须用"的"。

事实表明,现代汉语名词性短语中间用不用"的",都可以用象似性原则作出解释,而这无疑把对名词性短语的研究向前大大推进了一步。

【实例二】对"那孩子追得老头儿直喘气"的识解。

"那孩子追得老头儿直喘气",这是"绪论"0.7小节里说到的一个句子。这句话表示什么意思?按排列组合,可能有四种意思:

a. 孩子追老头儿,老头儿喘气。
b. 孩子追老头儿,孩子喘气。
c. 老头儿追孩子,老头儿喘气。
d. 老头儿追孩子,孩子喘气。

可是实际上,有三种意思是大家都认可的;有一种意思是大家都不认可的。具体如下:

a. 孩子追老头儿,老头儿喘气。　(√)
b. 孩子追老头儿,孩子喘气。　　(√)
c. 老头儿追孩子,老头儿喘气。　(√)
d. 老头儿追孩子,孩子喘气。　　(×)

为什么人们对这句话的意思的认可情况,会是上面这样呢?这也可以用象似性原则中的距离准则来加以解释。现在不妨先将上述四种意思用线条指示的办法显示如下:

a. 那孩子　追得　老头儿　直喘气
　　└──┘　　　└──┘
　孩子追,老头儿喘气。　　　(√)

b. 那孩子　追得　老头儿　直喘气
　└─────追─────┘
　孩子追,孩子喘气。　　　　(√)

c. 那孩子　追得　老头儿　直喘气
　　　　　　└──┘└───┘
　老头儿追,老头儿喘气。　　(√)

d. 那孩子　追得　老头儿　直喘气
　└──┘　　　　　　　└───┘
　老头儿追,孩子喘气。　　　(×)

对这四种识解,陆丙甫(2006)、张敏(2008)[21]按一般所说的"语义靠近象似性"(Semantic Proximity Iconicity,可简称 SPI)(也称作"语义靠近原则"),作了如下解释:a 的识解,"孩子"与"追"、"老头儿"与"喘气"都靠近,而且都属于顺向理解。b 的识解,"孩子"与"追"靠近,属于顺向理解;"孩子"与"喘气"虽不相靠近(中间由"追得老头儿"相隔),但还属于顺向理解,且"孩子追"和"孩子喘气"属于同一主体的两个合乎情理的事件。c 的识解,"老头儿"跟"追"、"老头儿"跟"喘气"都靠近,"老头儿"跟"喘气"属于顺向理解,可是"老头儿"跟"追"则属于反向理解。d 的识解,"老头儿"与"追"虽靠近,但是属于反向理解;"孩子"与"喘气"虽可视为顺向理解,但很不靠近(中间由"追得老头儿"相隔)。显然,相比之下,a 属于最佳识解,语言事实也告诉我们,a 识解的使用频率最高;b 和 c 的识解可以接受,但它们的使用频率不会很高;而 d 不成立,换句话说 d 识解没人能接受。"语义靠近原则",说得更确切一点为"语义靠近顺向原则",这是距离准则的另一种反映。

10.4 关于语义强度等级分析

本小节内容是沈家煊(1989,1998)的研究成果。[22]

请看下面两个例子:

(1) 我不知道她不在家。
(2) 我不希望她不在家。

例(1)和例(2),词类序列相同,内部层次构造、句法结构关系和语义结构关系都相同,都是:

代词＋不＋动词＋代词＋不＋动词＋名词

```
我   不   知道   她   不   在   家。
我   不   希望   她   不   在   家。
1_____2_____  1—2 主谓关系
       3_____4_____  3—4 述宾关系
       5___6___7_____8_____  5—6"状—中"偏正关系;7—8 主谓关系
                       9_____10_____  9—10"状—中"偏正关系
                              11__12__  11—12 述宾关系
```

可是例(1)和例(2)有很重要的差别。请看:

(3) 我不知道她不在家。 ≠ 我知道她在家。
(4) 我不希望她不在家。 ＝ 我希望她在家。

这为什么？怎么解释这个现象？

上面所说的这类现象，吕叔湘先生 1987 年就注意到了，并举出了如下两组例子：⑧

(5) a. 不怕他不来 ≠ 怕他来
        不说他不好 ≠ 说他好
        不知道他不在家 ≠ 知道他在家
    b. 不相信他不知道 = 相信他知道
        不赞成他不考大学 = 赞成他考大学
        不希望他不参加 = 希望他参加

为什么会有 a 和 b 这两种情形？吕先生提出了这个问题，但没有回答这个问题，更没有进一步加以解释。如果单纯从形式的角度来考虑，可能很难作出令人满意的解释。沈家煊（1989，1998）则从人的认知功能角度对此现象作出了合理的解释。

从人的认知功能的角度看，语言中表示"情态""意愿"的词语，在表意上存在着程度的差别，这可以称之为"语义强度"的差别。拿表示情态的词语（包括某些动词、能愿动词和副词）来说，存在着概率上的差异，具体可分为三小类：

A.【可能】：可能、能……
B.【多半】：多半、很可能、像、显得、相信、觉得……
C.【肯定】：肯定、断定、知道、说、承认、一定……

这三小类词语的语义强度等级可表示如下：

I.
	可能	很可能	肯定
肯定等级	──────────→		
	0	0.5	1
	【弱项】	【中项】	【强项】
	不肯定	不很可能	不可能
否定等级	──────────→		
	0	−0.5	−1

表示意愿的词语，按意愿程度，也可以分为三小类：

A.【允许/同意】：允许、同意、可以、让、肯、准……
B.【应该/赞成】：应该、赞成、打算、建议、希望、要、想、主张、考虑……
C.【必须/保证】：必须、强迫、命令、保证、须要、坚持……

这三小类词语的语义强度等级可表示如下：

Ⅱ.

	可以	应该	必须
肯定等级	──────→		
	0	0.5	1
	【弱项】	【中项】	【强项】
	不必	不该	不可
否定等级	──────→		
	0	−0.5	−1

上述词语的语义强度等级差别是在人的认知域中存在的，说汉语的人都能感觉到。值得注意的是，在上述等级中，凡是属于"弱项"或"强项"的词语，如果能形成"不 V_1 不 V_2"，那就只能造成前面所说的 a 种情形。例如：

弱项词语
情态词语：
不可能不去 ≠ 可能去 = 肯定去
不能不去 ≠ 能去 = 必得去
意愿词语：
不可以不去 ≠ 可以去 = 必须去

强项词语
情态词语：
不肯定他不写 ≠ 肯定他写 = 他可能写
意愿词语：
不保证他不写 ≠ 保证他写 = 他有可能写

而凡是属于"中项"的词语，如果能形成"不 V_1 不 V_2"，就造成前面所说的 b 种情形。例如：

中项词语
情态词语：
不相信他不去 = 相信他去
不觉得不好 = 觉得好
意愿词语：
不应该不去 = 应该去
不希望他不好 = 希望他好

那么,为什么中项词语会造成 b 种情形,而弱项和强项的词语只能造成 a 种情形呢?原来,Ⅰ、Ⅱ所示的情态类和意愿类词语的语义等级,反映了情态类或意愿类词语在语义表达上这样两个事实,或者说这样两个特点:

第一,在语义上,强项词语蕴涵中项、弱项词语,中项词语蕴涵弱项词语;而弱项词语则不蕴涵中项、强项词语,中项词语不蕴涵强项词语。这强项词语由强至弱肯定的蕴涵关系可具体表述为:

假设事实为 P,那么,

当我们说"肯定是 P",那就蕴涵着"多半是 P"和"可能是 P"之意;

当我们说"多半是 P",那可以蕴涵"可能是 P"之意,但不蕴涵"肯定是 P"之意;

当我们说"可能是 P",那就不蕴涵"多半是 P"之意,更不蕴涵"肯定是 P"之意。

第二,就否定情况看,对弱项词语的否定,得到的是否定等级上的一个强项而不是弱项或中项的意思。可具体表述为:

情态弱项肯定词语"可能",其否定形式"不可能",在否定等级上属于强项。

意愿弱项肯定词语"可以",其否定形式"不可以",在否定等级上属于强项。

对强项词语的否定,得到的是否定等级上的一个弱项而不是强项或中项的意思。可具体表述为:

情态强项肯定词语"肯定",其否定形式"不肯定",在否定等级上属于弱项。

意愿强项肯定词语"必须",其否定形式"不必须",在否定等级上属于弱项。

可是,对一个中项词语的否定,得到的是否定等级的中项的意思,而不是强项或弱项的意思。可具体表述为:

情态中项肯定词语"很可能",其否定形式"不很可能"在否定等级上仍属于中项。

意愿中项肯定词语"(应)该",其否定形式"不(应)该"在否定等级上仍属于中项。

情态类和意愿类词语在语义表达上的上述两个特点,决定了弱项或强项词语如果后面带上一个否定成分,其否定词不能前移,如果前移,意思发生变化,即:

(6) 可能不干净 ≠ 不可能干净
(7) 可以不干净 ≠ 不可以干净
(8) 肯定不干净 ≠ 不肯定干净
(9) 必须不干净 ≠ 不必须干净

而中项词语如果后面带上一个否定成分,其否定词可以前移,而意思基本不变,即:

(10) 很可能不来 = 不很可能来
(11) (应)该不来 = 不(应)该来

了解了沈家煊先生所指出的情态类和意愿类词语的语义等级以及在语义表达上的特点,就能较好地回答、解释吕先生所提出的问题了。这也说明,语言的认知研究可以弥补语言的形式研究上的不足。语言的认知研究和语言的形式研究,彼此起着互补的作用。

10.5 关于意象图式分析

前面我们已经指出,"语言世界和客观世界不直接对应,在语言世界和客观世界之间有个中介物,那就是人的认知域",因此认知语言学的基本理念也可以概括为"现实—认知—语言"。那"认知域"肯定还可以细分。心理学与神经科学的研究初步表明,认知域本身就是一个复杂的网状结构,内中会包含有:人的感觉、知觉器官与外界反复互动机制,由此所形成的感知,感知经心智加工所形成的意象图式,那意象图式凭借内在语言进一步进行范畴化、概念化抽象而成的认知模式,在此基础上再进一步形成的概念结构等;此外,还有激活功能、关联功能、投射功能等等。当然这只能视为初步的认识,而且在学界也还有其他不同的认识,但意象图式、范畴化、概念化等已为语言表征所证实。

在心理学和神经科学中,只单独用到"意象"(image)和"图式"(schema)。意象,是指人对客观事物的心理印象,这种心理印象可以因人的视角、需求、认识深浅、凸显的部分或方面不同(这可统称为"识别、理解方式的不同")而不同。具体说还可分两种情况,一是指人通过感觉、知觉器官所获得的对外界世界的感知内容在认知域内形成的表象;二是指人并不面对客观事物时在心智中所保存的原有事物的形象(即印象)。图式,是指在意象的基础上加工而成的认知式样。意象可看作是图式的具体内容,图式可视为意象所呈现的表征。在认知语言学研究中,将"意象"和"图式"加以整合称为"意象图式"(image schema)②。意象图式是构成"认知模型"(Cognitive Model,简称 CM)或"理想认知模型"(Idealized Cognitive Model,简称 ICM)的基础。在语言中,对某些客观状况的表述,可以这样说不能那样说,或者可以这样说也可以那样说但意思不同,就可以用"意象图式"理论来解释。下面不妨举两个实例。

【实例一】请先看例句:

(1) a_1. 眼镜在剪刀右边。　　a_2. 剪刀在眼镜左边。
　　b_1. 小岛在湖的中央。　　b_2. ? 湖在小岛的周围。
　　c_1. 书在桌子的上面。　　c_2. ? 桌子在书的下面。
　　d_1. 蚊子在那颗钉子旁边。　d_2. ? 钉子在那只蚊子旁边。

a 行,左右两边的说法都可以接受,当然意思上有区别;b—d 行,左边的说法成立,右边的说法不为母语为汉语的人所接受。怎么解释上面例子所呈现的现象?意象图式理论可以作出解释。

我们知道,人们在指示、辨识客观事物位置时,往往通过跟另一个可以作为背衬的事物的对比来加以说明。这就是"事物—背衬"意象图式。例(1)a"眼镜"与"剪刀"都是静态事物,而且大小差不多,在"事物—背衬"意象图式中,可以互为背衬,所以 a_1 和 a_2 都可以说;b、c、d 情况不一样。而从 a、b、c、d 左右两边的实例中,可以看到"事物—背衬"意象图式中一些带规律性的东西,那就是:

一、大的事物总是作小的事物的背衬。例(1)b"小岛"远远小于"湖",所以通常用 b_1 的说法,不用 b_2 的说法。例(1)c 与例(1)b 类似。

二、固定的事物总是作移动的事物的背衬。例(1)d"蚊子"与"钉子"就大小说,差不多,但"蚊子"属于可移动的事物,"钉子"属于固定物,所以通常用 d_1 的说法,不用 d_2 的说法(注意,即使把"蚊子"换成"壁虎",也是这样,虽然壁虎比钉子大得多)。

【实例二】不同语序的"给"字句。

意象图式跟语序有密切的关系。例如:

(2) a. 我送一本书给小李。
　　b. 我送给小李一本书。

按照一般的分析,例(2)a、b 可以互相变换而语义关系保持不变,而且都是表达"'我'通过'送'这一行为,达到这样的目的:将一本书的归属权由'我'转移给'小李'"这样一种意思。可是,二者是有区别的。请看:

(3) a. 我曾经送一本书给小李,小李不收。
　　b. ？我曾经送给小李一本书,小李不收。

此外,如果在例(2)插入"了",a 句只能插入"送"之后,不能插入"给"之后;而 b 句只能插入"给"之后,不能插入"送"之后。请看:

(4) a. 我送了一本书给小李。[* 我送一本书给了小李。]
　　b. 我送给了小李一本书。[* 我送了给小李一本书。]

怎么解释这一现象？这类问题,先前是不考虑的,因为先前只关注客观现实,从客观现实看两句话的意思是一样的。

在认知语言学看来,这两句话的意思是有差别的,而差别并不在客观现实,而在主观认识上。例(2)a 句关注于"书"的转移过程——由"我"转移至"小李";而例(2)b 句则关注于转移的结果——"书"的领有权归"小李"了。例(2)a 句和 b 句实际代表了人们头脑中对"'我'通过'送'这一行为达到将'一本书'给'小李'的目的"这一客观事实所形成的两种不同的意象:前者凸显"书"的转移过程,后者则凸显书转移的实际结果——"小李"领有了"书"。正是这种意象差别,造成句法格式的差异,并由此造成了由例(2)a 句和 b 句分别转换成例(3)、例(4)两种不同的结构变化。

10.6　关于隐喻和转喻分析

先对隐喻(metaphor)和转喻(metonymy)略作些说明。

隐喻与转喻是认知语言学里的两个重要概念。隐喻基于相似(similarity),如:"那家伙,老狐狸一只!"意思是那家伙的狡猾程度类似狐狸。转喻基于靠近(contiguity),如:"请问能兑换袁大头吗？"这里的"袁大头"指有袁世凯头像的银元。隐喻与转喻所指的语言现象,人们早就注意了,不过以往是从修辞的角度来研究这些现象。隐喻所指,在修辞学里称为"比喻";转喻所指,在修辞学里称为"借代"。

隐喻和转喻都是人类的一种思维方式,是人认识、理解客观世界的一种工具。人类各种语言活动,可以说都是通过隐喻或转喻来体现人对客观世界的认识。因此,隐喻和转喻对于人类的认知和语言都起着重要的作用。

在人的认知领域里形成隐喻或转喻这样的思维方式,其基础有二:

1. 本体与喻体原本所具有的相似性或靠近性。正是这种相似性和靠近性可以由喻体激活本体。例如：

(1) 他可是只老狐狸，你可对付不了他。

狐狸的最大特性是狡猾，一个人很狡猾，人们就很容易把他跟狐狸相比。

(2) 老汪退休后，多年不去学校了，今天去系里，见到的净是新面孔。

人对人，最容易通过脸部特征相认，所以说到"新面孔"，人们就容易想到是指新的成员。

2. 以说话者所发现的或者刻意想象出来的本体与喻体的相似性或靠近性。例如：

(3) 这件事就此画上了一个圆满的句号。
(4) 这塞车问题已经到了不能容忍的地步，没有想到四个轮子竟比两条腿还慢。

例(3)，一件事的结束跟一句话完了之后在书面上加上一个句号，这二者之间的相似性是说话人所发现或刻意想象出来的；同样，例(4)用"四个轮子"来表示乘车，用"两条腿"来表示人走路，也是说话人所发现或刻意想象出来的。

隐喻和转喻对于人类的认知和语言起着两种作用：一是不断提供看待事物的新视角；二是不断增添词语的新的意义。在日常生活中，所谓这个说法新，实际就是运用了新的隐喻或转喻；在词汇学上所谓词的引申义，就是运用隐喻或转喻的结果。

因此，对于隐喻和转喻，我们得有这样的认识：

1. 隐喻和转喻是人类最基本的认知模式。客观事物以及客观事物之间的错综复杂的关系是一个无限的集合，作为人的认知成果之一的概念以及概念化系统，代表概念以及概念化系统的语言符号和语言符号系统，则是一个有限的集合。用有限的集合来反映无限的集合，最好的手段就是隐喻或转喻。

2. 隐喻和转喻不只用于名词(铁石心肠、木头人、软件、新面孔、四个轮子)，也用于形容词、动词。形容词的例子如：

(5) 硬：态度硬｜心肠硬｜说话很硬

动词的例子如：

(6) 挖掘：挖掘语言事实｜挖掘民间处方

吃：这一仗我们吃[消灭]了敌人一个排

3. 隐喻和转喻，是使语言的词汇意义和语言的表达不断丰富、生动的基本手段。

人为什么明明要说A事物，却不直接调用人对A事物感知所形成的认知域，而要用另一个认知域B来激活人对A事物感知所形成的认知域呢？这完全出于表达的某种需要，最常见的是为了使表达新鲜、生动，有表现力、感染力。

关于隐喻和转喻，从某个角度看，都是一个认知域激活另一个认知域的一种认知活动或者说认知功能，界限不是很清楚。有的实例，很难说就是隐喻，也很难说就是转喻。例如：

(7) 李老汉是我们村的诸葛亮。

从相似性角度看，例(7)属于隐喻——"李老汉"与"诸葛亮"之间存在隐喻关系："李老汉"与历史上的"诸葛亮"都最聪明，最有智慧，最能干。从靠近性角度看，例(7)也可视为转喻——专名"诸葛亮"指代最聪明、最有智慧、最能干的一类人，"诸葛亮"与"李老汉"之间存在转喻关系。

隐喻也好，转喻也好，从激活的角度说，都是一个认知域激活另一个认知域，都是由一个认知域联想推知另一个认知域。但因隐喻基于相似，所以当B激活A之后，B和A之间可能会形成投射/映射关系；而转喻因为基于靠近，所以当B激活A之后，B和A之间不会形成投射/映射关系。⑥这也就是说，如果要区分隐喻和转喻，那么可以将隐喻和转喻分别看作"两个极端"(Jackobson,1956)，⑦不过这两个极端只能看作一头方、一头圆的那类筷子的两端，到中间还是界限难分。

隐喻和转喻理论不仅可以解释许多修辞现象，解决许多词义发展中的问题，也有助于我们对某些语法现象有更深刻的认识。这里不妨以现代汉语里的"的"字结构为例。这里所说的"的"字结构是指结构助词"的"（也就是朱德熙先生所说的名词性后附成分"的$_3$"）加在实词性词语之后所形成的名词性"的"字结构。为了叙述方便，我们将这种"的"字结构码化为"X 的"。

朱德熙先生(1983)曾指出，结构助词"的"，其作用有两个方面：

第一，"语法功能的转化"，具体说就是名词化。不管什么性质的实词性词语，加上结构助词"的"都可以形成一个名词性结构。

动词性词语＋的→名词性结构。如：

(8) 吃的　　妈妈买的　　喝茶的　　戴眼镜儿的

形容词性词语＋的→名词性结构。如：

(9) 红的　　干净的　　更好的　　亮得耀眼的

区别词＋的→名词性结构。如：

(10) 荤的　　雄的　　野生的　　慢性的　　微型的

名词性词语＋的→名词性结构。如：

(11) 铁的　　木头的　　他们家的　　上海的

第二，"语义功能的转化"，具体说就是指称化、事物化，如"红的"就是指红的东西，所以可以加数量词，如"三个红的是我的"。

以上是按传统分析法所获得的认识。从认知上来说，"的"字结构可以看作是一种转喻现象②——用该事物的部分特性来指代该事物。即：

红的衣服　　红的　　【用衣服颜色的属性转指衣服】
我的书　　　我的　　【用书所具有的归属的属性转指书】
教英语的老师　教英语的　【用老师具有的教英语的职业属性转指老师】

从"的"字结构所呈现的转喻现象，说明激活可以有两种类型：一种是直接激活，如"见到的净是新面孔""你去把眼镜儿给我叫来！"等实例；另一种是借助一定的语法手段来激活，这就是"的"字结构所呈现的转喻现象。

不是任何"的"字结构都能呈现转喻作用，甚至同一个实词性词语形成的"的"字结构，有时能呈现转喻作用，有时不能。（严辰松，2007）③例如：

(12) a. 铁的（柜子）
　　　b. 铁的硬度［＊铁的（硬度）］
(13) a. 哥哥的（手机）
　　　b. 哥哥的耳朵［＊哥哥的（耳朵）］
(14) a. 干净的（衣服）
　　　b. 干净的双手［＊干净的（双手）］
(15) a. 一般的（衣服）
　　　b. 一般的职工［＊一般的（职工）］

为什么有的"的"字结构不能起转喻作用？还需研究。

10.7　关于"有界"和"无界"分析

这里先对"有界"(bounded)、"无界"(unbounded)这两个概念作些说明。"有界"和"无界"也是认知科学里的一对重要的概念,是人的认知机制中的一种重要的对立。对这一对概念沈家煊(1995)作了很好的阐述。㉙所谓"有界",就是有一定的边界,有一定的范围;所谓"无界",就是没有明确的边界,没有明确的范围。注意,这是就人的认识而言的,并非就客观世界的实际而言。譬如说墙角,在客观世界里很难说它有一定的明确的边界,我们无法在墙上画出一条界线,说超过这条线就不再是墙角。但我们在认识上仍然将墙角视为有边界的个体,所以可以说"一个墙角""四个墙角"。不仅事物在人的认知上有"有界"和"无界"之分,行为动作、性状在人的认知上也有"有界"和"无界"之分。就事物而言,"有界"和"无界"的重要区别就在于:1. 有界的事物具有可重复性(replicability),因此可以用数量成分来称说,譬如桌子,可以说"一张桌子""三张桌子""五张桌子"等;无界的事物不具有可重复性,像水就没有这种重复性。2. 无界的事物是同质的(homogeneous),有界的事物是异质的(heterogeneous)。例如水,不管怎么分割,也不管怎么增加,仍然是水。可是桌子一分割就不成为桌子了;而一张桌子,如果加上一张桌子或减去一张桌子,就不再是一张桌子了。

"有界""无界"这对概念可用来更好地解释一些语法现象。譬如,我们在第七节7.3谈到数量范畴对句法的制约作用,我们举了好多实例来加以说明。一个典型例子是"盛碗里两条鱼"里的数量词"两条"必须出现,如果抽去"两条"说成"盛碗里鱼",就不成话。怎么解释这种制约作用呢?在第七节里我们只是笼统地说"一定的句法语义范畴会对句法起一定的制约作用"。沈家煊(1995)就从"有界""无界"这一视角对这种例子重新作了解释。仍以"盛碗里两条鱼"为例。由于"盛碗里"是一个"有起点、有终点"的有界的行为动作,这就要求动词所带之宾语成分也得是有界的。名词"鱼"单独作宾语是个类名,表示通指(generic),是无界的,这就不能与有界的行为动作相配合;加上数量词"两条","两条鱼"则成有界的了,跟有界的行为动作"盛碗里"能很好配合。沈家煊这一解释无疑比我们原先的解释要深刻。

但研究是无止境的。关于事物的"有界化",一般认为大致有以下几种情况:㉚

一是前加数量词,如"﹡我吃了苹果",那"苹果"是个通指类名,属于无界名词,跟"吃了"那有界动作不配,所以"我吃了苹果"不说;加上数量词,说成"我吃了三个苹果",那"三个苹果"就属于有界名词了,整个句子就可以说了。

二是前加指示代词"这/那",或说话人当面直指。"我吃了苹果"不自由,就因为其中的"苹果"是无界名词;"苹果"前加"这/那","这/那苹果"就属于有界名词了;或者,说"我吃了苹果"这个话时手指着眼前的苹果,这就是当面直指,在这种情况下,那"苹果"虽是光杆名词也属于有界的,所以在当面直指的状况下,"我吃了苹果"也可以说了。

三是前加带"的"的修饰成分。如果单说"苹果",一般情况下是无界名词;前加带"的"的修饰语,"妈妈买的苹果""大的苹果"和"红红的苹果"都属于有界名词了。

四是让述语动词带上结果补语或趋向补语,形成动结式或动趋式,然后再后加"了",这个"了"能使动词所支配的事物由无界变为有界,这跟名词前加数量词作用是一样的。譬如,"我吃完苹果了""他吞下枣核儿了"。

五是在动词前加上范围副词"只"。譬如"我吃了苹果"不自由,但"我只吃了苹果"[③]就自由了。可见动词前加某些副词,也是一种名词有界化的手段。

可是我们看到,让不合汉语语法的"＊盛碗里鱼"里的无界名词"鱼"变为有界名词,从而使原先的不合法的表达变为合乎汉语语法的表达,却只能取前加数量成分这一种办法,而不能取其他四种办法。请看:

(1) ＊ 盛碗里鱼。

(2) 盛碗里两条鱼。

(3) ＊ 盛碗里这/那(条)鱼。

(4) ＊ 盛碗里红烧的鱼。

(5) ＊ 盛进了碗里鱼。

(6) ＊ 只/已经盛碗里鱼。

例(1)不成立,例(2)能成立,无需再解释。但是例(3)里的"这/那(条)鱼"、例(4)里的"红烧的鱼",以及例(5)、例(6)里的"鱼"按说也应属于有界的,可为什么不能与"盛碗里"这有界的行为动作相匹配,因而整个结构还是不能成立呢?再譬如,"妈妈买的苹果"这一前加带"的"的修饰成分的偏正词组可以进入"吃了 NP"中,如:"姐姐吃了妈妈买的苹果。"可是,"大的苹果""红红的苹果"也属于前加带"的"的修饰成分的偏正词组,但似无法进入"吃了 NP"中,例如似不说"我吃了大的苹果""我吃了红红的苹果"。这该怎么解释呢?似乎可以用"有定""无定"来解释——在这种句式中,那受事宾语不仅要求是有界的,还要求是无定的。可是问题又来了,为什么在这种句式中受事宾语要求是无定的,而在其他述宾句式中并无此硬性要求?譬如,"我只尝了那个菜""我只吃了妈妈烧的鱼",其宾语所指是有界的,但不要求非无定的不可。

看来为什么在"盛碗里两条鱼"这种句式中受事宾语部分必须要有数量成分,还得进一步探究。

另外,我们也还可以追问:为什么有界的行为动作要求动词所带之宾语成分也必须是有界的?这也需作出解释。[32]

10.8 关于"范畴化"分析

近几年来汉语中大量出现程度副词"很"修饰名词的现象,如"很农民、很德国、很男人、很女人、很阳光"等,有学者将此种现象称之为"非范畴化"(decategorization)。[33]什么叫非范畴化呢?要了解非范畴化,得先了解范畴化这个概念。

范畴化(categorization),现在大家都承认是人类最重要的认知能力之一,其基本作用是从差异中找出相似之处,从一个个的个别之中发现不同类别的共性特征,以便给事物、行为或性状等进行必要的分类,从而减轻认识过程中的认知负担,以符合经济性原则。我们常说"没有分类就没有科学",道理就在这里。但是,在人类认识的完整过程中,实际既包含从个别到一般这种体现范畴化的认识过程,又包含从一般到个别这种体现非范畴化的认识过程,后一种认识过程更体现了人的认识的深化和创造性。这两种认识过程,即范畴化与非范畴化构成了一个有机的整体,构成了完整的范畴化理论。[34]某个语言实体,譬如某个名词,原属名词这一词类范畴,在实际话语交际过程中,其意义和功能呈现出逐渐向另一词类范畴转移的趋向。我们就可以说这个名词正经历非范畴化的过程。

语言实体发生非范畴化会有各种不同的情况。譬如说,同为名词,有的"受副词修饰"而造成名词非范畴化现象,有的"直接作谓语"而造成名词非范畴化现象,有的"直接作状语"而造成名词非范畴化现象,其动因和机制可能各不一样。但有一点可以肯定,都跟词本身的意义有关。

下面就来具体分析一下"很农民、很德国、很男人、很女人、很阳光"等这类非范畴化现象。这类非范畴化现象,探其根源还在于词义的内涵义。这里有必要简单说说实词的意义问题。

实词的意义实际含有三个层面的意义——"自身义""关系义"以及"词与词之间的组合义"。[35]实词的非范畴化跟自身义有关。

"自身义"是指某个实词本身的意义。但自身义又可细分为概念义、指称义、语义特征三种。名词的非范畴化主要跟名词的概念义有关。

名词的概念义,事实上又可以从两方面去加以理解,一是从外延的角度,一是从内涵的角度。从外延的角度所理解的概念义,可称之为"概念外延义"(简称"外延义");从内涵的角度所理解的概念义,可称之为"概念内涵义"(简称"内涵义")。这里试以"农民"为例来加以说明。名词"农民",《现代汉语词典》(第7版)上的解释是:

在农村从事农业生产的劳动者。

这就是"农民"的概念义。但下面两个句子里的"农民"含义并不相同:

(1) 这两位农民是从四川来的。
(2) 王教授在农村劳动一年,像个农民了。

例(1)里的"农民"是取外延义,自然也包含内涵义。例(2)的"农民"是取内涵义。

对于内涵义,还可以细分为类属义、内在性质义、附加性质义。再以"农民"为例,其类属义是:

{事物·人·劳动者}

其内在性质义是:

{在农村从事农业生产}

其附加性质义是:

{勤劳·朴实·憨厚·比较保守·文化程度低·……}

就名词来说,当取其内涵义时,该名词往往不指称具体的某个事物,如例(2)里的"农民"。外延义含明显的指称性,实词的外延义,是指所有具有该词内涵义特征者。再拿"农民"为例,我们也常常可以这样说:

(3) 王华呀,比农民$_1$还农民$_2$。

例(3)里的"农民$_1$"就取的是词的外延义,"农民$_2$"就取的是词的内涵义。"农民$_2$"在例(3)里凸现的是什么内涵义?这只能根据一定的上下文来判断。请看:

(4) a. 王华呀,干起活儿来比我们农民$_1$还农民$_2$。
 b. 王华呀,特朴实、憨厚,比农民$_1$还农民$_2$。
 c. 王华呀,特土气、保守,比农民$_1$还农民$_2$。

例(4)a 句,"农民$_2$"取其或者说凸现其"在农村从事农业生产"的内在性质义;b 句,"农民$_2$"取其或者说凸现其"朴实、憨厚"这一面的附加性质义;c

句,"农民₂"取其或者说凸现其"土气、保守"这一面的附加性质义。

　　了解了名词的内涵义,就可以明了现代汉语里为什么会出现"很农民、很德国"这类说法。其实这类情况早已有之。譬如"牛"和"铁"原本是名词,可是在实际运用中,逐渐非范畴化,最后由名词分化出一个形容词来。请看《现代汉语词典》(第7版)对"牛""铁"的解释:

　　牛：❷[形] 固执或骄傲。

　　铁：❸[形] 形容坚硬;坚强;牢固。

　　"很农民"一类说法反映了非范畴化现象。可是从另一个角度看,也可以认为是一种转喻现象。为什么这样说呢?

　　因为我们也可以将"很农民"一类说法看作 B 激活 A 的认知现象——"这个人很农民",说到农民就激活了农民会干农活儿、憨厚或保守等内涵义,于是听话人就从中知道说话人所说的那个人是一个什么样的人。只是这种激活现象是由具体事物激活那事物所具有的性质,或者说特性。

注释

① 参看熊哲宏《认知科学导论》1.1.1 小节,华中师范大学出版社,2002 年。
② 转引自熊哲宏《认知科学导论》1.1.1 小节。
③ 参看熊哲宏《认知科学导论》1.1.1 小节。
④ 参看熊哲宏《认知科学导论》1.1.2 小节。
⑤ 参看 P. Thagard (1995) On " What is Cognitive Science? " *Philosophy of Science*, Vol. 62, pp. 345—346。
⑥ 参看沈家煊为束定芳主编《语言的认知研究——认知语言学论文精选》(上海外语教育出版社,2004 年)所写的序。
⑦ 参看文旭《认知语言学的研究目标、原则和方法》,见束定芳主编《语言的认知研究——认知语言学论文精选》,上海外语教育出版社,2004 年。
⑧ 参看束定芳《认知语义学》第 6 页,上海外语教育出版社,2008 年。
⑨ 参看 Lakoff, G. & Johnson, M. (1999) *Philosophy in the Flesh*: *The Embodied Mind and its Challenge to Western Thought*, New York: Basic Books., 497。
⑩ 参看王寅《认知语言学的哲学基础:体验哲学》,《外语教学与研究》2002 年第 2 期,又见李凤琴主编《中国现代语法学研究论文精选》617—632 页,上海外语教育出版社,2005 年。
⑪ 该例引自张敏《自然句法理论与汉语语法象似性研究》,见沈阳、冯胜利主编《当代语言学理论和汉语研究》,商务印书馆,2008 年。
⑫ 在国际政治上有"南南合作"之说,但这里的"南南"不是用来表示方位,而是"南半

球国家和北半球南部国家"的缩略说法。

⑬ 参看张璐《从东西南北谈汉英语语序所反映的认知过程》,《语言研究》2002 年第 4 期;周晓陆《释东、南、西、北与中——兼说子、午》,《南京大学学报》(哲学·人文·社会科学版)1996 年第 3 期。

⑭ 参看张璐《从东西南北谈汉英语语序所反映的认知过程》,《语言研究》2002 年第 4 期。

⑮ 参看陆俭明《英汉回答是非问句的认知差异》,《暨南大学华文学院学报》2002 年第 1 期。

⑯ 参看张敏《自然句法理论与汉语语法象似性研究》,见沈阳、冯胜利主编《当代语言学理论和汉语研究》,商务印书馆,2008 年。

⑰ 参看戴浩一《概念结构与非自主性语法:汉语语法概念系统初探》,《当代语言学》2002 年第 1 期。

⑱ 参看朱德熙《现代汉语形容词研究》,《语言研究》1956 年第 1 期。

⑲ 从另一个角度看,例(7)里的"我女朋友"和"我的女朋友",都是实实在在的典型的领属性偏正结构,其底层结构可以理解为"我所领有的女朋友";而例(8)里的"我的女朋友",其底层结构则是"我要求的女朋友""我想要的女朋友",严格说来不是典型的领属性偏正结构。

⑳ 参看范继淹《形名组合间"的"字的语法作用》,《中国语文》1958 年 5 月号。

㉑ 分别参看陆丙甫《"形式描写、功能解释"的当代语言类型学》,《东方语言学》2006 年第 1 期;张敏《自然句法理论与汉语语法象似性研究》,见沈阳、冯胜利主编《当代语言学理论和汉语研究》536－562 页,商务印书馆,2008 年。

㉒ 这一小节内容引用沈家煊《"判断语词"的语义强度》,《中国语文》1989 年第 1 期;又见《不对称和标记论》7.3 小节,江西教育出版社,1998 年。

㉓ 参看吕叔湘《疑问·否定·肯定》,见吕叔湘《语文近著》,上海教育出版社,1987 年。

㉔ Lakoff, George & Johnson, Mark (1980) *Metaphors We Live By*, Chicago University Press.

㉕ 国外在谈到隐喻、转喻时,都用 projection(投射)或 mapping(映射)这字眼儿,说隐喻也好,转喻也好,都是从一个认知域投射/映射到另一个认知域。我们不完全同意这种看法。参看陆俭明《隐喻、转喻散议》,《外国语》2009 年第 1 期。

㉖ 参看 Jackobson, R. (1956) Two Aspects of Language and Two Types of Aphasic Disturbances. In Jakobson, R. & Halle, M. (eds.) *Fundamentals of Language*. The Hague: Mouton.

㉗ 参看沈家煊《转指和转喻》,《当代语言学》1999 年第 1 期。

㉘ 参看严辰松《限制性"X 的"结构及其指代功能的实现》,《解放军外国语学院学报》2007 年第 5 期。

㉙ 这里有关"有界""无界"的说明,均据沈家煊《"有界"与"无界"》,《中国语文》1995 年第 5 期。

㉚ 分别参看沈家煊《"有界"与"无界"》,《中国语文》1995 年第 5 期;陆俭明《关于"有界/无界"理论及其应用》,《语言学论丛》第五十辑,商务印书馆,2014 年。
㉛ "我只吃了苹果"里的"只"在语义上指向"苹果",这就限制了苹果的范围,使这里的"苹果"有界化。
㉜ 关于这个问题,我们尝试用"语义和谐律"来加以解释。详细参看陆俭明《修辞的基础——语义和谐律》,《当代修辞学》2010 年第 1 期;又见《汉语语法语义研究新探索(2000—2010 演讲集)》,商务印书馆,2010 年。
㉝ 参看刘润清、刘正光《名词非范畴化的特征》,《语言教学与研究》2004 年第 3 期。
㉞ 参看刘正光《语言非范畴化——语言范畴化理论的重要组成部分》,上海外语教育出版社,2006 年。
㉟ 关于实词意义的三个层面的详细情况,参看陆俭明《关于句处理中所要考虑的语义问题》,见"北大论坛"论文集编委会《21 世纪:人文与社会——首届"北大论坛"论文集》,北京大学出版社,2002 年。

第十一节　关于构式语法分析

11.1　构式语法理论的产生
11.2　构式语法理论引入中国
11.3　构式是怎么来的?
11.4　关于"构式—语块"句法分析法
11.5　构式语法理论的价值
11.6　构式语法理论的局限以及需要进一步探究的几个问题

11.1　构式语法理论的产生

构式语法理论(Construction Grammar Theory,简称CG理论)是上世纪80年代末逐渐兴起、90年代逐步形成的一种新的语法分析理论。这种理论发端于上个世纪80年代菲尔墨(Charles J. Fillmore)等人对英语习语个案"let alone"的研究。① Let alone 是"更不必说/更不用说"的意思,例如:

> We can't even pay our bills, let alone make a profit.
> (我们连账都付不起,更不必说/更不用说赚钱了。)

可是"更不必说/更不用说"这意思,我们没法从 let 或 alone 这两个词里加以预测或者说推知。因为 let 是动词,表示"允许"的意思,alone 是副词,表示"仅仅"的意思。② 菲尔墨等就将 let alone 视为 construction(我们译为"构式")。

Construction,作为语言学里的一个术语,早已有之。远的不说,索绪尔就用过这个术语,指的是词语间在句法上的"组合性联结";美国结构主义用过这个术语,指的是句式,如"主谓宾句式"(SVO Construction)、"被动句式"(Passive Construction)、"肯定句式"(Positive Construction)、"否定句式"(Negative Construction)、"并列句式"(Coordination Construction)和"分裂句式"(Cleft Construction)等;乔姆斯基的TG理论,用 construction 来指由原始单位生成出来的一种可被描写的结构,它可以从词汇与所依据的规则预测出来,所以只是一种"副现象"(epiphenomena)。含义各不相同。在构式理论中将 construction 作"构式"理解,这是由菲尔墨在框架语义学(Frame Semantics)的基础上形成并提出来的,由普林斯顿大学的哥尔德伯格(A. E. Goldberg)初步论述成为系统的理论。一个术语在不同分支学科领域指说(或者说代表)不同的概念,这是常有的事。就拿 case 这个术语而言,在传统语法中指"形态格"(如主格、宾格、属格);在菲尔墨的 *The Case for Case* 一书(中文译为《格辨》)里指语义格;而在乔姆斯基的著作中是指名词进入句子所应取得的"格位"(正因为含义不同,特将 case 开头的字母大写,即写成 Case)。

系统论述构式语法理论并出版专著的学者是哥尔德伯格。她的第一本专著是 *Constructions: A Construction Grammar Approach to Argument Structure*(1995);第二本专著是 *Constructions at Work: The Nature of Generalization in Language*(2006)。这两本专著均已出版中文译本。③

一般认为,下面两段话集中反映了哥尔德伯格关于构式语法理论的观点:

> C 是一个独立的构式,当且仅当 C 是一个形式(F_i)和意义(S_i)的对应体,而无论是形式还是意义的某些特征,都不能完全从 C 这个构式的组成成分或另外的先前已有的构式推知。(Goldberg,1995,1.1)

> 任何语言格式,只要其形式或功能的某些方面不能从其组成部分或其他已经存在的构式中得到完全预测,就应该被看作是一个构式。(Goldberg,2006,1.1)

通观哥尔德伯格的主要论著,她关于构式语法理论的基本观点,归纳起来有这样五点:

一、构式是形式和意义的匹配(form and meaning pairings)。④

二、构式本身能表示独立的意义。

三、构式,无论其形式还是意义的某些特征,都不能完全从构式的组成成分或另外的先前已有的构式推知。这就是著名的"不可预测性"(unpredictability)说。

四、构式语法具有生成性,但不具有转换性(CG is generative. CG is not transformational.)。

五、某种构式是某个语言所专属的,但可以进行跨语言比较。

构式语法理论一问世,立刻引起学界的广泛注意。构式语法理论之所以会为学界广为关注与肯定,其中很重要的一个原因是,衡量一个语法分析理论的价值,重要的一点,是看它对语言习得(包括儿童母语习得和成人二语或外语习得)的解释如何。构式语法理论在这方面有它的优越之处。我们知道,概括性是语言的本质属性之一。从句法层面看,这种概括性就集中体现在构式上。句法习得的要义也在概括性上。下面的实验很说明问题。选取四个动词,分别是 throw、get、slice 和 take,每个动词都可以用在"及物构式"(VO)、"双及物构式"(VOO)、"致使移动构式"(VOL)和"动结构式"(VOR)这四种构式中,于是可以形成以下 16 个句子:

(1) a. Pat threw the hammer. 【及物构式】
(帕特扔了锤子。)
b. Chris threw Linda the pencil. 【双及物构式】
(克里斯把铅笔扔给琳达。)
c. Pat threw the key onto the roof. 【致使移动构式】
(帕特把钥匙扔到了屋顶上。)
d. Lyn threw the box apart. 【动结构式】
(林恩把箱子扔散架了。)

(2) a. Michelle got the book. 【及物构式】
(米歇尔得到了那本书。)
b. Beth got Liz an invitation. 【双及物构式】
(贝思给利兹弄到了一份请柬。)
c. Laura got the ball into the net. 【致使移动构式】
(劳拉把球投进了篮网。)
d. Dana got the mattress inflated. 【动结构式】
(达纳把垫子充足了气。)

(3) a. Barbara sliced the bread. 【及物构式】
(芭芭拉切面包。)
b. Jennifer sliced Terry an apple. 【双及物构式】
(珍妮弗给特里切了一个苹果。)
c. Meg sliced the ham onto the plate. 【致使移动构式】
(梅格把火腿切到盘子里。)
d. Nancy sliced the tyre open. 【动结构式】
(南希切开了那个轮胎。)

(4) a. Audrey took the watch.　　　　　【及物构式】
　　（奥德丽拿走了那块表。）
　　b. Paula took Sue a message.　　　　【双及物构式】
　　（葆拉带给苏一条消息。）
　　c. Kim took the rose into the house.　【致使移动构式】
　　（金把那朵玫瑰拿进屋。）
　　d. Rachel took the wall down.　　　　【动结构式】
　　（雷切尔把那堵墙拆了。）

实验时，将这 16 个句子打乱，让受试者自己将句子分类。国外、国内都做过这样的实验，其结果是按构式分类多于按动词分类。⑤这一实验结果，至少可以作为一个佐证，"构式可能是句子整体意义的更佳预测因子"（Goldberg，2006，6.5）。语言习得（无论是儿童语言习得还是成人二语习得）告诉我们，人们在习得一种语言时，并非先习得一个个语素，再习得一个个词，再习得一条条组合规则，然后习得者将所习得的语素、词依据所习得的组合规则来一步步组合成一句句话语；实际上是一个构式一个构式地习得，然后根据需要再去分解为一个个词或语素。譬如汉语的"把"字句，无论是汉族儿童习得"把"字句还是外族人、外国人习得"把"字句，实际都是整体习得"X 把 Y 怎么样（了）"这一构式。构式理论无疑是符合人的语言习得过程的。因此，许多学者都同意 Croft（2001：16）的观点：构式是句法表征的"原素单位"（primitive unit，有人译为"基原单位"）。⑥

构式语法理论一面世，很快引起语言学界的瞩目，目前已经成为国际语言学领域的研究热点之一。从 2001 年至今，关于构式语法的国际学术研讨会已举行了多次⑦，而且内部已经形成不同的支派⑧。2013 年牛津大学出版社出版了 Hoffmann & Trousdale 的《牛津构式语法手册》一书。该书除导言外，分"原则与方法""构式主义方法""构式：从语素到句子到更大单位""语言习得与认知""语言变异与变化"五大部分 26 章对构式语法理论作了全方位、阶段性的介绍与阐述⑨。这都显示出构式语法研究发展的强劲势头。有关构式语法理论的讨论，至今没有停息。

11.2　构式语法理论引入中国

构式语法理论也受到我们国内学者的极大关注。事实上，在我国上个世纪 40 年代的语法著作以及后来的论著中就有了构式的理念。王力先生在《中国现代语法》(1943)和《中国语法理论》(1944)中将"把"字句称为"处置式",将带结果补语的动补结构称为"使成式",就有明显的构式意识。而朱德熙先生在《语法讲义》(1982)里讨论了"在＋NP_P＋VP"这一句法格式(NP_P代表处所成分,VP代表动词性词语),并通过变换将它分化为A_1和A_2两个同形格式,指出A_1式"在＋NP_P＋VP"(在沙发上坐着｜在黑板上写字｜在山顶上盖房子)"都表示人或事物的位置",A_2式"在＋NP_P＋VP"(在床上咳嗽｜在河里游泳｜在飞机上看书)"都表示事件发生的处所"。这也是明显的构式理念。遗憾的是我们没能升华为理论,把构式理论的发明权让给了外国学者。

最先明确将构式语法理论引入中国的是中国社科院语言研究所研究员张伯江先生。他于1999年在《中国语文》第3期上发表了《现代汉语的双及物结构式》一文,该文一开始就说了下面一大段话:

> 过去的语法研究相信每个动词有固有的"配价"能力,它们在句子里带多少宾语以及带什么样的宾语是这种配价能力的反映;同时相信通过对词汇语义和句法规则的描写可以概括所有语法现象。但当我们把观察的视野放到实际运用中的语言的时候,就会发现,这些规则并不能够穷尽地描述动词运用的所有细节。更为重要的是,语言中大量使用的句式(construction),其句法－语义特征往往不是能够由词汇语义规则自然推导出来的,这些句式的语义构成是人类认知对现实的反映,它们所体现出的句法－语义的一致关系无疑应该是语法研究的核心内容。这就是近年兴起的句式语法(Construction Grammar)所要解决的课题。

张文所说的"句式语法"就是"构式语法"[⑩]。为一贯起见,下文我们都用"构式"这一说法。

张文这一大段话实际也点出了构式语法理论的基本观点——构式,其句法－语义特征往往不是能够由词汇语义规则自然推导出来的,这些构式的语义构成是人类认知对现实的反映。张文运用构式语法理论重新分析、解释了汉语中的双及物构式,即一般所谓的"双宾语结构"或"双宾语句式"。

张文首先指出,就双宾语结构来说,以往的研究多从"位置"的角度定义,并作详细的分类,但是这样的界定与分类,有三个关乎句式的大问题没有得到解决:(一)找不到适合所有类型的双宾语结构的一条或几条句法特征。(二)也无法看出能进入这一句法格式的动词有什么可以概括的特点。(三)看不到对双宾语句式的概括的语义描述。以上三点也可以视为在结构主义视野下的语法研究所存在的局限。张文指出，对上述问题的完满解决取决于研究思路的转变，即得用构式语法理论来分析描写。根据 Goldberg(1995)对构式的定义，可将双宾语构式视为"双及物构式"，其形式表现为：$V-N_1-N_2$，其语义核心为"有意的给予性转移"。张文申明，为了突出这一构式整体的语法意义独立性，因而放弃带有强烈结构分解意识的"双宾语"的说法，而改称为"双及物式"(ditransitive construction)。"双宾语"说是分解的观点，"双及物式"是整体的观点。张文接着指出，从现实语料中的优势分布看，从儿童语言优先习得看，乃至从汉语历史语法报告看，都表明"给予"义是双及物式的基本义，可视其为典型的双及物构式义。设 V 为表示行为动作的动词(verb)，A 为行为动作的施事(agent)，P 为行为动作的受事(patient)，R 为接受者(recipient)，典型的双及物式的特征可概括为"在形式为'A+V+R+P'的句式里，施事者有意地把受事转移给接受者，这个过程是在发生的现场成功地完成的"。这种双及物式具有如下句法特点：

一、一般可以在受事前面加上施事的领格形式。[①]例如：

（1）刚才老李送我一本他的书。
（2）昨天邻居卖我一把他的旧椅子。

二、一般不能用"给"将接受者提到动词之前。例如：

（3）＊刚才老李给我送了一本书。
（4）＊昨天邻居给我卖了一把旧椅子。

三、可以用"把"将受事提到动词之前。例如：

（5）刚才老李把一本书送我了。
（6）昨天邻居把一把旧椅子卖我了。

张文进一步依据 Taylor(1989)的典型范畴理论，不将给予义和上述三个句法特点当作界定双及物式的"充分—必要"条件，而是看作双及物式的原型特征。那原型的双及物式通过隐喻或转喻，便引申、扩展出有不同形式、不同语义、不同句法表现的引申式，即原先一般所说的不同类型的双宾语句式。张文先以实例详细说明了通过施事的隐喻、受事的隐喻、给予物的隐喻以及给予方式的隐喻所造成的引申扩展情况；接着又以实例说明了句式语义通过转喻所造成的引申扩展情况，具体包括：

（一）话语空间的转喻。拿"问"和"回答"为例，形成形式基本相同的两个句子：

(7) a. 老师问学生一个问题。
　　b. 老师回答学生一个问题。

a 句和 b 句语义方向好像相反，b 句很容易理解为给予意义的引申（给予物是"答案"）；但 a 句应将给予物理解为一个更抽象的东西（老师的"请求"）。这里的引申机制就是转喻。请看：

句式	喻体	转指物
(8) 老师问学生一个问题	问题	关于回答这个问题的请求
(9) 王老师考我们数学	数学	关于数学能力的测验
(10) 弟弟求我一件事	事	关于办这件事的请求

张文说："这样，我们就寻绎到了'答''问'这两种看似相反的句式之间的语义联系。"

（二）物质空间的转喻。拿"卖"和"买"来说，如果我们只着眼于动词的语义，通常都将它们看作是一对反义词。但是构式语法理论认为，构式语义与词汇语义之间是一种互动（interaction）关系，句式语义可以赋予一些原没有给予义的动词以给予义，这是因为构式是一个"完形"（gestalt），进入构式的任何实例都会例示（instantiate）构式的整体意义，动词"买"也不例外。这样，"我买他一本书"跟"他卖我一本书"并不是语义完全相反的两个构式——两个句子中的主语"我"和"他"都分别是主动者，动词后的第一个名词"他"和"我"都是被动作影响的有生对象，两个句子有平行的句法特点。在这其中引申的机制是转喻——"我买他一本书"是"我"给予"他"一个"损失"。请看：

句式	喻体	转指物
(11) 老王买了我一把旧椅子	一把旧椅子	一把旧椅子的损失
(12) 李师傅拿了我两把钳子	两把钳子	两把钳子的损失
(13) 他偷了东家一头牛	一头牛	一头牛的损失

同时，动词本身也是个转喻过程。请看：

句式	喻体	转指物
(11') 老王买了我一把旧椅子	买	买＋使损失
(12') 李师傅拿了我两把钳子	拿	拿＋使损失
(13') 他偷了东家一头牛	偷	偷＋使损失

张文指出，双及物构式的给予意义是由构式带来的，不是来自每一个个别动词。构式中的动词，有的自身表示给予意义，有的从给予的方式体现给

予意义,更多的是动词本身没有狭义的给予意义,而借助构式来表示给予意义。

张文按上述分析思路,说明了"我帮你一千块钱""单位照顾我一套房子""大家骂他'癞皮狗'""他赢了我二百块钱""韩国队进我们两个球""学校放我们两天假""那老头吐他一口唾沫",乃至一些熟语性的说法,如"围了我个水泄不通""饶他个初次""打他一个冷不防""玩它个痛快"等,也都是从典型双及物构式通过隐喻、转喻的引申机制而来的。

以上是张伯江先生首次明确运用构式语法理论对现代汉语里一般所谓的双宾语结构所作的统一分析。张文在汉语学界引起了极大的反响,引发了语法学界,特别是青年学子对构式语法理论学习、运用的兴趣。[12]

其实,在张伯江之前,沈家煊(1999)很精彩地分析了"在"字句和"给"字句,虽未点名运用构式语法理论,实际运用的是构式语法理论。[13]沈家煊(1999)指出,关于句式的研究,以往一般通过给词分小类来表示、说明不同的句式,这也确实能解释许多语法现象,如句式之间的不同变换。例如,例(14)a和b有明显区别:

(14) a. 在黑板上写字(→把字写在黑板上)
　　　b. 在飞机上看书(→*把书看在飞机上)

朱德熙(1981)就是用给词分小类的方法来表示 a 和 b 的区别,[14]请看:

　　　a. 在+N'+Va+N
　　　b. 在+N'+Vb+N

但是这种做法有它的问题与局限,沈文一一举例作了具体的说明(详见沈家煊,1999)。接着他在文中指出:

> 不同的词类序列代表不同的句式,但是句式并不等于不同的词类序列。一个句式是一个"完形"(Gestalt),即一个整体结构。只有把握句式的整体意义,才能解释许多分小类未能解释的语法现象,才能对许多对应的语法现象作出相应的概括。句式整体意义的把握跟心理上的"完形"感知一致,都受一些基本认知原则的支配。

沈家煊先生所说的认知原则,包括:

顺序原则:如果B在A之后,C在B之后,那么A、B、C是一个序列,而不是一个无序列。

包容原则:如果B包容在A之内,那么A就不可能包容在B之内。

相邻原则:相邻的两个成分倾向于组成一个单位。

数量原则:认识数量上的多和少是人的基本认知能力之一,数量的概念在各方面都存在。

事实也确实如此。现代汉语里的"在"字句和"给"字句有各种各样,请看:

Z1	在 xSVO	在黑板上我写了几个字
G1	给 xSVO	给你我买了一所房子
Z2	S 在 xVO	我在黑板上写了几个字
G2	S 给 xVO	我给你买了一所房子
Z2'	S 在 VO	我在写字
G2'	S 给 VO	你给来封信
Z3	SVO 在 x	我写了几个字在黑板上
G3	SVO 给 x	我买了一所房子给你
Z4	SV 在 xO	我写在黑板上几个字
G4	SV 给 xO	我卖给你一所房子
Z4'	SVxO	我放桌上一盆花
G4'	SVxO	我卖你一所房子

光用给词分小类确实难以解释上面各句式之间的差异。沈文指出,根据"完形心理学"的认知原则,上面所列的各种"在"字句和"给"字句具有如下的整体意义:

"在"字句

Z1	在 xSVO	在某处所发生某事件
Z2	S 在 xVO	在某处所发生某动作
Z3	SVO 在 x	动作作用下事物达到某处所,动作和达到是两个分离过程
Z4	SV 在 xO	动作作用下事物达到某处所,动作和达到是一个统一过程

"给"字句

G1	给 xSVO	对某受惠目标发生某事件
G2	S 给 xVO	对某受惠目标发生某动作
G3	SVO 给 x	惠予事物转移并达到某终点,转移和达到是两个分离过程
G4	SV 给 xO	惠予事物转移并达到某终点,转移和达到是一个统一过程

沈文接着指出,上述顺序原则可以说明 Z1/Z2 和 Z3/Z4 之间的区

别,同时说明 G1/G2 和 G3/G4 之间的区别;包容原则可以说明 Z1 和 Z2 的区别,同时说明 G1 和 G2 的区别;相邻原则可以说明 Z3 和 Z4 的区别,同时说明 G3 和 G4 的区别;数量原则能说明 Z4 和 Z4'之间、G4 和 G4'之间的区别。(区别的具体说明,均详见沈文)沈家煊先生正是运用上述认知原则出色地对现代汉语里的各种各样的"在"字句和各种各样的"给"字句作出了统一的平行语义解释,使人们看到了构式的句法格局与构式语义之间深层次的对应性。因此张伯江(2014)认为,沈先生的这篇文章是"汉语构式语法研究范例"。[15]

构式语法理论一经引入国内,便迅速吸引了汉语学界和外语学界众多的学者专家和青年学子,并涌现了大量的研究成果。从 1999 年沈家煊、张伯江的文章开始至 2006 年年底为止,据不完全统计,在各种刊物上发表的文章 380 多篇,这还不包括各高校硕士生、博士生的论文,也不包括网上语言学交流平台上发表的文章。这期间,还出版了一些专著和论文集[16]。中国学界对构式语法理论总起来说是持肯定态度的,同时也指出了该理论的局限与问题,并不只是被动地接受、采用。[17]众多学者运用这一理论来分析各种各样的凝固性结构,北京大学中国语言学研究中心由詹卫东教授领衔建设了"构式知识库"。

11.3 构式是怎么来的?

对句法结构的研究,向来采用"词汇加规则"的模式。而按构式语法理论的观点,正如我们在 11.1 小节里所陈述的,通过试验加以证实,构式是句法表征的"原素单位"(Croft 2001:16)。如果确认这一观点,人们很自然地要追问这样一个问题:那么构式是怎么产生的?

构式是怎么产生的?在回答这个问题之前,我们先认可 Chomsky (1968,1986)关于"内在语言"(internal language,简称 I-language)和"外在语言"(external language,简称 E-language)之分的观点。[18]"内在语言"是存在于人脑心智中的自然客体,是意象图式经过大脑处理后形成的表征系统(system of representations),它包括一个运算程序(computational procedure)和一个词库(lexicon)。"外在语言"是内在语言的外部表现形式,这就是一般所说的"声音和意义相结合的符号系统"。对于构式的产生,我们需要从外在语言和内在语言这两方面来加以观察和认识。

就外在语言来看,作为人类最重要的交际工具的语言,它总是随着社会的发展而不断发展变化的,语言的变化就表现在语言的语音、词汇、语法等各个不同层面不断出现各种各样的变异现象或者说变异状况。语言出现各种变异可以说是语言发展的常态。句法上的变异现象就是在言谈交际中突然出现的、常常被人视为"不合逻辑的"那些说法[19],刘大为(2010)称之为"修辞构式"。刘大为先生所说的"修辞构式"里的"修辞",用的不是传统意义上"为了某种修辞目的而采用某种修辞手段"这一含义,而是泛指在交际过程中由各种因素致使出现"大量不典型、非常态、使用受到一定情境局限的句子"。[20]

据初步考察,变异大致有以下几种情况:

一、故意多次重复某些词语,以起强调作用,随之模仿并逐渐泛化。例如:

(1) 学习,学习,再学习!|(这个问题需要)考虑,考虑,再考虑!
(2) 成功的必要条件,第一是勤奋,第二是勤奋,第三还是勤奋。

二、为了表达的经济,故意省略,并逐步泛化。例如:

(3) a. 我们用电话联系→我们电话联系
   b. 明天电邮告诉你 | 中文写中国[21] 【泛化】
(4) a. 赶时间写论文→赶写论文→赶论文
   b. 倒卖火车票→倒火车票→倒票 | 抛售股票→抛股票→抛股 【泛化】
(5) a. 你看你的书→你看你的
   b. 他咳嗽他的 【泛化】
(6) a. "他眼睛怎么红了?""看电视看得眼睛都红了。"→看电视看的[22]
   b. 开夜车开的 【泛化】

三、功能扩展并逐渐泛化。这又可分三种情况:

A. 动宾格带宾语。例如:

(7) 登陆诺曼底 | 称霸武林 | 把脉金融业 | 聚焦雾霾

B. 形容词带宾语。例如:

(8) 富了个人穷了国家 | 幸福千万家 | 清洁每个角落

C. 名词带宾语。例如:

(9) 她只知道宝贝她的儿子 | 明天我会电话你 | 他就这样潜规

则了不少新来的女演员

四、外语或方言句法格式的渗透。例如：

(10) 来自西南边陲的我｜从来默默无闻、一向低调的他　【受外语影响所致】

(11) 洗洗干净｜问问明白｜研究研究清楚　【来自吴方言】

(12) 知不知道｜学不学习｜干不干净｜漂不漂亮　【来自南方方言和西南官话】

五、改变词序。例如：

(13) a. 用大碗吃→吃大碗｜用这把刀切→切这把刀
　　 b. 这个箱子用尼龙绳捆→这个箱子捆尼龙绳

六、改变搭配规则，并逐渐泛化。最典型的，一是"被 X"构式的出现，例如：

(14) a. 被自杀｜被就业
　　 b. 被苗条｜被教授｜被 82%　【泛化】

二是"很 N"构式的出现，例如：

(15) a. 很阳光
　　 b. 很农民｜很德国｜很女人　【泛化】

七、隐喻并仿造，然后泛化。例如：

(16) a. 走来走去｜看来看去｜考虑来考虑去
　　 b. 吃来吃去还是黄瓜馅儿饺子好吃｜喝来喝去还是燕京啤酒爽口｜扒拉来扒拉去没有一个姑娘老太太看得上的　【泛化】

这些变异的出现，一般都是出于表达的特殊需要，如第一小类的故意重复、叠用以及第六小类的"被 X"，最有代表性了，并具有真正意义上的修辞效果；有的则是为了表达的经济，第二小类就最有代表性了。不管属于哪一小类，都是先在某个人的言辞中或某种媒体上出现，然后扩散，即或慢或快地说开去。

变异现象都具有临时性。不少可能只是昙花一现[23]。而有不少则在广泛运用的基础上逐渐固化，新的构式由此而产生。最典型的如上面举到的"吃来吃去还是黄瓜馅儿饺子好吃"，这可视为"V 来 V 去＋VP"这一构式的一个实例，它是由"走来走去"这种原有的语法构式通过隐喻并仿造而发生的变异现象。该构式已为人们频频使用。请看：

(17) a. 喝来喝去还是龙井茶对我的口味。
　　 b. 挑来挑去还是那条裙子最好看。
　　 c. 住来住去还是觉得住乡下最舒服。
　　 d. 听来听去我还是最喜欢《梁祝小提琴协奏曲》。
　　 e. 穿来穿去还是那件衣服穿着舒服。
　　 f. 吃来吃去没有一个菜好吃。
　　……

在频频使用中，也就是在泛化过程中，要求在"V来V去"之后得紧接一个VP，从而形成"V来V去＋VP"这样一种新的构式。这一新的构式所具有的特殊的构式义是，"在行为动作所能涉及的诸种事物中，反复掂量，或主观认为'要数某事物较为/最为合意'，或主观认为'哪个都不合意'"。

促使某种变异"凝固"或者说"固化"为新的构式，当然是看能否被广泛使用，是否被泛化；而能否被广泛使用，是否被泛化，则取决于这种变异说法是否符合经济原则，是否具有特殊的表达作用。一句话，"凝固"或者说"固化"取决于是否符合交际的需要。

总之，语言的变异是常态，语言变异被频繁使用并泛化，就会逐渐固化为新的构式。这也就是认知语言学家Langacker(1987)所提出的"基于使用的理论"(usage-based theory)；也就是功能语法学家Hopper(1987)提出的"用法先于语法"的"浮现语法"(emergent grammar)观。

从内在语言考虑，既然Goldberg(1995,2006)和Croft(2001)都确认语言中存在的就是一个个构式，构式是句法表征的"原素单位"，而语言并不跟客观世界直接联系，都得经由认知域，因此"构式基于认知"这个问题是回避不了的，需要去探究。"构式基于认知"这当然还是个假设，有待于脑神经科学、心理学和神经语言学的学者们通过实验加以证实。摆在我们面前的问题是：如何释解"构式基于认知"之说？

Goldberg(1995)只是认为"构式义跟人类经验有关"，提出了"情景编码假设"，她对这一假设只是作了这样的原则性表述："与基本句子类型对应的构式把与人类经验有关的基本事件类型编码为这些构式的中心意义。"我国有学者进行过一些探讨(陆俭明，2006；施春宏，2013)。现在，我们试着在前人研究成果的基础上，作如下两种新的假设：

假设一②【"由内到外"运作假设】
　ⅰ.客观世界(客观事件或事物以及彼此之间客观存在的关系等)；
　→ⅱ.通过感觉器官感知并形成直感形象或直觉；

→ⅲ. 在认知域内进一步抽象,由直感形象或直觉形成意象图式;

→ⅳ. 在认知域内借助内在语言进一步由意象图式形成具体的概念框架;

→ⅴ. 该具体的概念框架投射到外在语言,寻找最能表示该概念框架的具体的表达构式——可能已有的构式能用来表达,也可能跟已有的构式发生碰撞,产生新的"修辞构式",并呈现为具体的句子;

→ⅵ. 按"修辞构式"呈现的句子多次反复运用,并进一步抽象概括,便分别在内在语言和外在语言形成相应的、稳定的语义框架和新的语法构式。

"假设一"是就"说话人根据其自身的特殊感知或认识用某种言辞表达出来"这一过程在说话人认知域中的运作。这一假设是要告诉人们,当一个人有所感悟、有所认识并要将此感悟或认识传递给他人时,在认知系统上是如何运作才足以将能用来传递此感悟或认识的某种新的构式"发明"出来,并由此为同一族群的人们所广泛使用并逐渐固化。

假设二⑥【"由外到内"运作假设】

当外在语言输入某个句子,譬如"他被杀害了"和"他被捐款了"这样的句子进入听话人的认知域就要接受核查。核查什么? 我们知道,一个正常的人,一般两三岁之后就在认知域中不断积聚以母语为载体的内在语言结构和相应的概念结构所需遵循的规则或准则,所以外在语言输入的句子自然就会接受内在语言所形成的结构以及相应的概念结构所需遵循的规则或准则的核查。核查结果,无非两种情况:

第一种情况是,完全符合认知域中所存储的各种规则或准则,如"他被杀害了",符合"被+及物动词+了"的规则,就完全通过并接受。

第二种情况是,并不完全符合认知域中所存储的各种规则或准则,如"他被捐款了",是"被+不及物动词+了",认知域中没有这一规则。没这规则怎么办呢? 大脑就开始由数据驱动进行"自下而上"的搜索、处理,形成各种初步的意象图式,并作出由不同概念结构组成的不同理解,诸如(施春宏,2013):

　　a. 某人并不想捐款但被人劝说、引诱、要求或强迫而捐了款;
　　b. 某人并未捐款而由他人冒捐从而被认为自己捐款了;
　　c. 某人并未捐款而被他人传说捐了款;
　　d. 某人并未捐款而被他人在统计中写成捐了款;
　　e. 某人虽捐了款但并不想让他人知道,却被人打听到后说出了捐款。

所理解到的各组概念结构,根据认知心理学的一些理论,其相应的各个意象图式间的关系,可设想为多种模块化模式:

  a. 或是各意象图式之间互相联系、互为补充的联接模式;
  b. 或是各意象图式之间相互作用、相互竞争的互动激活模式;
  c. 或是各意象图式基本上是一个封闭的意象域,由更高一级的更抽象的语言表征系统来统领各意象图式的重组模式。

  无论是哪种模式,各个过程都是在"内在语言"中经由数据驱动进行"自下而上"(bottom-up)的搜索、处理和经由概念驱动的"自上而下"(top-down)的处理这二者互动而完成的。而在这加工、形成过程中还将会受到各种语境,包括社会性语境的影响,这种影响对形成更高级的抽象表征系统具有至关重要的作用。这个更高级的抽象表征系统就是有可能成为新构式的雏形"被捐款"。再通过泛化并接纳新的词汇进入该新构式(如"被就业""被苗条""被教授""被82%"等),从而最终形成了稳定的不同于"被杀害""被批评"的带有讽刺和否定意义的"被X"这一新的语法构式。

  "假设二"是就听话人或阅读者对所听到、所看到的话进行接收并解读这一过程在听话人或阅读者认知域中的运作。这一假设要告诉人们,听话者或阅读者是基于什么样的机制如何能接受他人"发明"出来的"修辞构式"并能从中领悟他人所要传递的感悟或认识。

  以上都只是假设,但愿大家一起来进一步修正、完善这两种假设。当然也可以推翻这两种假设重新作出假设。不管怎么说,做好这项研究工作将有助于对构式理论作出更有力的论证。

11.4 关于"构式—语块"句法分析法

  构式理论真要发挥它在句法研究中的作用,要增强其方法论价值,它需要与语块理论(Chunk Theory)相结合。构式语法理论要与语块理论相结合这一想法,最早是由陆俭明在2009年5月16日至17日由对外经济贸易大学英语学院主办的"首届全国语言语块教学与研究学术研讨会"(对外经贸大学,北京)上所做的主题报告《从构式看语块》中提出来的;同年8月1日至4日在广西师范大学举行的"第七届国际汉语教学学术研讨会"上所做的主题报告《汉语教学中的"构式—语块"教学法》中作了更明确的说明。[20]

  语块理论是由米勒(Miller,1956)的短时记忆理论演化而来的。国内外二语教学界和自然语言处理学界已经广泛使用这种理论,来为教学、为自然语言处理服务。不过,目前二语教学界对"语块"这一术语的使用,更多的还是从词汇角度来考虑的,其含义大致相当于英语里的 formulaic language。我们所说的"语块""组块"术语,其含义分别相当于英语的 chunk 和 chunking。语块理论的核心内容是,根据心理实验所提供的数据,大脑运用语言进行组码(即编码)也好,解码也好,能容纳的离散块是七块左右,关注范围是四块左右;这样,一个经过组块(chunking)而成的语句表面看是由若干个语素或者说若干个词组合成的,实际的组成单位是语块(chunk)。语块是"人类信息处理能力的实际运用单位"。(陆丙甫,2008)①

语块跟构式关系紧密。无论从构式内部的语义配置、构式的词类序列来说,还是从构式的论元结构来说,构式的组成单位就是语块。下面的例子很说明问题:

	A	**B**	**C**
(1) a.	桌子上	放着	玫瑰花。
b.	爸爸昨天从王府井买来的红木桌子上	放着	一束妈妈刚从院子里摘下的玫瑰花。
	[处所词语]	[动词+着]	[名词语]
	【存在处所】	【存在方式】	【存在物】

例(1)a 和 b 两句是现代汉语中存在构式的两个实例,a 句短,b 句长。但不论长短,不管怎么分析,都得分析为 A、B、C 三部分——从词类序列来说,A 为处所词语,B 为"动词'放'+'着'",C 为名词语;从构式的语义配置来说,A 为存在处所,B 为存在方式,C 为存在物。A、B、C 便是组成存在构式的三个语块;"NP_L+V 着+NP"便是存在构式的形式表示;"存在处所—存在方式—存在物"便是存在构式的内部语义配置链。

前面我们所举过的"V 来 V 去+VP"构式,就可以认为由两个语块构成:一个是"V 来 V 去",其形式特征是,前后两个动词相同,前一个动词后面带趋向动词"来",后一个动词后面带趋向动词"去";另一个语块就是那 VP,会有两种表现形式——或是"还是/还数+主谓短语",如前面所举的例(17)a—e 各句;或是一个否定的周遍性结构,如例(17) f。

我们认为,构式理论如果和语块理论相结合,就有可能提高构式语法理论的方法论价值。按照"构式—语块"分析法的思路,对任何构式的分析手续或步骤是:

a. 分析该构式的词类序列。

b. 分析该构式的内部语义配置状况。
  c. 分析该构式所表示的独特的语法意义。
  d. 分析该构式的语块组成状况,以及各语块的特点。
  e. 分析该构式具体选择什么样的词项,以及可进入该构式的词项的特点。
  f. 考察分析其同形构式和同义构式,如果有的话。
  g. 考察、分析该构式使用的语义背景。

11.5　构式语法理论的价值

按照形式派的论元结构理论,句子以动词为核心,而作为一个动词,必将形成一个以该动词为核心的论元结构,一切包含该动词并以该动词为核心的句法结构,都看作是由该动词的论元结构通过一定转换规则生成的,否则,就认为动词发生了词义变化,或者认为所谓"增元"或"减元"了。论元结构理论,用来说明诸如下面这样的语法现象是得心应手的:

(1) a. 弟弟打破了我的杯子。
    b. 弟弟把我的杯子打破了。
    c. 我的杯子被弟弟打破了。
    d. 我的杯子弟弟打破了。

然而语言事实并不像生成语法理论所设想的那样简单。现代汉语里有这样一种存在句式,那就是"$NP_L＋V＋着＋NP$"。例如:

(2) a. 台上坐着主席团
       门口站着许多孩子
       床上躺着一个病人
    b. 墙上挂着一幅画
       花瓶里插着腊梅花
       门上贴着一副对联

例(2)a各句,其宾语所指是谓语动词的施事;例(2)b各句,其宾语所指是谓语动词的受事。对于这类存在句,国内外研究汉语语法的学者已经发表、出版许多论著。但是,如果站在今天的认识高度,汉语中这种存在句仍有许多问题需要我们去作进一步的思考和解释。这些问题是:

  1. 这些句子里没有表示存在意思的词语,那么为什么这种句子能表示"存在"义?

2. 根据转换生成语法学的论元结构理论,动词的施事属于域外论元,按理应出现在动词前,为什么例(2)a 里动词的施事却跑到动词后面去了?

3. 例(2)b 里的动词是二元动词,其受事论元在动词后作宾语,但是,为什么动词的施事论元没有出现,而且也不能出现?

4. 语言事实告诉我们,假如同为述宾结构,如果宾语的语义角色不同,所表示的语法意义就会有差异。例如:

(3) a. 吃苹果　【宾语为受事】
　　b. 吃大碗　【宾语为工具】
　　c. 吃食堂　【宾语为处所,一说方式】
　　d. 吃环境　【宾语为目的】
　　e. 吃父母　【宾语为凭借】

例(3)a—e 的语法意义各异。

可是,为什么在存在句里宾语的语义角色明明不一样(一为施事,一为受事),而所表示的语法意义却一样,都表示存在,表静态? 有人运用生成语法理论从句式变异或动词变异的角度给以解释,如顾阳(1997),缺乏说服力;上个世纪 80 年代后期生成语法学派拉森提出动词空壳理论和"空动词"概念,后被乔姆斯基接受并改称为"轻动词理论"。"轻动词"是指有语义内容而无语音形式的动词,是一个起引导动词语作用的成分。(Chomsky 1995:"v is a light verb that introduces verbal phrases.")这种理论可以较好地回答、解释不少语法现象。对于上述第 1、第 2 两个问题就可以用轻动词理论作出回答,上面表示存在的例(2)a 里的"台上坐着主席团",其生成过程可以解释为(v 代表轻动词):

(2') a.　台上 v[存在] 主席团 坐着
　　　　　　　⇓
　　　　台上 坐着ⱼ v 主席团 tⱼ

余者类推;例(2)b 里的"墙上挂着一幅画",其生成过程可以解释为:

(2') b.　墙上 v[存在] 一幅画 挂着
　　　　　　　⇓
　　　　墙上 挂着ⱼ v 一幅画 tⱼ

但是,轻动词理论并不能对前面提出的第 4 个问题作出回答。应该看到,轻动词理论也无非是为了圆或者说补论元结构理论的不足。转换生成语法理论发展到现在也认识到这样一点:"存现结构是作为现实世界客体或状态的空间存在、出现或消失在语言中的影射"。但他们没有深一层考虑这样的问题:现实世界客体或状态的种种不同情况从本质上来看是怎么投射到语言中来的。他们只知道在论元结构的理论框架下翻新作解释。

应该说,运用哥尔德伯格构式语法理论可以作出很好的解释。例(2)——无论是a的各句还是b的各句,都是存在构式的具体句子形式;"表示存在",这就是存在构式所表示的语法意义。大家知道,说到存在,一定有个存在物,一定同时有个存在的处所,此外会有一个连接存在物与存在处所的链接成分。这种链接成分,最常用的是动词"有",例如:

(4) a. 台上有主席团
　　　门口有许多孩子
　　　床上有一个病人
　　b. 墙上有一幅画
　　　花瓶里有腊梅花
　　　门上有一副对联

如果要同时表示存在的方式,就用"V着",如例(2)a、b各句。当说话者要以存在处所为话题时,在现代汉语中,就让表示存在处所的词语居于句首作话题,让表示存在物的词语殿后作为句子的信息焦点。那"有"、那"V着"放置在存在处所与存在物之间,它们既起着连接作用,又起着存在句的标记作用——只要在"有"或"V着"前出现处所成分,在"有"或"V着"后出现"(数量)名"词语,句子一定表示存在。因此,不管那处所成分和存在物用多长的语形来表示,会始终保持三块——存在处所、存在方式、存在物,而这正是构成存在构式的三个语块。至于"施事—动作""动作—受事"这种语义关系,在存在句中只是潜在的,在存在构式里凸显的是"存在处所—存在方式—存在物"这种语义关系,而不是"处所—动作—施事"或"处所—动作—受事"那样的语义关系。

已有的研究表明,构式语法理论有重要学术价值,这可以从以下几方面来说:

第一,这种理论可以帮助我们来解释一些先前不好解释或先前想不到去解释的语法现象。譬如说,上面举到的"$NP_L+V+着+NP$"这种存在句的例子,其中的NP既可以是受事(台上放着鲜花),也可以是施事(台上坐着来宾),这为什么?这个问题过去都不去深究的,甚至是想不到的。有了构式语法理论就可以回答这个问题。

再举一个先前不好解释或者说解释得不是很令人满意的语法现象,

那就是所谓"论元增量句",指的是下面这样的句子:

(5) 张三高李四一个头。
(6) 我总共/一共吃(了)他三个苹果。

"高"是形容词,它只能有一个论元,可是在例(5)里,"高"前后出现了三个不同性质的名词性成分——"张三""李四""一个头"。这怎么分析和解释?"吃"是二元动词,可是例(6)"吃"前后出现了三个不同性质的名词性成分——"我""他""三个苹果"。这又怎么分析和解释?以往的解释是:例(5)那三个不同性质的名词性成分是"高"的三个论元,"高"由一元动词涵变为三元动词;例(6)那三个不同性质的名词性成分是"吃"的三个论元,"吃"由二元动词涵变为三元动词。这种现象就是动词的增元现象。表面看来这解释不错,但是,其增元的机制、动因是什么?很难作出令人满意的回答。对此现象,构式理论可以作出较好的解释。一般的"张三高",这是一种性状构式,这个构式除了形容词"高"之外,只需要一个论元;而例(5)"张三高李四一个头"则是一种性状比较构式,这个构式除了形容词"高"之外,包含三个论元——性状主体"张三"、比较对象"李四"和比较差量"一个头"。

这两种解释,哪一种更合理?哪一种对于语言事实更具有解释力?可以进一步去思考、比较。

必须指出,上述现象不只是汉语中存在,其他语言里也存在。Goldberg(1995:9)就说到英语里的 sneeze 是明显的不及物动词,但在下面的句子里却带上了宾语:

(7) He sneezed the napkin off the table.
(他打喷嚏(打得)把餐巾弄到桌子下了。)

上例含有明显的使动意义,而这种使动意义很难说是由动词 sneeze 表示的。这种使动意义就是由这种特殊的构式所表示的。这种句子的存在,也让我们去进一步思考:Goldberg 所举的含有 sneeze 的句子能从动词 sneeze 的论元结构推导出来吗?如果回答是否定的,那么这是不是也说明同一个动词可以形成不同的论元结构?

第二,马真在《说"也"》(1982)一文中指出:"在虚词研究中切忌将含有某个虚词的某种句子格式所表示的语法意义硬归到格式中所包含的这个虚词的身上去。"后来在《是词的意义还是格式的意义》(2005)和《说说目前辞书的释义》(2016)③中,又举出某些辞书在注释方面所犯的这类毛病,并再次强调此观点。事实告诉我们,将句法格式的意义误归到该格式的某个词身上,这是在语法研究或词汇研究中,特别是在虚词研究中常见的毛病。如果有了构式的观念,就可以避免犯这方面的错误。

第三,有助于我们去进一步探索影响句子意思的因素,去进一步探索句子意思的组成。原先我曾认为,整个句子意思的组成可以描写如下(陆俭明,1987)[20]:

$$
\text{句子的意义}\begin{cases}\text{(甲)句子语段成分的意义}\begin{cases}\text{(一)具体的词汇义}\\ \text{(二)抽象的关系义}\begin{cases}\text{(1)语法结构关系赋予的意义}\\ \text{(2)语义结构关系赋予的意义}\end{cases}\end{cases}\\ \text{(乙)句子超语段成分的意义——句调所赋予的语气、情感意义}\end{cases}
$$

现在看来,上述描写显然不全面——没有考虑构式所表示的意义。宜修改为:

$$
\text{句子的意义}\begin{cases}\text{(甲)句子语段成分的意义}\begin{cases}\text{(一)具体的词汇义}\\ \text{(二)抽象的关系义}\begin{cases}\text{(1)语法结构关系赋予的意义}\\ \text{(2)语义结构关系赋予的意义}\end{cases}\\ \text{(三)抽象的构式义}\end{cases}\\ \text{(乙)句子超语段成分的意义——句调所赋予的语气、情感意义}\end{cases}
$$

第四,更重要的一个方面,那就是将扩大我们语法研究的视野,引起我们对以往语言理论的新的反思和思考,开拓语法研究的新领域,从而将有助于人们把语言研究引向深入。不妨再回到上面讨论过的存在句。上面我们指出,在存在构式里凸显的是"存在处所—存在方式—存在物"这种语义关系,而不是"处所—动作—施事"或"处所—动作—受事"那样的语义关系。但是人们不禁要问:在例(2)a各句,"主席团"和"坐"、"孩子"和"站"、"病人"和"躺"之间难道没有施事和动作的语义关系?在"挂"和"画"、"插"和"腊梅花"、"贴"和"对联"之间难道没有动作和受事的语义关系?有,当然有,但是这种语义关系在存在句中是潜在的,在存在句中凸显的是"存在处所—存在方式—存在物"这样的语义关系。由此我们得出了"语言中实词与实词之间的语义关系具有多重性的特点"这一结论。"鸡不吃了""母亲的回忆"的歧义现象正是实词之间语义关系多重性的反映。语言中实词之间的语义关系类似于人类社会里的人际关系,都具有多重性,而在某个情景下或者说语境下,一般只凸显一种关系。认识到语言中实词之间语义关系的多重性,这无疑有助于词义研究的深化。

这里不妨再举一例。在第四节4.6"关于'形容词+(一)点儿!'祈使句式"小节中,我们介绍了现代汉语里一种特殊的由形容词构成的祈使句"A(一)点儿!",而这类祈使句不是任何形容词都能进入的。在那一小节

里运用语义特征分析法作出了解释。但是,在那一小节最后提出了这样一个请大家思考的问题:

> 在生活中我们也能听到"糊涂点儿!""马虎点儿,别那么认真。"这怎么解释?

语义特征分析法遇到这种情况就觉得一筹莫展,就只能无奈地说"这是由语用因素造成的例外"。其实,"A(一)点儿!"是现代汉语中一种特殊的构式,这一构式本身就表示"要求听话人在某一点上达到说话人所要求的性状"。这一"构式义"决定了这个构式选择的形容词词项必须是可控的,而且以"非贬义"形容词为优先选择的词项;但不排除在特殊语境下选择可控的贬义词项,以达到说话人的某种特殊要求。可见,从构式语法理论角度看,类似上述的例外现象是可以解释的。

11.6 构式语法理论的局限以及需要进一步探究的几个问题

但是我们必须看到,构式语法理论毕竟是一个新兴的理论,还很不完善,甚至还存在某些局限与需要进一步探讨的问题。这里先说构式语法理论的局限。我们觉得主要有三个:

第一个局限,哥尔德伯格认为凡是形式和意义的对应体就都可以看作构式(Goldberg 2006 又改说为"形式和功能的对应体")。于是,她所说的构式,包括了从复句到语素的不同单位。(Goldberg,1995、2003、2006)按照这种看法,语言成了一个由长度不等、复杂程度不等的一个个构式所组成的清单。这与她自己在 Goldberg(1995)第三章 3.1 谈到"语言组织的相关心理原则"时所提出的"最大经济性原则"好像是矛盾的。哥尔德伯格接受 Haiman(1985)的意见,认为"不同构式的数量应尽可能最小化",但是现在她把一个个语素、词、成语、短语结构都看成了构式,按此推断,那么一个个具体的句子也该看作是构式。这一来,构式的数量还小得了吗?可以说是无穷!这能符合"最大经济性原则"吗?在本节的注释④里,我们已经指出,"形式和意义的匹配"实际有两种不同的情况:一种是只有象征关系,内部没有结构性的组成关系;另一种是既有象征关系,内部又有结构性的组成关系。构式语法理论里所说的"形式和意义的匹配",应该只指后一种情况。看来,哥尔德伯格本人似不是很清醒地认识到,以致于她会将语素也视为构式。

第二个局限,哥尔德伯格否认"转换"说,将一个个构式孤立化,而忽视了所指基本相同(即近义)的构式之间的相关性。于是构式与构式之间的联系,特别是句法层面构式与构式之间的相关性,都给抹杀了。可是语言事实告诉我们,语言中存在着类似同义词现象的同义句式现象(严格地说是近义现象),例如:

(1) a. 弟弟打破了我的杯子。
b. 弟弟把我的杯子打破了。
c. 我的杯子被弟弟打破了。
d. 我的杯子弟弟打破了。

例(1)a、b、c、d 所指基本相同——我的杯子由好变破,打破杯子的是弟弟。但由于表达的需要,采用了不同的构式,而每种构式表示不同的特殊的语法意义,从而造成各个句子意思不同,各个句子的表达功能也不同。怎么看待 a、b、c、d 各例? 这就成了问题。Goldberg(1995)在第三章,一方面强调理据性推理的重要性,认为"新信息可被分析为已知信息的变异","一个系统中的成分会互相影响,在语义上和句法上相联的构式之间存在非对称的承继联接",而且还允许"多重承继";另一方面又不承认构式的"转换性",二者似乎是矛盾的。

第三个局限,与上面谈的局限相关,哥尔德伯格,特别是一些激进的学者,如克罗夫特(Croft)、兰盖克(Langacker)等,放弃投射的观点和与之相关的组合规则,认为"词库和句法之间没有严格的分界线"(Goldberg,1995,1.2);Langacker(2005)甚至认为没有必要制定句法组合规则之类的规则。这样就等于取消了句法组合理论。而这对语言教学、自然语言处理以及对语言本身种种现象的解释,都是不利的。

哥尔德伯格似乎总想着能用她这一理论去解释所有的语言现象。事实上是办不到的。不要说她这一理论办不到,而且可以说,任何一种理论都办不到。一种切合语言事实的理论方法,可以而且应该能解决若干语言问题,解释若干语言现象,但都不可能包打天下。对一种新生的、迅速为学界吸纳的理论方法,采取绝对肯定或绝对否定的态度和做法,都是不可取的,都不能看作是科学的态度和做法。

作为一种新兴的理论,构式语法理论为人们提供了研究语言的一个新的视角。但毕竟时间短,还很不完善。正如有的学者所认为的,目前还不好说是一种新兴的理论,稳妥一点还是先叫"构式语法方法"。[③]事实上也确实有许多问题需要我们去进一步探索、明确:

(一) 是不是只要是意义和形式的匹配就是构式? 特别是,语素、词等是否要列入构式范围之内?

（二）构式义的性质是什么？为什么构式本身会具有独立于词语的整体意义？

（三）构式的形式到底是指什么？

（四）构式只指范式还是也包括实例？

（五）构式到底是否具有多义性？

（六）构式只是指特殊语法格式吗？构式能否分类？怎么分类？

（七）是不是每个构式都具有特殊的构式义？像"张三吃了两个面包"这类一般所说的句法上"主—动—宾"、语义上"施事—动作—受事"的句式是否也看作构式？

（八）怎么理解"动词义与构式义的互动关系"？

（九）构式（这里只指句法层面的）的组成成分是什么？也就是说构式的基本构造单位是什么？

（十）构式理论是否一定要跟语块理论相结合才有方法论价值？构式和语块是一种什么样的关系？

（十一）构式语法理论的层次观念跟美国结构主义的 IC 分析理论的层次观念是一致的还是不一致的？

（十二）构式语法，现在还是停留在对各种构式的孤立的研究上，并未形成一个依据构式语法理论所建立的完整的语法系统或者说语法体系。如何从现有的孤立的一个个构式的研究走向构建完整的语法体系？

（十三）在应用上，现在只能说在二语教学上、在某种句式的教学上具有某种优越性，但也还没有在更广泛的领域加以运用。如何从构式的角度进一步就语言习得、语言测试、自然语言处理与理解等方面去加以实验和检验，以确定其可取性？

（十四）现有的构式语法理论可以说是在英语的基础上建立起来的，语言的共性决定了即使只是从英语的基础上建立起来的构式语法理论也将不同程度地适用于其他语言。汉语是跟英语很不同的语言，对我们来说，如何一方面站在语言共性的高度，另一方面立足于汉语，来进一步完善构式语法理论？

（十五）构式语法理论与其他语法理论该是一种什么关系？能否兼容？

附录：2009—2018 出版的有关构式的著作（含论文集；按出版时间先后排列）

张伯江(2009)《从施受关系到句式语义》，商务印书馆。

朱　军(2010)《汉语构式语法研究》，中国社会科学出版社。

牛保义编著(2011)《构式语法理论研究》,上海外语教育出版社。
廖巧云(2011)《因果构式的运作机理研究》,中国社会科学出版社。
刘正光主编(2011)《构式语法研究》,上海外语教育出版社。
王　寅(2011)《构式语法研究》(上、下),上海外语教育出版社。
段业辉、刘树晟等(2012)《现代汉语构式语法研究》,世界图书出版公司。
张跃伟(2012)《双及物小句的功能－构式研究》,厦门大学出版社。
陈　方(2013)《二语构式知识习得中的频次效应研究》,厦门大学出版社。
顾鸣镝(2013)《认知构式语法的理论演绎与应用研究》,学林出版社。
林　艳(2013)《汉语双宾构式句法语义研究》,北京语言大学出版社。
邵春燕(2013)《事件－构式框架与现代汉语复杂致使－结果构式》,山东大学出版社。
杨　明(2013)《结果构式的认知语义研究——以中、日、英为例》,知识产权出版社。
刘　琦(2014)《认知构式语法视域中的汉语单宾句句》,浙江大学出版社。
田　臻(2014)《汉英存在构式与动词语义互动的实证研究》,上海外语教育出版社。
侯国金(2015)《词汇－构式语用学》,国防工业出版社。
皇甫素飞(2015)《现代汉语紧缩构式的多维研究》,中国社会科学出版社。
郑娟曼(2015)《现代汉语习语性贬抑义构式研究》,中国社会科学出版社。
陈文博(2016)《现代汉语新型构式的语义认知研究》,中国书籍出版社。
孟　凯(2016)《汉语致使性动宾复合词构式研究》,北京语言大学出版社。
吴为善(2016)《构式语法与汉语构式》,学林出版社。
杨玉玲(2016)《面向二语教学的现代汉语标记性构式研究》,中国广播影视出版社。
詹芳琼(2016)《汉语系词构式的形式和功能》,上海外语教育出版社。
张爱玲(2016)《现代汉语常用构式的共时与历时互动研究》,南京大学出版社。
张克定(2016)《空间关系构式的认知研究》,高等教育出版社。
车录彬(2017)《现代汉语羡余否定构式研究》,中国社会科学出版社。
陈晓蕾(2017)《现代汉语零动词关系构式研究》,中国书籍出版社。
毛继光(2017)《语义认知与构式理据散论》,上海交通大学出版社。
施春宏等(2017)《汉语构式的二语习得研究》,商务印书馆。
袁　野(2017)《构式语法的理论、流派和应用》,高等教育出版社。
葛　婧(2018)《认知语言学视域下的汉语双宾构式研究》,汕头大学出版社。
刘云飞(2018)《现代汉语兼语构式的概念套叠研究》,科学出版社。
施春宏(2018)《形式和意义互动的句式系统研究——互动构式语法探索》,商务印书馆。

注释

① 参看 Fillmore, C. J., P. Kay & O'Connor, M. C. Regularity and Idiomaticity in Grammatical Constructions: The Case of *Let Alone*. *Language* 64/3: 501—538, 1988.

② Alone 另作形容词,表示"孤独"的意思;let 另作介词,表示"让"的意思。在 let alone 里,alone 不可能是形容词,let 不可能是介词。

③ Constructions: A Construction Grammar Approach to Argument Structure(1995)一书的中文译本《构式:论元结构的构式语法研究》由吴海波博士翻译,2007年北京大学出版社出版;Constructions at Work: The Nature of Generalization in Language(2006)一书的中文译本《运作中的构式:语言概括的本质》由吴海波博士翻译,2013年北京大学出版社出版。

④ 这里需要注意的是,"形式和意义的匹配"实际有两种不同的情况:一种是只有象征关系,内部没有结构性的组成关系。如交通规则中的绿灯与"允许通行"或红灯与"禁止通行"之间所呈现的形和义的配对,就只有象征关系,内部没有结构性的组成关系。另一种是既有象征关系,内部又有结构性的组成关系。构式语法理论里所说的"形式和意义的匹配",应该只指后一种情况。这也就是说,作为一个构式必须是个结构体。

⑤ 实验例子及实验结果,分别参看 Bencini G. M. L. & Goldberg A. E. The Contribution of Argument Structure Constructions to Sentence Meaning. Journal of Memory and Language 43:640-651,2000;董燕萍、梁君英《构式在中国学生英语句子意义理解中的作用》,《外语教学与研究》2004年第1期。

⑥ 参看 Croft, William. Radical Construction Grammar: Syntactic Theory in Typological Perspective. Oxford: Oxford University Press, 2001.

⑦ 至今已先后举行了9次——美国加州伯克莱(2001.4)、芬兰赫尔辛基(2002.9)、法国马赛(2004.7)、日本东京(2006.9)、美国德州奥斯丁(2008.9)、捷克布拉格(2010.10)、韩国首尔(2012.8)、德国奥斯纳布吕克(2014.9)和巴西茹伊斯迪福拉大学(2016.10)。

⑧ 到21世纪初构式语法已经产生了比较成熟的4个派别(有的学者称其为变体(variants))。这4个派别是:Fillmore 和 Kay 等的构式语法(Construction Grammar,首字母大写)、Lakoff 和 Goldberg 的构式语法(construction grammar)、Langacker 的认知语法(Cognitive Grammar)以及 Croft 的激进构式语法(Radical Construction Grammar)。后又出现了体验构式语法(Embodied Construction Grammar)、流变构式语法(Fluid Construction Grammar)。2005年后又出现了语篇构式语法(discourse construction grammar),受到学界较多的关注。

⑨ 具体参看 Thomas Hoffmann & Graeme Trousdale(eds.) The Oxford Handbook of Construction Grammar. Oxford: Oxford University Press, 2013.

⑩ 菲尔墨、哥尔德伯格所用的 construction,国内学者最初有不同的译法,诸如"句式""框架""构块""构块式""结构""结构式""构造""架构""构架""格式"和"构式"等,现在国内较为普遍地采用"构式"的说法。

⑪ 在这种双及物构式中,受事前面确实可以加上施事的领格形式,但是有条件限制,必须前加数量词。张文所举例子无一例外都加有数量词"一本"或"一个"。这一点张文没注意到。

⑫ 张伯江(2006,2008)又推翻了上述解释,认为"取得"类"V N$_1$ N$_2$"不是一个双及物构式,"只是普通的结构(atructure)现象"。但论证极不充分。

⑬ 参看沈家煊《"在"字句和"给"字句》,《中国语文》1999年第2期。
⑭ 参看朱德熙《"在黑板上写字"及相关句式》,《语言教学与研究》1981年第1期。
⑮ 引自张伯江于2014年12月在北京大学中文系举行的"构式语法理论与汉语构式知识库建设学术研讨会"上所作的报告《构式语法应用于汉语研究的若干思考》的PPT。
⑯ 见本节后的附录"1999—2018出版的有关构式的著作"。
⑰ 参看邓云华、石毓智《论构式语法理论的进步与局限》,《外语教学与研究》2007年第5期;陆俭明《构式语法理论的价值与局限》,《南京师范大学文学院学报》2008年第1期。
⑱ 参看 Chomsky, N. *Language and Mind*. New York: Harcourt Brace & World, 1968; Chomsky, N. *Knowledge of Language: Its Nature, Origin and Use*. New York: Praeger, 1986.
⑲ 詹卫东2015年9月13日晚电话里所言。
⑳ 参看刘大为《从语法构式到修辞构式》,《当代修辞学》2010年第3、4期(连载)。
㉑ "中文写中国"是"用中文写中国"的意思。这是洛阳解放军外国语学院昆山校区内部出版的"留学生作文选集"这一丛书的书名。这里所谓的"泛化",不是具体指"明天电邮告诉你｜中文写中国"是由"我们电话联系"泛化来的,而是指由介词结构作状语演化为名词直接作状语这种语言变异状况的逐步泛化。下同。
㉒ "得"不能煞尾,于是用"的"替换"得"。
㉓ 日本当代汉学家大阪大学教授杉村博文先生在2012年11月18日由日本樱美林大学孔子学院举办的"对外汉语语法教学讲座"上做了个报告,题目是《汉语专业高年级学生阅读中文小说可能会遇到哪些语法问题》,他在报告中举了这样一个有意思的例子:

压轴菜终于上来了,这是最后的也是最高的高潮。方师傅一直在锅灶边忙着,这时候他也跟着蹄髈一起露面了,大家拍起手来,却不是<u>拍蹄髈</u>,而是<u>拍方师傅</u>的。

"拍蹄髈"("为蹄髈这道菜拍手喝彩"之意)、"拍方师傅"("为方师傅的精湛厨艺和辛勤劳动拍手喝彩"之意)这种变异句法格式就只在这段文字里起某种特殊的修辞作用,只是"昙花一现"。
㉔ 其中第ⅳ条设想是根据束定芳教授的意见设立的。束定芳一个很重要的意见是:"人们对客观世界的感知往往一开始就有语言(特定词语)的参与,如果是这样,语言往往就起到了引导和决定的作用,而不是到最后阶段再选择具体的词汇。"(2015年9月12日给我的电邮)
㉕ 深圳大学的纪瑛琳教授为第二种假设提供了很好的意见,谨在此致以深深的谢意。
㉖ 前一个报告后来以《从构式看语块》为题发表在《中国语言学》第四辑(北京大学出版社,2010)上;后一个报告则以《构式 语块 汉语教学》为题,载于蔡昌卓主编《多维视野下的对外汉语教学研究——第七届国际汉语教学学术研讨会论文集》,广

西师范大学出版社,2009年。
㉗ 参看陆丙甫《语序类型学理论与汉语句法研究》,见沈阳、冯胜利主编《当代语言学理论和汉语研究》,商务印书馆,2008年。
㉘ 参看马真《是词的意义还是格式的意义》,见崔健、曹秀玲主编《对韩(朝)汉语教学研究》,延边大学出版社,2005年;《说说目前辞书的释义》,《辞书研究》2016年第5期。
㉙ 参看陆俭明《试论句子意义的组成》,见《语言研究论丛》第四辑,南开大学出版社,1987年。
㉚ 这是 P. Kay 的意思,转引自董燕萍、梁君英《走近构式语法》,《现代外语》2002年第2期。

第十二节 关于语言信息结构分析

12.1 需要不断寻求新的研究视角
12.2 对语言的再认识
12.3 句子传递的信息 ≠ 句子表示的意义
12.4 关于语言信息结构
12.5 句子结构和句子信息结构的关系
12.6 汉语句子信息结构遵循的准则
12.7 语言信息结构研究的效应

12.1 需要不断寻求新的研究视角

中外语言研究的历史虽有2000多年之久,但至今我们对语言可能还是只看到了它冰山的一角。对语法的复杂性远未认识清楚。在本节之前有关语法分析的理论方法已经介绍了20余种,但是有些语法现象我们运用前面介绍的分析方法还难以解释。譬如:表感知的形容词词语,如"累、疼、冷"等,在陈述句中如果直接作谓语,要受到限制——不接受第二人称主语(朱敏,2012)。[①]例如:

(1)a. 我很累。| 他很累。| ＊ 你很累。
　 b. 我很疼。| 他很疼。| ＊ 你很疼。
　 c. 我很冷。| 他很冷。| ＊ 你很冷。

这为什么?怎么解释?

任何学科领域,都会不断产生新的理论方法。新理论、新方法的产生,都有其内在原因。这可以从三方面来认识(陆俭明,2010)[②]:

第一,就科学领域说,不存在放之四海、放之古今而皆准的理论方法。任何一种理论方法都有它可取、有用之处,但也都有它的局限。局限不等于缺点,局限是说,任何一种理论方法都只能解决一定范围里的问题,都只能解释部分现象,都不能包打天下。

第二,客观世界是极为复杂的,况且在不断发展变化。而人们对客观世界的认识,至今仍少而又少;因此,在研究过程中会不断遇到新问题,不断发现新现象,要求研究者去解决,去解释。

第三,对于新发现的问题,对于新发现的现象,常常是原有的理论方法不能有效地加以解决或解释。

由于上述三方面的因素,所以在研究进程中,常常会逼着研究者要不断寻求新的研究理论与分析方法,来解决用先前已有的理论方法不能解决的问题,来解释用先前已有的理论方法不能解释的现象。新理论、新方法的不断产生,体现了研究的不断发展,而不是简单地替代——不是说新的理论方法产生后原有的理论方法就可以抛弃不用了。不同的理论方法之间常常表现为一种互相补充的关系。

汉语语法研究的状况也是如此。因此我们在语法研究过程中必须具有这样一种意识:要不断寻求新的研究视角。关于这一点,胡裕树先生早在1994年发表的《汉语语法研究的回顾与展望》③一文中就这样告诫我们:

> 三个平面理论④的提出,给人们带来了一种语法观念甚至语言观念上的变化。这种观念上的改变,将促使人们运用新的思路和方法对汉语语法规律和现象作全方位、多角度的观察、描写和解释。

这段话也指明了"三个平面"理论的精神实质之所在。

上面所举的例(1)的语法现象,难以运用已有的理论方法去解释,就需要探寻新的理论方法。语言信息结构理论就为我们语法研究提供了一种新的分析视角。

12.2 对语言的再认识

什么是语言信息结构?要回答这个问题,需要对语言有进一步的认识。

关于语言,最重要的是要认识语言的功能和语言的本体性质。说到语言的功能,我们都会背诵那老三句:语言是人类最重要的交际工具,语言是思维的物质外壳,语言是民族乃至人类记录、传承文化的主要载体。这说法没有错,但要知道,语言最本质的功能是传递信息。在言谈交际中,我们常常会听到这样一句话:"这我(们)早知道了。"此话的意思就是"你(们)所说的对我(们)来说已不属于新信息"。那"老三句"所说的语言功能,其实是"传递信息"这一语言最本质的功能的延伸。而就语言本体的性质而言,我们常说的一句话是:"语言是一个声音和意义相结合的符号系统。"这也不错,但我们更需深刻认识到,语言这个音义结合的符号系统可不是一个简单的系统,而是一个具有层级性的声音和意义相结合的复杂的符号系统。譬如说,在语音层面,有音位、音节、音节群等不同层级;在音义结合的符号层面更有语素、词、短语、小句、句子、句群,句子还分单句、复句等不同层级。而语言结构系统之所以是一个具有层级性的音义结合的复杂的符号系统,在很大程度上,也正是由语言的"传递信息"这一本质功能所决定的。这又该如何理解呢?我们知道,人凭借语言所传递的信息,就是说话者对客观事物或现象的种种多姿多彩、错综复杂的感知所得。说话人要将自己对客观事物或现象的种种感知所得传递给听话人,中间会进行两次复杂的加工:

第一次加工是说话者在自己认知域内所进行的加工,主要是将自己通过某些感觉器官所感知形成的直感形象或直觉以及由此形成的意象图式,运用内在语言将其进一步加工为概念结构、概念框架。

第二次加工是,说话者根据自身的交际意图、言谈交际环境、听话人情况等的不同或变化,将自己在认知域中已形成的概念结构、概念框架运用外在语言转化为所要传递的信息。言语表达的基本单位是句子。句子是由词"组合而成"的,所以人们常说"词是句子的建筑材料"。要运用语言系统中的动态单位句子来传递说话者想要传递的信息,得解决好两个问题:第一个问题是,作为句子的建筑材料的词如何组合成句来为传递信息服务?第二个问题是,如何确保信息传递的清晰性、连贯性、稳定性、顺畅性?我们知道,传递一个复杂的信息,往往需要用到十几个乃至更多的词。假如只是孤立地列出一个一个的词,一方面孤立的词义不能形成关联语义,更无法生成句义,另一方面就量上而言也会受到"人的认知域的记忆功能'7±2'的受限程度"的制约(Miller,1956)⑤。因此,借以传递信息的句子,其内部所包含的若干个词,必须依据所传递的信息的复杂程度,进行层层打包组块,最好还能给个标记。不妨举个例子来说明一下——譬如,我们要传递一个"存在"事件。说到"存在",必然有个存在物,也必然有个存在的处所,还需要将存在物与存在处所相联系的链接成分。现代汉语里最典型的存在句是"处所成分+有+'(数量)名'成分"那样的存在句,填入具体的词语便产生一个个存在句。那动词"有"实际起着连接的作用。例如:

(1) 床上有病人。
(2) 床上有被子。

这就是说,按汉族人的民族心理,要传递一个存在事件的信息,习惯于将存在处所作为话题,将存在物作为传递他人的主要信息,也就是一般所说的"信息焦点"。我们将例(1)、例(2)存在句记为甲类存在句。如果要同时表明那存在物以何种状态或方式存在着,现代汉语里就将那链接成分换为"动词+着",即"V着"。例如:

(3) 床上躺着病人。
(4) 床上叠着被子。

那"V着"实际同时起着连接作用。我们将例(3)、例(4)存在句记为乙类存在句。上述存在句可表示如下:

	存在处所	链接	存在物
甲	NP_L	有	NP
	床上	有	病人。
	床上	有	被子。
乙	NP_L	V着	NP
	床上	躺着	病人。
	床上	叠着	被子。

链接部分的语形长度是有限的,可是表示存在处所和存在物的语形长度可以因为"要求指示得尽可能清楚明白"而很长。例如:

	存在处所	链接	存在物
甲	NP_L	有	NP
	张三前天刚从王府井买的床上	有	一个发着高烧的病人。
	张三前天刚从王府井买的床上	有	三床红锦缎被面的新被子。
乙	NP_L	V着	NP
	张三前天刚从王府井买的床上	躺着	一个发着高烧的病人。
	张三前天刚从王府井买的床上	叠着	三床红锦缎被面的新被子。

然而,再怎么长也始终会将指明存在处所的词语打成一个包,将指明存在物的词语打成一个包,始终让句子保持"存在处所—链接—存在物"这样一个词语链,这样就便于信息接受者解码理解。这里有个问题:为什么词语再多还是能保持三块呢?那是因为有标记在那里指示。什么标记?就是"有"和"V着"——只要在"有"或"V着"这标记之前是个处所成分,在这标记之后又有个表示事物的成分,就只能是传递"存在"事件的信息流。学界有"标记"论之说,这大家都知道。一般将标记视为一种语言现象。事实上,表面看是语言现象,实质上还是特殊的"信息传递标记",服务于信息传递。

因此说,语言之所以是一个具有层级性的复杂的符号系统,就是由"传递信息"这一语言的最本质的功能所决定的。

12.3　句子传递的信息≠句子表示的意义

上面说了,语言是载体,语言最本质的功能是传递信息。在语言层面上,能用来传递信息的只能是句子、句群、篇章等这样一些动态单位。句子这一动态单位是信息传递的基本单位。句子所传递的信息有时会跟句子本身表示的意义几乎相等。如下面对话中的答话:

(1)"现在几点了?""现在是 8 点 20 分。"

但在大多数情况下,句子所传递的信息不等于句子本身的意义,大多都要大于句子本身表示的意义,例如:

(2)"八点了,都!"

例(2)在不同的语境中所传递的信息不同:有时可能表示"该起床了",有时可能表示"该上班了",有时可能表示"该开会了",等等。再如:

(3)"你有钱吗?"

例(3)是个问句,这个句子的意义十分明确:说话人询问对方有没有钱。可是这句问话,在不同的场合,即在不同的言谈交际的语境中所传递的信息会大不相同——在有的言谈交际语境中,是传递"问话人要向听话人借钱"的信息;在有的言谈交际语境中,是问话人向听话人传递"如果你没有钱,我可以借些给你"的信息;在有的言谈交际语境中,是传递"问话人对听话人想买什么东西持否定态度"这样的信息(意思是"你买不起");而在有的言谈交际语境中,譬如在黑夜有人跑上来突然这样问你,这可能意味着要打劫;……上述情况说明,"句子本身的意义"和"句子所传递的信息"是两个截然不同的概念。从某个角度说,句子所传递的信息是由句子的意义融入一定的言谈交际的语境并且二者加以融合而产生的交际效果。句子所能出现的言谈交际的语境,从理论上来说是无限的;这也就是说,一个句子它能在多少不同的言谈交际语境中出现,它就能传递多少种各不相同的信息(陆俭明,1987)⑥。显然,句子所传递的信息除了包含句子本身的意义所提供的信息外,还包括"言谈交际的语境"所提供的信息;而这两方面的信息不是简单地相加,而是进行某种奇妙的融合。这里所说的"言谈交际的语境",包含了说话人的表达意图、说话人和听话人都可

第十二节　关于语言信息结构分析　　・323・

能具有的知识背景、言谈双方对言谈交际现实环境的认识等。下面的对话清楚地表明了这一点：

(4) 甲：现在几点了？
　　乙：收垃圾的车刚过去。

在不处于现实语境里的人看来,那例(4)的答话简直是答非所问；但问话人已从对方答话中了解了现在大致的时间,那是因为答话人与问话人具有共同的知识背景——每天收垃圾的车都是7点半从这里经过。下面是屈承熹(2003)在文章中举的例子⑦——一位患有膝盖关节炎的病人"笔者"去看医师,一见面的对话如下：

(5) 医师：今天亲[膝盖]怎么样？
　　笔者：喔,我膝盖,教堂没有开会。

例(5)"笔者"的答话,让人觉得文不对题,有点莫名其妙。可是医师明白。为什么？因为上一次"笔者"去看医师时,曾有过这样的对话：

(6) 医师：今天亲[膝盖]怎么样？
　　笔者：亲[膝盖]还是有点儿痛,因为今天早上教堂开了个很长的会,会议室的冷气冷得不得了。

很明显,例(5)的答话隐含着一个没在句子表面出现的背景信息,即例(6)答话所说的内容。为什么句子的意义碰到不同的语境就会传递不同的信息呢？原来,在人的认知域里,一个认知域可以投射并激活新的认知域,这也就是一般所说的基于"靠近性"的"概念隐喻"机制在起作用；另外,同一个认知域中不同要素之间也可以投射并产生联想,这也就是一般所说的基于"靠近性"的"概念转喻"机制在起作用。这些都是大家已经熟知而且已为认知心理学实验证明了的。还有,根据斯波伯(D. Sperber)和威尔逊(D. Wilson)所建立的"关联理论"(relevance theory),言语交际本身是一种动态性的认知活动,人与人之间一进入言语交际就随即会以认知为取向,将认知与交际紧密结合起来,使语言交际成为一种必须依靠推理思维来进行的认知过程；为确保交际取得最佳效果,说话者也好,听话者也好,会在认知上建立起"明示－推理"模式,以获取句子意义和语境之间的最佳关联效果(Sperber & Wilson 1995)⑧。显然,关联原则也是言语交际和话语过程中所追求和必须遵循的原则。句子所传递的信息不等于句子本身所表示的意义,但是,句子本身所表示的意义是整个句子所传递的信息的基础。因此,说话人要做到准确传递信息,就要求所说的句子不仅无误,而且力求意思明确、简洁;而听话者在言谈交际中,首先得准确无误地理解说话者所说句子的意义,在此基础上才能准确获得说话者每句话所要传递的信息。言语交际的事实告诉我们,交际之所以成为可能,首先就在于交际双方对句子的意义取得一致的理解。这是人们进行有效交际的必要条件。但这不是充分条件。对有效交际来说,还要求交际双方对言谈交际语境有相同的了解与认识,这样说话者通过"编码"组成的句子所传递的信息才能为听话者通过"解码"而获得正确接受与理解。句子的意义所提供的信息属于基础信息,由言谈交际语境所提供的信息属于辅助信息,在言谈交际中实际所传递的信息就是由句子的意义所提供的基础信息和言谈交际语境所提供的辅助信息互相奇妙融合而成的。至于二者具体如何奇妙融合,也是一个值得探究的问题。

12.4　关于语言信息结构

人与人之间信息的传递可以凭借多种手段,语言则是最重要的一种手段。[⑨]语言信息结构,粗略地说,就是指凭借语言符号这一载体传递信息所形成的信息结构。

凭借语言符号这一载体传递信息何以也能形成一个结构呢?需知凭借语言的句子、句群等动态单位所传递的信息会形成一个像流水那样的"信息流"(information flow)[⑩]。在这信息流中,会包含多少、哪些不同的信息元素?这还是需要深入探究的问题。就目前的认识而言,我们认为,在信息流中,一般会包含如下的信息元素:

a. 说话人所要谈论的话题;
b. 说话人所传递的对听话人(即接受信息者)来说是属于已知的信息;
c. 说话人最想要传递的对听话人来说是未知的新信息;
d. 为使听话人便于了解与明白所传递的信息而附加的某些背景信息;
e. 为表明人际关系等而附加的情态信息;
f. 为确保所传递的信息前后能衔接而附加的衔接性的信息;
g. 某些标记性信息元素;
……

显然,在信息流中众多的信息元素不会共处在一个层面上。这样,信息流中这众多的信息元素也必然要加以组合,以便使信息流具有结构的

性质,从而确保信息传递的顺畅性、清晰性、稳定性。至此,我们大致可以给"语言信息结构"下一个比较充实的定义:

>语言信息结构是指在人与人之间进行言语交际时凭借语言这一载体传递信息所形成的由不在一个层面上的种种信息元素所组合成的以信息流形态呈现的一种结构。

不言而喻,语言信息结构如同语言一样,也会有它自己的结构系统和内在规律。

最早谈论语言信息结构问题的是布拉格学派创始人马泰修斯(Vilém Mathesius,1929,转引自刘润清,1995)[①]。当初马泰修斯设想的"句子信息结构"模式是:

主位(theme)—过渡(transition)—述位(rheme)

主位是"话语的出发点",是"所谈论的对象",属于"已知信息";"述位"是"话语的核心",是"说话人对主位要讲的话,或与主位有关的话",也是说话人要传递给听话人的主要信息,属于"未知信息";"过渡"是属于"非主位的但又负载最小交际能力的成分"。(转引自刘润清,1995)例如:

(1) He has fallen ill.(他病了。)

该句子的信息结构马泰修斯设想为:

(2) He　　has fallen　　ill.
　　　|　　　　|　　　　|
　　 主位　　过渡　　　述位

例(1)(2)里的 he 是主位,是所谈论的对象;ill 是述位,是话语的核心;has fallen 是过渡,是负载最小交际能力的成分。而后国外不断有人研究,主要如 Chafe(1976,1994)、Prince(1981)、Halliday(1994)、Lambrecht(1994)等。如今基本都采取二分法,认为一个"句子信息结构"由两大部分组成,即例(1)的信息结构设想为:

(3) He　　has fallen ill.

不过,这两大部分该如何命名?目前学界又有几种不同的设想与说法:

(一) 主位—述位(theme—rheme/thematic—rhematic);

(二) 话题—评述(topic—comment);

(三) 话题—自然聚焦点(topic—focus);

(四) 已知信息—未知信息(given information—new information)。

我们比较倾向于采纳(二)"话题—评述"的说法。为什么？

关于(一)"主位—述位"的说法，基本继承了马泰修斯的说法。按"主位"的不同性质还可细分为三小类(包括实例都转引自张伯江、方梅，1996)：

a. 话题主位。主位指明说话的话题。如例(1)—(3)，再如：

(4) <u>我们女人哪</u>就是傻。
(5) <u>那场大火啊</u>，幸亏消防队来得早！

b. 人际主位。主位是表明说话人语气、态度的单元成分。例如：

(6) <u>最好啊</u>，谁也别欠谁的情。
(7) <u>我觉得吧</u>，你特有才气！
(8) <u>不如啊</u>，开个会商量商量。

c. 篇章主位。主位属于句子信息结构，但起着在篇章中前后或者说上下连接的作用，因此是篇章中句与句之间的连接成分、关系成分。例如：

(9) <u>其实呀</u>，他并不傻。
(10) <u>一上这小楼啊</u>，特舒心！

Halliday(1994)论述了"主位—述位"结构，并明确指出，"'已知信息＋新信息'结构同'主位＋述位'结构并不是一回事"；"'主位＋述位'是以说话人为准，'已知信息＋新信息'则是以听话人为准"。Halliday的看法完全正确。上述 a 小类"主位—述位"结构可认为与一般人所说的"话题—评述"的句子信息结构相当，而 b 和 c 小类"主位—述位"结构里的所谓"人际主位""篇章主位"不如看作句子信息结构中为前景信息提供"背景信息"或"衔接性信息"的某种信息元素。

关于(三)"话题—自然聚焦点"的说法，一般句子信息结构确实是如此，但也并不都是如此，如一问一答的答话，有时就不符合"话题—自然聚焦点"的分析。例如：

(11) "谁去杭州了？""<u>小张</u>去杭州了。"

例(11)答话的信息焦点就在"小张"上；"去杭州了"虽处于句子后部，但并不是答话的"自然聚焦点"。

至于(四)"已知信息—未知信息"的说法，其情况跟(三)的说法类似，实际上已知信息未必一定在未知信息之前，特别是在答话中，如例(11)的答话，未知信息就居于已知信息之前(问话中已说了"去杭州了"，在答话中当然就成为已知信息了)。

　　基于上述认识,所以关于"信息结构"的两大部分,我们倾向于采用"话题—评述"的说法。⑫

　　在我国,最早意识到语言信息结构问题是吕叔湘先生。吕先生在上个世纪40年代,就有"已知""新知"即"已知信息"和"未知信息"的意识。吕叔湘先生在《从主语、宾语的分别谈国语句子的分析》第三部分"分析"中谈到主语、宾语和施事、受事位置关系时说到(吕叔湘,1946)⑬:

　　　　由"熟"而及"生"是我们说话的一般的趋势。这不完全是为了听者的便利,说话的人心里也是已知的先浮现(也可以说是由上文遗留下来),新知的跟着来。大多数句子都是施事者是已知的部分,所施事是新知的部分,例如"大鱼吃小鱼,小鱼吃虾米,虾米拱起背",说到第二句"小鱼"已见于上文,"吃虾米"是新添的部分,到了第三句,"虾米"又成了已知的部分,"拱起背"是新添的部分。

吕先生这段话里新旧信息的意识十分明显。遗憾的是,吕先生后来没有再从这个视角去分析汉语语法现象,更没有能将这种意识深化为理论。这是非常可惜的。

　　20世纪80年代以来,我国学者从语言传递信息这一观念来分析汉语一些语法现象的研究成果,虽还是比较零散的,但也逐渐多起来了,如文炼(即张斌,1984),陆俭明(1987、2016、2017),沈家煊(1989),陆丙甫(1993),张伯江、方梅(1996),张斌(1998),徐烈炯、刘丹青(1998、2003),袁毓林(1998b),温锁林(1999),萧国政(2001),张伯江(2005),方梅(2005),张维鼎(2007),刘丹青(2008),邓守信(2011),朱敏(2012),叶文曦(2015),周士宏(2016),史成周(2016)等。不过,讨论得比较多的集中于"话题"与"焦点"这两大问题上;而语言信息结构所需探讨的问题还有很多很多。

　　语言信息结构包含句子信息结构、篇章信息结构。句子信息结构是语言信息结构中最基本的结构;句子信息结构以上的大小信息结构统称为篇章信息结构,这是一种跨句的信息结构,跟句群、段落、篇章相对应。鉴于我们研究语言信息结构的目的是为了给汉语语法研究提供一种新的视角,因此本书只谈句子信息结构问题,至于篇章信息结构不准备在这里展开谈,虽然某些句法现象的圆满解决可能得从篇章信息结构的角度来看,来分析。

12.5 句子结构和句子信息结构的关系

在语言结构系统里,存在"句子结构";在语言信息结构系统里,存在"句子信息结构"。那么这二者彼此该是一种什么关系呢?这二者的关系在人类各民族的语言中,是一样的还是有差异的?如果说是有差异的,造成差异的因素是什么?

人类各个语言的结构系统及其内在规律有共性,又各有个性,不完全一样。这是大家都承认的。早期洪堡特就将语言分为孤立语(isolating language)、黏着语(agglutinative language)、屈折语(inflectional language)三种类型,语言事实本身和语言研究的成果已充分证明这是很有道理的。那么人类的语言信息结构是否也是既有共性又有个性呢?在探究这个问题之前不妨先来考虑这样一个问题:句子结构跟句子信息结构之间该是一种什么样的关系?目前国内外有这样一种看法:信息结构是语法结构的组成部分(Lambrecht,1994:5;Halliday,1994;周士宏,2016:绪论)。按此说,语言结构与语言信息结构彼此是一种包含关系。我们不这样认为。语言事实将会告诉我们,语言结构与语言信息结构,具体到句子结构与句子信息结构,彼此不是包含关系,彼此是平行的两套结构;当然,彼此会互有影响。

由于语言最本质的功能是传递信息,所以任何语言的句子结构必然要受信息传递的影响与制约。譬如,就目前所知的语言来说,在一般情况下,都是会将传递已知信息的语言成分放在传递未知信息的语言成分之前,这可以认为是人类语言信息结构的共性之一。但根据我们的观察与分析,汉语的句子结构受句子信息结构的影响跟印欧语(如英语)的句子结构受句子信息结构的影响有明显差别。差别在哪里?我们不妨先看些实例。

【实例一】假如要传递这样一个事件信息:那窗户玻璃打破了,打破那窗户玻璃的人是小王。在传递这一事件信息时,如果规定说话者要拿听话人也知晓的"那窗户玻璃"作为话题,那么传递这一事件信息所形成的信息流中,作为话题的"那窗户玻璃",会居信息流的最前端;"打破了"是说话人要传递的最主要的未知信息,是信息焦点;"小王"是专有名词,虽也属于未知信息,但信息单元的未知信息量显然大大小于"打破了",所以不可能居于"打破了"之后。凭借汉语来传递那信息,句子内词语的先后排列次序就会完全按照信息结构的常规——作为话题的"那窗户玻璃"居

于句首,作为信息焦点的"打破了"居于句尾,"小王"居于中间,说成:

(1) 那窗户玻璃(被/给)小王打破了。

英语虽然也会将作为话题的 the windowpane(那窗户玻璃)置于句首,但是,居于句尾的则是 by Xiaowang(小王),而非 break(打破),这跟汉语就不一样。整个句子说成:

(2) The windowpane was broken by Xiaowang.

那是因为按英语句法规则,前置词结构(by Xiaowang)得置于谓语动词的后面。

【实例二】当我们要传递一个抢劫事件的信息,要传递一个偷窃事件的信息,这在汉语里运用相同的句子结构——双宾结构。请看:

(3) 杰西抢了约翰所有的钱。

(4) 杰西偷了约翰一些钱。

可是,这在英语里运用不同的句子结构。请看:

(5) Jesse robbed John of all his money.

(直译:杰西抢了约翰所有的钱。)

(6) Jesse stole some money from John.

(直译:杰西偷了一些钱从约翰那里。)

两相比较,不难发现,汉语,无论是传递抢劫事件的信息还是传递偷窃事件的信息,都按照信息传递规则来排列句子的词序——词语所表示的未知信息量越大,越往后排。而英语得照顾民族心理——说到"抢劫"(rob)事件,人们关注的目标是"被抢者",所以让作为目标的被抢者成分作动词的直接宾语,被抢的钱财物用前置词引出;而说到"偷窃"(steal)事件,人们关注的目标是"被偷的钱财物",而非"被偷者",所以让被偷的钱财物成分作宾语,被偷者则用前置词引出。这说明,有时信息的传递要受到民族心理的制约,进而影响句子结构。⑭

上面两个实例足以表明,各个民族其语言结构系统里的句子结构跟其相应的语言信息结构系统里的句子信息结构,二者的关系并不完全相同。

更值得注意的是,在汉语里,话题句特别多;如果用印欧语的眼光看,汉语里的话题句简直多到了喧宾夺主的程度。在英语里,居于句首作主语的词语只能是名词性词语,而且只能是主格(主动句主格为施事,被动句主格为受事);行为动作义、性状义或表事件的词语要作主语都得名词化(或加某种词缀变成名词,或采用名词性的动词不定式或动名词)。汉语作主语的则除了名词性词语外,还可以是各种谓词性词语,而在形式上无需进行名词化加工;而名词性词语作主语时,除了施事、受事外,表示时间、处所、工具、属格形式或原因等的词语都可以作主语,而且古今汉语一贯。譬如,有这样一个事件结构:我打篮球了,是和李洪军一起打篮球,时间是昨天。在汉语里,我们当然可以拿"我"作话题,可以拿"李洪军"作话题,但也可以拿"昨天"这一时点作话题,也可以拿"我和李洪军打篮球"这一事件作话题。拿什么作话题就将什么置于句首,而且无需进行名词化加工,直接说成:

(7) 昨天我和李洪军打篮球了。
(8) 我和李洪军打篮球是昨天。

可是英语就不行。例(7)翻译成英语一般说成:

(9) I played basketball with Li Hongjun yesterday.

或者采用"准分裂句"(pseudo-cleft sentence)的说法,说成:

(10) The time I played basketball with Li Hongjun was yesterday.

反正"昨天"(yesterday)不能居于句首。现在在美式英语口语里有时也可以说成:

(11) Yesterday I played basketball with Li Hongjun.

不过例(11)不是一种很常见的正规说法。例(8)翻译成英语要说成:

(12) It was yesterday that I played basketball with Li Hongjun.

关于汉语里的话题句特别多这一点,一百多年前的德国著名语言学家、汉学家甲柏连孜(Gabelentz)就注意到了,他在1881年出版的系统描述古汉语语法的《汉文经纬》(*Chinesische Grammatik*)里就设立了"心理主语"这一术语,与"语法主语"相对待;那"心理主语"就是"说话人言及的主要对象","言语的直接对象是心理主语,但心理主语并不总是等同于语法主语(也即英语的主格),而是可以由其他句子成分充当,如表示时间或处所的成分、语法宾格及其属格形式等。这类充当心理主语的词必须从句法联合体中挣脱出来,获得绝对独立的地位"。(Gabelentz,1881:260)而上个世纪后半叶开始,赵元任先生(1968)就认为汉语句子的主语可看作是话题;朱德熙先生(1982,1985)同意并接受这一观点;吕叔湘先生(1979)则更是风趣地认为,汉语的主语实际是动词的各种补词[⑮]轮流坐庄的庄家；Charles Li & Sandra Thompson（1981）则进一步从语言类型学的角度径直确认汉语为话题型语言。

汉语和英语之所以不同，就在于英语属于形态语言，它在句子平面上更多地要受句法规则的制约——不仅词形要受句法规则的制约，词序也要受句法规则的制约。汉语则属于"非形态语言"。就句子平面的词序而言，汉语句子内部词语的排列次序相对于英语来说，比较接近句子信息传递的需求。当然，这一看法还是经验性的，还需进一步搜集语料，考虑不同语体的情况，进行深入的比较分析，而且最好能做到用统计数字说话。

12.6 汉语句子信息结构遵循的准则

根据我们的观察与分析，汉语句子信息结构似需遵循以下一些准则：

【准则一】作为一个句子信息结构，必定含话题与评述（陈述）两部分；二者形成"话题 — 评述（陈述）"信息结构。在通常情况下，话题表示已知信息，评述表示未知信息。例如：

(1) 张三　　　去上海了。
　　话题　　　评述（陈述）
　　已知信息　未知信息

【准则二】在句子信息结构中，已知信息成分可以省去，但未知信息成分不能省去。例如：

(2) 老师：好哇，你考上浙江大学了！萧云考上哪个大学啦？
　　王平：∅[萧云]考上北京大学了。【"萧云"属于已知信息，省去了】

【准则三】在句子信息结构中，未知信息单元一般位于已知信息单元之后成为信息结构的常规焦点；如果位于已知信息单元之前，必须有标记。例如：

(3) '萧云昨天在王府井花两千元买了件大衣。
　　萧云'昨天在王府井花两千元买了件大衣。
　　萧云昨天在'王府井花两千元买了件大衣。
　　萧云昨天在王府井花'两千元买了件大衣。

(4) 是萧云昨天在王府井花两千元买了件大衣。
　　萧云是昨天在王府井花两千元买了件大衣。
　　萧云昨天是在王府井花两千元买了件大衣。

　　　　萧云昨天在王府井是花两千元买了件大衣。
　　　　萧云昨天在王府井花两千元是买了件大衣。

例(3)作为新信息成分的标记是重音(这里有""表示),例(4)作为新信息成分的标记是"是"。易位形式也可以视为标记。例如:

　　(5) 问:你喝点儿什么?
　　　　答:啤酒吧,我就。
　　(6) 快出来吧,你们!
　　(7) 到家了吧,他大概。

例(5)— 例(7)都是易位句,易位成分之前的成分一定是新信息。

　　【准则四】在句子信息结构中,核心动词后如果出现多个信息单元,信息未知程度高的居于信息未知程度低的之后。例如:

　　(8) a. 我教了小红三回。
　　　　b. *我教了三回小红。
　　(9) a. 我给了那个人一条鱼。
　　　　b. *我给了一个人那条鱼。

"小红"是人名,其未知程度当然比一个数量短语"三回"要低;"指量名"短语"那个人""那条鱼"其未知程度显然比"数量名"短语"一个人""一条鱼"要低。所以,a 句符合准则四,能说;b 句不符合准则四,不能说。

　　【准则五】在句子信息结构中,核心动词前如果出现多个信息单元,信息已知程度高的居于信息已知程度低的之前。例如:

　　(10) a. 汪萍昨天在超市买了一件上装。
　　　　b. 昨天汪萍在超市买了一件上装。
　　　　c. *汪萍在超市昨天买了一件上装。

例(10)核心动词"买"之前有三个信息单元"汪萍""昨天""超市",其中"汪萍"是专有名词,已知信息程度必然高;"昨天"的对比项有限,只有"今天""明天""后天"几个,而"超市",其对比项可以许多,相对来说已知信息程度必然低于"昨天"。因此,a 句最常说,b 句也说,c 句就不能接受了。至于取 a 句还是取 b 句,这决定于以什么为话题——以"汪萍"为话题,就取 a 句,以"昨天"为话题,就取 b 句。

　　【准则六】在句子信息结构中,背景信息居于前景信息之前。

　　前景信息用来直接描述事件的进展,通常传递的是未知信息;背景信息是围绕事件的主干进行铺排、衬托或评价,通常传递的是已知信息。

(方梅,2005)因此,二者如果并存在一个句子信息结构中,通常是背景信息居于前景信息之前。例如:

(11)(打电话)"你下了课来一下。"
(12)(打电话)"下了课你来一下。"

无论是例(11)还是例(12),其中的"下了课"都属于背景信息。再如:

(13) 他明天骑车去天津。
(14) 她去天津买自行车。

例(13)和例(14)里都有表事件的"去天津",但它在例(13)里属于前景信息,在例(14)里属于背景信息。

【准则七】陈述句的信息结构,在信息量的占有上,说者大于听者。[16]例如:

(15) 我看见小芳了。
(16) 他很聪明。
(17) *你很冷。

例(15)、例(16)能说,因为符合准则七;例(17)不能说,因为违反了准则七。

【准则八】问句答话的信息焦点与问话的疑问点在句中位置相一致。例如:

(18) 问:<u>谁</u>告诉你的?
    答:<u>姐姐</u>告诉我的。
(19) 问:你想吃<u>什么</u>?
    答:我想吃<u>饺子</u>。
(20) 问:你<u>什么时候</u>回去?
    答:我<u>明天</u>回去。

再看下面的对话:

(21) 问:你刚才喝什么了?
    答:a. 我刚才喝了杯咖啡。
       b. *咖啡我刚才喝了。

例(21)a句答话可取,b句答话让人感到答非所问,原因就在于b句答话违反了准则八。

上面说了八条准则,不一定仅限于这八条准则,还可能会总结、概括出别的什么准则。以上所说的信息传递所遵循的准则是就汉语而言的,所以可以说是"汉语句子信息结构准则"。其他语言如何?也还需进一步探索。

12.7 语言信息结构研究的效应

汉语研究成果已初步表明,从汉语信息结构的视角考虑,会对某些句法现象获得新的认识。下面不妨略举几个例子。

【实例一】从汉语信息结构的视角来研究"把"字句,获得了对"把"字句的新认识,让我们了解了:

(一)表示"处置"义并非"把"字句的专利;

(二)"把"字句跟其他诸如"主—谓—宾"句、主谓谓语句、受事主语句等在表达上的差异实际就是在信息传递上的差异;

(三)"把"字句(以表示"处置"义的"把"字句为例)的特点在于:(a)要让"处置者"为话题;(b)要让"处置结果"作为信息焦点,以起到凸显传递并认定"处置结果"这一信息的作用;(c)运用介词"把",以便自由地将"处置对象"引入句子内;"把"成了"处置对象"的标记,进而成为"把"字句的标记。(详细参看陆俭明,2016)

【实例二】从语言信息结构的视角,解释了带指人宾语和时量准宾语的双宾结构内部不同词序的问题——请看例句(张伯江、方梅,1996):

(1) a. 我教了三年外国人。【时量在前,宾语在后,可接受】
    b. ? 我教了外国人三年。【宾语在前,时量在后,单独成句不可接受】

(2) a. * 我教了三年他们。【时量在前,宾语在后,根本不可接受】
    b. 我教了他们三年。【宾语在前,时量在后,可接受】

"外国人"和"他们"都用来指人,而且都处于焦点位置上,但在例(1)、例(2)里词序不同,原因是,人称代词,其已知信息量要远远大于名词语"外国人",而按传递信息所需遵循的准则四是:"在句子信息结构中,核心动词后如果出现多个信息单元,信息未知程度高的居于信息未知程度低的之后。"

【实例三】某些修辞现象,也得到了满意的解释。如上文12.3小节所举的例(5):

医师:今天觋[膝盖]怎么样?

笔者：喔，我膝盖，教堂没有开会。

【实例四】语言信息结构理论也很好地解释了书面语中那种"环环相扣"的修辞现象，如杏林子《生命 生命》开头一段：

夜晚，我在灯下写稿，一只飞蛾不断地在我头上飞来飞去，骚扰着我。趁它停在台前小憩时，我一伸手捉住了它，我原想弄死它，但它鼓动着双翅，极力地挣扎，我感到一股生命的力量在我手中跃动，那样强烈！那样鲜明！这样一只小小的飞蛾，只要我的手指一用力，它就不会再动了，可是那翅膀，在我手中挣扎的生之欲望，令我震惊，使我忍不住放了它。

杏林子从小患类风湿性关节炎，致使她腿不能行，肩不能举，头不能抬，手不能转，但她残而不废，顽强地用文字表达了她珍惜生命、与命运抗争的顽强精神。《生命 生命》一文正是她对生命的呼唤！这篇文章的开头一段修饰语运用得非常之好。在这段文字中，作者用了许多修饰成分，但无论定语、状语都用得十分用心、贴切，而且十分注意前后照应，做到了环环相扣，起到了凸显主题的作用，也间接刻画了作者细腻的内心感受。要体会这段文字修饰语运用之妙，可以思考下面这样一些问题：

1."在灯下"这个状语能否不用？为什么？
2."不断地"这个修饰语能否删去不用？为什么？
3."我原想弄死它"里的"原"起什么作用？
4."但它鼓动着双翅，极力地挣扎"这句话能否改为"但它鼓动着双翅挣扎着"？即如果把"极力地"删去，怎么样？为什么？
5.在这段话里有两处都用到了"在我手中"这个修饰成分，这有什么作用？
6."那样强烈！那样鲜明！"里的"那样"是否可以换成"十分"或"非常"？为什么？
7.前面说到飞蛾时没有用"小小的"来形容它，为什么后面说到飞蛾时要用"小小的"来形容它？
8.最后一句能否改为"我就放了它"？"忍不住"在这里起什么作用？

这一段文字所用的修饰语没有什么华丽的词语，给读者留下的是平实、贴切而又富有表现力这样一种深刻的印象。其原因就在于作者所用修饰语能做到环环相扣。从语言信息结构的视角看，这种修饰语环环相扣的修辞现象，是很值得去挖掘和分析研究的。⑰

【实例五】值得注意的是，有些不为人注意的语言现象，正是从语言信息结构视角切入观察而得到揭示、获得解释的。例如：

(3) a. 他很冷。｜我很冷。｜*你很冷。
    b. 他很累。｜我很累。｜*你很累。
    c. 他很疼。｜我很疼。｜*你很疼。

例(3)都是形容词谓语句，都是形容词性词语直接作谓语，其主语只能用第一、第三人称，不能是第二人称，除非所形成的主谓短语不是单独成句，而是处于被包含状态(如："我以为你很冷。""你很冷，这我知道。""你很冷的时候会身子发抖吗？")这一现象是朱敏(2012)从信息传递角度思考而获得的。她曾专门对使用频率较高的"高兴"一词进行了个案调查，在500多万字的语料中，没找到任何以"你(们)"作主语、"高兴"单独作谓语的独立陈述句，出现的都是"非独立句"。对例(3)的语言现象，朱敏(2012)实际就是从语言信息结构的视角来加以解释的。她说，所谓陈述是指说话人将自己对主客观事物的感知所得通过一定的语言符号传递给听话人。陈述的交际功能是说话者"给予"听话者"信息"。这也就是陈述的目的。因此，"陈述的时候必须提供足量的信息，否则一个陈述是没有意义的。这就是一个正常的、一般的陈述句所应遵守的语用原则"。朱敏所说的这一语用原则就是上面我们所说的汉语信息传递所遵循的准则七。按此原则/准则，在信息量的占有上，说者应该大于听者。"说者＞听者"，这就是陈述句的信息模式，就是"陈述句的信息流向"；如果传递的是听者已知的信息，那么陈述无效。

【实例六】语法的例子。现代汉语里有一种表示让步转折的句式，例如：

(4) "那衣服漂亮，买吧。""漂亮是漂亮，就是太贵了。"
(5) "那文章看了吗？""看是看了，但我没有看懂。"

"漂亮是漂亮""看是看了"，其中并无表示让步的词语，为什么能表示让步的意思？过去百思不得其解。现在语言信息结构理论为我们提供了解释的理据——那"X是X(了)"小句里边，前面那个X承前面的句子而来，在"X是X(了)"小句里已成为已知信息，实际是一个话题。按语言信息结构理论，既然"X"(如"漂亮""看")作了话题，后面的陈述应提供新信息，可是"是X"所提供的并不是新信息，只是重复了话题所说的内容。从信息传递的角度说，这等于是"在原地踏步"；而"在原地踏步"意味着"让步/容让"。(此例是张伯江先生口头提供的)

【实例七】修辞的例子。请看实例：

(6) *生产衬衫有两道工序,一是上袖口,二是上领子。在这两道工序上纺织三厂和纺织四厂各有所长。三厂上袖口的技术比四厂差,而四厂上领子的技术没有三厂高。(转引自北京大学中文系汉语专业,1978)

(7) *洪水是退了,但是眼前是一片不好的景象:洪水把村舍的房屋冲倒了一大半,把猪、鸡、羊都淹死了,空气里充满了难闻的臭味儿;洪水把成堆的木材也几乎都冲光了……。(转引自马真,2008)

例(6)、例(7)以往都是作为病句或偏误句来分析的。以往对例(6)的分析是:这段话每个句子从语法上来说都没有问题,但是听也好看也好总觉得别扭。原因是叙述角度不统一,属"随意变换叙述角度"的修辞病例(北京大学中文系汉语专业,1978)。我在《修辞的基础——语义和谐律》一文中,在说明"句式选择上,还要求前后句式上下匀称、和谐"时,也引了这段话,作为"不和谐"的实例(陆俭明,2010)。⑱如今从语言信息结构的视角看,这段话明显地在表述上存在两处有碍信息流顺畅的毛病,一处是上文既然是说两个厂"各有所长",按理下文就应该从他们各自的长处说,现在却从他们各自的短处说,信息流受到阻断;另一处是"X 比 Y 差"与"X 没有 Y 高"这两种说法虽表义相近,但句式不同,含义也有所差异,相邻前后句并排使用,也容易使信息流受到阻断。因此,这段话从语言信息结构角度看,违反了信息传递的连贯性、清晰性的原则。关于例(7),以往的分析是:就一个个小句孤立来看,都合语法,但是例(7)冒号以后的部分,是要具体描绘洪水过后的不好景象,按说应顺着上文的意思,用表示遭受义的"被"字句,不宜用"把"字句,可是却用了好几个"把"字句,使前后文气很不协调、很不连贯。(马真,2008)这分析不错,但人们还得追问:为什么例(7)用了"被"字句就能使前后文气协调、连贯了呢?其实从语言信息结构的视角看,这个句子的问题也出在有违汉语篇章信息结构的要求。例(7),上文是说"眼前是一片不好的景象",下文是来具体描述洪水过后那"不好的景象"的,这就不能让那"洪水"来作话题,而应让遭受洪水之害的事物来作话题。采用"被"字句,就可以让那遭受洪水之害的事物来作话题,增强了遭受不幸的意味。

我们相信,今后的研究还会进一步显示,许多语法现象,许多修辞手段的运用,许多词语的语法化问题,语言的变异,特别是如刘大为所说的"修辞构式"的产生与固化(刘大为,2010),都是由语言传递信息这一语言的本质功能决定的。而像形式语法学常常讨论的各种移位的动因问题,诸如被动句的生成所涉及的动词的域内论元(宾语论元)移位至句首的动因等,其实根本上是信息传递的需要,或者说都是在信息结构驱动下实现的。

注释

① 这一语法现象是由朱敏在《汉语人称与语气选择性研究》(世界图书出版公司,2012 年)一书中首先提出来的。咨询了一些在美国任教的华人语言学者和母语为英语的美国人,在英语里也是如此。
② 参看陆俭明《汉语语法研究中理论方法的更新与发展》,《汉语学习》2010 年第 1 期。
③ 参看胡裕树《汉语语法研究的回顾与展望》,《复旦学报》1994 年第 5 期。
④ 1981 年,胡裕树先生在他主编的《现代汉语》(增订本)里谈到语序问题时,提出"必须区分三种不同的语序:语义的、语用的、语法的"的看法;1982 年胡附、文炼合写的《句子分析漫谈》一文,则进一步认为从语序到虚词到句子成分都需从句法、语义、语用这三者去加以研究,其思想进一步明确;1985 年胡裕树、范晓合写的《试论语法研究的三个平面》一文,更鲜明地提出了"三个平面"的理论,并作了较为详细的论述。
⑤ 参看 Miller, G. A. The Magical Number Seven, Plus or Minus Two : Some Limits on Our Capacity for Processing Information. *Psycological Review*, 1956:81—97.
⑥ 参看陆俭明《试论句子意义的组成》,见《语言研究论丛》第四辑,南开大学出版社,1987 年。
⑦ 参看屈承熹《话题的表达形式与语用关系》,见徐烈炯、刘丹青主编《话题与焦点新论》,上海教育出版社,2003 年。
⑧ 参看 Sperber, D. & Wilson, D. *Relevance*:*Communication and Cognition*. Oxford:Blackwell, 1995.
⑨ 用以传递信息的手段不限于语言,还可以有音乐、舞蹈、绘画等。
⑩ 参看 Chafe, Wallace. *Discourse, Consciousness, and Time*:*The Flow and Displacement of Conscious Experience in Speaking and Writing*. Chicago:Chicago University Press, 1994.
⑪ 参看刘润清《西方语言学流派》,外语教学与研究出版社,1995 年。
⑫ "话题"和"评述"这一对术语,传统上倾向于用在篇章或话语领域,用在"句子信息结构"是否合适? 这也是一个值得深究的问题,而且这还可能涉及语言信息结构理论与语用学理论之间的纠葛。不过,退一步说,即使这对术语既可以用于语用学,也可以用于语言信息结构理论,这也没关系。这种现象在科学领域里是常见的,只要各自定义好就是。
⑬ 参看吕叔湘《从主语、宾语的分别谈国语句子的分析》(1946),引自《吕叔湘文集》第二卷,商务印书馆,1990 年。
⑭ 关于信息传递有时会受民族心理的制约,进而影响句子结构,可参看陆俭明《英汉

回答是非问句的认知差异》,《暨南大学华文学院学报》2002年第1期。
⑮ 吕叔湘先生所说的"动词的补词"就相当于菲尔墨所说的跟动词相关的"格范畴",现在通常也叫"语义格"。
⑯ 参看朱敏《汉语人称与语气选择性研究》(世界图书出版公司,2012年)。她从"陈述句的信息流向"角度概括出了三种不同人称在陈述语气中受限程度的排序:第二人称 > 第一人称 > 第三人称。
⑰ 详细参看陆俭明《消极修辞有开拓的空间》,《当代修辞学》2015年第1期。
⑱ 参看陆俭明《修辞的基础——语义和谐律》,《当代修辞学》2010年第1期。

第十三节　现代汉语虚词研究①

13.1　虚词研究的重要性
13.2　关于虚词用法的研究
13.3　关于虚词意义的研究
13.4　研究虚词意义的基本方法——比较分析
13.5　虚词研究中的语义背景分析
13.6　虚词研究中切忌将虚词所在的格式义视为虚词的意义

13.1　虚词研究的重要性

虚词是对实词而言的。虚词跟实词比起来,数量要少得多,但其重要性大大超过实词。虚词在现代汉语中起着"经络"的作用,特别是由于汉语没有俄、法、英诸语言里那种形态标志和形态变化,也没有日、朝/韩、蒙、土耳其诸语言里那种黏附形式,因此虚词在汉语中担负着更为繁重的语法任务,起着更为重要的语法作用。虚词在现代汉语里的作用,马真《现代汉语虚词研究方法论》一书(2004年初版,2016年修订版)归纳了如下五点(用例与解释略有变动):②

第一,帮助表达实词之间某种语法关系。例如:

(1) 她满意得笑了。
(2) 她满意地笑了。

例(1)用"得","满意"和"笑了"之间是述补关系,句子表示"她"由于得意而笑了。例(2)用"地","满意"与"笑了"之间是修饰关系,句子表示"她"笑时带着满意的心态。

第二,帮助表达实词之间某种语义关系。例如:

(3) 张三把李四说了一通。
(4) 张三被李四说了一通。

例(3)、例(4)包含的词语基本相同,所差只在使用的介词不一样,这就改变了句子内部实词之间的语义关系——例(3)用"把","张三"是"说"的施事,"李四"是"说"的受事;例(4)用"被","张三"成了"说"的受事了,"李四"成了"说"的施事了。

第三,帮助实词添加某种语法意义。先看些实例:

(5) 我看见他拿了两个苹果。
(6) 我看见他拿过两个苹果。
(7) 我看见他拿着两个苹果。

同是动词"拿",由于后面带的动态助词不同,添加的语法意义就不同——例(5)带上"了",表示"拿苹果"这一行为动作的实现或完成;例(6)带上"过",表示"他"有"拿苹果"这一经历;例(7)带上"着",表示"拿苹果"这一行为动作的持续。

第四,帮助改变词语的表述功能。请看实例:

【实例一】"吃"是动词,意义上表示行为动作,表述上表示陈述。但是,如果后面加上结构助词"的","吃的"就成了名词性成分,意义上就表示事物了,可以指"吃"的施事或受事,而从表述功能看,表示指称。

【实例二】"木头"是名词,意义上表示事物;从表述功能看,表示指称。但是,如果后面加上结构助词"似的","木头似的"就成了状态词性成分了;从意义上看,表示状态;从表述功能看,表示陈述。

第五,帮助表达某种语气。例如:

(8) 他有儿子了。
(9) 他有儿子啦!
(10) 他有儿子吗?

例(8)—(10)句末所用语气词不同,句子所表示的语气就不同——例(8)用"了",句子表示陈述语气;例(9)用"啦",句子表示感叹语气;例(10)用"吗",句子表示疑问语气。再如:[3]

(11) 张叔叔的确从北京回来了。
(12) 张叔叔也许从北京回来了。
(13) 张叔叔难道从北京回来了?

例(11)—(13)各句所用副词不同,各个句子所表达的语气也迥然不同:例(11)用"的确",句子表示一种确信语气;例(12)用"也许",句子表示一种猜测、不确定的语气;例(13)用"难道",句子增强了疑惑的语气。

虚词在现代汉语中的重要作用决定了虚词研究的重要性,所以虚词研究一直是汉语语法研究的重要组成部分。

虚词研究,就共时平面来说,主要包括三方面内容,一是虚词用法的研究,二是虚词意义的研究,三是虚词教学的研究。本节只谈前两方面的研究。

无论虚词的用法还是虚词的意义,都不太好研究。这是因为虚词所表示的是语法意义,很虚灵,很不容易把握,而在用法上,又个性极强,即使是属同一类的虚词,即使意义接近,在用法上也会有很大的差别。要搞好虚词研究,重要的是要了解、掌握好虚词研究的方法。

13.2 关于虚词用法的研究

要研究好虚词的用法,重要的要具有多角度、多层面、多方位的观念。具体说,要从各个方面去进行细致的考察、分析,这样就能较快、较容易地了解、把握一个虚词的用法。根据已有的研究成果,对于汉语虚词的用法大致可以从以下几方面去进行考察、研究:④

一、句类

连词"或者"和"还是",都能在表示选择关系的复句中起连接作用,但是"或者"只用于陈述句,"还是"则用于疑问句。"吗"和"呢"都是语气词,语气词"吗"只能用在问句里,"呢"则既能用于疑问句,也能用于陈述句(如:他们正在开会呢);即使用于疑问句,二者也还有区别:"吗"只能用于"是非问句","呢"则正相反,只能用于"非是非问句",即除是非问句以外的其他问句,包括特指问句、选择问句、反复问句。程度副词"更"和"最"都能用于比较,都表示程度高,但是"更"可以用在"比"字句里(小张的成绩比我们更好),而"最"则不能(*小张的成绩比我们最好)。与之类同的程度副词"稍"和"较"都能用于比较,表示程度浅,但是"稍"可以用于"比"字句(我比他稍高一点儿),"较"则不能用于"比"字句,我们不说"我比他较高一点儿"。⑤

二、词类

连词"和"跟"并"都能用来连接词或词组,都能表示并列关系,但是"和"主要用来连接名词性词语,连接动词或形容词性词语则有条件;⑥而"并"只能用来连接动词或形容词性词语。作为程度副词的"老"(如:那地方老远的),意思跟"很"相当,但是"很"可以修饰某些动词性成分(如:很

喜欢|很希望去|很有办法),"老"不能修饰任何动词性成分;即使在修饰形容词这一点上也有区别:"老"只能用来修饰往大的方面说的有限的几个表量度的单音节形容词(如"大、长、沉、重、肥、高、粗、厚、宽、远、多、硬、烫"等),"很"则没有这种限制。[⑦]

三、音节

在"绪论"0.4小节里我们谈到,在汉语用词造句中,常常需要注意音节问题,这是汉语的一个很重要的特点。副词在这一点上表现得特别突出。有的副词要求所修饰的成分必须是个单音节词,如"过",只能说"过静""过难""过密"(修饰单音节形容词),不能说"过安静""过困难""过密切"(修饰双音节形容词);而与之同义的"过于"则不受此限,可以说"过于安静""过于困难""过于密切",也可以说"过于静""过于难""过于密"。跟"过"相类似的,还有"尽、屡、互"等,它们所修饰的词语必须是单音节的。有的副词可以修饰一个词组,但是要求紧跟在它后面的必须是个单音节词,如"足",只能说"足等了两个小时",不能说"足等候了两个小时";与之同义的"足足"就不受此限,既可以说"足足等了两个小时",也可以说"足足等候了两个小时"。有的副词跟上述情况正相反,要求所修饰的词语必须是双音节的。如"大力",只能说"大力帮助",不能说"大力帮"。与"大力"类似的如"行将、万分、明明"等。另外,由"为"构成的双音节副词,如"大为、最为、甚为、颇为、极为"等,也都不能修饰单音节词。再如助词"与否",它只能跟在一个双音节成分后面,如"正确与否|考虑与否|编写与否",绝不跟在一个单音节成分后面,不说"对与否|想与否|编与否|写与否"。

四、轻重音

一个虚词往往可以表示多种不同的语法意义,而这又往往是通过轻重音来表示的。这一点在副词身上表现得特别明显。譬如"都",试比较:

(1)我们'都看完了。
(2)'我们都看完了。
(3)我们都看'完了。

例(1)重音在"都"上,"都"总括主语所指的全范围。例(2)重音在"我"上,"都"虽然仍表示总括,但全句含有"甚至"的意思(=甚至连我们都看完了)。例(3)重音在"完"上,"都"含有"已经"的意思。

"已经"修饰数量词时,既可言够,也可言多,其区别就在轻重音上。如"已经三个了",如果重音在"已经"上('已经三个了),是言够;如果重音在"三"上(已经'三个了),是言多。⑧

再如,"再"表示重复时,可以表示两种不同的重复。一是实在的重复,例如:"这个电影太好了,明天再看一遍,怎么样?"这是说已经看过一遍,准备第二天重新看一遍。二是空缺的重复,例如:"票卖完了?没关系,我们明天再看好了。"这是说想要看,但票没买着,准备第二天实现计划。"再"表示这两种重复,就是通过轻重音的不同来实现的。表示实在的重复,重音只能在"再"或"再"后面的某个音节上,如"明天'再看一遍""明天再'买一双",绝不能在"再"之前。表示空缺的重复,重音则一定在"再"之前,如"'明天再看吧""'星期天再买好了"。

五、肯定与否定

多数虚词既可以跟肯定形式发生关系,也可以跟否定形式发生关系,但有些虚词在这方面有特殊要求。这有多种情况。

1. 有的只能跟否定形式直接发生关系。如副词"从"就要求后面必须跟一个否定形式(如:从不说谎|从没有听说过|*从就很规矩),与之同义的"从来"就没有这种限制(如:从来不说谎|从来就很规矩)。副词"万万"只能修饰一个否定形式(如:万万不可粗心大意|万万没有想到|*万万小心),与之同义的"千万"则不受这方面的限制(如:千万不可粗心大意|千万要注意)。副词"毫、决、断"等也只能修饰一个否定形式。

2. 有的则只能同肯定形式直接发生关系。如副词"万分""分外"就只能用于肯定(如:万分高兴|*万分不愉快|分外晴朗|*分外不愿意),跟它们同义的"十分""非常"和"格外"就既能用于肯定(如:十分高兴|非常愉快|格外清静),也能用于否定(如:十分不满意|非常不愉快|格外不高兴)。我们常说在"把"字句中否定词一般要放在"把"字之前,从另一个角度说,也就是由"把"组成的介词结构一般不能修饰一个否定形式。

3. 有些虚词有两种不同的意义或用法,而这在肯定、否定的要求上也正好形成对立。如"绝",当它表示程度时,只能用于肯定(如:绝好机会|绝妙的计策);当它表示加强语气时,则只能用于否定(如:绝不妥协|绝没有好下场)。再如程度副词"太",当它表示赞叹时,只用于肯定(如:太棒了|太精彩了);当它表示过分时,则既可用于肯定(如:太浅了),也可用于否定(如:太不懂事了)。

4. 有的既能用于肯定,也能用于否定,意思却一样。如"难免不犯错误"和"难免要犯错误"意思一样;"自行车别是他骑走了"跟"自行车别不是他骑走了"意思一样。"差一点儿"也属这种情况。

六、简单与复杂

由"把"组成的介词结构后面一定得跟一个复杂形式,这是众所周知的了。副词"终究、往往、白白、恐怕、略微"也要求所修饰的成分必须是个复杂形式,而分别跟它们同义或近义的"必将、常常、白、也许、较为"就没有这种要求。试比较:

(4) 终究:终究要灭亡|终究会取得胜利|＊终究灭亡|＊终究胜利

必将:必将要灭亡|必将取得胜利|必将灭亡|必将胜利

往往:每到星期天他往往去颐和园|＊每到星期天他往往去

常常:他常常去颐和园|故宫他常常去

白白:白白劳动了一天|难道这房子就这样白白丢了|＊算我白白说,行不行?

白:白劳动了一天|不能白吃|算我白说,行不行?

略微:略微高些|略微清静些|＊略微整洁

较为:较为高些|较为清静|较为整洁

再如,由"对于"组成的介词结构作状语时,一般要求中心语是个复杂形式,而由"对"组成的介词结构作状语时,没有这种要求。例如用"对"时,我们可以说"对他要好好帮助""对他能不能批评",也可以说"对他帮助""对他批评";可是用"对于"时,我们可以说"对于他要好好帮助""对于他能不能批评",但不能说"对于他帮助""对于他批评"。与上述情况相反,有的则要求所修饰的成分得是个简单形式,如"异常、万分"。

七、位置

在"把"字句和"被"字句中,否定副词和能愿动词只能放在"把"或"被"的前面;介词结构"关于……"只能放在主语前面,介词结构"对于……"就没有这种限制。这都涉及位置问题。一个虚词在句中有比较固定的位置,这固然需要注意,但更要引起重视的是另一种现象,即有些虚词在句子中的位置比较灵活,它可以在某种成分之前,也可以在某种成分之后,而在前在后,句子的意思就不一样。例如:

(5) 他幸亏回来了，……　≠　幸亏他回来了，……
【主句指出避免了于　　　【主句指出在"他"的作用下
"他"不利的事情】　　　　避免了一起不如意的事情】

(6) 没有全听懂　　　　　≠　全没有听懂
【部分不懂】　　　　　　【全部不懂】

(7) 光他吃米饭　　　　　≠　他光吃米饭
【别人不吃米饭】　　　　【他别的不吃】

(8) 很不习惯　　　　　　≠　不很习惯
【强调不习惯，程　　　　【表示不习惯，程
度深，语气重】　　　　　度浅，语气委婉】

有的在前在后，似乎意思差不多，如"他也许不回来了"和"也许他不回来了"，"电话铃忽然响了"和"忽然电话铃响了"，"我才工作一年"和"我工作才一年"，但细细体会还是会觉察出细微的区别来。

八、跟其他词语的配搭

"只有"要求有"才"与之相配，"只要"要求有"就"与之相配，这是大家所熟知的。复句中常犯的一种毛病，就是前后的连接成分配搭不当。这里要进一步指出的是，不光连词存在着配搭问题，别类虚词有的也有这方面的特殊要求。程度副词"怪"，除了风格、色彩跟"很"不同外，很重要的一点，"怪"要求后面有"的"与之配搭（怪可爱的｜＊怪可爱），"很"的后面则不是非要有"的"不可的。再如，"恐怕"后面常有语气词"吧"与之相配；"本来"后面常用语气词"嘛"与之相配；而用助词"罢了""而已"，前面常有副词"不过""只"与之相配；用助词"不成"，前面常用"难道""莫非"与之相配。

以上所谈的八个方面，也还只是列举性的，并不是说虚词的用法只表现在这八个方面；而每一方面所包含、涉及的内容，也不限于上面所说的。譬如说，某些虚词或某些虚词格式，如表示程度浅的"还""有点儿"和"不很……"等，对所修饰的成分在意义色彩上（褒义和贬义，积极和消极）还有所选择（如：她这个人还大方｜＊她这个人还小气；有点儿骄傲｜＊有点儿谦虚；很不大方｜＊很不小气），这一点上文就没提到。此外，似乎还有社会心理问题，还有认知的问题，也会影响虚词的用法。如副词"差一点儿"的使用，就会受到社会心理的影响。[⑨]

13.3 关于虚词意义的研究

研究虚词的意义比研究虚词的用法难得多,这是因为虚词的意义比较虚灵,难以捉摸。譬如说"红的书"里的"的"表示什么意义?跟"红红的苹果"里的"的"所表示的意义是否一样?真还不太好说。再说,虚词的意义实际有两方面,一是虚词本身所表示的语法意义,一是虚词使用的语用意义。我们既要研究虚词本身所表示的语法意义,又要研究虚词使用的语用意义。这二者是互相联系,互为因果的。透彻了解了一个虚词本身所表示的语法意义,有助于探求该虚词使用的语用意义;反之,如果了解了一个虚词使用的语用意义,也就有助于准确把握该虚词本身所表示的语法意义。试以"以至"和"以致"为例。"以至"和"以致"不仅语音相同,字形也相近,在使用上很容易混淆。例如:

(1) *他只听了一面之词,以至没有处理好那两家的纠纷。
(2) *他腹部连中三弹,以至生命危在旦夕。
(3) *她儿子做了坏事,甚至拿了人家的东西,她不但不严加管教,还替他隐瞒,以至使她儿子逐渐走上犯罪的道路。
(4) *如果我们能采用这项先进技术,我们的生产效率将会提高两倍三倍,以致十几倍。

例(1)—(3)里的"以至"该换用"以致",例(4)里的"以致"该换用"以至"。

要想把握好这两个连词的意义和用法,就需了解它们各自的语法意义和语用意义。

"以至"的意思相当于"直到""甚至",这就是"以至"的语法意义;它的语用意义是表示由小到大、由少到多、由低到高、由浅到深的递进关系(也可用于相反的方向)。例如:

(5) 一石居是在的,狭小阴湿的店面和破旧的招牌都依旧;但从掌柜以至堂倌却已没有一个熟人,我在这一石居中也完全成了生客。(鲁迅《在酒楼上》)
(6) 搞城市建设不能只看眼前,要考虑到明年、后年以至十年、二十年。

"以至"有时可以说成"以至于"。例如:

(7) 许多美的人和美的事,错综起来像一天云锦,而且万颗奔星似的飞动着,同时又展开去,以至于无穷。(鲁迅《好的故事》)
(8) 对群众的批评采取抵触以至于压制的态度,那是十分错误的。

"以致"用在因果复句中表示"致使""弄得"的意思,这就是"以致"所表示的语法意义。但它跟"因此""所以"又不同,由它引出的结果总是由前面从句说的原因所造成的而且是说话人所不希望的后果——这就是使用"以致"的语用意义。例如:

(9) 对于非本质和非主流方面的问题,当然不能忽视,也要认真对待并加以解决,但是,不应当将这种问题看成本质和主流,以致迷惑了自己的方向。

(10) 据可查考的资料记载,蒋家沟在历史上泥石流曾经数十次隔断小江、堵塞河道,以致洪水四处泛滥,淹没了许多农田、房屋。

(11) 由于他不听从劝告,以致上了别人的当。

我们回过头去再来看例(1)—(4)。从前后分句之间的意思看,前三句都是因果关系,不是递进关系,用表示递进关系的"以至"当然就错了;最后一句则表示递进关系,用"以致"当然就错了,该用表示递进关系的"以至"。

"以至"和"以致"的区别是明显的。可是有时似乎也可以用在相同的语境中。例如:

(12) 在一片赞扬声中,他变得飘飘然起来,以至看不到自己工作中的缺点。

(13) 在一片赞扬声中,他变得飘飘然起来,以致看不到自己工作中的缺点。

然而这两个句子所表示的意思很不相同——例(12)用"以至"表示递进关系,强调程度的加深,意思是"在一片赞扬声中,他变得不仅飘飘然起来,而且发展到了看不到自己工作中缺点的程度"。这里的"以至"可换成"甚至"或"以至于"。例(13)用"以致"表示因果关系,强调由于上述原因而造成的结果,意思是"他在一片赞扬声中由于变得飘飘然起来,因此连自己工作中的缺点也看不到了"。这里的"以致"可换成"因此"。请看:

(14) 在一片赞扬声中,他变得飘飘然起来,甚至看不到自己工作中的缺点。

(15) 在一片赞扬声中,他变得飘飘然起来,因此看不到自己工作中的缺点。

在一般辞书中,释义时只注重虚词的语法意义,这无可非议;但是在供汉语教学用的汉语教科书中,既要注意虚词表示的语法意义,也得注意虚词使用的语用意义,这才有助于外国学生学习汉语虚词。目前,普遍忽视虚词使用的语用意义,都不注意从学习者的角度来考虑释义。

研究虚词意义难,但如果方法得当,就可以了解、掌握好虚词的意义。从前人和时贤已有的研究经验看,无论研究虚词本身所表示的语法意义,还是研究虚词使用的语用意义,最基本、最有效的方法就是比较。此外,必须注意分析运用虚词的语义背景。

13.4 研究虚词意义的基本方法——比较分析

中国有一句俗语,叫"不怕不识货,就怕货比货"。意思就是,通过比较可以识别事物。从这句俗语,可以知道,比较是自古以来人们一直使用的一种方法。中国古代还有一句话,叫"因比而显",这句话可以说是对比较法之作用作了注解。[⑩]无数事实告诉我们,比较分析是人类认识客观事物最原始、最基本也是最有效的方法。从科学研究的角度说,比较分析是一种对照两个或两个以上的事物,找出它们的共同点和相异点的逻辑方法,它是科学研究中得以建立起各种概念所必须运用的基本方法。比较法的运用是人们理性地认识客观世界的开始。

比较分析,也是语法研究中最基本的分析手段之一,更是虚词研究最基本、最有效的一种分析手段。

已有的研究表明,在虚词研究中,特别是对虚词意义的研究中,还可以有种种不同的比较。常用的有以下五种比较:

一、把彼此同义或近义的虚词放在一起,进行比较辨析。

二、把包含某虚词的句子跟抽掉了该虚词的句子拿来比较,即进行有无某虚词的比较。

三、将意义相对的虚词放在一起进行比较。

四、把说明同一方面问题的虚词放在一起进行比较辨析。

五、将形似实异的虚词放在一起进行辨析,以区别貌似一样实质不同的虚词。如"既"和"即"、"以至"和"以致"、"进而"和"从而"的比较就属于这种比较。[⑪]

虚词的意义就只有通过上述这些比较才能较好地加以把握。下面对这五种比较分别举例略作些说明。

一、把同义或近义的虚词放在一起,进行比较辨析

把同义或近义的虚词放在一起进行比较辨析,以确切把握虚词的语

法意义和语用意义,这是虚词研究中最需要、最有效的一种比较。运用这种比较要联系虚词所在的句式来进行,这样效果更好。举个例子来说,"更加"和"越发",都是书面语词,都能用于比较,都能用来表示程度进一步加深。例如:

(1) 她的精力比过去更加充沛了。
(2) 她的精力比过去越发充沛了。

这会给人一个错觉,以为"更加"和"越发"的语法意义是一样的。我们看到,现在通行的词典,譬如我手头有的《当代汉语词典》和《应用汉语词典》就都用"更加"来注释"越发"。它们的语法意义真是一样的吗?如果我们联系它们所出现的句式进行细致的比较,就能发现它们的语法意义并不完全一样。请看具体实例:

(3) a. 这一来,她的任务比你更加艰巨了。
　　 b. 这一来,她的任务比你越发艰巨了。
(4) a. 来中国以后,琼斯的汉语比杰克说得更加流利了。
　　 b. 来中国以后,琼斯的汉语比杰克说得越发流利了。
(5) a. 这一来,他现在的任务比你更加艰巨。
　　 b. *这一来,他现在的任务比你越发艰巨。
(6) a. 小张比小林更加刻苦。
　　 b. *小张比小林越发刻苦。
(7) a. 比较起来,李亚川跑得更加快些。
　　 b. *比较起来,李亚川跑得越发快些。
(8) a. 长江比黄河长,长江比淮河更加长了。
　　 b. *长江比黄河长,长江比淮河越发长了。

例(3)、(4),句尾都有"了","更加"和"越发"都能用。例(5)—(7)句尾都没有"了",就只能用"更加",不能用"越发"。例(8)句尾虽然有"了",但这是三项比较的句式,只能用"更加",不能用"越发"。经过比较我们很容易发现,"更加""越发"虽然都能用于比较,但它们有所不同——"越发"总是跟时间因素相联系,它只用于不同时间平面,不用于同一时间平面,正因为这样,所以用"越发"的句子,其末尾一定要带上"了"("了"就表示随着时间的推移而变化)。"更加"则没有这个限制,既能用于两个时间平面,也能用于一个时间平面,如例(5)—(7)。在具体用法上,"更加"不仅能用于两项比较,还可以用于三项比较,"越发"则只能用于两项比较。[12]正是这种细致的比较,使我们分别准确地把握了"更加"和"越发"的语法意义和语用意义——"更加"表示程度的加深,"越发"则表示随着时间的推移而程度加深;从而也能使我们更准确地使用"更加"和"越发"这两个程度副词。⑬

二、有无虚词的比较

所谓"有无虚词的比较",是指把含有某虚词的句子跟抽掉了该虚词的句子拿来比较,即作有无某虚词的比较,以显示出该虚词的语法意义。这是准确把握一个虚词意义的另一种有效的方法,也是虚词研究中经常采用的方法。虚词意义研究上的许多重要进展,某个新的虚词的确切释义,都是采取这种比较方法获得的。这里不妨以探讨语气词"好了"的语法意义为例来加以说明。"好了"是一个使用范围相当广的语气词。例如:

(9) "李老师,这本小说我拿去看看好吗?""你拿去看好了。"
(10) "听说他要去告你。""让他去告好了。我不怕!"
(11) 你别怕,尽管放手干好了,有我们呢!
(12) 现在一切都准备就绪了,你只管开闸好了。
(13) "师傅,没米饭了。""没米饭吃面条好了。"
(14) 既然他不愿意带你去,你就自己去好了。

各句句尾的"好了"到底表示什么意义呢?先前辞书都没有收录,《现代汉语词典》(第6版)才收录这个词。要给它作确切的注释,没有任何文献资料可供参考。要确切把握这个语气词的语法意义,最好的办法是将包含语气词"好了"的句子跟不用"好了"的句子进行对比分析。⑭例如:

带"好了"	不带"好了"
(15) 你拿去看好了。	你拿去看。
(16) 让他去告好了。	让他去告。
(17) 尽管放手干好了。	尽管放手干。
(18) 你只管开闸好了。	你只管开闸。
(19) 没米饭吃面条好了。	没米饭吃面条。
(20) 你就自己去好了。	你就自己去。

通过比较,我们大致可以把握"好了"的语法意义,可以将语气词"好了"释义为"不介意,不在乎,尽管放心"。上面所运用的比较方法,就是有无虚词的比较。

三、将意义相对的虚词放在一起进行比较

将意义相对的虚词放在一起进行对比分析,也有助于我们辨明各个

虚词各自表示的语法意义。这也是一种比较方法。譬如人们常常将介词"把"和"被"放在一起进行比较,以分别凸现、说明"把"和"被"的语法意义。再如,副词"才"和"就"就是一组相对的虚词。我们可以通过对大量实例的对比分析,凸现"才"和"就"各自的语法意义——副词"才"表示说话人主观认为事情实现得晚/慢、所说的数量少、所说的条件严;而副词"就"则表示说话人主观认为事情实现得早/快、所说的数量多、所说的条件宽。⑮

四、把说明同一方面问题的虚词放在一起进行比较辨析

把说明同一方面问题的虚词放在一起进行比较辨析,以说明这些虚词各自所表示的语法意义,从而使我们能较好地了解掌握某些虚词的意义。举例来说,"吗"和"吧"都是可以用于是非问句的语气词。我们可以通过对具体实例的分析,从用"吗"用"吧"这两种问句表达上的差异来把握"吗"和"吧"的语法意义——用"吗",表示的是"问话人对事情的是与非不表明倾向性态度的询问";用"吧",表示的是"问话人对事情的是与非表明倾向性态度的询问"。再如,"多""可""太""真""好"等都是可以用来表示感叹的语气副词。例如:

(21) 这地方多美啊!
(22) 我们家乡可美了!
(23) 这地方太美了!
(24) 这地方真美啊!
(25) 这地方好美呀!

如果我们把这些语气副词放在一起加以比较分析,说明它们的异同,也属于这一种比较。先前有学者将可以用来说明数量的副词放到一起进行比较辨析,也是属于这种比较。⑯

五、把形似实异的虚词放在一起进行辨析

这里所说的形似,包括语音相近或字形相似。只因形似,有人特别是外国学生就容易不加区别地混用。上面11.3小节里比较的"以至"和"以致"就是形似实异的连词。这里不妨再举个实例——"进而"和"从而"。⑰

"进而"和"从而"都是连词,有些形似,都有一个"而"字,而且有时似乎还可以出现在相同的语境里,例如:

(26) 为了迫使她屈服,他们停发了她的工资,进而切断了她的一切

经济来源。
(27) 为了迫使她屈服,他们停发了她的工资,从而切断了她的一切经济来源。

这样,让人搞不清楚它们的差别在哪里。其实,这两个连词是有明显区别的。

"进而"强调在前一行动的基础上,采取进一步的行动。例如:

(28) 铁道部决定,先评选出各局、厂的先进集体和先进个人,进而评选出部的先进集体和先进个人。
(29) 要完成今年经济建设的任务,并进而实现90年代的奋斗目标,关键在于深化改革、扩大开放。
(30) 说起他们小两口,不是一个性格,在生活中出现磕磕碰碰的事,产生这样那样的矛盾,进而发生某些小的冲突,那是常有的事。

而"从而"用来引出表示结果的主句,这种结果是在某种条件逐渐形成或具备的情况下产生的。例如:

(31) 张、王两家在赵大爷的调停与劝导下,彼此坦诚交换了意见,又都做了自我批评,从而消除了彼此的误会。
(32) 我上面的意见不是主张要废止"曹学"这一称谓,只是希望不要忘记这个称谓得来的缘由,对"曹学"研究有所反省,从而将研究指向和研究思路回归到"红学"上去。
(33) 在工程进程中,方副总工程师坚持质量第一,从严监管工程质量和进度,同时带领大家搞革新,攻克了一个又一个的施工难关,从而确保了湖南段筑路计划按时、按质、按量的实施。
(34) 华子和彪哥原是把兄弟,想不到华子外出打工三年,彪哥把华子的媳妇儿给占了,从而两人就结下了生死仇。

例(28)—(30)里的"进而"不能换成"从而",而例(31)—(34)里的"从而"不能换成"进而"。

那为什么例(26)、(27)里的"进而""从而"能出现在相同的语境里呢?要知道,凡进一步采取的行动,从某种意义上说,也可以看作是前一行动所产生的结果。这样,在那样的语境下既可以用"进而",也可以用"从而",但意思上有差别。例(26)用"进而",是说他们在停发了工资后,还进一步切断她除工资以外的其他经济来源。这意味着迫害的加深,前后是递进关系。例(27)用"从而",是说由于他们停发了她的工资,这样就切断了她的一切经济来源。这意味着前后是一种因果关系。

由于"进而""从而"形似,因此常有人用混。常见的毛病是,该用"从而"的地方用了"进而"。例如:

(35) *从去年开始,徐州市进一步走出国门,先后派出40多个代表团参加国外一系列大型经贸洽谈活动,特别是到众多发达国家和地区与大财团、大商社、跨国公司进行经济技术合作洽谈,进而使利用外资的路子逐步拓宽。

(36) *来自个体经济的压力和挑战,促使国营和集体商业部门改善经营方式,改善经营手段,改善服务态度,进而无形中形成了经济生活中的竞争局面。

例(35)"进而"后面所说的内容,不是徐州市走出国门的进一步行动,而是进一步走出国门后所收到的良好效果。同样,例(36)"形成了经济生活中的竞争局面"并不是"国营和集体商业部门改善经营方式,改善经营手段,改善服务态度"的进一步措施或行动,而是"来自个体经济的压力和挑战,促使国营和集体商业部门改善经营方式,改善经营手段,改善服务态度"所出现的一种结果。这两个例子里的"进而"都应该换成"从而"。

上面分别介绍了虚词研究中所运用的各种比较。其实在研究虚词的过程中,各种比较往往是综合运用的。譬如说,我们在分析、验证现代汉语里到底有几个疑问语气词时,就运用了多种比较方法。

关于现代汉语里的疑问语气词,汉语语法学界总共提到"啊、吧、呢、吗"四个,但大家意见并不一致。[13]分歧大致如下所示:

	啊	吧	呢	吗
a	+	+	+	+
b	−	+	+	+
c	−	−	+	+
d	−	−	−	+
e	+	−	−	+

大家对"吗"没有分歧意见,都认为它是疑问语气词;对"啊、吧、呢"就有不同看法了。这里需要指出的是,不管是持哪一种意见的,都没有正面说明理由。这样,现代汉语里到底有哪几个疑问语气词,"啊、吧、呢"到底是不是疑问语气词,都有进一步讨论、验证的必要。而我们来判断一个出现在疑问句末尾的语气词是不是疑问语气词,决不能根据语感,而要看它是否真的负载疑问信息;这一点又必须能在形式上得到验证。验证的最好办法,就是比较。具体说,就是从疑问句和非疑问句、从这种疑问句和那种

疑句问、从带了语气词的和不带语气词的疑问句之间的最小对比中,来确定出现在疑问句末尾的语气词是否真负载疑问信息。具体研究是这样进行的:

大家都知道,现代汉语里的疑问句可以分为以下两大类:

A. 是非问句
B. 非是非问句(包括一般所谓的特指问句、选择问句和反复问句)

A、B两大类疑问句,无论从句子的语段成分(即所包含的词语)还是超语段成分(即句调)来看,都存在着明显的对立。从句子的语段成分看,A内不包含表示疑问的词语,跟非疑问句(如陈述句、祈使句)的语段成分相同;而B内一定包含表示疑问的词语。换句话说,是非问句的语段成分跟非疑问句一样,是一个"非疑问形式"(下面用W来表示);而非是非问句的语段成分则是"疑问形式"(下面用Q来表示)。从句子的超语段成分看,根据声学仪器的实验和我们的实地调查,A是"句尾趋升"的形式(以下简称"升调",在格式里用"↑"表示);B则可以有两种形式,一是"句尾趋降"(以下简称"降调",在格式里用"↓"表示),与平叙句相同;一是"句尾趋升",与A相同。在通常情况下,B采用前一种形式;加强疑问语气时,采用后一种形式。这样,上述两类疑问句可分别表示为:

A. W+↑?
B. B_1:Q+↓?
　B_2:Q+↑?

而非疑问句可以表示为:

C. W+↓。

我们不妨比较一下A和C:

A. W+↑?
C. W+↓。

不难看出,由于A和C的语段成分相同,均为非疑问形式W,因此A的疑问信息显然是由"升调"负载的。语言事实告诉我们,在现代汉语里,"升调"是疑问句调。再比较B和C:

B. B_1:Q+↓?
　B_2:Q+↑?
C. W+↓。

从 B_1 和 C 的对比中,我们可以明显地看到,由于二者超语段成分相同,都是"降调",B_1 的疑问信息无疑是由 Q(具体说是由 Q 里表示疑问的词语)负载的。B_2 和 B_1 是 B 的不同变体,毫无疑义 B_2 的疑问信息主要也是由 Q 负载的,采用"升调"只是为了加强疑问语气。

注意,上面所说的语段成分,不论是 W 还是 Q,都不带语气词。这就是说,上面我们所介绍的是现代汉语中句末不带语气词的疑问句的情形。

有了上面的认识,我们就可以来逐一检验上面提到的"啊、吧、呢、吗"四个语气词分别在不同类型的疑问句里出现时到底是否负载疑问信息,从而验证并确定它们各自到底是不是疑问语气词。这里仅介绍对"啊""吗"的验证,对"吧""呢"的验证参看陆俭明(1984)。

先验证"啊"。"啊"的使用面很广,它既可以出现在非疑问句末尾,也可以出现在各类疑问句末尾,包括是非问句末尾和非是非问句末尾。例如:

(37)爷爷回上海啦=(了+啊)。　　【陈述句】
(38)你快走啊。　　【祈使句】
(39)大家快来看啊!　　【感叹句】
(40)你不买啊?　　【是非问句】
(41)她什么时候来啊?　　【非是非问句——特指问句】
(42)他这次去广州还是深圳啊?　　【非是非问句——选择问句】
(43)你明天到底来不来啊?　　【非是非问句——反复问句】

为便于说明,我们把句末带"啊"的是非问句记为 A',把句末带"啊"的非是非问句记为 B'。

根据声学仪器的实验和我们的实地调查,A'的超语段成分是升调,无一例外,整个格式为:

A'. W+啊+↑?

而 B'的超语段成分有升调与降调两种形式,即可以是升调也可以是降调,不论是特指问句、选择问句还是反复问句,整个格式为:

B'. B'_1:Q+啊+↓?
　　B'_2:Q+啊+↑?

验证 A'里的"啊"是否负载疑问信息,它到底是不是疑问语气词,其办法是比较 A'、A、C。请看:

A'. W+啊+↑?
A. W+↑?

C. W+↓。

通过比较,很容易发现,A'疑问句的疑问信息还是由升调负载的,"啊"并不负载疑问信息。也就是说,是非问句末尾的"啊"不负载疑问信息。

再验证 B'里的"啊"是否负载疑问信息,它到底是不是疑问语气词,其办法是比较 B'和 B。请看:

B'. B'_1：Q+啊+↓?
　　B'_2：Q+啊+↑?
B. B_1：Q+↓?
　　B_2：Q+↑?

不难看出,带"啊"的非是非问句跟不带"啊"的非是非问句情况一样——B'_1 跟 B_1 一样,疑问信息完全是由疑问词语 Q 负载的;B'_2 跟 B_2 一样,疑问信息主要是由疑问词语 Q 负载的,升调只是为了加强疑问语气。可见,B'末尾的"啊"也不负载疑问信息。因此,疑问句末尾的"啊"不能认为是疑问语气词。

现在验证"吗"。大家公认,语气词"吗"只出现在是非问句末尾,不出现在非是非问句末尾。例如:

(44) 他们回来了吗?
　　＊他们什么时候回来吗?
　　＊他们是昨天还是今天回来的吗?
　　＊他们回来不回来吗?

因此,所谓验证"吗"是不是疑问语气词,实际就是验证是非问句末尾的"吗"是不是疑问语气词。假定句末带"吗"的是非问句为 A''。根据声学仪器的实验和我们的实地调查,A''的超语段成分有降调与升调两种形式,即:

A''. A''_1：W+吗+↓?
　　A''_2：W+吗+↑?

验证是非问句末尾的"吗"是不是疑问语气词的办法是把带"吗"的是非问句 A''跟不带"吗"的是非问句 A 和非疑问句 C 进行比较。先比较 A''_1、A 和 C:

A''_1. W+吗+↓?
A. W+↑?
C. W+↓。

通过比较,由于 A''₁ 是降调,我们不难认识,A''₁ 疑问句的疑问信息只能由"吗"负载,无疑"吗"是疑问语气词。(为什么?请自己想想。)至于 A''₂ 里的"吗",我们没有理由怀疑它跟 A''₁ 里的"吗"的同一性。A''₁ 和 A''₂ 实际是 A'' 的不同变体。在 A''₂ 里,"吗"和升调都负载着疑问信息。我们可以认为其中有一个是羡余的(redundant),但从表达上说,这也绝不是多余的,可以起到加强疑问语气的作用。(陆俭明,1984)

显然,上面分析、验证现代汉语里到底有哪几个疑问语气词时就综合运用了各种比较方法。

13.5 虚词研究中的语义背景分析

要正确把握某个虚词的意义,需要了解该虚词使用的语用意义,而这必须注意考察这个虚词使用的语义背景,或者说这个虚词出现的语用环境。具体说,就是一定要考察这个虚词能在什么样的上下文或者说语境里出现或使用,不能在什么样的上下文或者说语境里出现或使用。譬如说,就已有的资料看,"反而"在句子中到底表示什么关系,存在着明显的分歧:有的说它表示转折关系;有的说它表示递进关系;有的说它既表示递进关系,又表示转折关系。

"反而"到底表示什么语法意义呢?要搞清楚"反而"的具体用法和语法意义,就必须了解这个词在句中出现的语义背景。根据马真(1983)的研究,使用"反而"的语义背景是:[⑲]

A. 甲现象或情况出现或发生了;
B. 按说〔常情〕/原想〔预料〕甲现象或情况的出现或发生会引起乙现象或情况的出现或发生;
C. 事实上乙现象或情况没有出现或发生;
D. 倒出现或发生了与乙相悖的丙现象或情况。

"反而"就用在上述 A、B、C、D 这四层意思中的 D 意的语句里,形成的句子格式是:

A+B+可是(不但)C+反而 D。

例如:

(1) (A)今天午后下了一场雷阵雨,(B)原以为可以凉快一些,可是(C)并没有凉下来,(D)反而更闷热了。

这四层意思可以像例(1)那样在句中一起明确地说出来,也可以不全明确说出来,只是隐含着。所以在实际的语料里,使用"反而"的句子,可以有以下四种格式:

Ⅰ．A＋B＋可是(不但)C＋反而 D。例如:

(1) (A)今天午后下了一场雷阵雨,(B)原以为可以凉快一些,可是(C)并没有凉下来,(D)反而更闷热了。

Ⅱ．A＋可是(不但)C＋反而 D。例如:

(2) (A)今天午后下了一场雷阵雨,可是(C)并没有凉下来,(D)反而更闷热了。

类似的例子如:

(3) (A)蕙气得回房间哭了半天,(C)她的丈夫不但不安慰她,(D)反而责备她小气。(巴金《春》)

Ⅲ．A＋B＋反而 D。例如:

(4) (A)今天午后下了一场雷阵雨,(B)原以为可以凉快一些,谁知(D)反而更闷热了。

类似的例子如:

(5) (A)九号十二号两天刚说好停战,(B)大家以为没有事了,谁知(D)敌人反而在这时候用大炮轰城。(《田汉剧作选》)

Ⅳ．A＋反而 D。例如:

(6) (A)今天午后下了一场雷阵雨,(D)天气反而更闷热了。

类似的例子如:

(7) (A)都春天了,(D)怎么天气反而冷起来了?

有时,上述 A、B、C、D 这四层意思也可以压缩,通过一个单句来表达。例如:

(8) 春天反而冷起来了。

了解了使用"反而"的语义背景,"反而"的语法意义也就清楚了:**表示实际出现的情况或现象跟按常情或预料在某种前提下应该出现的情况或现象相反。**(马真,1983)

再譬如,表加强否定语气的副词"并"和"又"虽然都能表示加强否定语气,但二者有明显的区别,而它们的区别就在于使用的语义背景不同——当强调说明事实不是对方所说的、或不是一般人所想的、或不是自己原先所认为的那样的情况时才能用语气副词"并";至于语气副词"又",则只能用在直接否定前提条件或起因的句子里,起加强否定语气的作用。例如:

(9)你说他傻?我看他并不傻。
(10)小张:小王,明天我们去安本老师家,带一瓶茅台酒吧。
小王:安本老师又不喝白酒。

例(9)里的"并"不能改用"又";而例(10)里的"又"不能改用"并"。[20]

通过上面所举的实例,我们对语义背景分析或语义背景分析法可以有个大致的了解。其实不只在虚词研究中要注意运用语义背景分析,对句法格式的研究也需要运用语义背景分析。因此也可以这样说,在语法研究与分析中,通过具体分析某个词语或句法格式使用的语义背景来说明该词语或句法格式在意义上或用法上的特点,这种分析手段就叫"语义背景分析法"。这种分析方法,词汇研究,特别是词义分析,也很值得借鉴。

从某个角度说,我们研究任何虚词或句法格式,都不能只着眼于词语或句法格式本身,还必须从词语或句法格式所在的篇章的角度来思考,来分析。因此,语义背景分析法也可视为语法的篇章分析的一部分。

13.6 虚词研究中切忌将虚词所在的格式义视为虚词的意义

在虚词研究中,特别需要注意一点,那就是切忌将虚词所在的格式的意义视为虚词的意义。20世纪40年代何容在《中国文法论》中就有此意识,[21]只是未加论述,也一直没有引起学界注意。直到80年代,马真在《说"也"》一文中明确地提出了这一点:[22]

> 我们之所以还要谈论这个"也",一方面想说明"也"的基本作用是表示类同,而不是别的什么;另一方面也想通过对"也"的基本作用和具体用法的剖析,说明在虚词研究中切忌将含有某个虚词的某种句子格式所表示的语法意义硬归到格式中所包含的这个虚词身上去。

而后又专门论述这一问题,并列举了不少事实,说明目前在辞书编纂中普

遍存在将虚词所在格式的语法意义归到虚词身上的问题。③请看其中所举的两个实例:

【实例一】关于介词"除了"。

介词"除了"表示排除。可是,有的工具书认为"除了"还能"表示补充",还能"表示选择"。所举的"表示补充"的例子是:

(1) 除了写诗,还学英文、法文。
　　除了英语,物理也考了90分。

"表示选择"的例子是:

(2) 每天早餐,除了大饼就是油条。
　　中央台的15频道,除了戏曲就是音乐。

例(1)确实含有"补充"之意,例(2)也确实含有"选择"之意。但是,这"补充""选择"等语法意义真是由介词"除了"表示的吗? 其实那"补充"之意是由"除了……还/也/更……"这种句法格式所表示的,而不是由"除了"单独表示的;同样,那"选择"之意是由"除了……就是……"这种句法格式所表示的,而不是由"除了"单独表示的。证明有二:

第一,假如删去"除了",句子确实就不含有"补充"或"选择"之意了;但是,如果例(1)删去"还"或"也",例(2)删去"就是",句子同样也就不含有"补充"或"选择"之意了。这足见那"补充"或"选择"之意是由整个句法格式表示的,而并非只是由"除了"单独表示的。

第二,我们还可以提供一个佐证,那就是在现代汉语里还有这样一个表示"选择"之意的句法格式:"不是……就是……"。例如:

(3) 每天早饭不是大饼就是油条。

我们总不能认为那"选择"之意是由"不是"单独表示的。

【实例二】关于介词"把"的释义。

2010年5月出版的《现代汉语规范词典》(第2版)对介词"把"作了如下的释义:

把¹:……❾介 a)表示处置,"把"的宾语是后面及物动词的受事者……b)表示致使,后面的动词通常带有表示结果的补语,"把"后的名词与后面的动词的语义关系是多样的…… c)表示发生了不如意的事情,"把"后面的名词是当事者……

按此注释,好像"表示处置""表示致使""表示发生了不如意的事情"都是介词"把"所表示的。事实上那是"把"字句的语法意义,而并非介词"把"

的语法意义。这也犯了将"把"字句的语法意义归到了介词"把"的头上的错误。我们看到,《现代汉语词典》(第 7 版)对介词"把"的释义就比较好。请看:

> 把² ⓫ 介 a) 宾语是后面动词的受事者,整个格式大多有处置的意思。……b) 后面的动词,是"忙、累、急、气"等加上表示结果的补语,整个格式有致使的意思。……c) 宾语是后面动词的施事者,整个格式表示不如意的事情。……

这样释义就没有将"把"字句所表示的"处置"或"致使"等语法意义归到介词"把"的身上。

"切忌将虚词所在的格式的意义视为虚词的意义",这在虚词研究中是一个值得注意并必须防止发生的问题。

注释

① 本节内容修订时主要参考马真《现代汉语虚词研究方法论》(修订本),商务印书馆,2016 年。
② 参看马真《现代汉语虚词研究方法论》(修订本)"绪论""一 虚词在汉语中的作用",商务印书馆,2016 年。
③ 下文的例子和解释是根据马真先生的建议而增加的。
④ 详细参看马真、陆俭明《虚词研究浅论》,见马真、陆俭明《现代汉语虚词散论》(第三版),北京大学出版社,2017 年。又参看马真《现代汉语虚词研究方法论》(修订本)"壹 多角度考察研究汉语虚词的用法",商务印书馆,2016 年。
⑤ 参看马真《程度副词在表示程度比较的句式中的分布情况考察》,《世界汉语教学》1988 年 2 期;又见马真、陆俭明《现代汉语虚词散论》(第三版),北京大学出版社,2017 年。
⑥ 由"和"连接的动词或形容词性词语的并列结构不能单独作谓语,如不能说:"星期天我们打篮球和看电影。""这房间干净和明亮。"
⑦ 参看马真《普通话里的程度副词"很、挺、怪、老"》,《汉语学习》1991 年第 2 期;又见马真、陆俭明《现代汉语虚词散论》(第三版),北京大学出版社,2017 年。
⑧ 参看马真《修饰数量词的副词》,《语言教学与研究》1981 年 1 期;又见马真、陆俭明《现代汉语虚词散论》(第三版),北京大学出版社,2017 年。
⑨ 参看朱德熙《说"差一点"》,《中国语文》1959 年第 9 期;马真《"比"字句内比较项 Y 的替换规律试探》,《中国语文》1986 年第 2 期;马真《现代汉语虚词研究方法论》(修订本)"肆 每个虚词都需进行多角度、多方位、多层面的综合分析与研究",商务印书馆,2016 年。
⑩ 关于虚词研究中比较方法的运用,分别参看马真、陆俭明《虚词研究浅论》,见马真、陆俭明《现代汉语虚词散论》(第三版),北京大学出版社,2017 年;马真《现代汉

语虚词研究方法论》(修订本)"叁 比较是分析研究虚词最基本的方法",商务印书馆,2016年;马真《在汉语虚词教学研究中要重视比较的方法》,见陈强、孙宜学主编《汉语国际传播研究论丛——2012 中外学者同济大学演讲录》,上海三联书店,2012年。

⑪ 参看马真《辨析虚词的方法》,见北京大学中文系现代汉语教研室编《现代汉语专题教程》第三章第六节之三,北京大学出版社,2003年。

⑫ "越发"能用于表示倚变关系的句法格式里,例如:"他越是不许我笑,我越发笑得厉害。"倚变关系,这是小句之间一种特殊的逻辑关系,这种逻辑关系只有"越、越发、越加、愈发、愈加"等能表示。这时句尾不要求非得带"了"。"更加"不能用于这种句式。

⑬ 参看陆俭明《"更加"和"越发"》,《语文研究》1981年第1期;又见马真、陆俭明《现代汉语虚词散论》(第三版),北京大学出版社,2017年。

⑭ 最早谈论、注释这个词的是陆俭明、马真《汉语虚词浅论》,见陆俭明、马真《现代汉语虚词散论》,北京大学出版社,1985年;又见马真、陆俭明《现代汉语虚词散论》(第三版),北京大学出版社,2017年。

⑮ 参看马真《在汉语虚词教学研究中要重视比较的方法》,见陈强、孙宜学主编《汉语国际传播研究论丛——2012 中外学者同济大学演讲录》,上海三联书店,2012年。

⑯ 参看马真《修饰数量词的副词》,《语言教学与研究》1981年1期;又见马真、陆俭明《现代汉语虚词散论》(第三版),北京大学出版社,2017年。

⑰ 实例均引自马真《现代汉语虚词研究方法论》(修订本)"叁 比较是分析研究虚词最基本的方法",商务印书馆,2016年。

⑱ 不同意见的出处,参看陆俭明《现代汉语里的疑问语气词》附注,《中国语文》1984年第5期;又见马真、陆俭明《现代汉语虚词散论》(第三版),北京大学出版社,2017年。

⑲ 参看马真《说"反而"》,《中国语文》1983年第3期;又见马真、陆俭明《现代汉语虚词散论》(第三版),北京大学出版社,2017年。

⑳ 参看马真《表加强否定语气的副词"并"和"又"》,《世界汉语教学》2001年第3期;又见马真、陆俭明《现代汉语虚词散论》(第三版),北京大学出版社,2017年。另参看马真《现代汉语虚词研究方法论》(修订本)"贰 研究虚词语法意义的两项要义",商务印书馆,2016年。

㉑ 参看何容《中国文法论》"捌 一 助词和语气",商务印书馆,1942年。

㉒ 参看马真《说"也"》"六 余论",《中国语文》1982年第4期;又见马真、陆俭明《现代汉语虚词散论》(第三版),北京大学出版社,2017年。

㉓ 参看马真《现代汉语虚词研究方法论》(修订本)"贰 研究虚词语法意义的两项要义",商务印书馆,2016年;又参看马真《在词语教学中要重视词语使用的语义背景》,见蔡建国主编《中华文化传播:任务与方法》,上海人民出版社,2008年。

结束语——应有的研究素质

我们衷心希望有一部分学生将来能从事现代汉语研究或教学工作。要想在汉语语法方面进行研究并作出成绩,我想需要具备三方面的素质,一是扎实而广博的专业基础知识,二是较强的研究能力,三是良好的学风。这三者缺一不可。

一、不管你将来是从事汉语教学工作还是做汉语研究工作,如果把自己的知识只局限于一个很小的范围,可能会在某个阶段、在某个问题上钻研得很深、会写出一两篇文章,但肯定缺乏发展的后劲,在教学与科研上会越来越感到捉襟见肘,在学术上不会有很大成就。所以在学习期间,要努力通过各种途径设法使自己的业务知识比较深广、扎实,特别是要注意不断更新知识,不断扩大知识面,尽可能使自己有一个合理的知识结构,以适应时代发展和学科发展的需要。20世纪80年代中期,朱德熙先生就曾批评过国内外研究汉语的年轻一代所存在的在学术上画地为牢的现象,指出:"就国外说,研究汉语的年轻一代的学者里,关心历史的比起上一代汉学家来要少得多。就我国国内来说,研究现代汉语的人往往只研究普通话,不但不关心历史,把方言研究也看成隔行,画地为牢,不愿越雷池一步。这不管对本人来说,还是对学术发展来说,都不是好事。"[①]科学发展到今天,更需克服朱德熙先生所批评的现象。大家都知道,现在是高科技迅速发展的信息时代。各学科之间,不仅文科的各学科之间,理科的各学科之间,工科的各学科之间,而且文科与理科之间,文科与工科之间,理科与工科之间,都越来越互相影响,互相渗透。拿汉语研究来说,一个致力于现代汉语研究的人,不仅要关心普通话,关心汉语的历史,关心方言,关心并了解当今整个国内外语言学学科的最新研究成果与发展的走向,而且还得了解、掌握一些文学、哲学、逻辑、经济、历史、法律等方面的知识,还得了解、掌握一些计算机科学、数理逻辑、化学、生物学、心理学以及数学中的函数、统计学、概率论等方面的知识。这样,将来才有可能成为现代汉语研究的大家。

二、说到研究能力,过去我们一般都说"要具备分析问题、解决问题的能力"。强调要具备分析问题、解决问题的能力,这当然是不错的;但是从科学研究的角度说,首先需要具备发现问题的能力。[②]发现问题,这可以说是自己在科学研究上能获得成果的起点。如果我们在学习、研究中,什么问题都发现不了,那你就不可能知道自己该研究些什么,要解决什么问题,这也就谈不上搞什么研究了。

那么怎样才能使自己具备发现问题的能力呢?发现问题一般有两种情况:一种情况是,发现在现实生活中有些现象根据现有的文献资料无法加以解释,促使我们去进行研究和思考。譬如说英国发明家瓦特,他发现水开了以后壶盖儿就给顶了起来,这是个很普通的现象,可是依据先前的文献不能作出合理的解释,这就引发瓦特去思考这个现象,从而研究发明了蒸汽机,引起了工业革命。另一种情况是,发现前人的研究成果与实际相对照,存在着不完善、不全面甚至不正确的地方,这也促使我们去进行研究和思考。[③]要培养自己发现问题的能力,重要的有两条:一是不要盲从,不要迷信,不要以为书上特别是权威的书上讲的都是对的;一是在学习过程中不要死读书,要勤于思考,在读书的过程中要自觉地联系实际,不断思索"为什么""怎么样""行不行""这样合适吗"等问题。这样才能把书本上的东西真正变成自己的知识,才有可能发现问题。不盲从和勤于思考,这是一张纸的正反两面。不盲从的人,一定是勤于思考的人;勤于思考的人,就不容易犯盲从的毛病。

这里我们需要明白这样一点,在做学问上,不虚心听取前人的意见,不很好地继承前人的研究成果,甚至把前人的研究成果一笔抹杀,说得一无是处,踩着前人的脸爬上去,这当然是不对的。但是,如果我们对前人的研究成果,或者对一些专家学者的说法一味地盲从,甚至到了迷信的地步,这也是不对的。要知道,客观事物是极为复杂的,而且是在不断发展变化的,人类对客观世界的认识是无止境的。一个人学问再大,但由于他的研究不可避免地要受到当时整体的研究水平、研究条件、本人的认识水平以及研究目的等多方面因素的限制,所以他不可能对研究的对象有完全彻底的认识,也不可能把他研究领域内的所有问题都给解决了,也不可能没有一点儿疏漏。所以,如果我们要在继承前人研究成果的基础上有所前进、有所创造,那么对前人的研究成果,我们既要虚心地、认真地吸取,又要能注意发现他们的不足和问题。一个人有了这种态度,再加上联系实际勤于思考,就能发现问题。这样,他也就在科学研究的道路上迈出了可喜的第一步。

除了要有发现问题的能力外,还有一条,那就是要有点勇气,要敢于走前人没有走过或前人不敢走的路,有时甚至要敢于去闯已被前人定为

"此路不通"的"禁地"。

总之，必须努力使自己具有发现问题、分析问题、解决问题的能力。

三、关于应有的学风，其实在上面所谈的内容里已包含着了。我们需要的学风，就是八个大字：勤奋，严谨，求实，创新。这是老一辈学者所创建并一直延续至今的一种学风。

勤奋，就是一定要"勤"字当头。必须明了，勤，是确保自己不断进取的最关键的要素；勤，是确保自己始终处于良性循环生活之中的根本条件。所谓"勤"字当头，具体说，就是要眼勤、手勤、心勤；对语言工作者来说，还要耳勤。

严谨，就是做学问一定要有理有据。无论在对前人研究成果的评论上，无论在对前人研究成果的引用上，无论在语料的选用与解释上，也无论在自己理论观点的论述上，都要力求有理有据。这不是说要求一个新的理论、新的学说一开始就完美无缺，但人们有理由要求它严谨，我们不能让材料来迁就自己的理论观点，不能对不利于自己理论观点的材料采取视而不见的态度，更不能为了自己理论的"漂亮"而扭曲语言事实。要知道，严谨是科学本身所要求的。

求实，这有三方面的含义：一是研究的课题一定要具体，一定要切合实际的需要——现实的需要和发展的需要，切忌大而无当；二是，说话要有事实、材料作根据，不能随心所欲地发空论；三是一定要量力而行，要选择自己能驾驭的课题。老一辈学者常常这样告诫我们：研究问题最好"从小处着手，从大处着眼"。这个话应该铭记在心。

创新，"新"就是不囿于成说，不能老是重复别人的东西，"要有自己的创意"，得提出一点自己的新想法、新观点。要做到创新，一定要注意四点：

一是既要虚心学习并充分吸收前人的研究成果，又要敢于提出不同的意见和看法，来修正、补充、完善前人的意见，更要勇于建立新的理论、观点和方法，以推进学术的发展。总之，要有创造性思维，要有探索精神——对未知世界的向往，对未知世界的想象，对未知世界的探索。

二是要克服定式的思维方式，改变只崇尚一家一派的理论、观点、方法的做法，要善于吸取各家各派之长，来为发展自己的学术服务。在科学研究上，必须坚持多元论。所谓多元论，是说在科学领域里，不要只学习一家一派的学说、理论和方法，因为在科学领域里各种学说、理论和方法都解决过前人无法或没有解决的问题，因而一定有它合理、可取之处；但也都会有一定的局限。所谓局限，并不就是缺点，而是说任何一种学说、理论、方法都只能解释一定范围里的现象,解决一定范围内的问题,不可能包打天下。可以这样说,在科学领域里,任何一种学说、理论、方法都不可能放之四海、放之古今而皆准。因此,你可以崇尚某一种、某一派的学说、理论、方法,但同时要关注了解其他家、其他派的学说、理论、方法,博采众说之长,兼包并蓄,为我所用,这样才能在前人研究的基础上有所发展,有所前进。

三是我们发现问题以后,或者别人向自己提出问题以后,不要就事论事,不要只是就自己发现的事实或别人所提出的事实来思考,而应该在自己头脑里马上思索、寻找相关的语言事实,在此基础上来作出分析与结论。

四是在思考、研究的过程中,最好不要轻易肯定自己的想法,而要多问"怎么样""行不行",要不断地用事实来否定自己的想法,不断地修正,直到自己否定不了了,才可以初步肯定自己的想法。要知道,"这种不断地否定,正是为了更好地肯定,使自己的研究不断引向深入"。[4]

科学研究的实质是以已知求未知,科学研究贵在探索与创新。

注释

[1] 参看朱德熙先生为日本汉学家桥本万太郎《语言地理类型学》中译本所写的序文,北京大学出版社,1985年。

[2] 参看马真《勤奋、求实——求学、治学之本》,载日本《中国文化论丛》1998年第7号;《勤于思考——研究者的基本素质》,见云贵彬主编《语言学名家讲座》,中国传媒大学出版社,2006年。又参看陆俭明、马真《汉语教师应有的素质与基本功》第三章第三节、第四节,外语教学与研究出版社,2016年。

[3] 参看陆俭明《对"鸡不吃了"歧义现象再解释》,载《苏州教育学院学报》2011年第3期;《关于指导博士生及读书、做研究之我见》,见"国家级高等学校教学名师谈教学丛书"第一辑《高校名师的教学视野》,首都师范大学出版社,2012年。

[4] 同注[2]。

参考文献

奥田宽(1982)论现代汉语形容词的强制性联系和非强制性联系,《南开学报》第 3 期。
陈爱文(1986)《汉语词类研究和分类实验》,北京大学出版社。
陈保亚(1999)《20 世纪中国语言学方法论》,山东教育出版社。
陈昌来(2000)《现代汉语句子》,华东师范大学出版社。
陈昌来(2002)《现代汉语动词的句法语义属性研究》,学林出版社。
陈昌来主编(2002)《二十世纪的汉语语法学》,书海出版社。
陈 平(1987)描写与解释:论西方现代语言学研究的目的与方法,《外语教学与研究》第 1 期。
陈 平(1987)释汉语中与名词性成分相关的四组概念,《中国语文》第 2 期。
陈望道(1978)《文法简论》,上海教育出版社。
陈 忠、范 晓(2001)句法、语义、语用之间的互参互动关系,《山东师范大学学报》(人文社会科学版)第 3 期。
程 工(1999)《语言共性论》,上海外语教育出版社。
崔希亮(2001)《语言理解与认知》,北京语言文化大学出版社。
崔希亮(2008)认知语言学理论与汉语位移事件研究,沈阳、冯胜利主编《当代语言学理论和汉语研究》,商务印书馆。
戴浩一、薛凤生主编(1994)《功能主义与汉语语法》,北京语言学院出版社。
邓守信(2011)汉语信息结构与教学,2011 年 8 月 23 日在北京语言大学所作的报告。
邓思颖(2003)《汉语方言语法的参数理论》,北京大学出版社。
丁声树等(1961)《现代汉语语法讲话》,商务印书馆。
董秀芳(2002)《词汇化——汉语双音词的衍生和发展》,四川民族出版社;2011 年修订本,商务印书馆。
董燕萍、梁君英(2004)构式在中国学生英语句子意义理解中的作用,《外语教学与研究》第 1 期。
渡边丽玲(1991)副词的修饰域与语义指向,北京大学中文系硕士论文。
范继淹(1986)《范继淹语言学论文集》,语文出版社。
范 晓(1992)VP 主语句——兼论"N 的 V"作主语,《语法研究与探索》(六),语文出版社。
方 立(1993)《美国理论语言学研究》,北京语言学院出版社。
方 梅(2005)篇章语法与汉语研究,刘丹青主编《语言学前沿与汉语研究》第三章,上海教育出版社。

冯胜利(1997)《汉语的韵律、词法与句法》,北京大学出版社。

冯胜利(2000)《汉语韵律句法学》,上海教育出版社。

冯志伟(1987)《现代语言学流派》,陕西人民出版社。

冯志伟(1996)《自然语言的计算机处理》,上海外语教育出版社。

高名凯(1948)《汉语语法论》,上海开明书店;商务印书馆 2011 年版。

高名凯(1953)关于汉语的词类分别,《中国语文》第 10 期。

高名凯(1954)再论汉语的词类分别,《中国语文》第 8 期。

高名凯(1955)三论汉语的词类分别,《中国语文》第 1 期。

高名凯(1990)《高名凯语言学论文集》,商务印书馆。

顾　阳(1997)关于存现结构的理论探讨,《现代外语》第 3 期。

郭　锐(1993)汉语动词的过程结构,《中国语文》第 6 期。

郭　锐(1997)过程和非过程——汉语谓词性成分的两种外在时间类型,《中国语文》第 3 期。

郭　锐(2002)《现代汉语词类研究》,2018 年修订本,商务印书馆。

郭　锐(2008)空间参照理论与汉语方位表达参照策略研究,沈阳、冯胜利主编《当代语言学理论和汉语研究》,商务印书馆。

郭绍虞(1979)《汉语语法修辞新探》(上、下册),商务印书馆。

何　容(1942)《中国文法论》,商务印书馆。

胡明扬主编(1999)《西方语言学名著选读》(第二版),中国人民大学出版社。

胡明扬(1994)语义语法范畴,《汉语学习》第 1 期。

胡明扬主编(1996)《词类问题考察》,北京语言学院出版社。

胡裕树、范晓(1994)动词形容词的"名物化"和"名词化",《中国语文》第 2 期。

胡壮麟主编(1990)《语言系统与功能》,北京大学出版社。

胡壮麟(2000)《功能主义纵横谈》,外语教学与研究出版社。

黄昌宁、夏　莹(1996)《语言信息处理专论》,清华大学出版社、广西科学技术出版社。

金立鑫、白水振(2003)现代汉语语法特点和汉语语法研究的本位观,《汉语学习》第 5 期。

黎锦熙(1924)《新著国语文法》,商务印书馆(1992 年版)。

李临定(1986)《现代汉语句型》,商务印书馆。

李临定(1987)《现代汉语语法的特点》,人民教育出版社。

李临定(1988)《汉语比较变换语法》,中国社会科学出版社。

李　明(2005)从言语到言语行为——试谈一类词义演变,沈家煊、吴福祥、马贝加主编《语法化与语法研究》(二),商务印书馆。

李小荣(1994)对述结式带宾语功能的考察,《汉语学习》第 5 期。

李小荣(2000)从配价角度考察介词结构"对于……"作定语的情况,沈阳主编《配价理论与汉语语法研究》,语文出版社。

廖秋忠(1991)篇章与语用和句法研究,《语言教学与研究》第 4 期。

廖秋忠(1992)《廖秋忠文集》,北京语言学院出版社。

刘大为(2010)从语法构式到修辞构式(上、下),《当代修辞学》第3、4期。
刘丹青(1987)形名同现及形容词的向,《南京师大学报》第3期。
刘丹青(2003)《语序类型学与介词理论》,商务印书馆。
刘丹青主编(2005)《语言学前沿与汉语研究》,上海教育出版社。
刘开瑛、郭炳炎(1991)《自然语言处理》,科学出版社。
刘润清(1995)《西方语言学流派》,外语教学与研究出版社。
刘润清、封宗信(2003)《语言学理论与流派》,南京师范大学出版社。
刘　珣(2000)《对外汉语教育学引论》,北京语言文化大学出版社。
刘正光(2006)《语言非范畴化——语言范畴化理论的重要组成部分》,上海外语教育出版社。
陆丙甫(2006)"形式描写、功能解释"的当代语言类型学,《东方语言学》第1期。
陆丙甫(2010)《汉语的认知心理研究》,商务印书馆。
陆丙甫(2015)《核心推导语法》(第二版),上海教育出版社。
陆俭明(1982)汉语口语句法里的易位现象,《中国语文》第3期。
陆俭明(1984)现代汉语里的疑问语气词,《中国语文》第5期。
陆俭明(1985)由指人的名词自相组合造成的偏正结构,《中国语言学报》第二期。
陆俭明(1988)现代汉语中数量词的作用,《语法研究和探索》(四),北京大学出版社。
陆俭明(1991)语义特征分析在汉语语法研究中的运用,《汉语学习》第1期。
陆俭明(1993)《八十年代中国语法研究》,商务印书馆。
陆俭明(1993)《陆俭明自选集》,河南教育出版社;大象出版社,2000年。
陆俭明(1993)《现代汉语句法论》,商务印书馆。
陆俭明(1994)关于词的兼类问题,《中国语文》第1期。
陆俭明(1997)关于语义指向分析,《中国语言学论丛》第一辑。
陆俭明(1999)关于汉语词类的划分,马庆株编《语法研究入门》,商务印书馆。
陆俭明(2002)汉语句法研究的新思考,《语言学论丛》第二十六辑,商务印书馆。
陆俭明(2004)确定领属关系之我见,《南大语言学》第一编,商务印书馆。
陆俭明(2010)修辞的基础——语义和谐律,《当代修辞学》第1期;又《汉语语法语义研究新探索(2000—2010演讲集)》,商务印书馆,2010年。
陆俭明(2010)《汉语语法语义研究新探索(2000—2010演讲集)》,商务印书馆。
陆俭明(2010)再谈相同词语之间语义结构关系的多重性,《汉藏语学报》总第4期。
陆俭明(2011)再论构式语块分析法,《语言研究》第2期。
陆俭明(2011)《在探索中前进——21世纪现代汉语本体研究和应用研究》,北京师范大学出版社。
陆俭明(2014)关于"有界/无界"理论及其应用,《语言学论丛》第五十辑,商务印书馆。
陆俭明(2015)汉语词类的特点到底是什么?,《汉语学报》第3期。
陆俭明(2016)从语法构式到修辞构式再到语法构式,《当代修辞学》第1期。
陆俭明(2017)重视语言信息结构研究　开拓语言研究的新视野,《当代修辞学》第4期。

陆俭明(2018)关涉国家安全的语言战略实施中语言文字基础性建设问题,《浙江大学学报》(人文社会科学版)第3期。

陆俭明、郭 锐(1998)汉语语法研究所面临的挑战,《世界汉语教学》第4期。

陆俭明、郭 锐(2000)跨入新世纪后我国汉语应用研究的三个主要方面,《中国语文》第6期。

陆俭明、马 真(1985)《现代汉语虚词散论》,北京大学出版社;1999年修订版,语文出版社。

陆俭明、沈 阳(2016)《汉语和汉语研究十五讲》(第二版),北京大学出版社。

吕叔湘(1942)《中国文法要略》,商务印书馆。

吕叔湘(1954)关于汉语词类的一些原则性问题,《中国语文》1954年第9、10期。

吕叔湘(1979)《汉语语法分析问题》,商务印书馆。

马庆株(1981)时量宾语和动词的类,《中国语文》第2期。

马庆株(1983)现代汉语的双宾语结构,《语言学论丛》第十辑,商务印书馆。

马庆株(1988)自主动词和非自主动词,《中国语言学报》第3期。

马庆株(1992)《汉语动词和动词性结构》,北京语言学院出版社。

马庆株(1998)《汉语语义语法范畴问题》,北京语言文化大学出版社。

马希文(1983)关于动词"了"的弱化形式/·lou/,《中国语言学报》第一期。

马 真(1982)说"也",《中国语文》第4期。

马 真(1983)说"反而",《中国语文》第3期。

马 真(1985)"把"字句补议,陆俭明、马真《现代汉语虚词散论》,北京大学出版社。

马 真(1997)《简明实用汉语语法教程》,2015年第二版,北京大学出版社。

马 真(1999)关于"不要",日本《关西汉协通讯》第一期。

马 真(2004)《现代汉语虚词研究方法论》,2016年修订本,商务印书馆。

马 真(2016)说说目前辞书的释义,《辞书研究》第5期。

马 真、陆俭明(2017)《现代汉语虚词散论》(第三版),北京大学出版社。

齐沪扬(1998)《现代汉语空间问题研究》,学林出版社。

屈承熹(2005)《汉语认知功能语法》,黑龙江人民出版社。

沈家煊(1989)"判断语词"的语义强度,《中国语文》第1期。

沈家煊(1995)"有界"与"无界",《中国语文》第5期。

沈家煊(1999)《不对称和标记论》,江西教育出版社。

沈家煊(1999)"在"字句和"给"字句,《中国语文》第2期。

沈家煊(1999)转指和转喻,《当代语言学》第1期。

沈家煊(2001)语言的"主观性"和"主观化",《外语教学与研究》第4期。

沈家煊(2002)如何处置"处置式"?——论把字句的主观性,《中国语文》第5期。

沈家煊(2006)《认知与汉语语法研究》,商务印书馆。

沈家煊(2007)汉语里的名词和动词,《汉藏语学报》第1期。

沈家煊(2009a)我看汉语的词类,《语言科学》第1期。

沈家煊(2009b)我只是接着向前跨了半步——再谈汉语里的名词和动词,《语言学论丛》第四十辑,商务印书馆。
沈家煊(2010)英汉否定词的分合和名动分合,《中国语文》第5期。
沈家煊(2010)从"演员是个动词"说起——"名词动用"和"动词名用"的不对称,《当代修辞学》第1期。
沈家煊(2011)《语法六讲》,商务印书馆。
沈家煊(2011)朱德熙先生最重要的学术遗产,《语言教学与研究》第4期。
沈家煊(2012)名动词的反思:问题和对策,《世界汉语教学》第1期。
沈家煊(2012)汉语语法研究摆脱印欧语的眼光,日本《中国语文法研究》,朋友书店。
沈家煊(2013)朱德熙先生最重要的学术遗产,在2010年北京大学举行的"走向当代前沿科学的现代汉语语法研究国际学术研讨会——纪念朱德熙先生诞辰90周年和庆祝陆俭明教授从教50周年"会议上发表,后收录在沈阳主编《走向当代前沿科学的现代汉语语法研究》,商务印书馆。
沈家煊(2015a)汉语词类的主观性,《外语教学与研究》第5期。
沈家煊(2015b)词类的类型学和汉语的词类,《当代语言学》第2期。
沈家煊(2016)从唐诗的对偶看汉语的词类和语法,《当代修辞学》第3期。
沈家煊(2016)《名词和动词》,商务印书馆。
沈家煊(2017)汉语"大语法"包含韵律,《世界汉语教学》第1期。
沈家煊、王冬梅(2000),"N 的 V"和"参照体—目标"构式,《世界汉语教学》第4期。
沈家煊、乐耀(2013)词类的实验研究呼唤语法理论的更新,《当代语言学》第2期。
沈开木(1983)表示"异中有同"的"也"字独用的探索,《中国语文》第1期。
沈开木(1996)论"语义指向",《华南师范大学学报》第6期。
沈　阳(1994)《现代汉语空语类研究》,山东教育出版社。
沈　阳、郑定欧主编(1995)《现代汉语配价语法研究》,北京大学出版社。
沈　阳主编(2000)《配价理论与汉语语法研究》,语文出版社。
沈　阳、何元建、顾　阳(2001)《生成语法理论与汉语语法研究》,黑龙江教育出版社。
陆俭明(2002)《20世纪现代汉语语法八大家——陆俭明选集》,沈阳编,东北师范大学出版社。
沈　阳、冯胜利主编(2008)《当代语言学理论和汉语研究》,商务印书馆。
施春宏(2008)《汉语动结式的句法语义研究》,北京语言大学出版社。
施春宏(2013)新"被"字式的生成机制、语义理解及其语用效应,《当代修辞学》第1期。
施春宏(2018)《形式和意义互动的句式系统研究——互动构式语法探索》,商务印书馆。
施关淦(1981)"这本书的出版"中"出版"的词性——从向心结构理论说起,《中国语文通讯》第4期。
施关淦(1988)现代汉语的向心结构和离心结构,《中国语文》第4期。
石定栩(2002)《乔姆斯基的形式句法——历史进程与最新理论》,北京语言文化大学出版社。

石毓智(1992)《肯定与否定的对称与不对称》,台湾学生书局。
石毓智(2000)《语法的认知语义基础》,江西教育出版社。
石毓智(2010)《汉语语法》,商务印书馆。
史振晔(1960)试论汉语动词、形容词的名词化,《中国语文》12月号。
史成周(2016)《信息结构理论探析》,山东大学出版社。
束定芳(2000)《隐喻学研究》,上海外语教育出版社。
束定芳(2008)《认知语义学》,上海外语教育出版社。
束定芳主编(2004)《语言的认知研究——认知语言学论文精选》,上海外语教育出版社。
司富珍(2002)汉语的标句词"的"及相关的句法问题,《语言教学与研究》第2期。
宋国明(1997)《句法理论概要》,中国社会科学出版社。
宋玉柱(1981)关于"把"字句的两个问题,《语文研究》第2期。
汤廷池(1977)《国语变形语法研究》,台湾学生书局。
陶红印、张伯江(2000)无定式把字句在近、现代汉语里的地位问题及其理论意义,《中国语文》第5期。
王洪君(1994)汉语的特点与语言的普遍性,袁行霈编《缀玉集》,北京大学出版社。
王 力(1943)《中国现代语法》,商务印书馆。
王 寅(2002)认知语言学的哲学基础:体验哲学,《外语教学与研究》第2期;又李凤琴主编《中国现代语法学研究论文精选》,上海外语教育出版社,2005年。
王 寅(2011)《构式语法研究》(上、下),上海外语教育出版社。
文 炼(1982)词语之间的搭配关系,《中国语文》第1期。
文 炼(1984)关于句子的意义和内容,《语文研究》第1期。
温锁林(1999)汉语句子的信息安排及其句法后果——以"复动句"为例,邢福义主编《汉语法特点面面观》,北京语言文化大学出版社。
吴福祥(2003)汉语伴随介词语法化的类型学研究,《中国语文》第1期。
吴福祥(2005)语法化理论、历史句法学与汉语历史语法研究,刘丹青主编《语言学前沿与汉语研究》,上海教育出版社。
吴为善(2016)《构式语法与汉语构式》,学林出版社。
吴为章(1982)单向动词及其句型,《中国语文》第5期。
项梦冰(1991)论"这本书的出版"中"出版"的词性——对汉语动词、形容词"名物化"问题的再认识,《天津师范大学学报》第4期。
萧国政(2001)句子信息结构与汉语语法实体成活,《世界汉语教学》第4期。
邢福义(1986)《语法问题探讨集》,湖北教育出版社。
邢福义(1992)《语法问题发掘集》,湖北教育出版社。
邢福义(1995a)《语法问题思索集》,北京语言学院出版社。
邢福义(1995b)小句中枢说,《中国语文》第6期。
邢福义(1997)《汉语语法学》,东北师范大学出版社。
邢福义(2008)《语法问题追踪集》,中国社会科学出版社。

熊哲宏(2002)《认知科学导论》,华中师范大学出版社。
徐烈炯主编(1999)《共性与个性》,北京语言文化大学出版社。
徐通锵(1991)语义句法刍议,《语言教学与研究》第3期。
徐通锵(1994)"字"和汉语研究的方法论,《世界汉语教学》1994年第3期。
徐通锵(1997)《语言论》,东北师范大学出版社。
杨成凯(1996)《汉语语法理论研究》,辽宁教育出版社。
叶文曦(2015)信息结构、次话题和汉语宾语的分析问题,《广西师范学院学报》(哲学社会科学版)第2期。
俞士汶主编(2003)《计算语言学概论》,商务印书馆。
袁毓林(1993)《现代汉语祈使句研究》,北京大学出版社。
袁毓林(1998a)《汉语动词的配价研究》,江西教育出版社。
袁毓林(1998b)《语言的认知研究和计算分析》,北京大学出版社。
袁毓林、郭锐(1998)《现代汉语配价语法研究》(第二辑),北京大学出版社。
詹卫东(1999)一个汉语语义知识表达框架:广义配价模式,《计算语言学文集》,清华大学出版社。
詹卫东(2000)《面向中文信息处理的现代汉语短语结构规则研究》,清华大学出版社、广西科学技术出版社。
张　斌(1998)《汉语语法学》,上海教育出版社。
张　斌(2005)《现代汉语语法十讲》,复旦大学出版社。
张伯江(1999)现代汉语的双及物结构式,《中国语文》第3期。
张伯江(2005)功能语法与汉语研究,刘丹青主编《语言学前沿与汉语研究》,上海教育出版社。
张伯江(2006)关于"索取类"双宾结构,见《语言学论丛》第三十三辑,商务印书馆。
张伯江(2008)句式语法理论与汉语句式研究,沈阳、冯胜利主编《当代语言学理论和汉语研究》,商务印书馆。
张伯江(2009)《从施受关系到句式语义》,商务印书馆。
张伯江、方梅(1996)《汉语功能语法研究》,江西教育出版社。
张力军(1990)论"NP1＋A＋VP＋NP2"格式中A的语义指向,《烟台大学学报》第3期。
张　普(1992)《汉语信息处理研究》,北京语言学院出版社。
张　敏(1998)《认知语言学与汉语名词短语》,中国社会科学出版社。
张　敏(2008)自然句法理论与汉语语法象似性研究,沈阳、冯胜利主编《当代语言学理论和汉语研究》,商务印书馆。
张旺熹(1999)《汉语特殊句法的语义研究》,北京语言文化大学出版社。
张旺熹(2006)《汉语句法的认知结构研究》,北京大学出版社。
张维鼎(2007)《意义与认知范畴化》,四川大学出版社。
张谊生(2000)《现代汉语副词研究》,学林出版社。
赵金铭(1997)《汉语研究与对外汉语教学》,语文出版社。

赵世开(1990)《国外语言学概述——流派和代表人物》,北京语言学院出版社。
《中国语文》杂志社编(1984)《汉语析句方法讨论集》,上海教育出版社。
朱德熙(1956)现代汉语形容词研究,《语言研究》第1期。
朱德熙、卢甲文、马 真(1961)关于动词形容词"名物化"的问题,《北京大学学报》(人文科学版)第4期。
朱德熙(1961)说"的",《中国语文》第12期。
朱德熙(1978)"的"字结构和判断句,《中国语文》第1、2期。
朱德熙(1979)与动词"给"相关的句法问题,《方言》第2期。
朱德熙(1980)《现代汉语语法研究》,商务印书馆。
朱德熙(1982)《语法讲义》,商务印书馆。
朱德熙(1983)自指和转指,《方言》第1期。
朱德熙(1984)关于向心结构的定义,《中国语文》第6期。
朱德熙(1985)现代书面语里的虚化动词和名动词,《北京大学学报》(哲学社会科学版)第5期。
朱德熙(1985)《语法答问》,商务印书馆。
朱德熙(1986)变换分析中的平行性原则,《中国语文》第2期。
朱德熙(1989)《语法丛稿》,上海教育出版社。
朱德熙(2010)《语法分析讲稿》,商务印书馆。
朱 敏(2012)《汉语人称与语气选择性研究》,世界图书出版公司。
周士宏(2016)《汉语句子的信息结构研究》,北京师范大学出版社。
Bloomfeild, L. (1933) *Language*. 中译本:布龙菲尔德《语言论》(袁家骅、赵世开、甘世福译),商务印书馆,1997年。
Brown, P. & S. Levinson. Universals in Language Usage: Politeness Phenomena. In Goody, E. N. (ed.) *Questions and Politeness: Strategies in Social Interaction*. Cambridge University Press, 1978.
Chafe, Wallace (1976) Givenness, Contrastiveness, Definiteness, Subjects, Topics and Point of View. In C. Li (ed.), *Subject and Topic*, New York: Academic Press.
Chafe, Wallace (1994) Discourse, Consciousness, and Time: The Flow and Displacement of Conscious Experience in Speaking and Writing, Chicago: The University of Chicago Press.
Chao, Yuen Ren(1968) *A Grammar of Spoken Chinese*. 中译本:赵元任《汉语口语语法》(吕叔湘译),商务印书馆,1979年;另有中译本:赵元任《中国话的文法》(丁邦新译),香港中文大学出版社,1980年。
Chomsky, N. (1957) *Syntactic Structures*. 中译本:乔姆斯基《句法结构》(邢公畹、庞秉均、黄长著、林书武译),中国社会科学出版社,1979年。
Chomsky, N. (1965) *Aspects of the Theory of Syntax*. 中译本:乔姆斯基《句法理论的若干问题》(黄长著、林书武、沈家煊译),中国社会科学出版社,1986年。
Chomsky, N. (1968) *Language and Mind*. New York: Harcourt, Brace & World.

Chomsky, N. (1981) *Lectures on Government and Binding*. 中译本:乔姆斯基《支配和约束论集——比萨学术演讲》(周流溪、林书武、沈家煊译),中国社会科学出版社,1993年。

Chomsky, N. (1986) *Knowledge of Language: Its Nature, Origin and Use*. New York: Praeger.

Chomsky, N. (1993) A Minimalist Program for Linguistic Theory, in K. Hale & S. J. Keyser (eds.) *The View from Building 20*, Cambridge, Mass.: MIT Press.

Chomsky, N. (1995) *The Minimalist Program*. Cambridge, Mass.: MIT Press.

Fillmore, Charles J., Paul Kay & Mary C. O'Connor (1988) Regularity and Idiomaticity in Grammatical Constructions: The Case of 'let alone'. *Language* 64(3): pp. 501—538.

Fromkin, V., Rodman, R., Hyams, N. (2007) *An Introduction to Language* (8th Edition). 中译本:维多利亚·弗罗姆金、罗伯特·罗德曼、妮娜·海姆斯《语言引论》(第八版)(王大维、朱晓农、周晓康、陈敏哲译),北京大学出版社。

Gabelentz, Georg von de (1881) *Chinesische Grammatik*, 中译本:甲柏连孜《汉文经纬》(姚小平译),外语教学与研究出版社,2015年。

Gale, W. & Church, K. (1993) A Program for Aligning Sentence in Bilingual Corpora, in *Computational linguistics*, Vol. 19.

Givón, Talmy (1971) Historical Syntax and Synchronic Morphology: An Archaeologist's Field Trip. Chicago Linguistic Society 7.

Goldberg, Adele E. (1995) *Constructions: A Construction Grammar Approach to Argument Structure*. 中译本:哥尔德伯格《构式:论元结构的构式语法研究》(吴海波译),北京大学出版社,2007年。

Goldberg, Adele E. (2006) *Constructions at Work: The Nature of Generalization in Language*. 中译本:哥尔德伯格《运作中的构式:语言概括的本质》(吴海波译),北京大学出版社,2013年。

Greenberg, J. H. (1963) Some Universals of Grammar with Particular Reference to the Order of Meaningful Elements. 中译文:格林伯格《某些主要跟语序有关的语法普遍现象》(陆丙甫、陆致极译),《国外语言学》1984年第2期。

Grice, H. P. (1967) Logic and Conversation, Unpublished Ms of the William James Lectures, Harvard University.

Halliday, M. A. K. (1994) *An Introduction to Functional Grammar*, Edward Arnold Limited. 外语教学与研究出版社,2000年。

Harris, Z. S. (1952) Discourse Analysis, in Heary Hiz (ed.) *Papers on Syntax*, D. Reidel Company, 1981.

Harris, Z. S. (1957) Co-occurrence and Transformation in Linguistic Structure, in Heary Hiz (ed.) *Papers on Syntax*, D. Reidel Company, 1981.

Harris, Z. S. (1965) Transformational Theory, in Heary Hiz (ed.) *Papers on*

Syntax, D. Reidel Company, 1981.

Hockett, C. F. (1958) *A Course in Modern Linguistics*. 中译本:霍凯特《现代语言学教程》(索振羽、叶蜚声译),北京大学出版社,1986 年。

Hopper, Paul J. (1987) Emergent Grammar, *Berkeley Linguistics Society*, 13.

Labov, W. (1966) *The Social Stratification of English in New York City*, Washington, D. C.: Center for Applied Linguistics.

Lakoff, George (1987) *Woman, Fire, and Dangerous Things*, Chicago: The University of Chicago Press.

Langacker, Ronald W. (1987) *Foundations of Cognitive Grammar*, Vols. 1 & 2, Stanford: Stanford University Press.

Leech, G. (1983) *Principles of Pragmatics*, London: Longman.

Lyons, John (1968) *Introduction to Theoretical Linguistics*, Cambridge: Cambridge University Press.

Lyons, John (1977) *Semantics*, Vols. 1 & 2, Cambridge: Cambridge University Press.

Li, Charles & Thompson, Sandra (1976) Subject and Topic: A New Typology of Language. In C. Li (ed.) *Subject and Topic*. New York: Academic Press.

Li, Charles & Thompson, Sandra (1981) *Mandarin Chinese: A Functional Reference Grammar*, Berkeley: University of California Press.

Lakoff, G. & M. Johnson (1980) *Metaphors We Live By*, Chicago: The University of Chicago Press.

Lakoff G. & M. Johnson (1999) *Philosophy in the Flesh: The Embodied Mind and its Challenge to Western Thought*, New York: Basic Books.

Lambrecht, Knud (1994) *Information Structure and Sentence Form: Topic, Focus and the Mental Representations of Discourse Referents*, Cambridge: Cambridge University Press.

Searle, John (1969) *Speech Acts*. Cambridge: Cambridge University Press.

Tai, James H-Y (1985) Temporal Sequence and Chinese Word Order. 中译文:戴浩一《时间顺序和汉语的语序》(黄河译),《国外语言学》1988 年第 1 期。

Tesnière, Lucien (1959) *Elements de Syntaxe Structurale*. 中译本:吕西安·泰尼埃尔《结构句法基础》(方德义译),见胡明扬主编《西方语言学名著选读》(第二版),中国人民大学出版社,1999 年。

Thompson, G. (1996) *Introducing Functional Grammar*, Edward Arnold Limited. 外语教学与研究出版社,2000 年。

Wardhaugh, R. (1986) An *Introduction to Sociolinguistics*, Edward Arnold Limited. 外语教学与研究出版社,2000 年。

Wells, R. S. (1947) *Immediate Constituent*. 中译文:威尔斯《直接组成成分》,《语言学资料》1963 年第 6 期。

北京大学出版社语言学教材总目

博雅 21 世纪汉语言专业规划教材：专业基础教材系列
 语言学纲要（修订版） 叶蜚声、徐通锵著，王洪君、李娟修订
 语言学纲要（修订版）学习指导书 王洪君等编著
 现代汉语（第二版）（上） 黄伯荣、李炜主编
 现代汉语（第二版）（下） 黄伯荣、李炜主编
 现代汉语学习参考 黄伯荣、李炜主编
 古代汉语 邵永海主编（即出）
 古代汉语阅读文选 邵永海主编（即出）
 古代汉语常识 邵永海主编（即出）

博雅 21 世纪汉语言专业规划教材：专业方向基础教材系列
 语音学教程（增订版） 林焘、王理嘉著，王韫佳、王理嘉增订
 实验语音学基础教程 孔江平编著
 现代汉语词汇学教程 周荐编著
 简明实用汉语语法教程（第二版） 马真著
 当代语法学教程 熊仲儒著
 修辞学教程（修订版） 陈汝东著
 汉语方言学基础教程 李小凡、项梦冰编著
 语义学教程 叶文曦编著
 新编语义学概要（修订版） 伍谦光编著
 语用学教程（第二版） 索振羽编著
 语言类型学教程 陆丙甫、金立鑫主编
 汉语篇章语法教程 方梅编著（即出）
 汉语韵律语法教程 冯胜利、王丽娟著
 新编社会语言学概论 祝畹瑾主编
 计算语言学教程 詹卫东编著（即出）
 音韵学教程（第五版） 唐作藩著
 音韵学教程学习指导书 唐作藩、邱克威编著
 训诂学教程（第三版） 许威汉著

校勘学教程　管锡华著
文字学教程　喻遂生著
汉字学教程　罗卫东编著（即出）
文化语言学教程　戴昭铭著（即出）
历史句法学教程　董秀芳著（即出）

博雅21世纪汉语言专业规划教材：专题研究教材系列

实验语音学概要（增订版）　鲍怀翘、林茂灿主编
现代汉语词汇（重排本）　符淮青著
现代汉语语法研究教程（第五版）　陆俭明著
汉语语法专题研究（增订版）　邵敬敏等著
现代实用汉语修辞（修订版）　李庆荣编著
新编语用学概论　何自然、冉永平编著
外国语言学简史　李娟编著（即出）
近代汉语研究概要　蒋绍愚著
汉语白话史　徐时仪著
说文解字通论　黄天树著
甲骨文选读　喻遂生编著（即出）
商周金文选读　喻遂生编著（即出）
汉语语音史教程（第二版）　唐作藩著
音韵学讲义　丁邦新著
音韵学答问　丁邦新著
音韵学研究方法导论　耿振生著

博雅西方语言学教材名著系列

语言引论（第八版中译本）　弗罗姆金等著，王大惟等译
语音学教程（第七版中译本）　彼得·赖福吉等著，
　　　　　　　　　　　　　　张维佳、田飞洋译
语音学教程（第七版影印本）　彼得·赖福吉等著
方言学教程（第二版中译本）　J. K.钱伯斯等著，吴可颖译
构式语法教程（影印本）　马丁·休伯特著
构式语法教程（中译本）　马丁·休伯特著，张国华译